〈2판〉

기업교육 프로그램 개발과 교수체제설계

| 임철일 · 연은경 공저 |

교육과학사

2판 머리말

교육 프로그램의 체계적 개발 과정을 안내하는 본서의 제1판이 출간된 지 어느덧 9년이 되어가고 있다. 그간 기업 교육 프로그램뿐만 아니라, 대학의 새로운 교육과정을 개발하거나, 교사 연수 프로그램의 개발, 그리고 초중고등학교의 교과 외 교육 프로그램을 개발하는 경우에도 본서가 담고 있는 모형 및 관련 사례들이 활용되었다. 다양한 교육 프로그램을 체계적으로 개발하는 과정에서 본서의 RPISD(Rapind Prototying to ISD)가 확대 적용되어 온 것이다. 제2판은 이러한 변화를 담아내면서 동시에 제1판에서 다루지 못했던 교수설계의 학습자 중심 교수설계와 디지털 혁명이 가져온 새로운 테크놀로지의 발전을 반영하였다.

제1장은 RPISD의 개요를 제시하고 있는데, 특히 RPISD 모형의 개선된 특성을 추가하였다. 제2장은 요구 분석의 개념과 절차와 함께 실제 요구 분석의 사례를 보여주면서 요구 분석의 현실 적용 가능성을 강조하고 있다. 제3장 과제 분석의 개념과 절차와 제4장 프로토타입 설계 및 사용성 평가는 해당 영역의 발전된 내용과 사례들을 추가하여 설명하고 있다. 제5장에서는 교수자 중심의 교수설계를 다루고 있으며, 제6장은 학습자 중심의 교수설계 모형을 별도로 제시하고 있다. 제7장 교수 매체의 활용과 자료 개발은 일반적인 교수 매체를 소개하며, 제8장은 특별히 디지털 기술의 발전을 반영한 테크놀로지 기반 교육을 안내한다. 제9장은 교육 프로그램 실행 및

평가를 다루고 있다. 마지막으로 제10장은 RPISD의 최근 이론적 발전 추세를 소개하면서, 특히 ChatGPT와 같은 생성형 인공지능을 교수체제설계 과정에서 어떻게 활용할 수 있는가와 함께 미래 전망과 과제를 제시한다. 참고로 교수설계에서 어떻게 생성형 인공지능을 활용할 수 있는가와 관련된 초기 아이디어가 해당 장에 간략히 제시되어 있다.

지난 2004년 서울대학교 대학원 교육학과의 교수체제설계 강좌에서 RPISD 초기 아이디어를 제시한 후 어느덧 20년이 되어가고 있다. 매해 본 강좌를 통하여 다양한 종류의 교육 프로그램들이 일종의 산학협력 방식으로 개발되었으며, 이 과정에서 RPISD 모형의 실천적 적용 가능성을 확인함과 동시에 모형의 변형과 발전이 학술적 연구 차원에서도 이루어졌다. RPISD를 통하여 국내 교수체제설계 분야의 이론적, 실제적 발전 과정에 지대한 공헌을 한 많은 제자 및 후배 연구자들에게 다시 한번 감사를 드린다. 특정 분야의 학문적 공동체가 어떻게 발전할 수 있는가를 잘 보여주고 있으며, 이 분야의 지적 발전을 기대하여 본다.

끝으로 제2판의 수정 작업에 참여하면서 자료의 수집과 편집 과정에 수고를 아끼지 않은 홍수민, 임은선 박사과정 연구원에게 고마움을 표한다. 또한 어려운 출판 환경에서도 기꺼이 수정판을 펴내 주신 교육과학사 편집진에게 감사의 마음을 전한다.

2024년 8월

저자를 대표하여 임철일

차례

제 1 장
교수체제설계 개요

1. 개요
2. 교수체제설계를 위한 주요 접근들
3. 교수체제설계를 위한 Rapid Prototyping 개발 접근
4. RPISD 모형의 주요 특징
5. 요약

1. 개요

기업의 목표를 달성하는 데 있어서 인적자원개발(Human Resources Development)은 중요한 요소 중의 하나이다(나일주, 임철일, 이인숙, 2003; 오헌석, 2009; 이찬, 리상섭, 신제구, 이성엽, 전기석, 2017; 송영수, 2007; 장원섭, 2011; Jacobs & Washington, 2003; Swanson, 2007). 특히 개인 개발 측면에서 체계적인 학습 기회를 제공하는 교육훈련 프로그램의 필요성은 이론의 여지가 없다. 전통적인 집합식 교육 형태이든 모바일 형태의 이러닝(e-Learning)이든 아니면 비대면 형태의 원격교육(임철일, 김동호, 한형종, 2022)이든 기업 구성원 개인에게 필요한 지식, 기술, 태도를 위한 다양한 방식의 교육 프로그램의 적시 제공은 매우 중요하다.

기업의 효과적인 교육 프로그램을 개발하기 위한 주요 접근 중의 하나로 지금까지 교수체제설계(Instructional Systems Design: ISD)가 발전되어 왔다. 교수체제설계는 교육 프로그램의 형태로서 교수 혹은 수업(instruction)을 설계(design)하는 데 있어서 영향을 줄 수 있는 학습 및 수업의 원리들을 체계적(systematic)으로 적용하는 절차와 원리를 담고 있다(임철일, 2012; Dick et al., 2009). ISD에서는 효과적인 교육 프로그램을 개발하는 데 있어서 내용을 잘 전달하는 강사 혹은 내용 전문가를 확보하는 것 이상의 요인들을 체계적으로 고려하는 것이 필요하다는 점이 강조되고 있다. ISD의 이러한 이론적 강점은 지난 1980년대 이후 미국의 주요 기업 그리고 1990년대 이후 국내 기업의 교육 프로그램 개발에 있어서 주요한 접근 방법 중의 하나로 ISD를 자리 잡게 만들었다(나일주, 임철일, 이인숙, 2003).

그러나 효과적인 교육 프로그램 개발을 위한 ISD의 이론적 강점에도 불구하고, 실제적인 한계점에 관한 연구 결과도 나타났다. 예컨대 ISD가 교수설계 전문가의 실제 설계 활동을 제대로 드러내거나 안내하지 못한다는 지적과 함께(Rowland, 1992), 설계 과정의 초기에 학습자와 의뢰인 등 설계 관련 이해당사자(stakeholders)들의 의견을 적극적으로 반영하는 것이 필요하다는 문제(임철일, 조영환, 장선영, 하미리, 2005; Tripp & Bichelmeyer, 1990)가 제기되었다. 그 결과 전통적인 교수체제설계의 단계별 선형성 대신에 초기에 설계 원형(prototype)을 개발하고 그에 대한 사용자의 의견을 반복적으로 검토하는 래피드 프로토타입 개발 방법론(Rapid Prototyping Methodology)에 대한 연구와 관심이 증가하게 되었다(임철일, 송유경, 홍수민, 박찬실, 2020; 임철일, 연은경, 2006; Jones & Richey, 2000).

본서는 교수체제설계, 즉 ISD에 관한 래피드 프로토타입 개발 방법론 접근을 구체적으로 보여주는 Rapid Prototyping to ISD(RPISD) 모형을 소개하고 있다. RPISD는 지난 2006년 국내 기업의 실제적인 교육 프로그램 개발 사례(임철일, 연은경, 2006)를 통해 제시된 이후, 다양한 상황에 적용되면서 구체화된 교육 프로그램 개발 방법론으로 발전되어 왔다(임철일, 송유경, 홍수민, 박찬실, 2020). RPISD 모형의 주요 특징을 개괄적으로 설명하기 위하여 우선 위에서 언급한 교수체제설계에 대한 전통적인 접근들을 검토한다. 이후 교수체제설계를 위한 Rapid Prototyping 개발 접근이 어떻게 대두되었는지를 살펴보면서, 제2장 이후부터 RPISD 모형의 단계별 특징을 상세하게 제시한다.

2. 교수체제설계를 위한 주요 접근들

수업을 효과적으로 설계하기 위해서는 모종의 절차와 단계가 필요하다. 교육의 목표로 무엇을 설정할 것인가라는 요구 분석 활동이 먼저 이루어지고, 그것을 바탕으로 학습 내용에 포함될 것에 대한 분석, 목표 달성 여부를 확인할 수 있는 평가 문항의 개발, 목표 달성을 위한 최적의 교수 전략과 방법의 선정 등과 같은 활동들이 단계에 따라서 이루어진다.

이러한 관점을 개념화하고 모형화한 영역을 '수업에 대한 체계적 설계'(Systematic Design of Instruction) 혹은 교수체제설계(Instructional Systems Design)[1)]라 한다(박성익, 임철일, 이재경, 최정임, 조영환, 2021; Larson & Lockee, 2014). 교수체제설계는 크게 세 가지로 구분되는 모형의 유형을 중심으로 발전되어 왔다(Gustafson & Branch, 2002). 몇 차시 혹은 몇 개의 수업을 개발하기 위한 '교실지향(classroom-oriented) 모형', 개별 학습을 위한 전달 패키지를 개발하기 위한 '산출물지향(product-oriented) 모형', 과정(course) 혹은 전체 커리큘럼(curriculum)을 개발하기 위한 '체제지향(system-oriented) 모형'이 그것들이다.

교실지향 모형은 다음의 ASSURE 모형처럼 학교교육에서 교사들이 단위시간 수업을 설계하는 상황에 사용되는 것으로, 제한된 자원 환경에서 교수설계의 기술이나 경험이 비교적 적은 교사들이 요구 분석 등을 거치지 않고 혼자서 내용을 선택하는 경우에 유용하게 사용될 수 있다.

---

1) 교수체제설계(Instructional Systems Design)에서 한 가지 주목할 점은 이 관점이 앞의 두 단어 '교수 체제', 즉 수업을 구성하고 있는 요소들로 구성된 체제(예컨대, 교사, 학습자, 교육목표와 내용, 방법)를 설계하는 방법에 관한 것이라고 생각하는 것이다. 이 관점도 나름대로 의미가 있다. 상식적인 관점이고, 크게 현실에서 벗어난 것도 아니기 때문이다. 그러나 교수체제설계 관점의 이론적 출현 배경에 비추어 볼 때, 이 용어가 강조하는 것은 앞의 두 단어 교수 체제에 대한 설계가 아니다. 그것보다는 뒤의 두 단어 '체제 설계'를 하는, 즉 수업을 체계적인 관점으로 설계한다는 의미를 드러내기 위한 것으로 보아야 한다. 요컨대, 교수체제설계(Instructional Systems Design)는 수업에 대한 체제 설계 혹은 체계적 설계를 드러내는 개념이다.

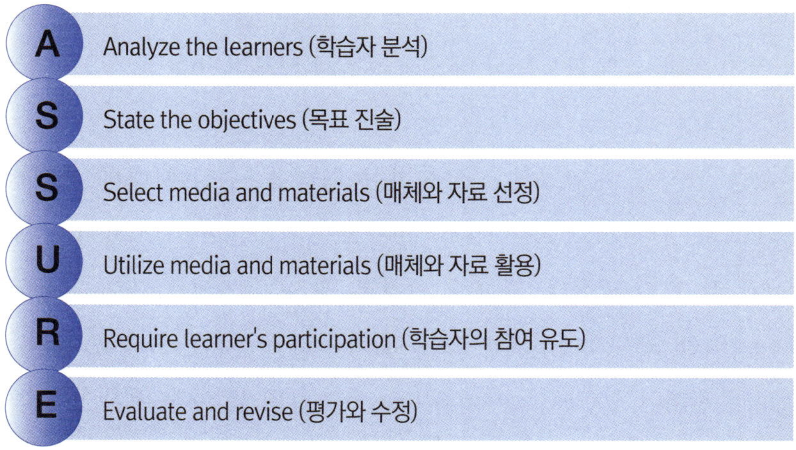

[그림 1-1] 교실지향 모형의 예: Heinich, Molenda, Russell, & Smaldino(1999)의 ASSURE 모형

산출물지향 모형은 개별학습을 위한 이러닝과 같은 산출물 개발에 초점을 두고 전문적인 교수설계팀에 의하여 많은 수의 학습자들을 대상으로 배포하는 경우에 설계 과정을 안내하는 모형이다([그림 1-2] 참조).

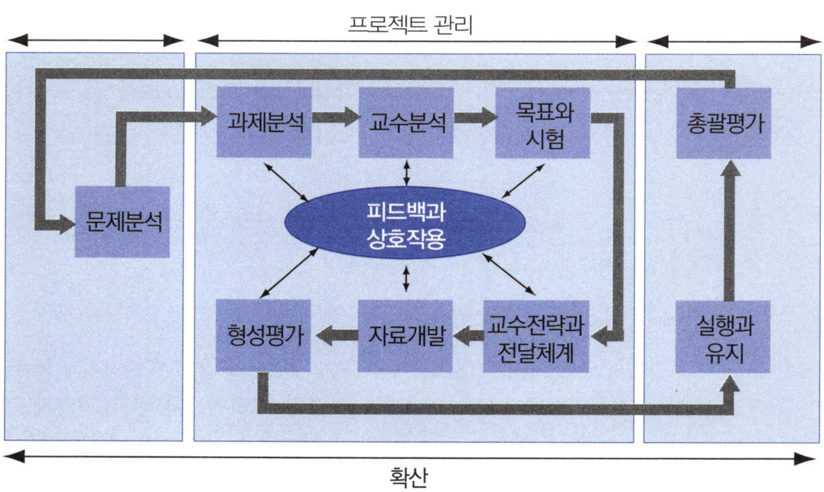

[그림 1-2] 산출물지향 모형의 예: Seels와 Glasgow(1998)의 ISD 모형

체제지향 모형은 전문적인 교수설계팀이 교육과정 혹은 커리큘럼을 개

발하기 위하여 충분한 자원을 기반으로 체계적으로 개발하는 경우인데, 대표적인 모형으로 다음 [그림 1-3]의 딕과 케리 모형(Dick et al., 2014)이 여기에 속한다.

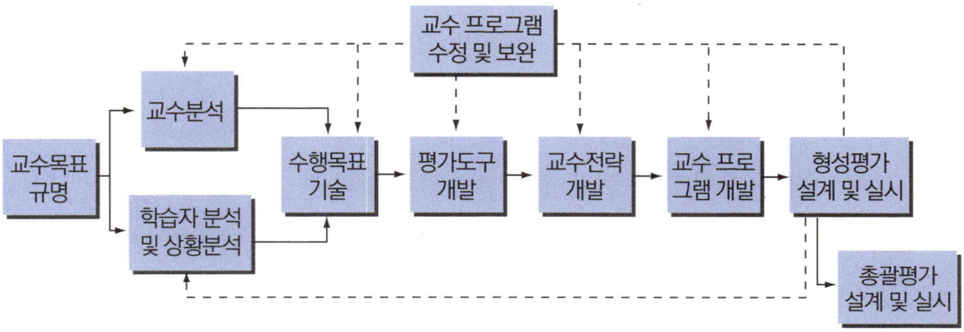

[그림 1-3] 체제 지향 모형의 예: Dick과 Carey(2014)의 체계적 교수설계 모형

딕과 케리 모형은 교수체제설계를 가장 대표하는 모형으로서 일찍이 1970년대 후반에 처음으로 제안된 이후 새로운 학습 및 교수설계 분야의 개념과 원리들을 반영하면서 현재까지 발전되어 왔다. 이 모형은 1970년대 당시에 과학적으로 검증된 학습 및 교수 이론, 특히 행동주의와 인지주의 기반의 개념과 원리들을 교수설계의 상황에 체계적으로 적용하는 것이 어떻게 가능한가를 매우 구체적인 수준에서 보여주고 있다. 예컨대 가네(Gagné, 1977)는 학습의 조건(Conditions of Learning)이라는 저서를 통하여 제시된 선수 학습(prior learning)의 획득 여부에 대한 중요성을 적극적으로 해석하였는데, 무엇을 먼저 공부해야 하는가를 분석하는 이른바 학습 과제(learning task)의 '위계적 분석(hierarchical analysis)'[2]을 교수분석(instructional analysis)의 중요한 활동으로 설정하고 있다.[3] 위계적 분석 활동의 결과와

2) 예컨대, 수학에서 이차방정식을 성공적으로 학습하기 위해서는 학습동기도 중요하지만 먼저 학습한 일차방정식이나 인수분해와 같은 선수 학습(prior learning)이 제대로 이루어져야 한다는 점이 학습의 위계성으로 설명된다.

3) 앞의 딕과 케리의 모형에서 두 번째 교수분석의 실질적 활동 중의 하나가 바로 위계적 분석이다.

학습자의 특성 및 교육과 학습이 발생하는 물리적 환경과 같은 맥락 분석 결과가 다음 단계의 활동인 수행 목표 기술을 위한 투입 요소(input)로서 기능을 한다. 즉 두 가지 활동 결과를 투입 요소로 삼아서 수행 목표 기술이라는 활동을 하게 되며, 그 결과를 바탕으로 다음 단계의 활동인 평가 도구의 개발로 넘어가는 것이다.

이렇게 네모 상자 안의 활동을 한 후, 그 활동 결과가 화살표를 통하여 다음 단계에 영향을 준다는 점에서 '상자와 화살표 모형(Box and arrow model)'이라는 이름이 붙기도 하였다. 이런 형태의 교수체제설계를 체계적인(systematic) 특징이 있는 것으로 규정하였는데, 설계자는 일련의 활동을 단계별로 실행하게 되며, 그 결과 비체계적인 시도에 비하여 기대하는 효과를 더 많이 가져오게 된다. 교수체제설계를 통해 효과적인 수업을 설계할 수 있다는 것이다. 이외에도 딕과 케리의 모형은 당시 검증된 평가 이론으로서 준거지향 검사 문항의 개발(이른바 절대평가 문항의 개발), 가네의 수업의 사태(Events of Instruction)와 같은 교수설계 모형, 행동주의의 행동적 교수목표의 기술, 수업 개선을 위한 형성 평가의 개념 등이 전체 교수설계의 과정에 체계적으로 적용될 수 있음을 보여주었다.

이러한 체계적 교수설계 접근은 수업 준비의 과정을 내용에 대한 검토로 간주하는 전통적인 교과내용 전문가 혹은 교사 중심의 접근에서 벗어나게 하는 것은 물론이거니와, 특정의 교수방법, 예컨대 탐구수업 모형에만 초점을 맞추는 제한된 접근에서 벗어나게 하였다. 또한 교수방법 혹은 교수전략은 전체 교수설계의 한 단계에 불과하며, 그 전에 수행되어야 하는 많은 활동들이 제대로 이루어져야 결과적으로 수업의 효과를 향상시킬 수 있다는 것을 보여주었다. 이 점에서 체계적 교수설계 접근은 교수전략과 교수방법을 전체 설계 과정의 한 가지 요소로 파악하는 관점을 발전시키는데 공헌하였다. 결과적으로 딕과 케리의 모형은 초기 요구 분석 단계로부터 시작하여 마지막 형성평가의 실시 단계를 포함하는 종합적인 교수체제설계 접근을 정립하는 데 매우 중요한 역할을 하였다.

3. 교수체제설계를 위한 Rapid Prototyping 개발 접근

교수체제설계에 있어서 체계적 접근의 가능성을 구체화한 딕과 케리 모형의 이러한 공헌에도 불구하고 몇 가지 이론적, 실제적 제한점에 대한 지적이 계속되어 왔다. 그중의 하나는 이 모형이 체계의 '단계적(step by step) 특성'에 너무 집중하였다는 점이다(Naumann & Zenkins, 1982). 교수설계에 체제 관점을 적용하는 과정에서 딕과 케리가 주목한 것은 체계적(systematic)인 방법이다. 체계적 방법은 교수설계에 영향을 줄 수 있는 많은 활동들이 일련의 순차적인 단계에 따라서 투입 요소로 제시되는 것을 포함한다. 이 투입 요소는 일정한 과정을 거쳐서 산출 요소로 변경되며, 이것이 다시 다음 단계에 투입 요소로 활용된다. 예컨대 딕과 케리 모형에서 준거지향 검사 혹은 포트폴리오 평가 방식과 같은 평가 문항이 개발된 이후 그 결과가 다시 투입 요소로 작용하여 다음 단계의 교수 전략의 개발에 영향을 주는 것이다(Dick et al., 2009). 이 관점은 교수설계 과정에 나름대로 긍정적인 영향을 주어서 교수체제설계 과정이 과학적 이론에 근거한 교수공학적 활동이라는 점을 부각시켰다.

그러나 체제의 체계적 혹은 단계적 특징에 초점을 맞춘 딕과 케리의 모형이 제안된 이후 실제 교수체제설계 활동이 이렇게 단계적으로 이루어지지도 않거니와, 이렇게 할 경우 기대하는 결과를 제대로 가져오기 어렵다는 비판에 직면하게 되었다(Dorsey, Goodrum, & Schwen, 1997; Jones & Richey, 2000; Tripp & Bichelmeyer, 1990). 교수설계 초보자들이 처음 배우면서 교수설계 활동을 할 때는 이러한 단계적 과정을 거칠지 모르지만, 현장의 교수설계 전문가들은 다음에 제시되는 래피드 프로토타입 개발 방법론의 그림에서와 같이 분석, 설계, 평가를 동시적이며 중첩적으로 수행하는 경우가 대부분이다([그림 1-4] 참고).

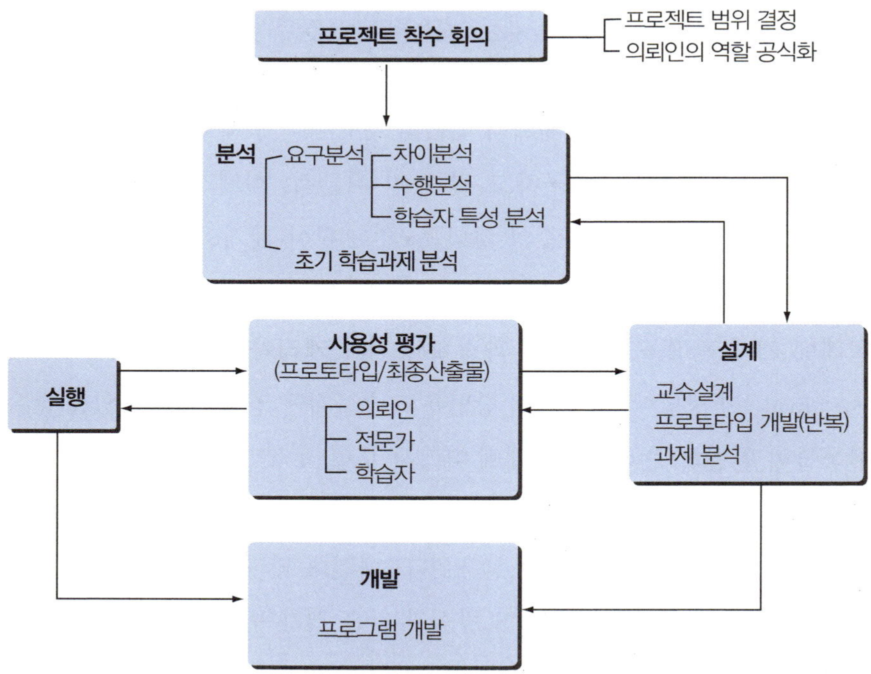

[그림 1-4] 기업의 교육과정 개발을 위한 수정된 래피드 프로토타입 개발 방법론 모형(임철일, 연은경, 2006)

이 모형에 따르면 교수설계 과정은 기존의 분석, 설계, 개발, 실행, 평가의 직선적인 단계로 이루어지지 않으며, 오히려 개발의 각 단계가 중첩되어 진행된다. 예컨대 이 모형에서 분석 단계의 '학습 내용을 과제 수준에서 확인'하는 활동은 설계 단계의 '교수전략의 확인' 및 프로토타입 개발 단계에서도 여전히 나타난다. 또한 초기 단계에 프로토타입(prototype, 원형)을 빠르게 설계한 후 관련 당사자들(의뢰인, 전문가, 학습자 등)의 의견을 물어보는 활동이 매우 핵심적으로 이루어진다. 딕과 케리의 모형에서와 같이 마지막 단계에서 형성 평가를 거치면서 수정 사항을 확인하기보다는 초기

분석 및 설계 단계에서 프로토타입에 대한 사용성 평가를 실시하고, 이를 반영하여 재설계하는 과정을 매우 중요하게 생각한다(임철일, 김민강, 김윤정, 2005).

특히 기업에서 교육 프로그램을 개발하는 상황에서는 딕과 케리의 모형을 그대로 적용하는 데 이론적, 실제적으로 어려움이 있음이 확인되면서 래피드 프로토타입 개발 방법론의 적용 가능성이 모색되어 왔다(Jones & Richey, 2000). 이 방법론에서는 기존의 딕과 케리 모형으로 대변되는 ISD 모형들과는 달리 교육 프로그램 개발을 의뢰한 사람들의 역할이 분석 단계에만 제한되지 않는다. 교수설계자는 교수설계 전 과정에서 의뢰인과 지속적인 상호작용을 하며 그들의 요구 사항이 충분히 반영될 수 있도록 노력한다. 즉 빠르게 프로토타입을 개발하면서 의뢰인의 의견을 물어보는 과정을 매우 중요하게 여긴다. 이렇게 동시적으로 교수개발을 실시한 결과 최종 산출물을 개발하는 데 소요되는 시간이 감소하였고, 사용자들이 교수개발 과정에 폭넓게 참여하였으며, 산출물의 질적 수준에 대한 사용자들의 만족도가 높은 것으로 나타났다.

래피드 프로토타입 개발 방법론에 대한 국내의 이론적 관심은 기업의 교육과정 개발을 위한 래피드 프로토타입 개발 방법에 관한 모형의 탐색(임철일, 연은경, 2006)으로 발전되었다. [그림 1-4]에 제시된 모형은 체계적 교수설계를 위한 기존의 래피드 프로토타입 개발 방법론을 기반으로 해서 국내의 기업 교육 프로그램 개발 사례의 경험을 구조화한 것이다.

이 모형은 이후 실제 적용 과정을 거치면서 [그림 1-5]와 같은 수정된 형태를 보이게 되었다. 수정된 모형에 대한 설명은 다음 절과 이후 장에서 제시된다.

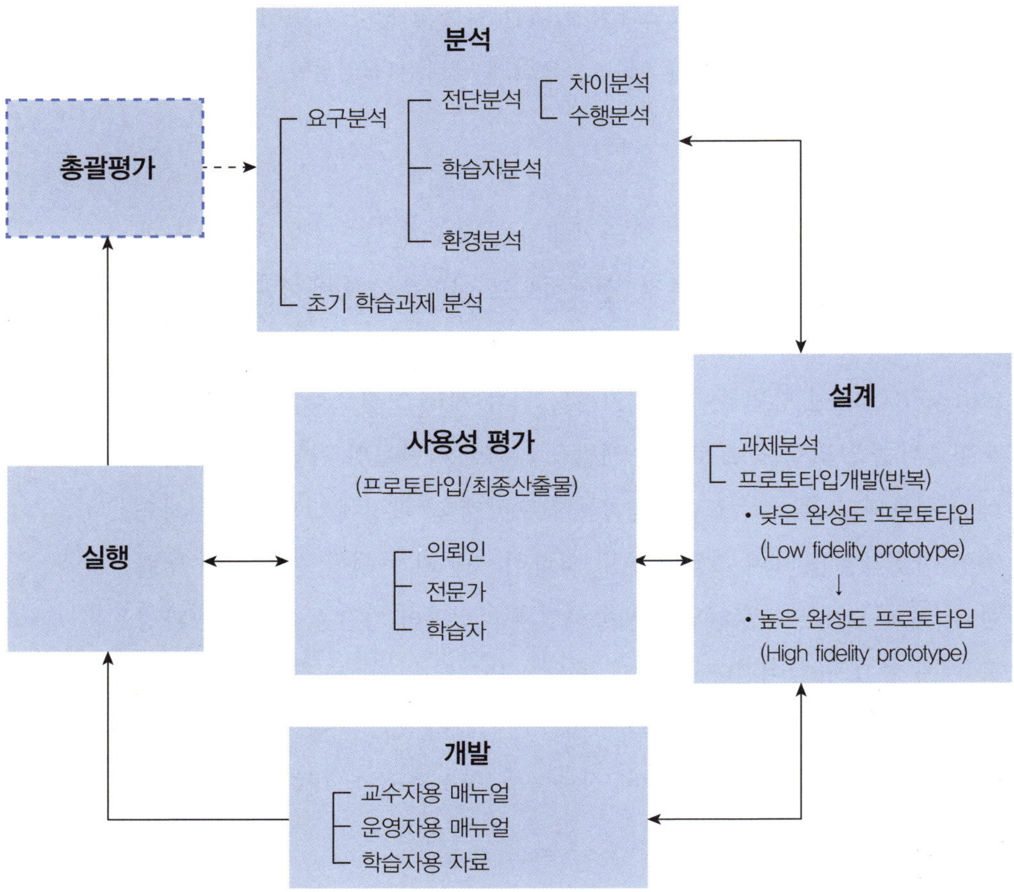

[그림 1-5] RPISD의 수정 모형(임철일, 송유경, 홍수민, 박찬실, 2020)

4. RPISD 모형의 주요 특징

딕과 케리 모형으로 대변되는 전통적인 ISD 모형의 대안으로 제시된 래피드 프로토타입 개발 방법론의 한 가지 모형으로 RPISD(Rapid Prototyping to Instructional Systems Design)(임철일, 연은경, 2006)가 있다. 이 모형은 선행 연구에서 제안된 사용자 중심 설계 모형(임철일, 조영환, 장선영, 하미리, 2005)을 토대로 기업의 교육 프로그램 개발 사례를 대상으로 개발연구

(developmental research) 방법을 활용하여 개발되었다. 이후 실제 적용 과정을 거치면서 몇 가지 상세 요소와 추가 단계가 반영되어 현재 모형이 도출되었는데(임철일, 송유경, 홍수민, 박찬실, 2020), 수정된 모형의 주요 특징을 간략히 살펴보면 다음과 같다.

1) 분석

수정된 모형에서는 기존 모형에 별도로 있었던 착수회의(본격적인 개발 활동 전에 교육 프로그램 개발 프로젝트의 범위와 의뢰인의 역할을 공식화하는 단계)를 삭제하였다. 착수회의는 ISD의 개념적 구성요소라기보다는 프로젝트 관리 차원에서 절차상 이루어지는 활동이기 때문에 따로 구분하여 포함하기보다는 분석 단계에서 자연스럽게 이루어지는 활동으로 간주하여, 이 모형에는 명시적으로 포함하지 않았다.

분석 활동은 크게 요구 분석과 초기 학습과제 분석으로 구분된다. 요구 분석은 학습자의 지식, 기술, 태도 간의 현재 수준과 바람직한 수준 간의 차이를 확인하여 교육 프로그램의 필요성을 구체화하는 단계이다. 이를 위해서 차이 분석과 수행 분석을 포함하는 전단 분석(front-end analysis)[4]과 함께 학습자 분석과 환경 분석이 이루어진다. 전단 분석에서는 먼저 어떤 점이 얼마나 기대하는 것에서 벗어나 있는지 차이를 분석(gap analysis)한다. 예컨대, 고객 만족도에 관한 기대 수치와 실제 수치를 확인하는 것이다. 수행 분석(performance analysis)은 특히 인간의 수행에 초점을 맞추면서, 해당 대상의 수행 문제가 무엇인지 그리고 이 문제의 원인과 해결 방안을 교육

4) 전단분석(front-end analysis)은 원래 소프트웨어 프로그래밍에서 사용자와 제일 가까운 시스템의 전면 부문을 설계하기 위한 분석을 지칭한다. ISD를 통하여 모종의 교육 시스템을 개발하려 할 때, 맨 처음 분석 단계에서 교육만을 유일한 해결안으로 제한하지 말고 교육외적 해결안을 포함하여 포괄적으로 볼 필요가 있다는 문제 의식을 강조하기 위하여 차용한 용어이다.

프로그램의 개발 혹은 교육외적 해결안 측면에서 검토한다.

전단 분석과 병행하여 일반적인 학습자 특성과 업무 환경 및 교육장 환경에 대한 분석을 실시한다. 학습자의 업무 경력과 같은 사전 경험과 정서적 특성에 대한 분석 등과 함께 테크놀로지 지원과 같은 교육시설과 도구의 상황에 대한 분석을 통하여 교육적 해결안의 실현 가능성을 검토하게 된다.

요구 분석 활동과 함께 초기 학습과제 분석(learning tasks)이 실시되어 교육 프로그램을 구성하는 교육 내용을 확인하게 된다. 이러한 초기 학습과제 분석은 이후 설계 단계와 더 나아가서 개발 단계에서 지속적인 학습과제 분석으로 이어진다.

2) 설계

분석 결과를 바탕으로 초기 프로토타입(rapid prototype)이 설계되며, 사용성 평가 과정을 거치면서 프로토타입이 수정되는 것과 함께 본격적인 교수설계(instructional design)가 이루어진다.

(1) 프로토타입 설계

분석 활동의 결과를 활용하여 프로토타입의 개발이 이루어진다. 초기 프로토타입은 낮은 완성도를 보여주는 것으로(low fidelity), 수행 문제 상황에 대한 해결안의 유형(교육, 교육외적 해결안), 교육 목적을 달성하기 위한 전체 교육 프로그램의 하위 주제, 커리큘럼 형태를 지닌 교육 내용별 계열 및 순서, 주요 교육 방법을 포함하게 된다(Dorsey, Goodrum, & Schwen, 1997). 분석 단계에서 이루어진 초기 학습 과제 분석이 본격적인 과제 분석 활동으로 계속되면서 프로토타입의 설계에 반영된다. 초기 프로토타입은 강사들이 사용하게 되는 자료와 학습자들이 참고하는 자료들을 대표하며, 이 과정을 통하여 교육 프로그램의 대체적인 윤곽과 특징이 드러나게 된다.

(2) 교수설계

교육 프로그램 개요와 관련된 프로토타입 설계가 완성되는 시점에 본격적인 교수설계 활동이 시작된다. 여기서 교수설계는 단위 주제를 어떻게 조직화하며, 어떤 교수 매체를 활용할 것인가와 같은 교수전략(instructional strategies)(임철일, 2012; Reigeluth, 1989)의 결정을 포함한다. 이 활동을 통하여 전통적인 교안(lesson plan) 혹은 강사용 매뉴얼(instructor's manual) 및 학습자용 교재 등의 높은 완성도를 보여주는 프로토타입(high fidelity)이 설계되어 마찬가지로 사용성 평가 절차를 밟게 된다. 사용성 평가 결과를 바탕으로 최종 교수설계안이 확정되며, 이를 바탕으로 본격적인 개발 단계로 넘어가게 된다.

3) 사용성 평가

설계 단계에서 제안된 초기 프로토타입(문제 상황에 따른 해결안의 유형, 교육 프로그램의 하위 주제, 교육 내용의 계열, 교육방법)에 대하여 교육 프로그램을 의뢰한 사람, 해당 내용의 전문가, 학습자의 의견을 대변할 수 있는 사람들을 대상으로 사용성 평가(usability testing)를 실시하게 된다. 이 과정을 통하여 분석 및 설계 단계에서 제대로 확인하거나 도출하지 못한 사항을 확인하여 수정된 프로토타입을 개발하게 된다. 수정안을 대상으로 다시 사용성 평가를 실시하여 최적의 교육 프로그램 개요(목적, 내용, 방법)를 설계하게 된다.

이와 병행하여 앞에서 언급한 본격적인 교수설계 활동이 이루어지면서 단위 주제에 대한 교수설계 안으로서 교안 혹은 강사용 매뉴얼과 학습자용 자료의 프로토타입에 대한 사용성 평가가 실시되어 최종 교수설계안이 확정된다.

4) 개발

사용성 평가를 마친 교수설계안이 반영된 '상세 프로토타입'[5]을 바탕으로 교육 프로그램을 구성하는 본격적인 자료들을 개발하게 된다. 기본적으로 강사용 매뉴얼(instructor's manual), 학습자용 자료(learner's material), 운영자용 매뉴얼(coordinator's manual)과 같은 자료를 개발하게 되며, 상황에 따라서는 교육과정(curriculum) 혹은 교육외적 해결안 등을 개발하게 된다.

5) 실행

개발 과정까지 마친 교육 프로그램은 실제 실행 단계를 거치면서 최종 사용성 평가를 실시하게 된다. 이 과정은 기존의 파일럿 과정 혹은 딕과 케리 모형에 있어서 '형성 평가' 단계와 동일한 것이다. 실행 과정을 거치면서 개발된 교육 프로그램의 개선 사항이 확인되어 이후 추가 교육 프로그램 운영 시 반영되며, 교육 프로그램의 총체적인 평가 과정이 실시된다.

5) 프로토타입은 결국 교육 프로그램 개요 프로토타입과 강사용 매뉴얼 및 학습자용 자료 관련 상세 프로토타입으로 구분될 수 있다. 개요 프로토타입 혹은 낮은 완성도의 프로토타입(low fidelity prototype)은 교육목표, 교육내용, 교육방법의 대강을 포함하게 된다. 상세 프로토타입 혹은 높은 완성도의 프로토타입(high fidelity prototype)은 그에 비하여 보다 구체적인 수준에서의 주요 방법, 주의할 점, 학습자료, 워크시트 등을 포함한다.

6) 총괄 평가

수정된 모형에서는 기존 모형에서도 실질적으로 언급되었던 총괄 평가를 명시적으로 포함하고 있다. 개발 단계 이후 '최초 실행'을 거치게 되는데 이 과정에서 또 한 번의 사용성 평가가 이루어진다. 여기에는 만족도 검사 또는 수행평가와 같은 2수준 평가가 이루어진다(Kirkpatrick, 1998). 즉 총괄 평가가 실행되며, 이 결과를 종합적으로 반영하여 교육 프로그램의 수정과 보완이 이루어진다. 총괄 평가 과정이 여전히 설계의 중요한 단계로 존재하고 있는 것이다. 따라서 수정된 모형에서는 이러한 총괄 평가의 기능을 적절하게 반영하기 위하여 별도의 마지막 단계로 포함하고 있다.

5. 요약

RPISD(Rapid Prototyping to Instructional Systems Design) 모형은 전통적인 교수체제설계(Instructional Systems Design) 접근을 발전시켜 개발되었다. 교수체제설계 혹은 ISD의 대표적인 모형으로 딕과 케리 모형이 소개되어 왔으나, 실제 기업의 현장에서 ISD가 적용되는 데에는 이론적, 실천적 한계가 있다. 요구 분석의 단계가 충분하게 포함되어 있지 않거나, 형성평가가 맨 마지막 단계에서야 이루어지는 이론적인 문제가 제기되었다. 또한 설계 활동 시 반드시 순차적인 단계를 따르지 않고 있는 교수설계 실천가들의 모습을 제대로 반영하지 못한다는 실제적인 문제도 드러났다. 이로 인하여 Rapid Prototyping 방법론에 대한 관심이 발전되어 왔다.

본서의 RPISD 모형은 이러한 문제의식의 한 가지 대응으로 개발되었다. 크게 분석, 설계, 개발, 실행, 평가의 단계가 포함되는 것은 기존의 교수체제설계와 유사하나, 개별 단계와 지속적으로 상호작용하는 사용성 평가 단계를 모형의 가운데 위치시켜 앞의 이론적, 실제적 문제를 해결하려고 하였다. RPISD 모형의 첫 번째 분석 단계는 전단 분석, 학습자 분석, 환경 분석으로 구성되는 요구 분석과 초기 학습과제 분석이 포함된다. 요구 분석과 초기 학습과제 분석 결과는 교육 프로그램 개요에 대한 프로토타입의 개발로 이어지며, 이에 대한 사용성 평가가 바로 실시된다. 그 후 사용성 평가 결과를 반영한 수정된 프로토타입의 개발, 본격적인 교수설계 및 지속적 학습과제 분석이 병행되는 설계 단계가 이루어진다. 설계 단계의 결과는 개발 단계를 통하여 구체화되며, 이 단계에서도 사용성 평가는 반복된다. 본격적인 개발 과정을 통해 산출된 결과물을 대상으로 최초의 파일럿 과정이 실행된다. 실행 과정에서 중요하게 이루어지는 마지막 평가는 총괄 평가에 의하여 완성되는데, 이 결과를 종합적으로 반영하여 최적의 교육 프로그램이 개발될 수 있도록 추가적인 분석과 설계 활동이 이루어지게 된다.

연습 및 탐구 문제

1. 교수체제설계 모형에 대한 다음 설명 중 옳지 않은 것을 고르시오.
   ① Dick과 Carey 모형은 행동주의, 인지주의 학습 이론을 반영한 교수체제설계의 대표적인 모형이다.
   ② 초기 교수체제설계 모형은 단계별 접근의 특징을 지니고 있다.
   ③ 최근 전통적인 모형에 대한 대안적인 관점으로 사용자와 형성평가의 성격을 강조하는 래피드 프로토타입 접근이 교수체제설계에서 적용되고 있다.
   ④ 교수체제설계는 맥락과 상황보다 일반적인 특성을 중시한다.

2. 수업 혹은 교육 프로그램을 개발하기 위한 ISD 모형과 관련된 다음 설명 중 적절하지 않은 것은?
   ① ISD는 최적의 교육 내용 선정을 효과적인 교육의 핵심적 요소로 파악한다.
   ② 전통적인 체계적 접근에서는 투입, 과정, 산출, 피드백의 과정을 중요하게 다룬다.
   ③ Rapid prototyping 접근에서는 무엇보다도 사용자 의견의 조기 반영에 주목한다.
   ④ 요구 분석은 주로 무엇을, 왜 가르칠 것인가를 다루며 과제 분석은 주로 무엇을 가르칠 것인가를 다룬다.

3. Dick과 Carey의 체계적 교수설계 모형이 이론적 기반으로 하고 있는 가네의 학습의 조건의 핵심 아이디어가 무엇이고, 어떻게 Dick과 Carey 모형에 영향을 주었는지 논의하시오.

참고문헌

나일주, 임철일, 이인숙 (2003). 기업교육론. 학지사.

박성익, 임철일, 이재경, 최정임, 조영환 (2021). 교육공학과 수업(제6판). 교육과학사.

송영수 (2007). 국내 대기업 인적자원개발(HRD) 동향: 국내 대기업 HRD 관리자의 인식을 중심으로. 교육정보미디어연구, 13(2), 139-160.

오헌석 (2009). ASTD 인적자원개발 트렌드. 학지사.

이찬, 리상섭, 신제구, 이성엽, 전기석 (2017). 인적자원개발론. 양서원.

임철일 (2012). 교수설계이론과 모형(제2판). 교육과학사.

임철일, 김동호, 한형종 (2022). 원격교육과 사이버교육 활용의 이해(제3판). 교육과학사.

임철일, 김민강, 김윤정 (2005). 웹기반 수업 개발을 위한 인쇄물 기반의 래피드 프로토타입 개발 방법론에 관한 연구. 교육공학연구, 21(1), 3-28.

임철일, 송유경, 홍수민, 박찬실 (2020). 교수체제설계를 위한 래피드 프로토타입(RPISD) 모형 적용 및 개선에 관한 연구. 교육공학연구, 36(3), 589-617.

임철일, 연은경 (2006). 기업교육 프로그램 개발을 위한 사용자 중심의 래피드 프로토타입 방법론에 관한 연구. 기업교육연구, 8(2), 27-50.

임철일, 조영환, 장선영, 하미리 (2005). 사용자중심설계 모형에 관한 개발연구: 웹기반 문제중심학습을 중심으로. 교육학연구, 43(3), 231-263.

장원섭 (2011). 인적자원개발: 이론과 실천. 학지사.

Dick, W., Carey, L., & Carey, O. J. (2009). *The systematic design of instruction* (7th ed.). Pearson Education, Inc.

Dick, W., Carey, L., & Carey, J. O. (2014). *The systematic design of instruction* (8th ed.). Pearson Education, Inc.

Dorsey, L. T., Goodrum, D. A., & Schwen, T. M. (1997). Rapid collaborative prototyping as an instructional development paradigm. In C. Dills & A. J. Romiszowski (Eds.). *Instructional development paradigms*. Educational Technology Publications.

Gagné, R. M. (1977). *The conditions of learning* (3rd ed.). Holt, Rinehart and Winston.

Gustafson, K. L., & Branch, R. M. (2002). *Survey of instructional development models* (4th ed.). ERIC Clearinghouse on Information & Technology.

Heinich, R., Molenda, M., Russell, J., & Smaldino, S. (1999). *Instructional media and technologies for learning* (6th ed.). Prentice-Hall.

Jacobs, R. L., & Washington, C. (2003). Employee development and organizational performance: A review of literature and directions for future research. *Human Resource Development International, 6*(3), 343-354.

Jones, T. S., & Richey, R. C. (2000). Rapid prototyping methodology in action: A developmental study. *Educational Technology Research and Development, 48*(2), 63-80.

Kirkpatrick, D. (1998). *Evaluating Training Programs: The Four Levels*. Berrett-Koehler.

Larson, M. B. & Lockee, B. B. (2014). *Streamlined ID: A practical guide to instructional design*. Routledge.

Naumann, J. D., & Zenkins, A. M.(1982). Prototyping: The new paradigm for systems development. *Management Information Systems Quarterly*, 29-44.

Reigeluth, C. M. (1989). Educational technology at the crossroads: New mindsets and new directions. *Educational Technology Research and Development, 37* (1), 67-80.

Rowland, G. (1992). What do instructional designers actually do? An initial investigation of expert practice. *Performance Improvement Quarterly, 5* (2), 65-86.

Seels, B., & Glasgow, Z. (1998). *Making instructional design decisions*. Educational Technology Publications.

Swanson, R. A. (2007). *Analysis for improving performance: Tools for diagnosing organizations and documenting workplace expertise* (2nd ed.). Berrett-Koehler.

Tripp, S. D., & Bichelmeyer, B. (1990). Rapid prototyping: An alternative instructional design strategy. *Educational Technology Research and Development, 38*(1), 31-44.

제 2 장

요구분석의 개념과 절차

1. 개요

제1장에서 기업 교육 프로그램을 개발하기 위한 전체적인 틀로서 RPISD 모형을 소개하였다면, 본 장에서는 효과적인 교육 프로그램 개발을 위한 RPISD 모형의 첫 단계인 요구분석의 개념과 절차를 이 책의 저자들이 개발한 요구분석 모형과 사례를 통해 구체적으로 소개한다. 기업 등에서 조직의 구성원들이 문제를 일으켰을 때 우리는 흔히 교육을 통해 문제를 해결하려고 한다. 만약 그 문제가 발생한 원인이 지식, 기술, 태도의 결핍이나 부족 때문이라면 교육이 효과적인 하나의 해결안이 될 수 있다. 하지만 동기 수준이 낮거나 잦은 인사이동과 같은 환경적인 문제라면 아무리 훌륭한 교육 프로그램을 개발한다고 하더라고 교육을 통해 당면한 문제를 해결하기는 어려울 것이다. 예를 들어, 전화상담원이 고객응대를 잘 하지 못한다고 했을 때, 그 원인이 신제품에 대한 지식이 없기 때문이라면 교육은 전화상담원이 고객응대를 잘 하게 할 수 있는 효과적인 해결안이 될 수 있다. 하지만 휴식시간 없이 일정 시간 동안 내내 전화응대를 해야 하는 것이 원인이라면, 휴식시간을 확보할 수 있도록 업무를 줄여주는 것이 고객응대를 잘 할 수 있도록 도와주는 효과적인 해결안이 될 수 있다. 이처럼 RPISD에서 요구분석이란 바람직한 상태(고객응대를 잘 하는 것)와 현재 상태(고객응대를 잘 하지 못하는 것)의 차이를 확인하고, 이를 해결하기 위해 원인을 분석하고, 이에 따른 최적의 해결안(교육, 교육 외적 해결안)을 도출하는 과정이다. 즉, 요구분석은 최적의 해결안을 도출함으로써 조직의 문제를 효과적으로 해결할 수 있는 첫 단계이자, 교육의 필요성과 타당성을 검증하는 도구로도 활용될 수 있다.

요구분석의 절차는 어떠한 모형을 선정하여 요구분석을 실시하는가에 따라서도 달라질 수 있고, 요구분석이 수행되는 조직의 목적이나 상황에 따라서도 달라질 수 있다. 대표적인 요구분석 모형 중 하나인 메이거와 파아프 모형(Mager & Pipe, 1997)은 순서도에 따라 수행문제와 관련된 원인과 해결안을 모색할 수 있는 장점이 있으며, 실즈와 글래스고 모형(Seels & Glasgow, 1990)은 7단계의 활동을 투입(input)-행위(action)-산출(output)의 측면에서 보여주고 있기 때문에 요구분석을 처음 접하는 사람들도 쉽게 적용해 볼 수 있는 장점이 있다. 본 장(章)에서는 '수행 요구분석(Performance Needs Analysis: PNA) 모형'에 따라 요구분석의 절차를 소개하였다. PNA 모형은 지난 10년간 요구분석을 처음 접하는 대학원생들이 실즈와 글래스고 모형(Seels & Glasgow, 1990)에 따라 실제 요구분석 프로젝트에 참여했던 사례를 토대로 개발한 모형이다. PNA 모형은 크게 1) 프로젝트 설정(Initiate Project), 2) 프로젝트 착수(Start Project), 3) 정보 수집(Collect Data), 4) 수행분석(Analyze Performance), 5) 해결안 도출(Create Solution)의 단계로 구분되며, 정보수집과 해결안 도출의 과정이 필요에 따라 반복되면서 구체화되는 실제적인 모습을 담고 있기 때문에 기업 맥락에서 요구분석을 처음 접하는 사람들도 쉽게 활용할 수 있는 장점이 있다.

2. 요구분석의 개념과 절차

1장에서 효과적인 교육 프로그램 개발을 위한 다양한 접근방법과 RPISD 모형에 대해 소개하였다면, 2장에서는 RPISD 모형의 첫 단계인 요구분석의 개념과 절차에 대해 구체적으로 다룬다. 요구분석의 과정은 효과적인 교육 프로그램 개발을 위해 꼭 거쳐야 하는 중요한 단계임에도 불구하고 생략되는 경우가 많다. 요구분석의 단계를 생략하는 주요 이유로는 기업에서 각종 문제가 발생하면 흔히 교육을 통해 해당 문제를 해결하려고 하는 경향이 있기 때문이기도 하고, 요구분석의 과정이 다소 복잡하고 어렵기 때문이기도 하다. 본격적으로 요구분석의 개념과 절차에 대해 소개하기 전 두 가지 사례를 통해 요구분석이 왜 필요한지에 대해 먼저 살펴보자.

첫째, 부동산 관련 A기업의 경우 고객만족 평가 점수가 하락하자 이러한 문제를 해결하기 위한 방법으로 직원들의 서비스 인식 및 고객응대와 관련된 교육을 확대 시행하기로 하였다. 그 후 효과적인 교육을 위해 다양한 교육방법을 적용하여 양질의 교육 프로그램을 개발하는 데 많은 시간과 노력을 기울였고, 그 결과, 감성 메시지를 전달하는 힐링 교육, 업무 특성에 따른 우수 사례를 발굴하고 공유하는 사례기반 교육, 고객 응대 성과가 미흡한 부서의 직원을 대상으로 한 집중 코칭식 교육, 민원응대 요령에 대한 온라인 교육 등과 같은 신규 교육 프로그램을 개발하였다. 그렇다면 교육 이후 고객만족도 평가 점수는 향상되었을까? 결과는 안타깝게도 그렇지 않았다. 위 사례에서 고객만족도 평가에서 낮은 점수를 받은 주요 원인은 다음과 같다. 아파트 분양 후 입주 전까지의 일정에 따른 정확한 정보가 제공되지 않는다는 것과 우편 미수신 고객에 대한 관리 방안이 없다는 것, 입주 후 미완공되었거나 불편한 시설에 대한 관리체계가 미흡하다는 것이었다. 만약 해당 원인이 직원들의 고객응대에 대한 태도나 지식 또는 기술이 부족했기 때문이라면 고객만족도 평가 점수를 향상시키기 위한 효과적인 해결안은 교육이었을 것이다. 그러나 위의 상황에서 고객만족도를 향상시킬 수 있는 방법은 고객응대 교육이 아니라 입주 전까지 일정에 따라 정확한 정보를 제공하고, 우편 미수신 고객 관리 방안을 마련하고, 입주 전까지 미완공된 시설물이 없는지 확인하고, 불편 시설에 대한 관리체계를 확보하는 것이다.

둘째, B전자의 경우 전국 단위로 서비스센터를 운영하고 있다. 본사에서는 고객만족을 위해 지점별 서비스 평가 결과를 매 분기별로 공지하고, 서비스 평가 실적이 부진한 센터에 소속된 직원들을 대상으로 고객응대 교육을 실시하고 있다. B전자는 고객응대의 체계성을 확보하고, 해당 역량을 향상시키기 위해 신입 직원들을 대상으로 하는 고객응대 절차와 방법에 대한 교육 및 경력 직원들을 대상으로 하는 상황별 고객응대 서비스 심화교육을 운영하고 있다. 올해는 집합교육 형태의 고객응대 교육에 참여하기 어려운 직원들을 고려하여 짧은 동영상 클립 형태의 고객응대 마이크로러닝(microlearning) 과정을 개발하고, 집합교육 전 온라인 교육을 통해 사전 학습을 진행하는 플립 러닝(flipped learning)을 통해 해당 교육의 효과성을 강화하고자 한다. B전자의 상황이라면 교육이 효과적인 해결안이 될 수 있을까? 위에서 제시한 사례와 마찬가지로 고객응대에 관한 서비스 평가결과가 낮은 이유가 해당 직원들이 신제품에 대한 지식이 없기 때문에 적절하게 응대하지 못하는 문제라면 교육은 고객응대 역량을 향상시키는 효과적인 해결안이 될 수 있다. 하지만 휴식시간 없이 일정 시간 동안 내내 고객응대를 해야 하는 것이 원인이라면 휴식시간을 확보할 수 있도록 업무를 줄여주는 것이 고객응대를 잘 할 수 있도록 도와주는 효과적인 해결안이 될 수 있다.

요구분석이란 교육 프로그램 개발 전 교육의 필요성과 타당성을 검증하는 절차이다. 즉, 요구분석은 조직의 사업적인 이슈와 관련된 요구나 조직의 문제를 해결하기 위해 교육이 필요한지, 필요하다면 어떤 교육이 이루어져야 하는지를 확인하는 단계이다. 위의 두 사례에서 우리가 기대하는 바람직한 상태는 높은 고객만족도나 서비스 평가를 받는 것이고 현재의 상태는 기대하는 것과 같은 고객만족도나 서비스 평가를 받지 못한 것이다. 고객만족이나 서비스 평가 결과가 기대보다 낮은 원인을 분석하고, 해당 원인이 지식, 기술, 태도의 문제라면 교육적인 해결안을, 잦은 인사이동, 낮은 동기수준 등과 같은 환경적인 문제라면 교육 외적인 해결안을 도출하는 일련의 과정이 바로 요구분석이다. 따라서 이러한 요구분석의 과정이 생략되면 아무리 좋은 교육 프로그램을 개발했더라도 긍정적인 효과를 기대하기 어렵다.

요구분석의 절차는 요구분석이 수행되는 조직의 목적이나 상황에 따라서도 달라질 수 있고, 어떠한 모형을 선정하여 요구분석을 실시하는가에 따라서도 달라질 수 있다. 요구분석의 대표적인 모형은 메이거와 파이프 모형(1997), 실스와 글래스고 모형(1990), 로세트 모형(1987) 등이 있다. 메이거와 파이프 모형은 [그림 2-1]에 제시한 것과 같이 순서도에 따라 수행 문제와 관련된 다양한 원인과 해결안을 모색할 수 있는 장점이 있다.

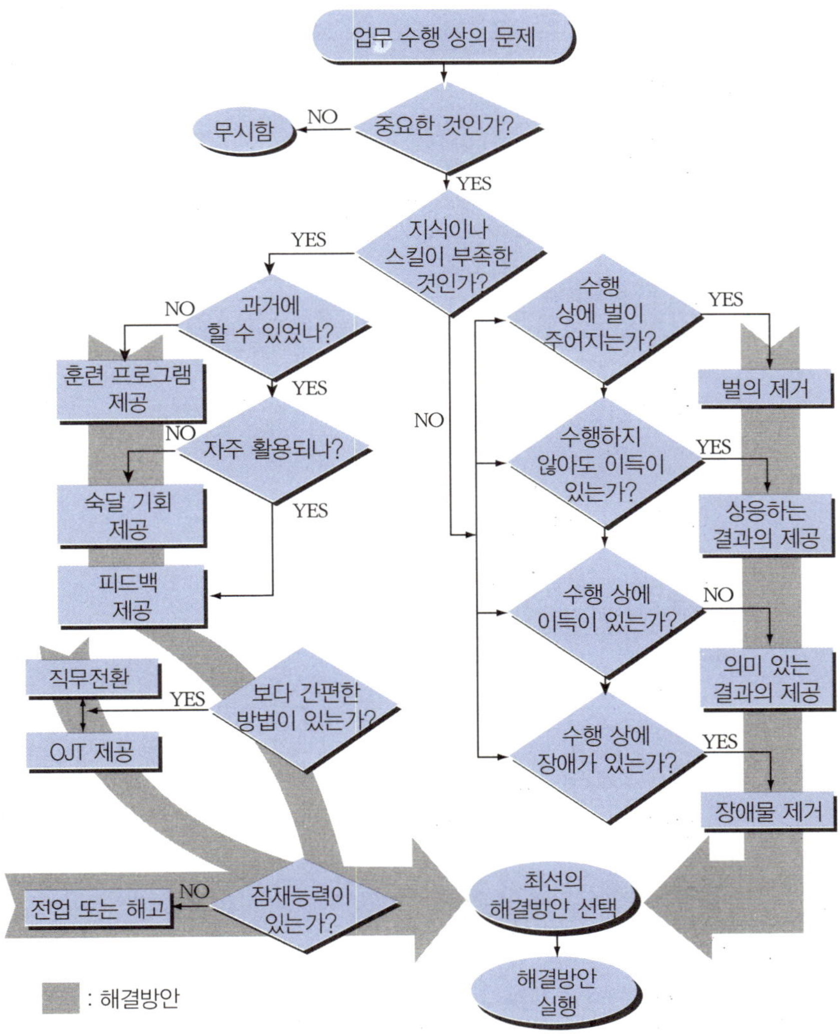

[그림 2-1] Mager와 Pipe의 요구 분석 모형(수행 문제 분석도)

실스와 글래스고 모형은 정보수집, 차이확인, 수행분석, 가용자원 및 장애요인 확인, 학습자 특성 파악, 우선 순위와 목적 수립, 문제 진술의 7단계에 따라 요구분석의 과정을 설명하고 있으며, 각 단계의 활동을 투입(input)－행위(action)－산출(output)의 측면에서 보여주고 있기 때문에 처음 요구분석을 접하는 사람들도 쉽게 적용할 수 있는 장점이 있다.

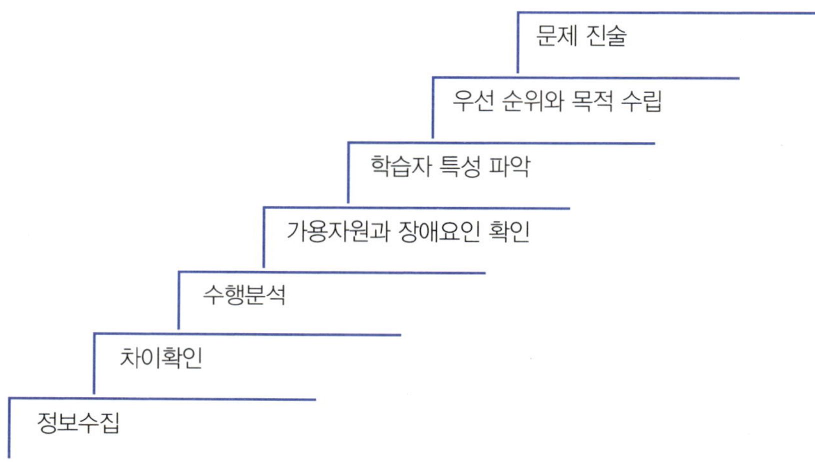

[그림 2-2] Seels와 Glasgow의 요구 분석 모형

〈표 2-1〉 Seels와 Glasgow의 요구 분석 단계에 따른 투입-행위-산출

투입	행위	산출
정보 수집 방법	정보 수집	차이에 관한 정보, 문제의 속성, 장애요인, 가용자원, 학습자 특성, 우선순위 수립
이상적인 상태와 현재상태의 차이에 대한 정보	차이 확인	요구 진술
문제의 속성에 대한 정보	수행 분석	교육적 · 비교육적 문제 여부
가용 자원과 장애 요인에 대한 정보	가용 자원과 장애 요인 확인	맥락 문제

학습자 특성에 관한 정보	학습자 특성 파악	학습자 프로필
차이, 맥락, 학습자 특성에 관한 정보	우선 순위 결정	목표 진술
목표 진술	문제 진술	문제 진술

로세트(1987, 박성익, 임철일, 이재경 외, 2012에서 재인용)는 요구분석을 '최적의 수행과 실제 수행 사이에서 발생하는 불일치(즉, 요구)를 분석하는 것'으로 정의하였다. 로세트의 요구분석 모형은 문제가 발생한 초기 상태를 분석하고, 그 문제를 해결하는 데 필요한 의사결정을 내리기 위해 각 단계별로 수행해야 할 과제들에 대해 다룬다.

[그림 2-3] Rossett의 요구 분석 모형

위에서 제시한 것처럼 요구분석의 모형에 따라 강조점과 강점이 각기 다르기 때문에 상황에 따라 적절한 모형을 선택해서 활용하면 된다. 하지만 어떤 모형을 선택할지를 결정하고, 개별 모형에서 안내된 각 절차에 따라 세부적인 단계를 거치는 과정은 일정 수준의 지식과 경험이 필요하다. 따라서 본 장에서는 초보자도 쉽게 따라 할 수 있는 '수행요구분석(Performance Needs Analysis: PNA) 모형'에 따라 요구분석의 절차를 소개하였다.

1) 요구분석의 개념

일반적으로 요구분석이란 바람직한 상태와 현재 상태의 차이를 확인하고, 이러한 차이가 발생된 원인을 분석하고, 도출된 해결안 중 제한 조건과 가용 자원을 고려하여 우선 순위를 결정하는 체계적인 과정과 절차를 의미한다. 여기서 요구란 바람직한 상태와 현재 상태와의 차이를 의미한다. 산업계에서의 요구는 사업요구(business needs), 수행요구(performance needs), 교육요구(training needs)의 세 가지로 구분할 수 있다(Robinson & Robinson, 1995). 사업요구란 사업 목표와 이와 관련된 현재의 업적 간 차이를, 수행요구란 업무와 관련된 이상적인 행동과 현재의 직무 수행 행동 간 차이를, 교육요구란 성공적인 직무수행을 위해 직원들이 갖추고 있어야 할 지식·기술과 현재 갖고 있는 직원들의 지식·기술 간 차이를 의미한다. 예컨대, 시장점유율이 매년 2%씩 떨어지고 있다는 것은 사업요구이고, 영업사원들이 고객 상담을 제대로 하지 못하는 것은 수행요구이며, 영업사원들이 고객상담을 위해 필요한 상담기술이 없는 것은 교육요구이다.

요구분석은 다양한 집단과 조직의 요구를 정확하고 체계적으로 파악함으로써 바람직한 의사결정과 정책 수립의 유용성을 높이고, 자원을 합리적으로 배분하도록 유도하는 데 도움을 준다. 예컨대, 여러분이 아래와 같은 상황에서 한 회사의 교육부서 담당자라고 가정해 보자.

한 회사의 사장이 책상에 앉아 서류를 보면서 한숨을 쉬며, 고민을 하고 있다.

사장: 어이구…… 작년에 비해 매출이 20%나 감소했네. 이대로 가면 회사 운영이 매우 힘들겠는데…… 일단, 무엇이 문제인지 공장을 한 번 둘러볼까?

공장에 들어서는데 직원들 셋이 모여 이야기를 하는 소리가 들린다.

직원 1: (지친 목소리로) 후…… 요즘 들어 부쩍 일이 지겹다니까…… 자네들은 안 그런가?

직원 2: 나도 그렇다네. 3년 전에는 이 회사에 다니는 것이 자랑스러웠는데 이제는 그런 생각도 안 든다네. 그래서 그런지 나도 2년 전부터는 일이 지겹고 능률도 안 오른다니까.

직원 1, 3: 맞아. 맞아.

사장: (해결책을 찾아 기쁜 목소리로) 그래! 저게 문제구만. 우리 회사 직원들은 애사심이 부족해. 애사심이 부족하니 계속 매출이 감소할 수밖에……. 지금 당장 애사심을 기르기 위한 교육 프로그램을 개발하라고 지시해야겠어.

사장이 위와 같은 상황을 설명하면서 애사심을 위한 교육 프로그램을 개발하라고 지시를 내린다면 여러분은 어떻게 하겠는가? 각자의 답이 모두 다르겠지만, 위와 같은 사례를 제시했을 때 주로 나오는 대답은 다음과 같다.

- 애사심과 관련된 이전 교육 자료를 살펴본다.
- 다른 회사에서 실시하는 애사심 관련 교육 프로그램을 벤치마킹한다.
- 직원들을 대상으로 애사심과 관련된 희망하는 세부 교육 내용을 조사한다.
- 개별 직원들의 현재 애사심 수준을 진단한다.
- 애사심을 잘 가르치기 위한 교육 방법들을 찾아본다.

여러분이 생각한 답과 위에 제시한 답 중에 일치하는 항목이 있다면, 아마도 여러분은 "회사의 생산력이 감소한 이유는 직원들의 애사심이 부족하기 때문이며, 이를 위한 교육이 제공되면 매출이 증가할 것이다."라고 전제했을 것이다. 그러나 무엇이 생산력을 감소시키는지를 확인하지 않고는 위의 전제가 '참'인지 '거짓'인지 알기 어렵다. 물론 이러한 전제가 '참'이라면 여러분이 개발한 애사심 교육은 매출 증진에 긍정적인 영향을 미칠 것이다. 하지만 회사의 매출 감소가 노후된 시설의 문제이거나 비슷한 업종의 타 회사보다 월급이 적음으로 인해 능률이 감소해서 생긴 문제라면 위의 전제는 '거짓'이고, 아무리 훌륭한 애사심 교육 프로그램을 개발했더라도 교육을 통해 매출 증진을 기대하기는 어렵다.

이러한 상황에서 바람직한 의사결정을 내리기 위해서는 요구분석이 필요하다. 위의 상황에서 바람직한 상태는 기업의 '매출 증진'이며, 현재 상태는 '매출 감소'이다. 요구분석은 바로 이러한 차이를 확인하고, 왜 이러한 차이가 발생했는지 원인을 분석하고, 최적의 해결안을 도출하는 과정이다. 교육 및 훈련의 맥락에서는 왜 직원이 바람직한 지식, 기술, 태도를 가지지 못하는가를 분석하고 해결안을 도출하는 것에 초점을 둔다.

그렇다면 언제 요구분석이 필요할까? 다음에 제시된 사례는 교육 담당자들이 흔히 접하는 상황이다. 각 사례를 읽고 요구분석이 필요한지의 여부에 대해 검토해 보자.

〈표 2-2〉 요구분석의 사례

사례	요구분석이	
	필요함	필요하지 않음
1. B사에서는 급속하게 변화하는 기업교육의 환경에 대응하고, 교육 담당자의 실무 능력을 향상시키기 위해서 교육 담당자를 위한 교육과정을 개발하기로 하였다. 지금까지는 교육 부서에서 전문 교육 담당자가 배치되었던 것이 아니라 전공이나 능력과 관계없이 3년에 한 번씩 순환제로 근무를 하였다. 그러다 보니 교육 담당자들이 교육 업무에 대한 전문적인 지식이나 기술이 부족하였고, 따라서 질 높은 교육 프로그램을 개발할 수도 없었다. 하지만 이제는 기업의 경영 성과에 기여할 수 있는 수준 높은 교육 프로그램을 개발하고, 효과적인 교육을 운영할 수 있는 교육 담당자의 자질이 필요하다는 인식에서 회사에서는 교육부서의 전 직원을 대상으로 하는 새로운 교육과정과 교육 프로그램을 개발하기로 결정하였다.		
2. C사에서는 올해 회사의 생산력과 경쟁력을 높이기 위한 방안으로 팀제 중심의 근무체제 개편을 실시하였다. 이전에는 전무, 이사, 과장, 대리와 같이 상명하달의 위계적이었던 업무 구조를 팀장과 팀원으로 이루어진 수평적인 팀제로 바꾸게 된 것이다. 하지만 직원들은 팀제의 개념에 익숙하지 않고, 팀제를 통해 어떻게 업무를 수행할 수 있는지에 대해 혼란을 느끼고 있다. 이에 회사에서는 전 직원을 대상으로 팀제에 관한 교육 프로그램을 개발하기로 결정하였다.		
3. D대학의 멀티미디어실에서는 매년 조교가 바뀔 때마다 조교 교육을 실시하고 있다. 조교 교육은 한나절 정도의 간단한 오리엔테이션의 형식으로 이루어지고 있으며, 멀티미디어실 관리에 필요한 기본 지식과 운영 방법에 대한 내용으로 이루어지고 있다. 관리자는 올해도 조교 교육을 실시할 계획인데, 새로 첨가될 내용이나 수정되어야 할 내용이 없는지 점검하고 있다.		

위의 각 사례에는 독특한 문제 상황이 내포되어 있다. 첫 번째 사례에서는 교육담당자들의 능력 부족 문제를, 두 번째 사례에서는 팀제라는 새로운 근무체제의 개편으로 인한 혼란의 문제를, 마지막 사례에서는 특별한

수행상의 문제없이 교육을 실시하는 문제를 다루고 있다. 언뜻 생각해 보면, 위의 세 사례가 모두 교육을 통해 해결될 수 있을 것처럼 보인다. 또한, 대부분의 사람들은 실제 이러한 문제에 직면했을 때 교육을 제공함으로써 문제를 해결하려는 경향이 있다. 예를 들면, 첫 번째 상황에서는 순환근무제로 인한 직무 역량의 문제를 해결하기 위해 관련 직무의 전문성을 갖출 수 있도록 해당 교육을 제공함으로써 문제를 해결하려고 하는 것이다. 그러나 여러분이 현명한 교육전문가라면 교육이 문제를 해결하는 최적의 방법이라고 섣불리 결론을 내리지 않고, 요구분석을 통해 최적의 해결안을 도출하려고 할 것이다. 요구분석의 과정을 거치면 해당 상황에서 최적의 해결안은 교육이 아닌 순환근무제의 폐지일 수도 있다.

우리는 교육을 통해 문제를 해결하거나 새로운 체제나 장비가 잘 쓰일 수 있도록 하려는 경향이 있지만 대부분의 상황에서 이러한 접근 방법은 효과적이지 않다. 의사결정의 유용성을 높이기 위해서는 현재 상태와 우리가 기대하는 바람직한 상태의 차이를 확인하고, 왜 이러한 차이가 발생하였는지를 체계적으로 분석함으로써 최적의 해결안을 도출하는 과정이 필요하며, 이것이 바로 '요구분석'이다.

2) 요구분석의 절차

여기에서는 임철일과 연은경(2015)이 제안한 'PNA(Performance Needs Analysis) 모형'에 따라 요구분석의 절차를 소개한다. PNA 모형은 지난 20여 년간 대학원 수업에서 요구분석을 처음 접하는 학생들이 실제 요구분석 프로젝트에 참여하면서 요구분석의 과정을 거친 사례들을 분석하여 개발하였다. PNA 모형에서 제안하고 있는 요구분석의 절차는 기본적인 요구분석의 단계를 포함하면서 일반적으로 쉽게 활용할 수 있는 모형이다. 이 모형은 다음의 전제에 따라 개발되었다.

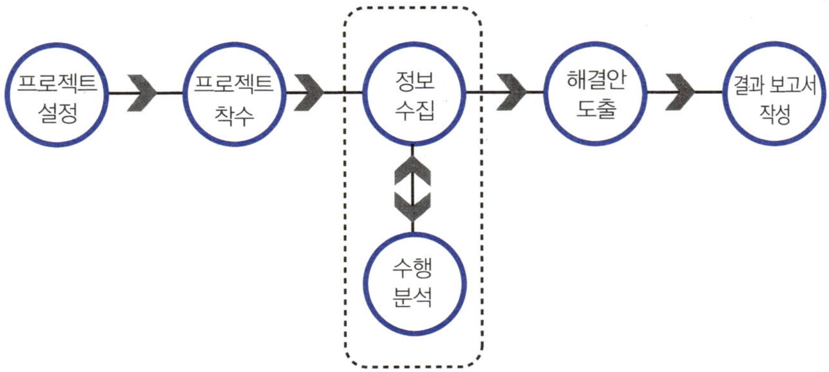

[그림 2-4] PNA(Performance Needs Analysis) 모형

- 기업이나 대학에서의 다양한 요구분석의 사례에 포함된 활동을 기반으로 한다.
- 표준화된 요구분석 절차를 포함한다.
- 요구분석의 핵심활동은 수행분석이다.
- 최종산출물 개발을 위해 래피드 프로토타입 개발 방법론을 적용한다.
- 전문가에 의한 멘토링 및 코칭 시스템을 반영한 피드백 시스템을 운영한다.

(1) 프로젝트 설정(Initiate Project)

요구분석은 보통 의뢰인을 만나는 것에서부터 시작된다. 이 단계의 핵심 목표는 요구분석을 실시하고자 하는 구체적인 상황이 무엇인지 분석하는 것이다. 이를 위해서는 의뢰인과의 면담 전 가능한 한 사전 정보를 파악하는 것이 필요하다. 사전 정보에는 요구분석을 실시하고자 하는 개요 수준의 맥락과 핵심 대상에 대한 정보 등이 포함된다. 예컨대, 곧 소개될 '서비스센터 안내도우미' 사례에서 핵심 대상은 신입 안내도우미이며, 요구분석을 의뢰하는 구체적인 상황은 신입 안내도우미들의 고객 응대 방식 및 절차가 체계적이지 못하다는 것이다.

본격적인 상황 분석은 의뢰인과의 면담을 통해 얻게 되므로 의뢰인과의 면담 준비를 잘 하는 것이 매우 중요하다. 의뢰인과의 면담을 통해 요구분석의 구체적인 상황을 분석하기 위해서는 면담 시 다음과 같은 질문을 하는 것이 필요하다.

- 무엇이 문제인가?
- 어떤 결과를 얻고자 하는가?
- 어떠한 상황을 고려해야 하는가?
- 누가 문제해결에 관심이 있는가?
- 누가 문제해결을 방해하는가?
- 어떤 정보를 얻을 수 있는가? (이전 교육 자료 및 평가자료 포함)
- 시간이나 자원의 제약은 없는가?

프로젝트 설정 단계는 프로젝트 시작 전에 범위 및 제반 준비 사항을 결정하고, 조정하기 위한 것이다. 따라서 사전에 문제가 될 수 있는 것은 의뢰인(혹은 담당자)과 사전에 조정하고, 프로젝트 이해당사자 사이에 전체적인 프로젝트의 방향과 결과물에 대한 공감대를 형성하는 것이 중요하다. 또한, 이후 단계를 성공적으로 이끌기 위해 프로젝트의 목적과 기간, 기대와 활용 방안에 대해 구체화하는 것이 필요하다.

(2) 프로젝트 착수(Start Project)

의뢰인과의 면담을 통해 요구분석을 필요로 하는 구체적인 상황을 파악하였다면 정해진 기간과 자원을 고려하여 요구분석 프로젝트의 범위와 목적을 설정해야 한다. 일반적으로 요구분석을 필요로 하는 상황은 1) 수행상의 문제, 2) 새로운 체제나 테크놀로지의 도입, 3) 습관적 교육, 훈련의 세 가지 유형에 해당한다. 각 상황에서 추구해야 할 정보의 초점은 다를 수 있으며, 정보의 유형은 최적(optimal), 실제(actuals), 느낌(feeling), 원인(causes), 해결방안(solutions)의 다섯 가지로 구분할 수 있다(Rossett, 1987). 예컨대, 서비스센터 안내도우미의 경우, 최적의 상태는 안내도우미들이 고객 응대를 잘하는 것이고, 현재 상태는 안내도우미들이 고객응대를 잘하지 못하는 것이다. 즉, 도우미들의 고객 응대 수준에 편차가 크며, 도우미들이 다양한 고객의 유형(혹은 상황)을 잘 대처하지 못한다는 것이다. 이는 도우미들의 근무 만족도와 일에 대한 자부심은 낮고(느낌), 고객의 유형에 따른 고객응대 방법이나 상황별 대처 방법을 모르고 있다는 점에서 기인한다(원인). 안내도우미들의 고객응대 스킬을 높이기 위해서는 상황별 대처 능력 향상을 위한 교육을 제공하거나 상황별 대처 요령에 대한 매뉴얼 혹은 비디오 등의 시청각 자료를 제공할 필요가 있다(해결방안).

이처럼 수행상의 문제와 관련된 요구분석을 할 때는 아래의 다섯 가지 정보를 모두 탐색해야 하며, 새로운 체제나 테크놀로지의 도입에 관한 요구분석에서는 실제나 원인에 대한 정보는 생략한다. 습관적 훈련과 관련된 요구분석 상황에서는 실제 수행과 연관 지어 꼭 필요한 교육인지를 파악할

최적	업무 수행의 바람직한 상태 또는 최적의 상태는 무엇인가?
실제	업무가 진행되고 있는 상태, 현재 업무 담당자가 알고 있는 것과 할 수 있는 것에 대한 정보는 무엇인가?
느낌	문제와 관련된 구성원들의 느낌이나 의견은 무엇인가?
원인	무엇이 문제를 야기하는가?
해결안	파악된 문제의 원인에 따른 해결책은 무엇인가?

[그림 2-5] 수행상의 문제와 관련된 요구 분석 정보 확인

필요가 있으며, 작업 수행상의 문제와 관련한 교육이었다면 앞서 기술한 것과 같이 모든 유형의 정보를 검토해 보아야 한다.

요구분석이 필요한 상황에 대한 분석을 통해 목적이 결정되면 그 이후의 과정에 필요한 정보를 누가 가지고 있는지 그 출처를 확인해야 한다. 정보의 출처를 확인할 때는 다음과 같은 질문이 도움이 된다.

- 어디에 정보가 있는가?
- 필요한 정보를 누구에게서 얻을 수 있는가?
- 요구분석의 과정을 알 필요가 있는 사람은 누구인가?

정보의 출처를 확인한 후에는 실제 요구분석에 필요한 도구를 선정하게 된다. 여기서 도구란 요구분석을 통해 해결안을 획득하기 위한 방법을 의미한다. 주로 현존자료를 분석하거나 관계자와의 인터뷰 또는 설문조사를 실시하고, 현장을 관찰하는 것이 요구분석의 도구로 사용된다. 도구를 선정한 후에는 목적에 맞게 구체적인 자료(도구)를 개발하는 단계가 필요한데, 이 과정은 '정보 수집' 단계에서 구체적으로 소개하였다.

본격적인 요구분석을 위한 준비 단계의 마지막은 실행계획 보고서(executive report)를 작성하고, 공유하는 것이다. 실행계획 보고서에는 요구분석의 목적 및 필요성, 지원 요청 사항 등에 대해 자세히 설명하고, 의뢰인의 역할을 공식화하는 내용을 담는 것이 좋다.

(3) 정보 수집(Collect Data)

요구분석을 통해 바람직한 상태와 현재 상태의 차이를 확인하고, 그 원인을 본격적으로 분석하기 위해서는 다양한 자료를 수집하는 것이 필요하다. 자료를 수집하기 위한 방법으로는 면담(개인 면담, 소집단 면담, 전화 면담), 관찰, 설문조사, 현존자료 분석 등이 있으며, 유형별 특징은 아래와 같다.

〈표 2-3〉 정보 수집 도구

도구	특징
현존 자료	기존에 존재하는 자료를 수집 (예) 판매실적표, 사고 보고서, 고장 신고서, 근태 자료 등
면담	가장 널리 쓰이는 도구. 대화를 통해 필요한 정보를 얻는 방법
관찰	실제 업무 환경이나 장소를 방문하여 업무를 관찰
그룹회의	여러 명의 사람들과 회의를 통해 관련된 정보를 얻는 활동 최적의 정보를 도출하고 우선 순위 결정에 유용
설문 조사	여러 사람의 의견을 한꺼번에 수집할 수 있는 도구
결정적 사태 분석	업무수행상의 문제를 좀 더 구체적인 세부사항으로 다루는 질문의 형태. 무용담, 성공 사례, 실패 사례 등의 추적 기법

프로젝트 착수 단계에서 언급한 것과 같이 정보의 유형은 최적(optimal), 실제(actuals), 느낌(feeling), 원인(causes), 해결방안(solutions)의 다섯 가지로 구분할 수 있다. 최적의 정보를 위해서는 면담, 그룹회의를, 실제의 정보를 위해서는 현존자료, 관찰, 무기명 설문지를, 원인에 해당하는 정보는 무기명 설문지나 면담을, 느낌이나 해결안에 해당하는 정보는 면담, 그룹 회의, 무기명 설문지를 활용하여 정보를 수집한다.

현존자료란 기존에 존재하는 자료를 수집하는 것으로 주로 조직 내에서 보유하고 있는 교육과 관련된 문서나 기존에 활용되었던 교육자료, 기존 직무 수행의 성취 정도를 파악할 수 있는 자료 등을 의미한다. 예컨대, 현관안내 도우미들의 연간 교육계획표나 교육 시 활용하는 자료, 교육에 대한 만족도 자료 등이 교육과 관련된 현존자료이며, 고객이 평가하는 도우미들의 서비스 만족도 결과, 센터별 내방고객 수 및 서비스 평가 결과 자료 등이 기존의 직무 수행 정도를 파악하기 위한 자료로 활용될 수 있다. 현존 자료 분석을 위해서는 다음과 같은 체크리스트를 활용할 수 있다(최정임, 2002).

〈표 2-4〉 현존 자료 분석 체크리스트

구분	점검내용	확인
업무 내용 규명	전체적인 업무의 내용을 파악할 수 있는 자료인가?	
	문제로 규명된 업무를 중점적으로 드러내는 자료인가?	
	실제 수행 내용을 파악할 수 있는 자료인가?	
	수행상에 어떠한 장애가 있는가?	
업무 결과 규명	양적으로 업무 결과를 규명할 수 있는 자료를 확보하였는가?	
	질적으로 업무 결과를 규명할 수 있는 자료를 확보하였는가?	
자료의 출처 및 장애 제거 방법	누가 가지고 있는 자료인지 알 수 있는가?	
	자료의 확보 방법이 명확한가?	
	자료제공자에게 자료의 활용 목적을 충분히 설명하였는가?	
정밀 분석	현재의 수행상태를 파악하였는가?	
	개선해야 하는 교육 요구를 확인하였는가?	

현존자료 분석은 적은 비용으로 빠른 시간 내에 분석하는 것이 가능하다는 장점이 있기는 하지만 결과만을 확인할 수 있기 때문에 생생한 자료나 최근의 상태를 알기는 어렵다는 단점이 있다.

면담은 요구분석의 도구 중에서 가장 널리 쓰이는 것으로 직접 관련된 사람을 찾아가 대화를 통해 필요한 정보를 얻는 방법이다. 효과적으로 면담하기 위해서는 우선 면담의 목적을 분명히 해야 한다. 상황에 따라 다르겠지만 면담을 통해서는 주로 현재 작업 수행상태와 바람직한 상태에 관한 구체적인 차이를 파악하는 것이 중요하다. 예컨대, 서비스센터 안내도우미의 사례에서는 고객 응대 절차를 알고 있는지(현재 상태), 고객이 만족하기 위해서는 어떻게 고객을 응대해야 하는지(바람직한 상태)와 같은 질문을 통해 최적의 상태와 실제 상태를 비교함으로써 차이를 확인할 수 있다. 이와 함께 업무와 업무를 수행하는 과정에서의 느낌이나 힘든 점, 성공 사례와 실패 사례, 수행상의 문제를 일으키는 원인이나 문제를 악화시키는 원인, 우선적으로 다루어져야 할 수행상의 문제, 문제 해결에 관한 의견, 자신의 일에 부여하는 가치나 일에 대한 자신감, 신념 등에 관해 질문하는 것이 필요하다.

면담 질문지를 작성하기 위해서는 먼저 면담의 목적을 분명하게 정한 후 목표를 달성하기 위한 질문을 구성한다. 즉, 면담을 통해 달성하고자 하는 목표를 먼저 열거한 후, 그에 해당하는 질문을 작성한다. 필요한 내용을 구성하였다면, 실제 면담 상황을 상상하면서 응답자가 응답하기 편한 순서대로 면담 질문 내용을 재배치한다. 마지막으로 다음과 같은 사항을 점검해 본다.

- 면담 대상자와 면담 목표, 질문의 내용이 서로 잘 연결되어 있는가?
- 빠트리는 정보가 없도록 상세하게 작성되었는가?
- 중요한 정보를 놓치고 있지 않은가?
- 응답자의 직무에 적합하게 질문이 작성되었는가?

실제 면담을 진행할 때에는 미리 작성한 면담질문지의 순서에 따라 면담을 진행하되, 면담 상황에서 응답 내용에 따라 질문의 순서를 적절하게 재배치할 수 있다. 또한, 면담을 진행하는 동안에는 사전에 동의를 구한 후 면담 내용을 녹취하도록 하며, 면담이 진행되는 동안에는 중요한 내용만 간략히 기록하고, 응답자의 이야기를 경청하는 태도를 보이는 것이 좋다.

관찰은 실제 업무 환경이나 장소를 방문하여 관련자들의 현재 업무수행 수준이나 제한조건 등에 대한 정보를 얻는 방법이다. 관찰은 현장에서 발생하는 실상을 파악하는 것이 가능하고, 언어적, 비언어적 정보를 획득할 수 있는 장점이 있다. 예컨대, 도우미들이 하는 일이 무엇인지, 고객 응대를 잘하지 못하는 도우미들은 어떠한 방식으로 고객을 응대하는지, 고객 응대를 잘하는 도우미들과 잘하지 못하는 도우미의 응대 방식에 있어 어떤 차이가 있는지 등을 관찰을 통해 파악할 수 있다. 하지만 시간과 비용이 많이 들고, 협조를 구하기 어려우며, 원했던 정보를 얻지 못할 가능성이 있다는 단점이 있다.

설문조사는 질문지를 통해 한꺼번에 여러 사람의 의견을 수렴하는 방법이며, 효율성 측면에서 가장 많이 사용된다. 요구분석에서 설문조사는 현재 상태에 관한 의견이나 느낌, 문제의 원인을 파악하기 위해 주로 사용된다. 설문조사는 면담에 비해 질문지를 만드는 데 시간과 노력이 소요되지만 면담에 비해 적은 시간에 많은 사람들의 의견을 확인할 수 있으며, 면담이나 관찰보다는 익명성으로 인해 자유롭게 의사를 표현할 수 있는 장점이 있다. 설문문항의 작성 단계는 크게 다섯 단계로 구분할 수 있다(Rossett, 1987).

첫째, 요구분석의 목적에 해당하는 문항들을 열거하여 질문 문항을 작성한다. 이때 해결방안보다는 업무나 문제에 대한 세부사항과 증거, 원인에 대한 문항으로 구성하는 것이 바람직하다. 질문지의 모든 문항은 의미 있는 질문들로 구성해야 하며, 이후 분석을 위해 개방적 질문보다는 구체적인 선택형 질문으로 구성하는 것이 좋다. 또한, 전문적인 용어는 피하고 응답자가 누구든지 이해할 수 있고, 오해의 여지가 없는 용어를 사용해야 하며, 가능한 한 짧고, 간결한 문장을 사용하여야 한다. 질문의 순서를 결정할 때에는 다음과 같은 사항을 고려하여 배치한다.

- 대답하기 쉽고, 간단한 질문들을 처음 부분에 배치함
- 일반적인 질문에서 자세한 질문으로 진행함
- 객관적인 사실의 질문에서 의견을 묻는 어려운 질문 순으로 실시함
- 가장 중요한 문제를 중앙에 배치함
- 응답자가 자연스럽게 대답할 수 있도록 질문의 흐름을 고려함
- 상호 관련이 있는 질문은 모아서 배치함

둘째, 질문 문항 작성이 끝나면, 응답자들이 질문에 어떻게 응답해야 하는지 지시문을 작성한다. 지시문은 알기 쉽고 간략하게 작성하며, 필요한 경우, 구체적인 예를 들어서 작성한다.

셋째, 표지 인사말을 작성한다. 표지 인사말은 설문지 맨 앞부분에 게시되는 글로 설문의 목적과 함께 왜 설문을 받게 되었으며, 응답해야 하는 이유와 언제, 어떤 방식으로 답을 보내야 하는지에 대한 정보, 응답 결과의 이용 목적, 참여에 대한 감사의 표시가 포함되어야 한다.

넷째, 설문지 작성이 끝나면 표지 인사말, 지시사항, 문항, 응답자 정보 등이 모두 포함되어 있는지, 해당 항목이 모두 잘 작성되었는지를 점검하는 것이 필요하다. 아래에 제시된 체크리스트를 활용하면 질문지 작성이 잘 되었는지를 쉽게 확인할 수 있다.

〈표 2-5〉 설문지 작성 체크리스트

구분	점검내용	확인
표지 인사말	설문의 목적에 맞는가?	
	보낼 대상은 정확한가?	
	대상에 적절한 용어를 사용했는가?	
	설문에 응답해야 하는 이유를 포함시켰는가?	
	감사의 표현을 포함시켰는가?	
지시 사항	간단한가?	
	명료한가?	
	대상에 적합한가?	
	필요시 정의를 내려주었는가?	
	필요시 예시를 제시해 주었는가?	
문항	문항당 한 개의 목적을 담고 있는가?	
	각 문항을 하나의 문항 유형과 연결시켰는가?	
	주로 선택형 질문을 사용했는가?	
	개방된 응답을 유도하기 위한 절충형 질문이 있는가?	
	강조법, 밑줄, 여백은 적절한가?	
	척도와 질문 유형에 일관성이 있는가?	
	문항 및 페이지 번호를 붙였는가?	
	교육수준과 흥미를 고려하여 적절한 문장을 사용했는가?	
	타당도를 높이기 위해 전문가와 상의를 했는가?	
	사전 파일럿 테스트를 실시했는가?	
응답자 정보	통계분석을 위한 응답자 정보를 포함했는가?	

(4) 수행 분석(Analyze Performance)

다양한 도구를 사용하여 관련 정보를 수집한 후에는 수집한 자료를 분석하는 것이 필요하다. 요구분석의 성공 여부는 수집된 방대한 양의 정보를 어떻게 분석하는지에 달려있다. 수집된 자료는 크게 설문조사와 같은 양적 자료와 면담이나 관찰과 같은 질적 자료로 구분할 수 있으며, 양적 자료는 통계 프로그램을 이용하여 빈도나 평균 점수에 해당하는 값을 표나 그래프를 통해 제시한다. 질적 자료는 양적 자료에 비해 분석에 많은 시간이 소요되며, 주로 주요 내용을 유사한 것끼리 종합하여 정리해 가면서 핵심 개념이나 문제를 도출해가는 방식을 취한다.

자료분석을 통해 궁극적으로 알고자 하는 것은 어떠한 수행의 문제가 있는지를 밝혀내는 것이며, 이를 수행분석이라고 부른다. 수행이란 어떤 일을 제대로 하는 것을 의미하며, 수행분석이란 요구되는 수행과 실제 수행 사이에 존재하는 수행의 불일치 정도를 확인하고, 그 원인과 해결안을 규명하는 데 그 목적이 있다(Mager & Pipe, 1997). 수행에 문제가 있다는 것은 어떤 일을 안 하거나, 전혀 하지 못하거나, 제대로 하지 못하는 것을 의미하며, 수행분석을 통해 수행의 당사자가 왜 기대하는 것만큼 어떠한 일을 잘 하지 못하는지 그 원인을 규명하게 된다. 수행문제 분석 시 가장 중요한 것은 수행의 문제를 발생시키는 원인에 맞는 적절한 해결안을 제시하는 것이다. 수행문제 분석을 통해 수행의 차이와 그에 해당하는 원인이 구체적으로 분석될 수 있으며, 각각의 원인에 따라 해결방안이 제시될 수 있는데, 이때 원인이 얼마나 정확하게 파악되었느냐에 따라 해결방안의 효과가 결정된다.

수행의 문제를 제대로 파악하기 위해서는 우선 차이를 확인하는 것이 필요하다(Seels & Glasgow, 1990). 즉, 기대하는 수행의 수준과 현재 수행 수준

간에 차이가 있는지를 확인하는 것이다. 예를 들면, 서비스센터 안내도우미의 사례에서 기대하는 바람직한 수행의 수준은 고객을 친절하게 응대하는 것이다. 하지만 관찰과 면담을 통해 신입 도우미들이 절차에 따라 친절하게 고객 응대를 하지 못하는 현재의 수행 상태를 확인하였다. 면담이나 관찰 등을 통해 수집된 정보에는 수행의 문제, 환경의 문제, 문제의 원인, 해결안에 대한 복합적인 정보들이 혼재되어 있기 때문에 부록에 제시된 수행문제 분석 양식(부록 3-7)을 활용하여 분석하고 있는 정보가 어떤 유형인지 정리해 두는 것이 좋다.

업무 수행에 있어서 바람직한 상태와 현재 상태의 차이를 확인한 후에는 주요 수행문제의 원인과 해결안을 파악해야 한다. 수행의 차이와 그에 해당하는 원인이 구체적으로 분석될수록 각각의 원인에 따라 적절한 해결안이 제시될 수 있다. 즉, 원인이 얼마나 정확하게 파악되었는가에 따라 해결안의 효과가 결정된다. 수행 차이를 발생시키는 원인을 체계적으로 분석하는 과정에서 원인에 대한 교육적, 교육 외적 해결안을 모색하게 되며, 이러한 과정을 통해 교육 프로그램 개발의 타당성도 입증할 수 있다.

수행문제에 따른 다양한 원인과 해결안은 활용 가능한 자원, 제한조건, 학습자 특성을 고려하여 우선 순위를 정하게 된다. 가용자원에는 활용 가능한 물리적 장소나 인력, 홈페이지와 같은 도구 등의 자원이 있으며, 제한조건의 경우에는 제안된 해결안을 실행하는 데 방해가 되거나 실현 가능성을 저해하는 인적, 물적 자원 등이 해당될 수 있다. 학습자 특성은 교육에 참가하는 학습자들이 지닌 특성으로 학습자의 선수지식, 학습내용에 대한 태도, 학습내용에 대한 기대 정도, 동기, 학습자의 학습능력, 훈련기관에 대한 태도, 교수방법에 대한 선호도 등이 포함된다(Dick, Carey, & Carey, 2021). 가용자원, 제한조건, 학습자 특성은 제안된 해결안의 우선 순위를 고려할 때 참고할 수 있다.

(5) 해결안 도출(Create Solution)

요구분석의 마지막 단계에서는 앞서 수행된 요구분석의 활동들을 우선 순위에 따라 최종적으로 결정하고, 이를 토대로 결과보고서를 작성하게 된다. 우선 순위를 결정하는 방식은 다양하지만 주로 각각의 해결안에 대해 중요도와 실현 가능성을 체크하도록 한 후 실현 가능성과 중요도가 높은 해결안, 실현 가능성은 낮지만 중요도가 높은 해결안, 실현 가능성은 높지만 중요도가 낮은 해결안, 실현 가능성과 중요도가 모두 낮은 해결안 순으로 정한다. 중요도나 실현 가능성 이외에도 업무의 빈도, 난이도, 소요시간, 긴급도, 기대효과 등을 고려하여 우선 순위를 결정할 수도 있다.

(6) 결과보고서 작성(Write Proposal and Report)

결과보고서는 요구분석을 통해 수집된 자료를 바탕으로 수행문제를 도출하고, 수행문제의 원인과 해결안 중 우선 순위가 무엇인지 결정하여 보고하는 형식의 논리적이고 체계적인 보고서이다. 결과보고서를 작성하는 궁극적인 목적은 요구분석 결과에 대한 정보를 제공하는 것으로 다음의 질문에 대해 답을 제공하는 방식으로 보고서를 작성하는 것이 좋다.

- 어떤 일이 개선되어야 하는가?(바람직한 상태)
- 어떤 일이 일어나고 있는가?(현재의 상태)
- 문제에 대해서 관련자들이 어떻게 느끼는가?
- 문제를 발생시키는 이유는 무엇인가?
- 문제의 해결방안은 무엇인가?

논리적이고 효과적인 요구분석 결과보고서를 작성하기 위해서는 요구분석의 실시 목적, 정보의 출처 및 수집 방식, 수행문제 분석 및 대표적 해결안, 우선 순위에 따른 해결 방안, 제언을 포함하는 것이 필요하다. 결과보고서 작성은 간결하면서도 최적의 해결안이 도출된 경로가 논리적으로 드러날 수 있도록 해야 하며, 핵심 내용은 최대한 간결하게 정리해서 본문에 제시하고, 세부적인 분석 내용 및 해결방안 등을 별도 자료로 첨부한다.

3. 요구분석의 실제

요구분석의 실제에서는 PNA 모형의 주요 단계를 크게 요구분석 계획 수립(프로젝트 설정 및 착수), 요구분석 실시(정보수집 및 수행분석, 해결안 도출), 결과보고서 작성의 세 단계로 구분한 후 요구분석의 실제 사례를 중심으로 주요 활동과 결과를 보여주는 방식으로 간략하게 기술하였다. 사례를 통해 제시되는 요구분석 상황은 다음과 같다.

요구분석 의뢰 상황

각 지역 G가전 서비스센터의 안내 도우미를 위한 교육은 서비스 마인드를 높여주는 MI(Mind Identification) 교육 위주였으며, 교육이 이루어지는 시점도 서비스센터의 요청이 있을 때마다 산발적이고 비체계적으로 이루어져왔다. 따라서 현재 각 지역 서비스센터 현장에서 이루어지고 있는 고객 응대 업무가 체계화되어 있지 못하고 각 센터마다 고객에 대한 서비스 방식이 달라 통일성이 없는 실정이다.

안내 도우미는 서비스센터에서 고객이 처음과 마지막에 접하는 직원으로 안내 도우미들의 서비스 수준에 따라 고객이 인식하는 기업의 이미지가 달라지기 때문에 안내 도우미들이 질 높은 서비스를 제공하는 것은 중요하다고 할 수 있다. 따라서 각 지역 서비스센터 안내 도우미들의 고객 응대 업무를 체계화하고, 특히 신입 도우미들이 서비스 단계별로 지식과 기술을 획득할 수 있도록 표준화된 교육 매뉴얼 개발이 필요하다.

1) 요구분석 계획 수립

요구분석은 교육요구가 발생했을 때 교육으로 문제를 해결하는 것이 최적의 해결방안인지에 대한 근거를 확보하기 위해 실시한다. 요구분석을 효과적으로 수행하기 위해서는 교육을 요청한 의뢰인을 면담하여 구체적인 상황을 분석해야 한다. 의뢰인과의 면담 시에는 무엇이 문제인지, 교육을 통해 기대하는 것은 무엇인지, 어떤 상황을 고려해야 하는지, 누가 문제해결에 관심이 있는지, 문제해결을 방해하는 요소는 무엇인지, 어떤 정보를 얻을 수 있는지, 시간이나 자원의 제약은 없는지를 파악해야 한다. 이때 [요구분석 맥락분석서]를 활용하는 것이 도움이 된다. 위에 제시된 G가전 서비스센터의 교육요구 상황에 대한 맥락을 정리하여 제시하면 다음과 같다.

〈표 2-6〉 요구분석 맥락분석서

구분	내용
요구사항	서비스센터 안내도우미들을 위한 표준화된 교육 매뉴얼 개발
교육요구 발생 배경	각 지역 서비스센터 현장에서 이루어지고 있는 고객 응대 업무가 체계화되어 있지 않고, 각 센터마다 고객에 대한 서비스 방식이 달라 통일성이 없음
기대사항	표준화된 고객응대 매뉴얼 개발을 통해 안내도우미들이 양질의 고객 응대 서비스 제공

<table>
<tr><th rowspan="2">수행문제</th><th rowspan="2">기대하는 해결방안</th><th colspan="2">구분</th></tr>
<tr><th>교육</th><th>교육 외</th></tr>
<tr><td>안내도우미들이 체계화된 방식으로 고객응대를 하지 못함</td><td>표준화된 교육 매뉴얼 개발</td><td>V</td><td></td></tr>
</table>

2) 요구분석 실시

요구분석을 필요로 하는 상황에 대한 분석이 끝나면, 실제 요구분석에 필요한 정보를 수집하게 된다. 정보 수집을 위한 도구로는 현존자료, 관계자와의 면담, 설문조사, 현장 관찰 등이 주로 사용된다. 효과적으로 정보를 수집하기 위해 [정보수집 계획서]를 활용할 것을 권한다. 정보수집 계획서 활용 시, 정보 수집을 통해 기대하는 바를 '목적'란에 적는다. 예컨대, 수행 차이 확인, 학습자의 특성 파악, 기존 교육자료 분석, 기존 교육에 대한 학습자 의견 등이 목적에 해당한다. '자료원'은 기대하는 정보를 얻을 수 있는 정보의 원천이 무엇인지에 관한 것으로 사람, 매뉴얼, 도서, 기존 교육 관련 문서 등이 여기에 해당한다. '수집방법'에는 자료를 수집하기 위한 방법(면담, 설문, 관찰, 현존자료 등)을 작성하는데, 자료수집 방법을 결정할 때에는 비용과 시간 등을 고려하여야 한다. '담당자'는 기대되는 정보 수집의 책임자와 연락처를, '계획일'에는 정보를 수집하고자 계획한 날짜를, '완료일'에는 실제 자료가 수집된 날짜를 기입한다.

〈표 2-7〉 정보수집 계획서

목적	자료원	수집방법	담당자	계획일	완료일
수행 차이의 확인	우수 도우미	면담	○○○		
		관찰	○○○		
	신입 도우미	면담	○○○		
		관찰	○○○		
	서비스센터장	면담	○○○		
학습자 특성 분석	신입 도우미	설문	○○○		
기존 교육자료 분석	기본 교육 관련 문서 및 매뉴얼	현존자료, 교육참관	○○○		

다양한 도구를 사용하여 관련 정보를 수집한 후에는 수집한 자료를 분석하여 수행의 문제가 있는지를 밝혀야 한다. 수행의 문제를 파악하기 위해서는 기대하는 수행의 수준과 현재 수행 수준 간의 차이가 있는지를 확인해야 한다. 차이가 확인되면 수행의 문제를 '~을 하지 못한다.', '~을 하지 않는다.', '~을 어려워한다.' 등과 같이 진술한다. 수집된 정보에는 수행의 문제와 환경의 문제, 문제의 원인과 해결안이 혼재되어 있기 때문에 [수행문제 분석 양식]을 활용하여 분석하고 있는 정보가 어떤 유형인지를 정리해 두는 것이 좋다. 수행의 문제와 원인이 명확하게 분석될수록 문제 해결을 위한 효과적인 해결안이 제시될 수 있으며, 교육 프로그램 개발의 타당성도 확보할 수 있다.

〈표 2-8〉 수행문제 분석 양식

<table>
<tr><th rowspan="2">수행문제</th><th rowspan="2">원인</th><th colspan="2">해결안</th></tr>
<tr><th>교육적 해결안</th><th>교육 외적 해결안</th></tr>
<tr><td rowspan="9">도우미들이 상황을 대처하지 못함</td><td rowspan="4">상황에 대한 대응 지식 부족</td><td rowspan="4">다양한 상황에 대처할 수 있는 교육 실시(다양한 상황을 유형화하여 대처 요령을 가르침)</td><td>우수 도우미 관찰을 통한 벤치마킹의 기회 부여</td></tr>
<tr><td>상황별 대처 요령에 대한 매뉴얼 혹은 비디오 제공</td></tr>
<tr><td>우수 서비스 사례에 대한 클립 제공</td></tr>
<tr><td>서비스 사례집을 정기적으로 제작하여 배포</td></tr>
<tr><td rowspan="2">교육이 제공되는 시점의 문제</td><td rowspan="2"></td><td>교육의 실시 시점을 조정</td></tr>
<tr><td>업무 수행에 관한 매뉴얼을 제작하여 배포</td></tr>
<tr><td rowspan="2">자신의 일에 대한 만족도나 자부심이 낮음</td><td rowspan="2"></td><td>채용 시 인/적성 검사 실시</td></tr>
<tr><td>우수 도우미 제도 및 인센티브 공지</td></tr>
<tr><td>심리적 당혹감을 조절하지 못함</td><td></td><td>상황별 대처 요령에 대한 매뉴얼 혹은 비디오 제공</td></tr>
</table>

도우미들이 엔지니어들과 원활한 관계를 형성하지 못하고, 의사소통을 하지 못함	엔지니어가 화를 낼 때 대처하는 방법을 모름	직종 간 커뮤니케이션 능력을 개발할 수 있는 교육 실시	
	엔지니어와 도우미 역할 간의 업무 이해가 부족함		업무순환(Job rotation) 실시
신입 도우미들이 적절한 고객응대를 하지 못함	고객의 성향을 파악하지 못함	고객의 성향이나 특성을 고려한 응대 요령을 교육함	도우미들의 업무 수행 절차를 비디오로 녹화하여 스스로 업무 절차 및 능력에 대해 평가할 수 있도록 함
	고객 성향별 서비스 응대 요령에 대한 교육이 제공되지 않음		바람직한 서비스 제공 절차 및 대처 행위에 관한 체크리스트를 제공하여 스스로 자신의 업무 수행 절차 및 능력을 확인할 수 있도록 함
	근무환경이 열악함		서비스 절차를 간소화함(고객이 대기표를 뽑고 서비스에 응대할 수 있도록 대기함/자판기를 설치하여 음료 응대를 간소화함)
			대기 장소에 컴퓨터, TV, 핸드폰 클리너, 신상품 등을 배치함

수행문제에 따른 해결안은 가용 자원, 제한 조건, 학습자 특성 등을 고려하여 우선 순위를 정하게 된다. 문제해결을 위해 참고해야 하는 요소들은 [가용자원, 제한조건, 학습자 특성 분석 양식]을 활용하여 정리하면 도움이 된다. 이때 문제해결을 위해 활용 가능한 인적, 물적 자원은 '가용 자원'에, 문제해결안을 실행할 때 방해가 되는 인적, 물적, 기간적 제약 등은 '제한 조건'에 정리한다. 마지막으로 '학습자 특성'에는 잠재 교육 대상인 학습자들의 일반적인 선수지식 상태, 학습내용에 대한 태도, 학습에 대한 기대, 선호하는 학습방식 등을 적는다.

〈표 2-9〉 가용자원, 제한조건, 학습자 특성 분석 양식

<table>
<tr><th>구분</th><th colspan="4">내용</th></tr>
<tr><td rowspan="3">가용 자원</td><td colspan="4">지역별 강의 장소가 확보되어 있음</td></tr>
<tr><td colspan="4">지역별로 한 명의 강사가 확보되어 있음</td></tr>
<tr><td colspan="4">안내 도우미들이 사용할 수 있는 홈페이지가 있음</td></tr>
<tr><td rowspan="3">제한 조건</td><td colspan="4">서비스센터 안내도우미가 1명일 경우, 교육의 기회가 생겨도 대체인력이 없으므로 교육의 기회가 제한됨</td></tr>
<tr><td colspan="4">강사의 수가 충분히 확보되어 있지 않음</td></tr>
<tr><td colspan="4">신입사원의 충원이 비정기적으로 이루어짐</td></tr>
<tr><td rowspan="3">학습자 특성</td><td>성별</td><td>여성</td><td>연령</td><td>20대 초/중반</td></tr>
<tr><td>선수 학습 수준</td><td>서비스 교육 경험 없음</td><td>학습동기/태도</td><td>높음</td></tr>
<tr><td>선호하는 학습방식</td><td>집합교육</td><td>교육 참여 제약조건</td><td>대체인력 없는 경우 교육 참여가 불가능함</td></tr>
</table>

3) 결과보고서 작성

요구분석이 끝나면 요구분석 결과에 대한 보고서를 작성한다. 결과보고서에는 이러한 과정을 통해 도출된 교육적 해결안의 실행을 위한 간단한 [교육개요서]를 포함하는 것이 좋다. 교육개요서 작성 양식은 다음과 같다.

〈표 2-10〉 교육개요서

구분	내용
과정명	신입 안내도우미 과정
교육대상	신입 안내도우미
교육내용	고객응대 방법 및 절차, 상황별 고객응대 요령
교육방법	집합교육
기대효과	고객 만족도 향상

4. 요약

기업 맥락에서의 요구분석은 교육이 요구되는 상황에 대한 분석에서 출발하여 현업의 수행문제를 확인하고, 그 문제의 원인과 해결안을 확인하는 체계적인 절차이다. 요구분석의 절차는 요구분석이 수행되는 조직의 목적이나 상황 등에 따라 달라질 수 있다. 요구분석의 대표적인 모형으로는 순서도에 따라 수행문제와 관련된 해결안을 도출할 수 있도록 개발된 메이거와 파이프 모형과, 투입-행위-산출의 측면에서 요구분석의 활동을 7단계로 구분한 실스와 글래스고 모형, 요구분석에 필요한 의사결정을 내리기 위해 다섯 단계에 따라 수행과제를 제시한 로세트 모형, 요구분석의 실제 사례를 토대로 주요 절차를 개념화한 PNA 모형 등이 있다.

본 장에서는 'PNA 모형'에 따른 요구분석의 절차를 소개하였다. PNA 모형에 따르면 요구분석은 크게 프로젝트 설정, 프로젝트 착수, 정보 수집, 수행 분석, 해결안 도출의 다섯 단계로 구분된다. 첫째, 프로젝트 설정 단계에서는 의뢰인을 만나 요구분석을 실시하고자 하는 구체적인 상황이 무엇인지를 분석하고, 프로젝트 시작 전 범위와 제반 사항을 논의한다. 둘째, 프로젝트 착수 단계는 본격적인 요구분석을 위한 준비 단계로서 정해진 기간과 자원을 고려해 프로젝트의 범위와 목적을 설정하는 단계이다. 이 단계를 마치면 실행계획 보고서를 작성하고 공유함으로써 요구분석의 목적과 필요성, 지원 요청 사항 및 의뢰인의 역할을 공식화하게 된다. 셋째, 정보수집 단계에서는 수행문제의 원인을 본격적으로 분석하기 위해 현존자료, 면담, 관찰, 그룹회의, 설문조사, 결정적 사태분석 등을 실시한다. 넷째, 수행분석 단계에서는 요구되는 수행과 실제 수행 간의 불일치 정도를 확인하고, 원인과 해결안을 규명한다. 다섯째, 해결안 도출 단계에서는 수행분석을 통해 도출된 해결안을 가용자원과 제한조건, 학습자 특성을 고려하여 우선 순위에 따라 최종적으로 결정한 후 보고서를 작성한다. 우선 순위는 중요도와 실현 가능성, 업무의 빈도나 난이도, 소요시간, 긴급도, 기대효과 등을 고려하여 결정한다. 여섯째, 결과보고서 작성 단계에서는 최적의 해결안이 도출된 경로가 최종보고서를 통해 간결하고 논리적으로 드러날 수 있게 한다.*

* 요구분석 단계에서 이루어지는 양적, 질적 자료의 분석과정에 ChatGPT와 같은 생성형 인공지능의 활용을 고려할 수 있다. 이와 관련하여 임철일 외 4인(2023)의 연구를 참조할 수 있다.

연습 및 탐구 문제

1. (요구분석의 의미와 목적) 한 기업의 교육 담당자가 여러분께 교육과정 개발을 위한 조언을 얻기 위해 찾아왔다. 지금부터 제시되는 사례를 잘 읽어본 후, 여러분이 전문가로서 어떠한 조언을 해 줄지 핵심 내용을 기술하라.

> 안녕하세요? 저는 이번에 저희 회사의 간부들을 위한 교육과정 개발을 맡게 되었습니다. 이전에는 주로 유명 강사들을 초빙해서 강의를 듣는 교양 과정으로 운영이 되었는데 올해에는 좀 더 유익하고, 실제 기업의 운영에 도움이 되는 교육과정을 개발하라는 지시를 받았습니다. 간부들을 위한 교육인 만큼 재미있고, 내실 있는 프로그램을 개발해야겠다는 의욕은 앞서는데 어디서부터, 어떻게 시작해야 할지 모르겠습니다. 다양한 역할 놀이와 게임 등을 접목시킨 프로그램을 개발하는 것은 어떨까요?

2. (요구의 종류) 다음에 제시된 내용을 잘 읽고, 사업 요구는 BN, 수행 요구는 PN, 교육 요구는 TN으로 표시하여라.

번호	내용	표시
①	"저는 우리 CS 요원들이 보다 고객 지향적이 되었으면 합니다. '고객요구 확인'이라는 주제로 Workshop을 진행해 주실 수 있습니까?"	
②	"제가 카탈로그를 자세히 살펴보았는데, '팀 효과성'에 대한 과정은 우리 팀원들이 활용할 수 있을 것 같아 보이는데요."	
③	"우리 상사는 자기 팀원들을 육성할 시간이 없습니다. 우리가 그런 상황을 바꿀 수 있도록 도와주실 수 있습니까?"	
④	"저는 우리나라의 고객 서비스와 일본의 고객 서비스를 비교한 'Good Morning Korea'라는 책을 보았습니다. 제 생각에 우리 회사에서도 이 책을 훑어 보는 것이 좋을 것 같습니다. 그렇게 할 수 있을까요?"	
⑤	"우리는 우리 직원들이 품질이 우수한 제품을 생산하는데 보다 많은 초점을 두도록 도와 줄 필요가 있습니다. 최근 불량률이 증가하고 있기 때문입니다. 제가 알기에 당신네 회사는 '품질은 당신의 책임'이라는 과정이 있는 것으로 들었는데… 그 과정을 실시하는 건에 대해 당신과 얘기하고 싶습니다."	

⑥	"1990년대 우리 매출의 50% 이상은 2년 전에는 없었던 기술에서 나오게 될 것입니다. 우리 관리자들은 지금 대두되고 있는 커뮤니케이션 기술에 익숙해질 필요가 있습니다. 이런 요구를 가진 우리를 도와주실 수 있습니까?"	

3. 다음에 제시된 4가지 사례들은 작업 수행 상에서 발생할 수 있는 문제들에 대한 예를 소개하고 있다. 각 사례들에서 수행 사의 문제가 발생하게 된 원인의 유형을 보기에서 골라 표시하여라.

〈보기〉

① 지식/기술의 결핍　　② 인센티브의 결핍 또는 부적합한 유인체
③ 부적합한 작업환경　　④ 동기의 결여

	내용	표시
1)	대규모의 텔레커뮤니케이션 회사에서 교육과정 개발자들을 '교수체제설계 및 개발'을 위한 외부 연수 프로그램에 파견했다. 그들은 1 주일 동안 훈련을 받은 후, 자신들의 회사에 복귀했다. 그러나 그들의 상급자들은 이들이 배워 온 새로운 방법들을 실천하는데 냉소적이었다. 3 주 정도 지난 후 이 교육과정 개발자들은 새로운 방식을 밀고 나가는 데 지쳐서 옛날에 늘 하던 대로 그냥 자신들의 육감에 따라 개발하는 방식으로 되돌아 왔다.	
2)	'내가 1주일에 50시간 이상 이 과정을 개발하려고 열심히 뛰는 동안 저들은 자기 사무실에 앉아서 거의 아무 것도 하지 않고 빈둥거리고 있어요. 우리 회사는 이렇게 무능한 사람들에 대해 전혀 개의치 않고, 우리같이 생산적인 과정 개발자들만 이 모든 일들을 떠맡아야 한단 말이에요. 그렇다고 해서 내가 월급을 더 받나요? 겨우 몇 푼이나 더 받는 거지!. 그까지 것 하나도 필요 없어요. 난 이 회사에 실망했어요.'	
3)	행글라이딩 전문가들이 실시하는 워크숍이 열리고 있는데, 중년을 넘어선 한 여인이 아들의 권유로 억지로 이 워크숍에 참석하게 됐다. 그녀는 리더들의 말에 전혀 귀를 기울이지 않고 우물쭈물하기만 하고, 대학생이 대부분인 다른 참가자들을 성가시게 하는 말만 한다. 그녀는 수업이 끝나기만 기다리고, 수업이 끝나면 쇼핑을 가려고 한다.	

4)	연수원의 과정 개발자들에게 멋진 기능을 가진 새로운 컴퓨터가 주어졌다. 그러나 얼마 후 경영진에서는 과정 개발자들이 컴퓨터를 별로 활용하지 않는 것을 알고는 자신들이 베풀어 준 것에 대해 감사할 줄도 모른다고 괘씸하게 생각했다. 한편, 대부분의 개발자들이 컴퓨터를 사용하는데 있어서의 문제점은 그들이 한 번도 컴퓨터 키보드를 사용하는 기술을 배워 본 적이 없었으며, 컴퓨터가 자신이 하고 있는 업무 수행에 큰 도움을 주지 않을 것이라고 판단하는데 있다.	

부록

1. ChatGPT 활용 교수설계 (1): 분석하기

프로그램 설계에 들어가기 전 다양한 요소들에 대한 분석을 실시하여 교육 프로그램의 필요와 목적을 규명하고, 교육적 처치에 대한 학습자의 필요를 확인해야 한다(임철일 외, 2023). 분석 단계에는 차이분석과 수행분석을 포함하는 요구 분석, 학습자 및 교수자 분석, 환경 분석, 과제 분석 등이 포함된다(임은선 외, 2023). 이때 ChatGPT를 활용하여 수행문제 분석을 실시할 수 있다.

1) 수행문제 분석

ChatGPT를 활용하여 교육 프로그램 대상자의 수행 문제를 분석할 수 있다. 이때, 분석해야 하는 자료가 면담자료, 관찰자료, 현존자료, 설문자료 등으로 방대하기 때문에 ChatGPT를 활용하면 비교적 짧은 시간에 원하는 분석을 하는 것이 가능하다.

"ChatGPT - Explore - Create a GPT" 기능을 활용하여, 챗봇에 구체적인 지시사항 및 첨부파일을 추가할 수 있다. 지시사항에는 챗봇에 부여하는 역할, 답변 형식의 권고 사항 등을 입력한다. 첨부파일에는 교육 수요 대상자 면담 전사록 및 과거 교육 결과 리포트 등을 포함할 수 있다. 챗봇이 생성되면 수행문제 분석을 위해 다음과 같은 프롬프트를 활용할 수 있다. 이때 ChatGPT가 생성하는 답변은 비판적으로 검토를 한 뒤에 활용하여야 한다. 예컨대, 면담 전사록을 기반으로 한 경우, 면담 내용을 반영한 정도를 사실성과 구체성 측면에서 면밀히 검토해야 한다.

다음은 부록 2. 요구 분석 연습문제'의 엔지니어 면담자료를 기반으로 ChatGPT를 통해 수행문제 분석을 한 결과이다. ChatGPT 실행 결과 파악된 엔지니어의 수행문제와 '부록 1. 요구분석 사례의 1-4. 수행 분석 결과 예시'와 비교해 보면 전반적으로 ChatGPT가 분석한 수행분석은 결과의 정확성이 다소 떨어지지만 이외에 원인과 교육적, 교육 외적 해결안을 제시한 부분은 비교적 정확하게 분석한 것을 확인할 수 있다.

<table>
<tr><td>프롬프트</td><td>당신은 기업의 HRD 전문가입니다. 엔지니어 직원들을 대상으로 교육 프로그램을 개발하기 전 교육 요구분석을 실시하려고 합니다. 교육 요구분석은 엔지니어 인터뷰 자료를 토대로 아래의 항목을 포함하여 실시한 후 교육분석 결과를 기술해 주세요.
- 엔지니어들이 해야 하는 업무 중 안하거나, 못하거나, 어려워하는 업무 수행상의 문제들
- 수행문제별 원인, 교육적 해결안, 교육 외적 해결안</td></tr>
<tr><td>ChatGPT
의 답변</td><td>입력하신 자료를 바탕으로 엔지니어 교육 프로그램에 대한 요구분석을 진행하겠습니다. 분석 결과는 다음과 같습니다:

1. 업무 수행상의 문제
1.1. 고객 성향 파악 부족 및 고객 응대 문제
• 문제점: 기술적인 문제 해결 외에도 고객 성향을 파악하고 응대하는 능력이 부족함. 특히 고객의 질문에 당황하거나 제품 설명이 부족하여 평가가 낮음.
• 원인: 고객 응대 기술이 부족하고, 기존 교육이 실제 상황과 맞지 않으며 롤플레잉 실습이 부족함.
1.2. 서비스 효율성 문제
• 문제점: 여러 기계를 수리해야 하는 상황에서 효율성이 떨어지고, 고객 응대가 중복되는 경우가 발생.
• 원인: 현장 상황을 반영하지 못하는 교육과정으로 인해 비효율적인 업무 처리 방식이 반복됨.
1.3. 업무 양의 편차
• 문제점: 계절에 따라 업무량의 큰 차이로 인해 여름에는 과중한 업무, 겨울에는 적은 업무로 인한 소득 불안정.
• 원인: 특정 제품군(예: 에어컨)의 계절적 수요에 따라 업무가 집중되며, 이는 교육보다는 근본적인 시스템 문제에 기인함.</td></tr>
</table>

ChatGPT의 답변	2. 교육적 해결안 2.1. 고객 응대 능력 향상 • 해결안: 고객 응대 및 성향 파악을 중심으로 한 맞춤형 교육 프로그램 개발. 상황별 대응 전략, 고객 성향 분석 기술을 교육하여 엔지니어가 고객과의 소통을 원활히 할 수 있도록 지원. • 제안: 실제 고객 상황을 반영한 시나리오 기반 교육, 경험자와의 멘토링 프로그램 운영. 2.2. 현장 상황 반영 교육 개선 • 해결안: 현장 경험과 문제를 반영한 교육 커리큘럼 개발. 실습과 이론이 결합된 교육을 통해 엔지니어들이 실제 업무에서 겪는 어려움을 줄일 수 있도록 지원. • 제안: 현장 전문가와의 워크숍, 실제 사례 중심의 교육 및 피드백 세션 운영. 2.3. 맞춤형 교육 및 지속적인 피드백 • 해결안: 개별 엔지니어의 문제를 분석하여 맞춤형 코칭과 교육 제공. 교육 후 지속적인 피드백과 평가를 통해 개선 사항을 지속적으로 관리. • 제안: 교육 전후의 성과 데이터를 기반으로 한 개인별 피드백 및 개선 계획 수립. 3. 교육 외적 해결안 3.1. 서비스 절차 개선 • 해결안: 서비스 절차와 업무 효율성을 높이기 위한 시스템적 개선. 고객 응대 시 중복 작업을 줄이고, 효율적인 작업 절차를 마련. • 제안: 업무 프로세스 재설계 및 기술 지원 도구 도입 검토. 3.2. 업무량 및 소득 안정화 방안 • 해결안: 계절에 따른 업무량 편차를 줄이기 위한 시스템적 조정. 예를 들어, 다양한 제품군을 다룰 수 있는 다기능 엔지니어 양성. • 제안: 업무 분담 및 다기능 훈련 프로그램 도입, 비수기 동안의 교육 및 유지 보수 작업 강화. 결론 엔지니어들의 업무 수행상의 문제를 해결하기 위해서는 고객 응대 능력 향상, 현장 상황을 반영한 교육 개선, 맞춤형 교육 및 지속적인 피드백이 필요합니다. 또한, 서비스 절차 개선 및 업무량 안정화 등의 외적 해결안도 함께 고려되어야 합니다. 이와 같은 종합적인 접근을 통해 엔지니어들의 업무 효율성을 높이고 고객 만족도를 개선할 수 있을 것입니다.

참고문헌

임철일, 박인우, 이재경, 김미량, 임정훈, 정현미 (2012). 교육공학의 원리와 적용. 교육과학사.

임은선, 홍수민, 박성경, 임철일 (2023). 교육 프로그램 개발을 위한 래피드 프로토타입(RPISD) 모형 개선 연구. 교육공학연구, 39(3), 749-785.

임철일, 고보경, 정예일, 이은서, 전민선, 김승하 (2023). 교수설계를 위한 생성형 AI 기반 챗봇의 활용 방안 탐색: ChatGPT와 RPISD모형을 중심으로. 교육공학연구, 39(스페셜), 1213-1248.

임철일, 연은경 (2015). 기업교육 프로그램 개발과 교수체제설계. 교육과학사.

최정임 (2002). 인적자원 개발을 위한 요구분석 실천 가이드. 학지사.

Dick, W., Carey, L., & Carey, J. O. (2021). *The systematic design of instruction* (9th ed.), Pearson Education.

Mager, R. F., & Pipe, P. (1997). *Analyzing performance problems: Or you really oughta wanna*. The Center for Effective Performance.

Robinson, D. G. & Robinson, J. (1995). *Performance consulting: Moving beyond training*. Berrett-Koehler Publishers.

Rossett, A. (1987). *Training needs assessment*. Educational Technology Publications.

Seels, B., & Glasgow, Z. (1990). *Exercises in instructional design*. Merrill Publishing Company.

제3장

과제 분석의 개념과 절차

1. 개요
2. 과제 분석의 개념과 유형
3. 과제 분석의 절차
4. 교수목표의 진술
5. 요약

1. 개요

RPISD의 초기 단계에서는 요구 분석을 통하여 기업 등 조직의 당사자가 특정한 수행을 잘하지 못하는 원인의 분석과 해결안을 도출하게 된다(임철일, 연은경, 2006). 예컨대 영업 직원들이 고객들과 상담을 제대로 하지 못하는 상황이 있을 경우, 왜 상담을 효과적으로 하지 못하는가(즉, 수행 문제)를 분석하게 된다. 만약에 효과적인 상담을 하는 데 필요한 지식, 기술, 태도가 부족하다면 관련된 교육을 실시하게 되고, 상담하는 과정에 불필요한 요소들이 방해를 해서 제대로 상담을 하지 못한다면 이 환경적 요소들을 변경하는 제안을 하게 된다.

분석 단계에서는 수행 문제가 교육적 해결안을 요청한다는 것을 확인하는 요구분석 활동과 실질적으로 동시에 이루어지는 것으로 과제 분석(task analysis)이 있다. 교수체제설계 혹은 일반 교육 프로그램 개발에 있어서 과제 분석은 지금까지 크게 두 가지 맥락에서 다루어지고 있다. 하나는 학교 교육 상황에서 학생들이 학습해야 하는 내용을 일종의 학습 과제로 파악하고 과제 분석을 실행하는 차원이다. 예컨대, 초등학교 교과서에서 다루는 곤충의 개념은 일종의 학습 내용인데, 이를 학습자가 보여주어야 하는 행동 혹은 수행 측면과 합치게 되면 학습 과제[1]가 된다(Gagné, 1977). 곤충의 개념을 적용하여 특정의 동물이 곤충인지 아닌지를(예를 들면, 거미는 생물학적 개념으로 볼 때 곤충이 아니다) 구분하게 될 때, 이 학생은 곤충의 개념을

1) 학습 내용(learning content)과 학습 과제(learning task)는 다른 개념이다. 학습 과제는 학습 내용에 행동 수준을 합친 것을 의미한다. 예컨대, 광합성 과정이라는 내용이 있을 때, 이 내용을 설명할 수 있는 행동 수준에서 그치는 학습 과제가 있고, 더 나아가서 이 내용을 활용하여 복잡한 생태 현상을 분석하는 학습 과제가 있을 수 있다. 이때 전자는 설명을, 후자는 분석을 행동 특성으로 보여주는 상이한 학습 과제로 구분된다. 이러한 구분은 어떤 교육 방법과 평가를 할 것인가에 상이한 영향을 준다는 점에서 의미가 있다. 설명과 분석이라는 다른 행동을 획득하기 위해서는 다른 방법이 필요하며, 달성 여부를 확인하는 평가 문항 또한 달라진다.

적용하는 학습 과제를 달성한 것으로 파악된다. 이 점은 블룸(Bloom, 1956)의 교육목표 분류학(Taxonomy of Educational Objectives)에 따라서 인지적 교수목표를 지식, 이해, 적용, 분석, 종합, 평가의 여섯 가지로 구분하는 시도로부터 시작하여, 가네(Gagné, 1977)의 인간 학습의 다섯 가지 유형(언어적 정보, 지적 기능, 고차적 사고, 태도, 심체적 행동) 구분, 그리고 메릴(Merrill, 1983)의 내용×수행 매트릭스 구분, 그리고 롸이겔루스(Reigeluth, 1999)의 학습 과제 유형 구분(정보의 기억, 기능의 적용, 관계의 이해, 고차적 사고)으로 이어지며 발전해 오고 있다. 기본적으로 학습 내용에만 머무르지 않고, 학습자가 그 내용을 가지고 보여주는 행동 측면을 강조하는 학습 과제를 분명히 한 후, 학습 과제 유형에 따라서 교수전략이 달라지고, 평가 방식이 달라진다는 관점을 제시하고 있다.

다른 하나의 맥락은 학교를 벗어나서 실제 기업 등의 업무 현장에서 직원들이 보여주는 행동 혹은 직무를 분석하여서 필요한 교육 내용 혹은 교육과정(curriculum)을 개발하려는 직무 분석 측면에서의 과제 분석이다. 이러한 접근의 대표적인 모형으로 DACUM(Developing a Curriculum)(Coffin, 1993; Coffin & Morin, 1998)과 CBC(Competency-Based Curriculum)(소경희, 2017; 윤여순, 1998)가 지금까지 소개되어 왔다. DACUM은 기술 영역의 교육을 위하여 하나의 직무(job)를 7~8개의 주요 책무(duty)로 분석한 후, 개별 책무에 대하여 다시 하위 7~8개의 하위 과제(task)로 분석한 다음, 중요하면서도 교육이 요구되는 영역을 재정리하여 교육과정을 개발하는 접근이다. 지난 1970년대 후반 미국의 오하이오 주립대학교의 직업교육연구소에서 제안되었다. 예컨대 선반가공의 직무를 하위 책무와 하위 과제로 분석하여 이것의 달성에 필요한 교육과정을 개발하는 것이다.

한편 CBC는 1990년대 들어서면서 역량 개념에 대한 관심이 증가하는 것과 함께 나타난 교육과정 개발 기법으로서, 특정 업무를 수행함으로써 달성하게 되는 성과나 산출물을 위해 필요한 역량들을 도출하는 방법론이다(윤여순, 1998). DACUM이 대체로 현재의 주어진 직무를 분석하는 접근이라면, CBC는 기대하는 결과를 먼저 분명히 하고, 이것의 달성을 위한 하위 역량을 분석하는 접근이다. 둘 다 현업의 전문가와 함께 집중 면담 과정 등을 통하여 교육 내용 혹은 학습 과제를 확인하게 된다.

요구 분석을 진행하는 동안 혹은 요구 분석 직후에 위의 두 가지 측면, 즉 학습 과제의 분석과 직무 분석 활동을 RPISD의 과제 분석 단계에서 실행하게 된다. 요구 분석 단계에서는 수행 문제와 관련된 교육적 혹은 교육외적 해결안이 도출되는데, 이때 교육 해결안에 대해서는 교육의 목적을 결정하게 된다. 과제 분석에서는 확인된 교육의 목적을 달성하기 위해 구체적으로 어떤 학습 과제 혹은 직무가 포함되어야 하는가를 다룬다. 과제 분석을 통하여 매우 구체적인 수준의 교육 목표를 도출할 수 있게 되며, 개별 하위 학습 과제 간의 계열화된 교육과정(curriculum) 등을 개발하게 된다. 과제 분석의 의의는 강사 혹은 교수자가 아는 내용을 단순히 가르치는 것에서 벗어나서, 학습자들이 반드시 획득해야 하는 학습 과제를 교육하려는 점에 놓여있다. 결국 교수설계자는 과제 분석을 통하여 학습자들에게 필요한 학습 과제를 확인하게 되는데, 이때 해당 내용전문가들이 명시적으로 혹은 암묵적으로 가지고 있는 주제 관련 교육 내용을 다양한 방식으로 도출하게 된다.

2. 과제 분석의 개념과 유형

1) 과제 분석의 의미

역사적으로 과제 분석은 1950년대 미국에서 공군의 교육 프로그램 개발 맥락에서 본격적으로 사용되었다. 이때 과제 분석이란 특정한 직무를 성공적으로 수행하기 위해 필요한 과제와 하위과제를 확인하는 것이다(박성익 외, 2012). 과제 분석이 교수체제설계에서 실질적인 의미를 갖게 된 것은 가네의 '학습의 조건(Conditions of Learning)'이라는 관점(Gagné, 1977)에서 비롯되었다. 이 관점에 따르면 인간의 학습 유형은 다양하며, 해당 유형에 따라서 다른 교수 방법 혹은 전략이 활용되어야 한다. 교육 프로그램을 체계적으로 개발하기 위한 대표적인 교수체제설계 모형 혹은 본서의 RPISD 모형에서 과제 분석은 기본적으로 학습자들이 학습해야 하는 내용을 구체적인 수준에서 확인하고, 분류하며, 계열화하는 활동을 다룬다. 예컨대 딕과 케리의 ISD 모형에서는 과제 분석에 해당하는 '교수분석(instructional analysis)'을 통해서 아래의 사례에서 제시한 것과 같이 학습자가 보여주어야 하는 수행을 주요 단계(major steps)와 개별 단계를 구성하고 있는 하위기능(subordinate skills)으로 구분한 후, 필요한 지식을 확인하고 순서를 정하게 된다.

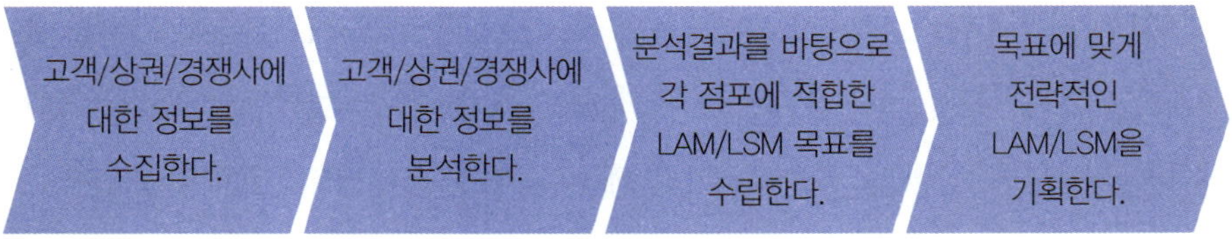

[그림 3-1] 과제 분석의 주요 단계 분석 사례

앞의 사례는 특정 지역의 매장에서 어떻게 마케팅 전략을 구현할 것인가를 수행하는 영업 점포 점장의 과제를 분석한 것이다. 해당 직무 과제의 단계가 순차적으로 나열되어 있으며, 이를 학습 형태로 변환하게 되면 주요 학습 과제가 된다.

딕과 케리의 이러한 접근은 교육 내용을 확인하는 일반적인 방식, 즉 해당 내용에 포함되는 하위 내용을 주제 분석 차원에서 구분한 후 내용의 논리적인 순서 등을 고려하여 위계를 구분하는 것과는 분명하게 차이가 있다. 즉 교수자가 설명하려는 순서대로 내용의 제시 순서를 정하는 방식(학교, 대학 등 일반적인 학교교육의 실제)이 아니라 학습자가 보여주는 수행의 단계를 중심으로 교육 내용의 제시 순서를 확인하는 것이다. 이 방식은 특히 교육 혹은 훈련이 종료된 이후 현장에서 특정한 수행을 보여주어야 하는 상황, 예컨대 군의 기술 훈련에서 효과적인 것으로 볼 수 있다.

가네의 과제 분석에 관한 이러한 접근은 인간 학습은 복잡하기 때문에 하나의 유형으로는 다룰 수 없다는 관점에 기반을 두고 있다. 예컨대 수학의 이차 함수 문제를 풀기 위해 학습하는 것과 외국어로서 영어 말하기를 위해 학습하는 것에는 차이가 있다. 가네는 이 아이디어를 발전시켜서 학습의 다섯 가지 유형을 정립하였으며, 학습 과제 분석의 첫 출발점은 교육의 대상이 되는 학습 과제가 정확하게 어떤 것인가를 구분하는 것이라고 주장하였다. 그에 따르면 학습 과제가 언어적 정보(verbal information)인가, 지적 기능(intellectual skills)에 포함되는 개념, 원리, 절차인가 아니면 문제해결인가를 구분하는 것이 먼저 이루어져야 한다.

학습 과제의 유형을 파악한 후 다음 단계의 활동은 해당 학습 과제를 수행하는 데 나타나는 주요 단계가 무엇인가를 확인하는 것이다. 예컨대 고객과 상권, 경쟁사에 대한 정보를 분석하는 것은 고객 분석하기, 상권 분석하기, 경쟁사 분석하기의 하위 학습내용으로 구분할 수 있으며, 고객 분석은 인구수 분석, 매니아층 분석, 세대수 분석, 고객 인사이트, 연령별 비율 확인을 포함하며, 고객 인사이트란 고객의 이용행동 패턴과 빈도를 분석하는 하위 학습과제를 포함한다. 과제 분석을 통해 학습과제에 결과적으로 어떤 하위 내용들이 포함되며, 적절한 순서는 무엇인지 파악할 수 있다([그림 3-2] 참고).

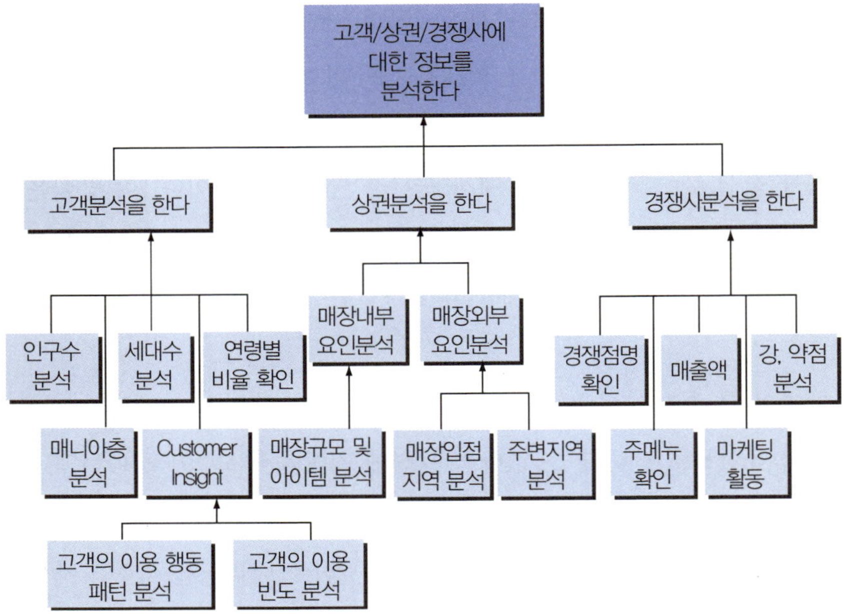

[그림 3-2] 과제 분석의 하위 내용 분석 사례

2) 학습과제의 유형

교육 내용으로 어떤 것이 어떤 순서로 제시되어야 하는가를 확인하기 위해서는 학습 과제의 유형에 대한 이해가 필요하다. 역사적으로 학습 과제 유형에 관한 구분은 블룸(Bloom, 1956)에 의하여 체계적으로 이루어지기 시작하였다. 그에 의하면 인간의 학습은 크게 인지적(cognitive), 정의적(affective), 심체적(psychomotor) 영역으로 구분된다. 인지적 영역은 '이차방정식을 풀 수 있다'와 같이 지적인 원리나 절차 등에 해당되며, 정의적 영역은 '축구 경기 관람을 선택한다'와 같은 태도와 관련되며, 심체적 영역은 '접영을 할 수 있다'와 같은 신체적인 움직임이 포함된 영역을 의미한다. 이 중에서 특히 인지적인 영역은 기초 단계에서부터 점차 상위 단계로 높아져가는 지적인 능력을 보여주었기 때문에 일반적인 교육 이론과 실제에서 지금까지도 많이 언급되고 있다. 즉 '미국의 수도는 워싱턴 D.C.이다'와 같이 사실적인 정보를 획득하는 '지식'의 단계에서부터 그 다음 단계인 '이해', '적용', '분석', '종합', '평가'의 여섯 가지 유형으로 구분될 수 있음을 보여 주었다.

가네(Gagné, 1977)는 그의 저서 '학습의 조건'을 통하여 학습 현상에 대한 심리학적 설명 체계를 집대성하였는데, 여기서 가네는 블룸과 달리 인간 학습의 유형이 크게 언어적 정보, 지적 기능, 인지 전략, 운동 기능, 태도의 다섯 가지로 구분될 수 있음을 주장하였다. 언어적 정보는 블룸의 지식에 해당하는 것으로 주로 기억에 의존하는 사실적인 정보, 사건, 명제를 말할 수 있는 상태를 의미한다. 예컨대 '빛의 삼원색은 빨강, 초록, 파랑이다'와 같은 사실을 아는 것이다. 지적 기능(intellectual skills)은 통상 학교교육 등에서 강조되고 있는 개념, 원리, 절차, 문제 해결 등을 다루고 있다. 단순히 기억하는 데에서 그치는 것이 아니라 새로운 상황에 적용할 수 있는 학습 능력임을 강조하기 위하여 기능(skills)이라는 용어를 사용하는 데 주목할 필요가 있다. '이차방정식을 풀 수 있다'와 같은 능력은 모종의 원리와 절차를 활용하여 다양한 형태의 응용 문제가 주어졌을 때 문제를 풀 수 있는 것을 말하는 것으로서, 기능 수준에도 차이가 있음을 예상할 수 있다. 이러한 적용 능력으로서 기능에 대한 강조는 예컨대 '배구에서 토스를 할 수 있다'와 같은 운동 기능에도 그대로 드러나 있다. 태도는 특정 상황에서 행동의 선택으로 나타나는 것으로, 어떤 대상에 대하여 지니는 마음 상태를 의미한다. '신호등 규칙을 따른다' 혹은 '과일과 야채를 선호한다'와 같은 것이 여기에 속한다. 마지막으로 인지 전략(cognitive strategy)은 당시 학습 심리학의 발전 과정을 잘 반영하고 있는 것으로서 학습자가 기억하고, 사고하며, 학습하는 방법이나 기법을 의미하는데, 앞의 것들이 일반적인 대상에 대한 학습이라고 한다면, 이것은 인간 학습 자체에 대한 학습을 의미한다는 점에서 독특하다. 간단한 기억술에서부터 시작하여 효과적인 노트 기록 방법, 그리고 학습 목표 설정과 모니터링과 같은 요소들을 포함하는 자기조절 학습(self-regulated learning) 능력 등이 여기에 속한다.

가네의 학습 유형의 구분은 교수설계이론의 개발 과정에서 지대한 공헌을 한 메릴(Merrill, 1983)에 의해서 새로운 차원으로 발전되었다. 메릴은 학교교육 등에서 주요하게 다루는 인지적 영역의 학습 유형에 주목하면서 전통적으로 다루어 온 사실, 개념, 절차, 원리와 같은 것을 내용 차원에 놓고, 이것들을 수행 차원에서 어떻게 다루게 되는가를 보여주는 내용×수행 행렬표(matrix)라는 아이디어를 제시하였다. 〈표 3-1〉에서 볼 수 있듯이 수행 차원은 단순한 기억에서부터 시작하여, 응용에 해당하는 활용과 고차적인 수행에 해당하는 발견으로 구성된다. 이 행렬표의 특징은 인간 학습의 유형을 매우 세밀한 수준에서 구분함과 동시에 이렇게 구분된 요소에 따라서 상이한 교수설계 전략이 처방될 수 있음을 보여주는 것이다. 예컨대 '개념을 기억하는' 학습 과제 유형에 대한 교수설계 전략과 '개념을 활용하는' 학습 과제 유형에 대한 교수설계 전략이 다르다는 점을 보여주고 있다.

〈표 3-1〉 메릴의 〈내용×수행〉 행렬표(박성익 외, 2012)

수행차원					
	발견		〈개념×발견〉 환경오염이 생활에 미치는 피해를 찾을 수 있다	〈절차×발견〉 다양한 물질을 현미경으로 관찰하는 방법을 찾을 수 있다	〈원리×발견〉 직각삼각형의 여러 가지 속성을 발견할 수 있다
	활용		〈개념×활용〉 환경오염의 예를 제시할 수 있다	〈절차×활용〉 현미경을 조작하여 아메바의 세포 구조를 관찰할 수 있다	〈원리×활용〉 피타고라스의 정리를 이용하여 직각삼각형의 빗변의 길이를 계산할 수 있다
	기억	〈사실×기억〉 대한민국의 수도는 서울이다	〈개념×기억〉 환경오염의 개념을 말할 수 있다	〈절차×기억〉 현미경을 조작하는 단계를 말할 수 있다	〈원리×기억〉 피타고라스의 정리를 말할 수 있다
		사실	개념	절차	원리
		내용차원			

3) 교수 분석

앞에서 소개한 학습 과제 유형에 대한 구분을 기초로 하여, 학습 과제 분석이 나름의 의미 있는 활동이 될 수 있음을 개념화하여 체계적으로 보여준 것이 딕과 케리(Dick et al., 2009)의 교수 분석(instructional analysis)이다. 가네는 그의 저서 '학습의 조건'에서 특정 학습이 발생하기 위해서는 학습자의 내적 조건과 외적 조건이 충족되어야 함을 설명하고 있다. 학습자의 내적 조건에는 두 가지가 있다. 학습에 본질적으로 영향을 주는 조건으로서 '선수 학습(prior learning)'과 보조적으로 영향을 주는 조건으로서 '학습동기(learning motivation)'이다. 예컨대 '이차 방정식을 풀 수 있다'와 같은 학습이 발생하기 위해서는 학습자가 이 전에 반드시 알고 있어야 하는 것, 즉 '인수분해를 할 수 있다'와 같은 선수 학습이 이루어져야 한다. 이러한 조건이 충족된 상태에서 학습자가 학습을 하려는 동기나 의욕이 있어야 한다. 이 두 가지 내적 조건을 고려하여 교수자의 교수 전략과 같은 외적 조건이 충족될 때 제대로 된 학습이 발생하게 된다. 이 설명 체계는 이후 교수설계 관련 활동에 다양한 시사점을 제시하였는데, 그중 하나가 바로 딕과 케리의 교수 분석(instructional analysis)이다.

[그림 3-3]에서 알 수 있듯이 앞 단계의 교수목적 확인 결과를 토대로 교수 분석과 학습자 및 맥락 분석이 동시에 이루어지면서 학습 과제를 세부적으로 분석하여 종합한다. 이후 다음 단계인 수행 목표의 기술이 이루어진다.

딕과 케리에 의하면 교수 분석은 기본적으로 수업 내용 영역을 확인하는 절차이다. 교수 분석을 통하여 어떤 내용을 어떤 순서로 가르칠 것인가를 결정하게 된다. 교수 분석은 앞의 '학습의 조건' 저서에서 제시된 본질적인 내적 학습 조건인 선수 학습이라는 아이디어에 의존한다. 즉 성공적인 학

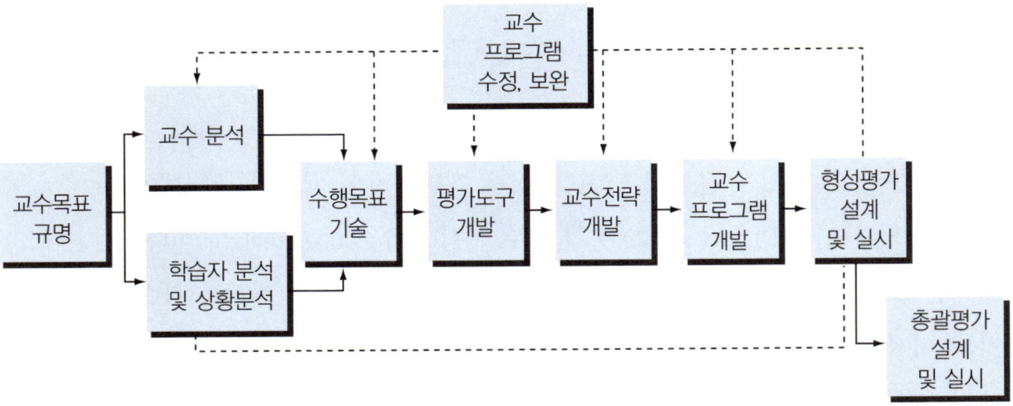

[그림 3-3] 딕과 케리의 교수체제설계 모형에서 교수 분석의 단계

습이 되기 위한 조건 중의 하나가 선수 학습이 제대로 되어 있는 것이라면, 수업을 설계하는 과정에서 반드시 고려하여야 하는 점은 필요한 선수 학습을 사전에 획득하도록 하는 것이다. 이를 위해 제시된 것이 바로 교수 분석의 한 가지 기법인 위계 분석(hierarchical analysis)이다. 가네에 의하여 제시된 위계 분석은 [그림 3-4]에서와 같이 지적 기능에 속하는 학습 목표를 과제 분석 차원에서 분석하는 기법이다. 이 사례에서는 학습자가 '문제해결'

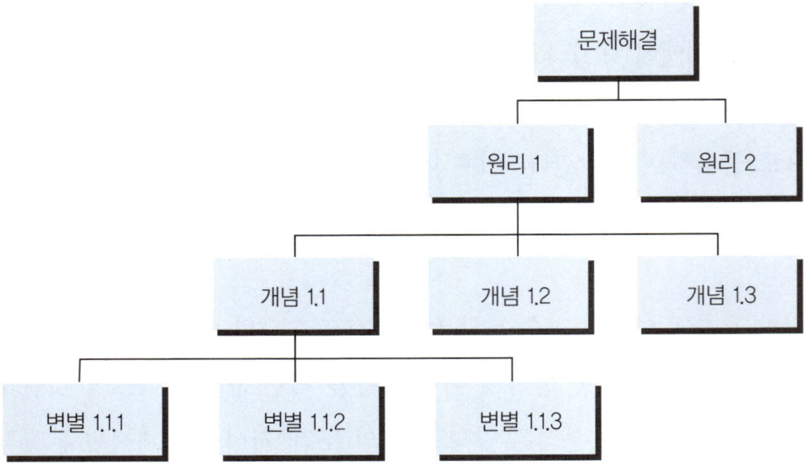

[그림 3-4] Gagné의 지적 기능에 대한 위계분석

의 최종 학습 과제를 수행하기 위해서는 필요한 선수 학습으로서 원리를 적용할 수 있어야 하며, 원리를 적용하기 위해서는 그 원리를 구성하고 있는 개념에 대한 획득이 선행되어야 한다.

교수 분석으로서 이러한 위계 분석 이외에 딕과 케리는 목적 분석(goal analysis)을 제시하고 있는데, 이는 인간의 많은 행동이 일련의 단계들로 구성되어 있다는 점에 주목한 것이다. 목적 분석은 학습자들이 수업의 목적을 달성했을 때 실제로 실행하게 되는 구체적인 단계들을 시각적인 형태로 보여준다. [그림 3-5]는 교수 목적이 일련의 단계로 구성될 수 있다는 것을 나타내고 있다.

[그림 3-5] 교수 목적 분석의 단계(Dick, Carey, & Carey, 2009)

딕과 케리의 교수 분석에는 위에서 밝힌 주요 단계를 보여주는 목적 분석과 특정 단계의 학습 과제를 위한 선수 학습 과제를 분석하는 위계적 분석 이외에도 절차적 분석과 군집 분석 그리고 통합 분석이 있다. 절차적 분석은 교수 목적 분석에 의한 결과 중 한 가지 특정 단계가 위계성보다는 순차적인 단계를 보일 때 이루어지는 방법이다. 예컨대 [그림 3-6]에서와 같이 타이어를 교체하는 것이 교수 목적일 때, 주요한 단계를 우선 분석한 후 (즉, 교수 목적 분석을 실시), '차를 들어 올린다'라는 행동이 다시 [그림 3-6]의 2.1에서 2.5까지의 하위 절차로 이루어질 수 있다. 이 경우 2.1 이하 단계에 대한 분석을 절차적 분석이라고 한다.

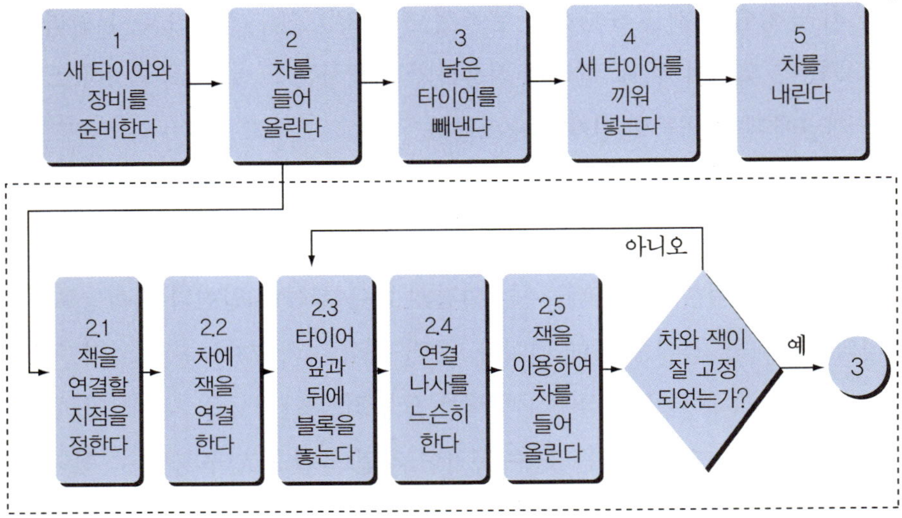

[그림 3-6] 운동기능 목표에 대한 절차적 분석의 예(Dick, Carey, & Carey, 2009)

군집 분석(cluster analysis)은 앞의 위계적 분석 혹은 절차적 분석과 같이 단계나 절차의 형태로 분석되지는 않지만, 한 영역 혹은 군집 안에 포함되는 하위 항목들을 분석하는 것을 의미한다. [그림 3-7]과 같이 주로 언어적 정보 과제를 분석할 때 활용된다. 통합 분석(integrated analysis)은 [그림 3-8]과 같이 지금까지 언급한 위계적 분석, 절차적 분석, 군집 분석 등이 모두 포함된 분석 방법을 의미한다.

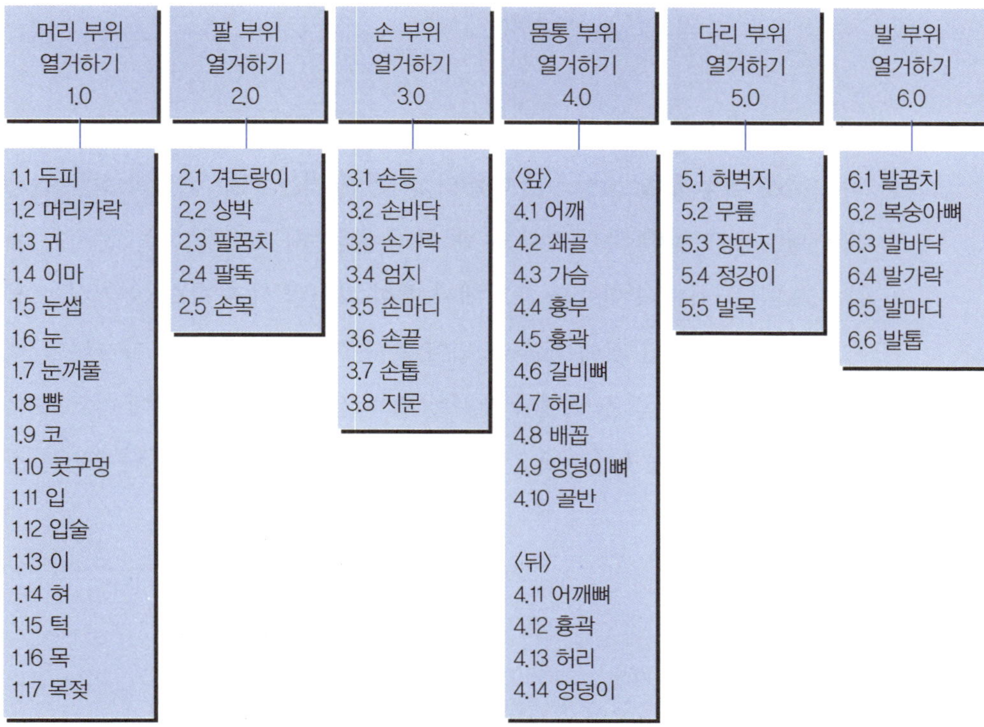

[그림 3-7] 언어적 정보 과제에 대한 군집 분석의 예(Dick, Carey, & Carey, 2009)

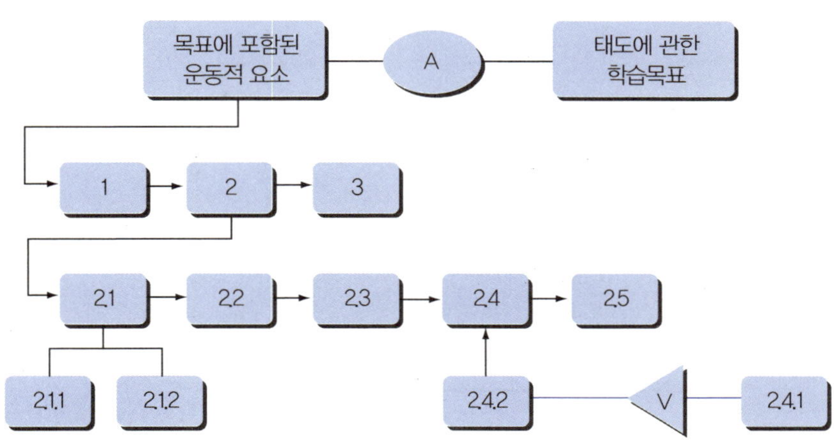

[그림 3-8] 운동적 요소가 포함된 태도목표에 대한 통합 분석의 예
(Dick, Carey, & Carey, 2009)

4) 교수 계열 분석

교수 계열 분석은 앞에서 다룬 학습 과제 분석 결과를 바탕으로 교육 내용 순서를 어떻게 할 것인가를 다룬다. 딕과 케리는 교수 분석의 최종 결과를 바탕으로 확인된 하위 기능의 맨 아래에서부터 교육을 하는 순서를 제안하고 있다. 가네의 학습의 조건에서 밝힌 것처럼 사전 학습, 여기서는 하위 기능으로 확인된 것이 학습이 되어야 다음 단계의 학습이 가능하기 때문이다. 예컨대 [그림 3-9]에서 제시한 것과 같이 위계적 분석에 따르면 이론상 수업의 순서는 1, 2.1, 2.2, 3.1, 3.2, 3.3, 4의 학습 과제를 다루면서 진행된다.

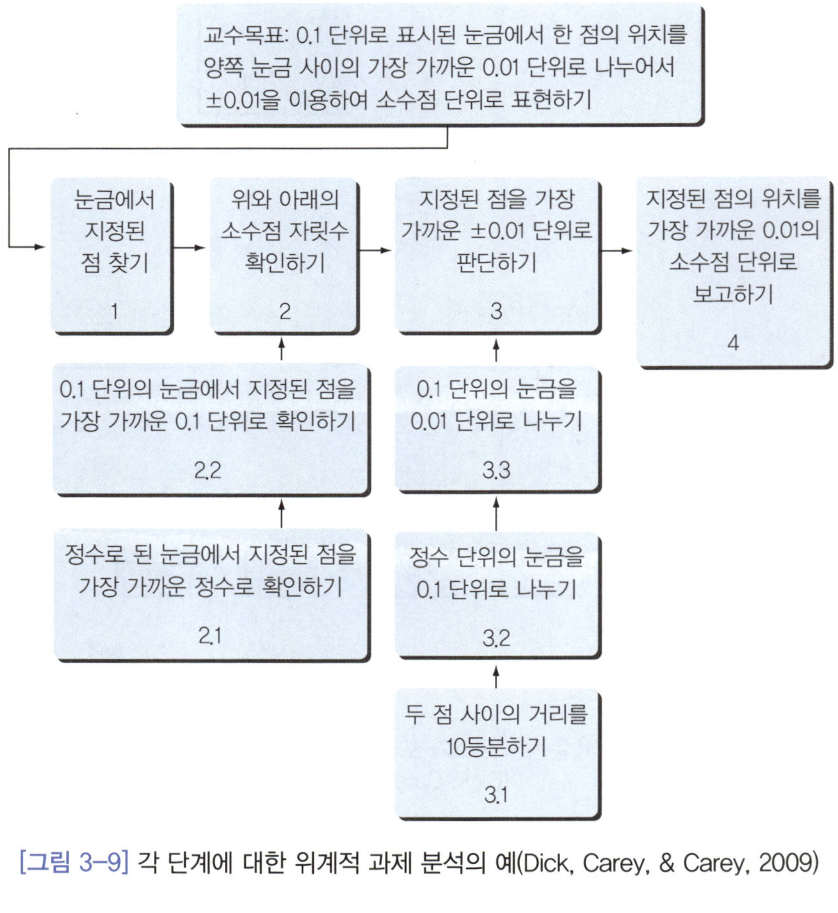

[그림 3-9] 각 단계에 대한 위계적 과제 분석의 예(Dick, Carey, & Carey, 2009)

한편, 위계적 과제 분석을 통한 교수 계열 방법론 이외에 이론상으로 가능한 교수 계열 분석 방법론으로 롸이겔루스(Reigeluth)의 단순조건화 기법(Simplifying Conditions Method, SCM)이 제안되어 있다. 이 방법은 롸이겔루스의 교수설계이론인 정교화이론(elaboration theory)을 가능하게 하는 과제 분석 기법으로 제시되었는데, 결과적으로는 교수 계열화를 위한 방법으로 소개되고 있다. 정교화이론은 기본적으로 복수의 개념, 원리, 절차, 이론 등으로 구성된 여러 지식 영역을 어떤 순서로 가르칠 것인가를 다룬다는 점에서 거시적 교수설계 전략에 속한다(임철일, 2012; Reigeluth, 1999).

이 이론에 따르면, 복잡한 아이디어로 구성된 지식 영역을 가르칠 때에는 브루너(Bruner)가 제시한 나선형 교육과정(spiral curriculum)과 같이 동일한 내용의 가장 단순한 형태를 먼저 가르친 다음 점점 복잡한 형태를 이후에 가르치는 것이 보다 효과적이다. 예컨대 경제학을 가르칠 때 경제학의 핵심적 특징을 보여줄 수 있는 아이디어의 정수를 먼저 가르쳐야 하는데, 이 경우 수요 공급의 법칙이 여기에 해당될 수 있다. 즉 수요 공급의 법칙을 경제학의 정수(epitome)로 파악하고 그것을 먼저 가르친 다음, 이를 바탕으로 점점 복잡한 아이디어를 제시하는 것이다.

정교화이론을 발전시키는 과정에서 롸이겔루스는 조건단순화 기법을 제안하였는데, 기본적으로 앞에서와 같이 정수를 먼저 제시하고 점점 복잡한 단계로 넘어갈 때 앞의 단계는 보다 단순한 조건에 해당하는 내용이며, 그 다음 단계는 조건이 추가되는 복잡한 조건의 경우로 볼 수 있다. 이 방법론을 발전시킨 것이 단순조건화 기법이다. 이러한 분석 방법을 롸이겔루스는 위계적 과제 분석에 의한 계열화와 비교하여 다음과 같이 제시하고 있다.

〈표 3-2〉 위계적 계열 분석과 단순조건화 계열 분석(출처: Reigeluth, 1999, p. 443)

	위계적 과제 분석과 계열화	SCM에 의한 과제 분석과 계열화
개념도	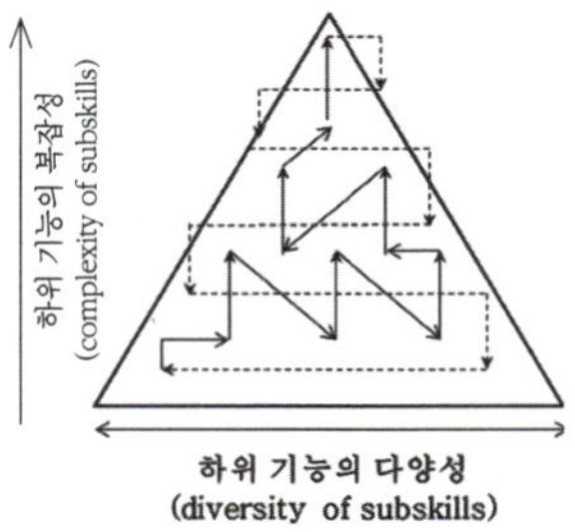	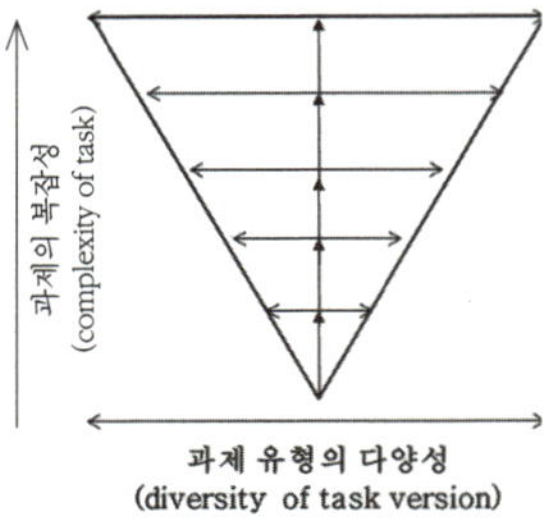
논리적 전제	• 부분→전체 / 단순→복잡 (하위기술에서 핵심기술로)	• 단순→복잡 (단순한 과제에서 복잡한 과제로)
설계자 관점	• 계열화에 앞서 별도의 과제로 과제 분석이 선행되어야 함	• 과제 분석과 계열화가 동시에 이루어질 수 있음 (보다 신속한 프로토타입 개발이 가능함)
학습자 관점	• 고차적 기술의 학습을 촉진함	• 학습 초기에도 1) 전체 과제의 특성 파악, 2) 단순하면서도 적용 가능한 기술 습득, 3) 동기향상이 가능함
위계적 접근법은 필요하지만 충분하지는 못함(통합적이지 못하고 부분적 접근에 그칠 수 있음)		

3. 학습 과제 분석의 절차

학습 과제를 분석하는 데 참고할 수 있는 개념적 틀로서 교수 분석과 교수 계열 분석을 앞에서 다루었다. 여기에서는 이러한 두 가지 분석 방법을 토대로 하는 학습 과제 분석 절차와 함께 또 하나의 학습 과제 분석 절차로서 직무 분석 절차를 소개한다.

1) 교수 분석의 절차

딕과 케리에 의하여 제시된 교수 분석은 크게 목적 분석과 하위 기능 분석 및 출발점 행동 분석으로 구분된다(Dick et al., 2009). 첫 번째 단계는 우선 전체적인 교육 목적을 확인한 후, 이 교육 목적이 어떤 학습 과제 유형에 해당하는가를 구분한다. 즉, 언어적 정보, 지적 기능, 인지 전략, 태도, 심체적 행동 중 어디에 해당하는가를 확인하게 된다. 아래에 간단한 사례가 제시되어 있다.

사례 3-1

C사의 점장들을 위한 LAM/LSM 교수 분석의 예는 아래와 같다.

분석 상황

C사는 점장 역량에 대한 요구 분석 결과 수익성 극대화를 위한 고성과 창출 역량 중 LAM/LSM 기획 및 실행 능력이 부족하다고 판단하여 이에 대한 개선이 필요한 상황이었다. 이에 대해 교수설계팀은 LAM/LSM 역량 강화 프로그램 개발에 대한 약 3주간의 요구 분석 과정을 통해 수행 문제 분석, 수행 환경 및 학습 환경 분석, 교수목표 분석 단계의 적용과 과제 분석을 실시하였다. 교육목적은 C사의 점장이 마케팅 이론을 바탕으로 체계적인 고객/상권/경쟁사 분석을 통해 전략적 LAM/LSM을 기획할 수 있도록 하는 것이다. 여기에서 분석과 기획하는 것을 일련의 절차로 보았으며, 이는 학습의 영역 중 지적 기능(intellectual skills) 및 이중 규칙 적용하기(절차의 적용)에 해당한다. 이 후 요구 분석을 위한 내용전문가 및 학습자와의 인터뷰를 통해 업무 프로세스를 파악하였고, 그 결과를 바탕으로 주요 단계(major steps)를 계열화하였다. 주요 단계를 정리한 결과, 1) 고객/상권/경쟁사 분석을 위해 다양한 방법을 동원하여 자료를 수집하고, 2) 수집한 자료를 바탕으로 분석 템플릿을 활용하여 고객/상권/경쟁사에 대해 분석한 뒤, 3) LAM/LSM 목표를 설정 및 기획하며, 4) 기획한 뒤 기획팀에서 제공한 "수익성 분석" 템플릿을 활용하여 실행 가능여부를 판단하고 최종적으로 이를 근거로 기획안 및 품의서를 작성하는 절차가 필요하다.

분석 결과

고객/상권/경쟁사에 대한 정보를 수집한다. → 고객/상권/경쟁사에 대한 정보를 분석한다. → 분석결과를 바탕으로 각 점포에 적합한 LAM/LSM 목표를 수립한다. → 목표에 맞게 전략적인 LAM/LSM을 기획한다.

- 내부요인 파악: SWOT 분석
  - 매장 규모, 인력, 매출, 오퍼레이션 상황 체크
  - 매장의 QSC를 기반으로 매장의 강·약점 분석
- 외부요인 파악: 고객/상권/경쟁사 분석
  - 상권: 상권정보시스템 사이트 활용
  ※ 상권 내 유동인구, 상주인구 구매성향 파악
  (연령층, 남녀성비, 구매단가, 구매 시간 파악)
  ※ 상권의 분류(거리 개념, 지리적 특성)
  ⇒ 고객 라이프스타일 확인
  - 경쟁사: 경쟁점 현황(거리, 규모, 위치, 매출액), 경쟁점 특징(최근 이슈, 인테리어, LSM)
  - 고객: ① 상권유형별 고객의 특징 정리
  ② 매장방문 고객층 분석
  ③ 고객통찰(Customer Insight): 구매패턴/빈도

- 목표수립
  - 객수 향상
  - 객단가 향상

- LAM/LSM 기획
  - 아이디어 적용 (대상/내용/조건)
  - 시기 결정
  - 요청사항
  - 기대효과 (예산안 작성)

- 목표: 고객/상권/경쟁사 분석을 바탕으로 한 전략적 LAM/LSM을 기획할 수 있다.
  1) 다양한 정보 수집 방법을 활용하여 정보를 수집할 수 있다.
    가. 다양한 정보수집방법에 대해 숙지한다.
      ※ 1차 자료: 설문조사(고객선호도, 개선점 등), 인터뷰(매장 직원, 소비자)
      ※ 2차 자료: 웹사이트, 카드 데이터 등
      - 상권정보시스템, 통계청 홈페이지 등 웹사이트를 활용하여 정보를 수집한다.

- C사 연계 카드, 주변 카드 제휴사 데이터를 활용하여 정보를 수집한다.
- 경쟁사 방문 및 관찰을 통해 경쟁사에 대한 정보를 수집한다.

2) 고객/상권/경쟁사에 대한 정보를 분석할 수 있다.

가. SWOT 분석 등 분석 템플릿을 활용하여 매장 내부요인을 분석할 수 있다.

- 매장 규모, 인력, 매출, 오퍼레이션 상황을 확인할 수 있다.
- 매장의 QSC를 기반으로 매장의 강·약점을 분석할 수 있다.

나. SWOT 분석 등 분석 템플릿을 활용하여 매장 외부요인을 분석할 수 있다.

① 상권분석을 할 수 있다.

- 상권 내 유동인구, 상주인구 구매성향(연령층, 남녀성비, 구매단가, 구매시간)을 파악할 수 있다.
- 거리 개념 또는 지리적 특성에 따른 상권을 분류하고 고객 라이프 스타일을 분석할 수 있다.

② 상권분석을 바탕으로 경쟁사 분석을 할 수 있다.

- 경쟁점 현황(거리, 규모, 위치, 매출액)을 파악할 수 있다.
- 경쟁점 특징(최근 이슈, 인테리어, LSM)을 파악할 수 있다.

③ 고객 분석을 할 수 있다.

- 상권유형별 고객의 특징을 정리할 수 있다.
- 매장방문 고객층을 분석하고 주요 특징을 정리할 수 있다.
- 고객통찰(Customer Insight)을 통해 구매패턴/구매빈도에 따른 분석을 할 수 있다.
- 잠재고객을 파악할 수 있다.

※ ②, ③은 반드시 순서대로 시행되는 것이 아니며, 상권분석을 바탕으로 동시적으로 실시되는 과제임

3) 분석 결과를 바탕으로 각 점포에 적합한 LAM/LSM 목표를 수립한다.

가. 객수 향상을 위한 목표를 수립할 수 있다.

나. 객단가 향상을 위한 목표를 수립할 수 있다.

4) 목표에 맞게 전략적인 LAM/LSM을 기획할 수 있다.

가. LAM/LSM 설계 템플릿에 아이디어를 적용하여 기술할 수 있다.
(대상, 내용, 조건, 시기, 홍보 수단 및 기대효과 등)

나. 위의 내용을 바탕으로 마케팅 이론을 기반으로 한 품의서를 작성할 수 있다.

두 번째 단계는 교수 목적이 어떤 학습 과제 영역인지 확인한 후에는 이러한 교수 목적을 달성하였을 때 학습자가 보여주어야 하는 행동을 분석해야 한다. '목적 분석'을 하는 것이다. 이 경우 눈으로 관찰이 가능한 심체적 행동과 같은 경우(예컨대, 수영의 접영 동작)에는 어느 정도 하위 절차들을 분석할 수 있지만, 머릿속에서 이루어지는 지적 기능에 해당하는 행동(예컨대, 이차함수 풀이 과정)은 제대로 분석하기가 쉽지 않다. 특히 대안적 경로가 많은 복잡한 절차일 경우에는 더욱 어렵다. 교수 목적의 주요 하위 단계를 분석하는 '목적 분석'은 학습자가 교수 목적을 달성하였을 때 보여주는 구체적인 단계를 시각적으로 제시한 것이다. 다음 예시와 같이 교수 목적을 달성하는 데 보여주어야 하는 하위 단계를 밝혀야 하는 것이다.

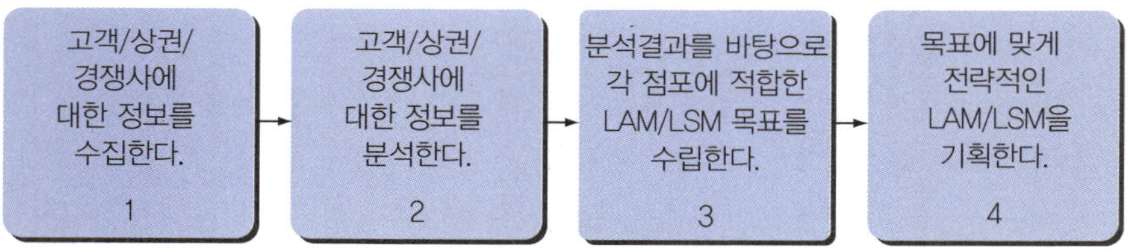

[그림 3-10] 교수 목적을 달성하기 위한 목적 분석의 예

세 번째 단계는 두 번째 단계에서 확인된 주요 절차를 수행하는 데 필요한 하위 기능(subordinate skills)을 위계적 분석, 절차적 분석, 군집 분석 및 통합 분석 방법을 실시하여 확인하는 것이다. [그림 3-11]은 앞의 목적 분석 중 한 가지 절차에 대한 위계적 분석의 예시를 보여주고 있다.

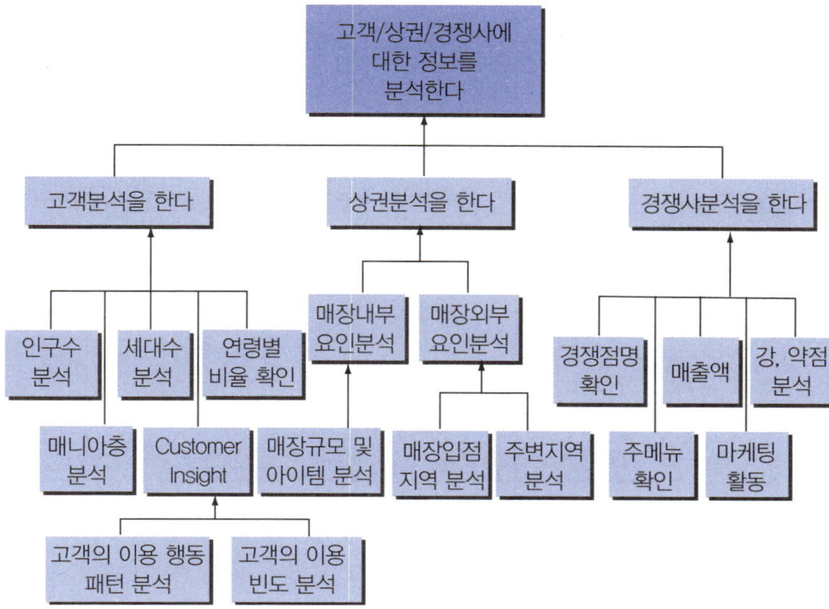

[그림 3-11] 목적 분석 중 위계적 분석의 예

교수 분석 과정을 거치면서 주요 절차 및 하위 기능을 확인하게 된다. 이렇게 확인된 하위 기능을 펼쳐 두고, 맨 먼저 하여야 하는 기능을 정한 뒤, 이 기능을 학습한 다음에 해야 하는 다음 기능을 확인한다. 이렇게 순차적으로 하위 기능을 정하는 과정을 밟게 된다. 이 단계에서 학습자가 이미 알고 있다고 전제하는 하위 기능이 있게 되는데 이를 출발점 행동(entry behavior)이라고 한다. 이 출발점 행동은 다른 학습 과정을 통하여 이미 획득된 것이며, 하위 기능 분석은 여기에서 멈추게 된다. 위계적 분석에 의한 학습 과제 분석과 출발점 행동 분석 결과가 [그림 3-12]에 제시되어 있다. [그림 3-12]에서 교수 목적을 달성하기 위한 수업의 순서는 1.1, 1.3, 2.1, 2.2.1, 2.2.2, 2.3, 3, 4, 5, 6이 된다.

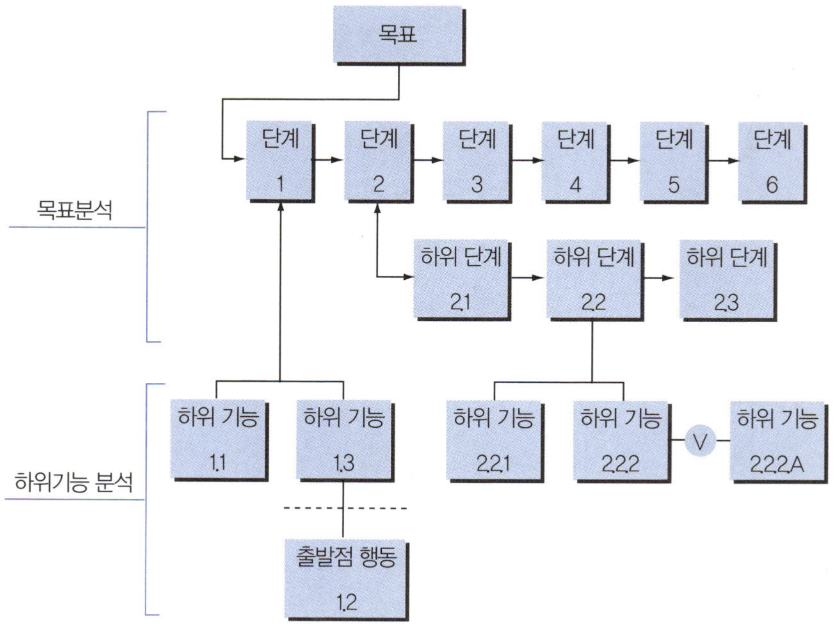

[그림 3-12] 위계적 분석의 결과(Dick, Carey, & Carey, 2009)

2) 직무 분석의 절차

학습 과제 분석의 또 하나의 방법으로 제시된 것으로 직무 분석(job analysis)을 들 수 있다. 직무 분석은 말 그대로 회사나 기업에서 직원들이 수행하게 되는 직무를 분석하는 것인데, 이것을 교육적 맥락에서 볼 때는 해당 직무를 정확하게 분석하여 무엇을 가르칠 필요가 있는가를 확인하는 방법으로 파악할 수 있다. 교육 프로그램 개발 상황에서 직무 분석에 대한 관심을 가지게 된 것은 DACUM(Developing a Curriculum)과 같은 특정의 방법들이 제안되면서부터이다. 1970년대 초반 제안된 이후로 1980년대 후반 미국 Motorola 회사의 직무 분석 및 교육과정 개발 방법으로 DACUM이 활발하게 소개되고 활용되어 지금에 이르고 있다. 직무 분석 기법이면서도 교육 내용을 학습과제 분석 차원에서 분석하는 방법으로 제안된 DACUM은 기본적으로 특정 직무(job)를 하위의 주요 책무(duties)로 나눈 후 다시 개별 책무를 하위의 주요 과제(tasks)로 나누게 된다. 대체로 한 직무에 8~12개 정도의 책무가 있게 되며, 한 가지 책무는 다시 7~8개의 하위 과제로 구분된다.

DACUM 분석을 위해서는 첫째, 체계적인 교육훈련이 요구되는 직무를 확인한다. 이를 위해 일정한 위계를 가지고 체계적으로 실시할 교육을 요구 분석 차원에서 밝힌다. 둘째, 확인된 직무에 대한 교육과정(curriculum)을 개발하기 위하여 현업 전문가 7명 내외를 소집한다. 직무 분석 과정은 기본적으로 현업 전문가의 합의를 통하여 파악하게 된다. 셋째, 현업 전문가의 의견을 도출하는 데 유능한 퍼실리테이터 및 주요 의사 결정 기법을 활용한 워크숍을 통하여 책무와 과제를 확인한다. 〈표 3-3〉은 DACUM을 적용한 사례로서 직무, 책무, 과제의 예시를 보여주고 있다.

〈표 3-3〉 DACUM 적용 사례: 직무, 책무, 과제(출처: 박성익 외 7인, 2001, p. 376)

직무설명: 생산활동에 필요한 물적 자원을 최적의 품질과 가격으로 적기에 공급하여 회사의 부가가치 창출에 기여한다.

〈책무〉	〈과제〉		
구매정책을 수립한다	매입금액을 관리한다	협력업체를 정예화한다	자재수급 계획을 수립한다
	재료비 절감계획을 수립한다	시장동향을 분석한다	교육훈련 계획을 수립한다
구매단가를 관리한다	목표가격을 검토한다	견적서를 검토한다	구매업체를 선정한다
	구매단가를 합의한다	단가결정 품의서를 작성한다	
계약을 관리한다	거래유형을 결정한다		거래조건을 검토한다
	계약변경사항을 점검한다		

넷째, 워크숍 결과를 정리하여 각 과제의 중요도와 교육적 필요성을 확인하기 위하여 설문지를 개발한 후, 해당 직무를 수행하는 사람들에게 배포하여 결과를 수집한다. [그림 3-13]은 과제를 중요도와 교육적 필요성에 따라 최종적으로 구분한 것을 보여주고 있다.

[그림 3-13] DACUM의 교육 필요성 확인 단계(출처: 박성익 외 7인, 2001, p. 377)

다섯째, 설문지 결과를 분석하여 중요도와 교육적 필요성이 높은 과제를 추출한 후 이 과제를 위한 교육내용을 교육하는 교육 프로그램을 개발하게 된다.

이상의 직무 분석 방법으로서 DACUM을 활용하여 기술 및 직업훈련 교육 프로그램을 효과적으로 개발할 수 있으며, 여타 새로운 사업 전개 과정에서 필요한 교육 프로그램을 개발하기 위한 역량중심 교육과정(Competency Based Curriculum: CBC) 개발 기법 등도 활용되고 있다(윤여순, 1998; 이재경, 2002).

4. 교수목표의 진술

앞의 딕과 케리의 교수체제설계 모형에서는 학습 과제의 분석 결과와 학습자분석 및 상황분석 결과를 종합적으로 고려하여 수행 목표를 기술하는(writing performance objectives) 단계가 이루어진다. 여기서 수행 목표는 교수목표(instructional objectives)와 동일한 것으로 이해된다. 교수목표는 행동적 교수목표(behavioral instructional objectives) 혹은 간단히 행동 목표(behavioral objectives)로 불리기도 하는데, 교수목표의 개념이 행동주의 심리학의 산물이기 때문에 그러하다. 행동적 교수목표는 일찍 1975년 행동주의적 관점을 교육학적으로 해석한 대표적인 학자로서 메이거(Mager, 1997)에 의하여 처음으로 사용되었다. 메이거의 행동주의적 관점에 따르면 학습은 행동의 변화인데, 이 경우 교육이 달성해야 하는 목표는 이러한 행동의 변화가 구체적인 수준으로 나타나는 것으로 설정되어야 한다. 즉 학습자가 교육을 마쳤을 때 보여주는 행동의 변화 수준을 명확하게 기술을 하여야만 그에 따른 적절한 자극으로서 교육의 내용과 방법 그리고 이후 평가방식이 결정되는 것이다.

행동적 교수목표의 진술은 크게 두 가지 단계를 포함하고 있다. 하나는 앞에서 설명한 학습 과제의 분석을 통하여 학습자들이 보여주어야 하는 수행의 측면과 단계를 확인하는 것이다. 예컨대 '전략적 마케팅을 기획할 수 있다'라는 교수 목적이 설정되었을 경우, 이 목적을 달성하는 데 필요한 주요 하위 학습 과제(예를 들면, 자료 수집 방법을 활용하여 정보를 수집한다)가 도출되며, 이것들이 바로 구체적인 교수목표로 변환될 수 있다. 학습 과제 분석 단계가 교수목표 진술의 실질적인 활동으로 기능을 하는 것이다. 이렇게 확인된 하위 과제 중에서 학습자가 사전에 할 수 있는 것이 '출발점 행동(entry behavior)'이 되며, 그 이상의 것이 교육의 대상이 되어 행동적 교수목표로 진술된다.

이 단계를 통하여 학습자가 교육을 마치고 나면 보여주는 행동적 특성을 명확하게 기술하게 된다. 한편 행동적 교수목표의 형태로 기술되지 않은 목표들을 보면 크게 두 가지 특성을 보인다. 첫째, 교수자의 입장에서 목표가 진술되는 경우가 있다. 예컨대 '수요 공급의 법칙을 소개한다'와 같이 교육을 통하여 교수자가 다루거나 소개하는 내용을 나열하는 것이다. 이러한 목표 기술은 학습자가 어떤 상태에 이르는가를 다시 한번 분석하게 하거나, 학습자의 수행 수준에 대해서는 그다지 관심이 없는 교수목표 기술이 되고 만다.

또 하나의 특성은 학습자가 보여주는 행동이 지나치게 일반적이거나 애매하다는 것이다. 예컨대, 'SWOT 분석을 익힌다'에서 '익힌다'와 같은 용어는 너무나 일반적이어서 이것이 의미하는 바를 보다 구체화할 필요가 있다. '~안다', '~이해한다'와 같은 표현도 이런 부류에 속한다. 요컨대 행동적 교수목표는 학습자가 교육을 마치고 나면 보여주어야 하는 구체적인 행동이 드러나게 내용 영역과 행동 영역으로 구분하여 기술되는 것을 지향한다. 다음 〈표 3-4〉는 행동적 교수목표의 구체적인 행동을 보여주고 있다.

〈표 3-4〉 행동적 교수목표의 행동의 종류

학습자에게 기대하는 수준	기대하는 학습자 행동 기술		
수준 1: 지식/이해 사물을 기억하고 인식한다	• 분류하다 • 설명하다 • 인식하다 • 명명하다	• 정의하다 • 파악하다 • 환언하다 • 선정하다	• 예를 들다 • 연결하다 • 열거하다 • 진술하다
수준 2: 적용 상황을 구체화하기 위해 정보를 활용한다	• 택하다 • 적용하다 • 각색하다 • 실증하다	• 계산하다 • 수행하다 • 해석하다	• 조립하다 • 예견하다 • 활용하다
수준 3: 분석 자료를 기본적 단위로 분석하거나 분해한다	• 분석하다 • 구분하다 • 대조하다 • 표시하다	• 분류하다 • 구별하다 • 비평하다	• 비교하다 • 시험하다 • 분리하다
수준 4: 종합 분석된 요소들을 새로운 구조나 조직으로 종합한다	• 정렬하다 • 논의하다 • 설정하다 • 조직하다 • 표시하다	• 결합하다 • 공식화하다 • 요약하다 • 모으다	• 구성하다 • 일반화하다 • 쓰다 • 관련시키다

이상과 같이 교수목표의 진술은 크게 학습자가 보여주어야 하는 행동 특성을 중심으로 이루어지는데, 이를 포함하여 메이거는 교수목표 진술의 A, B, C, D를 제안한다. 여기서 A는 Audience, 즉 교육의 대상자인 학습자를 지칭하며, B는 Behavior, 학습자가 보여주어야 하는 구체적인 행동을 의미한다. 이 두 가지 요소와 함께 메이거는 C, Condition으로 학습된 행동이 발생하는 조건의 기술 그리고 D, Degree로서 학습된 행동이 드러나는 수준에 대하여 기술하는 것을 추가적으로 제안하고 있다. 예컨대 '이차 방정식을 풀 수 있다'와 같은 교수목표를 C와 D를 고려하여 기술하게 되면, '중 수준의 문제 10개가 주어지면, 8개 이상을 정확하게 풀 수 있다'와 같이 조건과 수준을 고려하여 기술하게 되는 것이다. 이처럼 조건과 수준을 명확

히 하는 경우는 교육의 결과로 자격증과 같은 것을 부여할 때를 생각하면 그 유용성을 이해할 수 있다. 그러나 이처럼 세부적으로 교수목표를 기술하는 경우는 흔치 않고 행동을 기술하는 것으로 그치며, 행동의 결과를 우수, 보통, 보통 이하 등으로 평가하는 것이 일반적이다.

요약하면, 교수목표의 진술 단계에서는 앞 단계에서 수행한 학습 과제의 분석과 학습자의 특성 등을 고려하여 학습자가 교육 종료 후 보여주어야 하는 행동 특성을 내용과 함께 구체적으로 기술하여야 한다. 이렇게 진술된 목표를 달성하는 데 필요한 교수 전략(예시와 연습 문제 등)과 평가 문항 개발 등이 이후에 이루어진다.

5. 요약

과제 분석은 요구 분석을 통하여 확인된 일반적인 교육 목적에 포함되는 하위 영역을 분석하여 도출하는 활동으로 구성된다. RPISD에서 과제 분석이 차지하는 의의는 학습자가 교육을 받은 후 보여주는 구체적인 행동, 능력, 역량을 내용 혹은 주제의 분석과 함께 찾아내는 것이다. 이는 교육 내용을 확인하려는 전통적인 주제 분석과는 다른 접근이다. 학습자가 보여주어야 하는 행동을 주요 단계로 먼저 분석하고, 각 단계의 하위 기능과 절차 등을 분석하게 되며, 이 결과를 반영하여 내용 영역 등이 논리적으로 선정되는 과정을 밟게 된다.

RPISD에서 과제 분석은 먼저 학습 과제가 어떤 유형에 속하는가를 분류하는 활동부터 시작한다. 블룸의 교수목표의 분류학(taxonomy of objectives) 접근의 연장선에서 가네는 교수목적을 언어적 정보, 지적 기능, 태도, 심체적 기능, 인지 전략과 같은 다섯 가지로 구분하였다. 메릴은 내용×수행 행렬표를 이용하여 사실, 개념, 절차, 원리의 내용과 기억, 활용, 발견의 수행 수준을 행렬의 형식으로 배열하여 체계적으로 학습 과제 유형을 제시하였다.

과제 분석의 실질적인 모습은 딕과 케리의 교수 분석(instructional analysis)에 의하여 나타났다. 가네의 선수 학습의 중요성을 받아들인 딕과 케리는 학습 과제의 위계성을 활용하여 위계분석, 절차분석, 군집분석과 같은 학습 과제 분석 방법을 제안하였다. 이 방법을 통하여 비록 어렵기는 하지만, 매우 구체적인 형태로 학습 과제를 분석함과 동시에 계열분석을 할 수 있다. 과제 분석의 하위 영역으로 들어가기도 하고, 때로는 병렬적으로 검토되기도 하는 직무 분석은 DACUM 혹은 CBC와 같이 체계적인 교육과정개발 방법론으로 발전되기도 하였다. 과제 분석의 결과는 학습자가 교육 종료 후 보여주는 행동적 교수목표 혹은 수행목표의 기술로 연결된다. 수행 목표를 기술한 후, 이것을 달성하는 데 필요한 교수전략과 평가문항 개발이 다음 단계에서 이루어지게 된다.

연습 및 탐구 문제

1. '마케팅의 원리'는 학습 내용(learning content)의 한 가지 사례이다. 이것을 학습 과제(learning task)로 변경할 때 어떤 것이 가능한지 하나의 예시를 들어 보시오.

2. '효과적으로 발표를 할 수 있다'의 학습 과제에 대한 교수 분석을 한다고 하자. 이때 교수 목적 분석(instructional goals analysis)에 포함되는 주요 단계를 분석하시오.

3. 다음은 과제 분석의 한 가지 사례이다. 첫 번째 단계에 들어갈 적절한 행동은 무엇인가?

   교육 목표: 고객/상권/경쟁사 분석을 바탕으로 한 전략적 LAM/LSM을 기획할 수 있다.

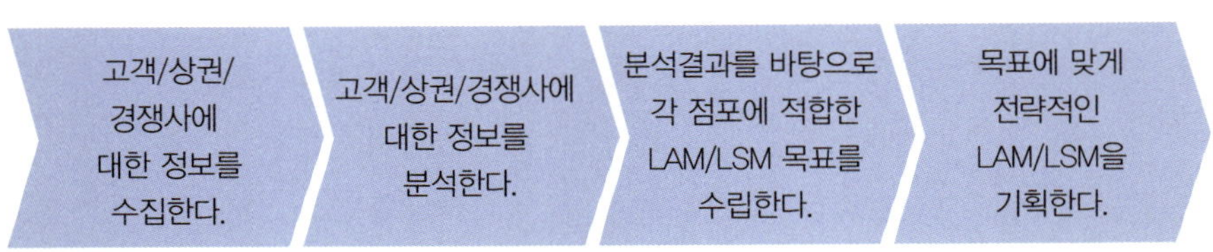

참고문헌

박성익, 왕경수, 임철일, 박인우, 이재경, 김미량, 임정훈, 정현미 (2001). **교육공학 탐구의 새 지평**. 교육과학사.

박성익, 임철일, 이재경, 최정임, 임정훈, 정현미, 송해덕, 장수정, 장경원, 이지연, 이지은 (2012). **교육공학의 원리와 적용**. 교육과학사.

소경희 (2017). **교육과정의 이해**. 교육과학사.

윤여순 (1998). 기업교육에서의 Competency-Based Curriculum의 활용과 그 의의. **기업교육연구**, 1(1), 103-123.

이재경 (2002). 역량기반 교육과정 개발 방법론에 대한 고찰: 마케팅 역량강화 교육과정체계 개발사례를 중심으로. **교육공학연구**, 18(4), 25-56.

임철일 (2012). **교수설계이론과 모형(2판)**. 교육과학사.

임철일, 연은경 (2006). 기업교육 프로그램 개발을 위한 사용자 중심의 래피드 프로토타입 방법론에 관한 연구. **기업교육연구**, 8(2), 27-50.

Bloom, B., Englehart, M., Furst, E., Hill, W., & Krathwohl, D. (1956). *Taxonomy of educational objectives: The classification of educational goals: Handbook 1; The cognitive domain*. Longman.

Coffin, L. (1993). *DACUM facilitator manual*. Canadian Vocational Association.

Coffin, L., & Morin, P. (1998). *Module II: Competency-based program development and implementation*. Canadian Vocational Association DACUM Training Program.

Dick, W., Carey, L., & Carey, O. (2009). *The systematic design of instruction (7th ed.)*. Pearson Education, Inc.

Gagné, R. (1977). *The Conditions of learning (3rd ed.)*. Holt, Rinehart and Winston.

Mager, R. (1997). *Preparing instructional objectives (3rd ed.)*. Center for Effective Performance.

Merrill, M. (1983). Component display theory. In C. M. Reigeluth (Ed.). *Instructional design theories and models: An overview of their current status*. Lawrence Erlbaum Associates, Inc.

Reigeluth, C. (1999). *Instructional design theories and models: A new paradigm of instructional theory*. Lawrence Erlbaum Pub.

제4장
프로토타입 설계 및 사용성 평가

1. 개요

요구분석과 과제분석을 통해 교육의 목표와 내용을 선정한 후에는 전체적인 교육 프로그램을 설계해야 한다. 설계는 교육내용을 어떻게 가르치고 배워야 하는가에 관한 교수-학습방법을 정하는 것으로 교육 프로그램 개발에 있어서 핵심적인 단계이다. 같은 내용이라고 할지라도 어떠한 교수-학습전략을 선택하는가에 따라서 교육의 효과가 달라질 수 있기 때문에 학습목표를 효과적으로 달성하는데 적합한 교수-학습전략을 선택하는 것은 교수설계의 핵심이라고 할 수 있다.

교수-학습전략은 학습목표와 학습과제, 학습환경, 허용된 시간, 교수자의 능력, 교수자가 지닌 교육철학, 학습자가 선호하는 학습방법 등 여러 요소에 따라 달라질 수 있다. 따라서 설계의 결과가 성공적이려면 해당 교육 프로그램과 관련된 대상자인 학습자, 교수자, 설계자, 의뢰인과 같은 여러 이해관계자들의 의견을 듣는 것이 매우 중요하다. 하지만 전통적인 ISD 모형에 따라 교육 프로그램을 개발하는 경우, 설계 과정에서 학습자와 의뢰인 등의 의견을 적극적으로 반영하기 어렵다는 문제점이 있다. 이러한 문제점을 극복하기 위한 방법으로 제안된 래피드 프로토타입 개발 방법론(rapid prototyping)은 사용자와 설계자가 협동적으로 참여한다는 특징을 지닌다. 또한, 프로토타입을 개발한 후 사용성 평가를 통해 문제점을 초기에 발견하고 수정할 수 있기 때문에 의뢰인의 요구를 충족시키고, 산출물의 질을 높일 수 있다는 장점이 있다(임철일, 김민강, 김윤정, 2005; 임철일, 연은경, 2006; Jones & Richey, 2000).

본 장에서는 RPISD 모형의 초기 설계단계로서 프로토타입 설계의 개념과 범위를 실제 사례와 함께 소개한 후, 프로토타입의 완성도를 높이기 위한 도구로서 사용성 평가의 개념과 특징, 절차, 도구에 대해 다룬다.

2. 프로토타입 설계

1) 래피드 프로토타입 개발 방법론의 개념

프로토타입(prototype)이란 실제 개발물을 양산하기에 앞서 제작해 보는 제품의 원형이라는 의미를 지니고 있다(임지동, 2005; Dieli, 1989). 교수체제 설계에서 프로토타입은 최종 산출물의 특징을 포함하는 간단한 형태의 중간 산출물을 의미하며, 이때 최종 산출물은 일반적으로 요구분석을 통해 도출된 교육적 해결안인 교육과정 혹은 한 차시 분량의 교안이나 강사용 매뉴얼 등이다.

교수설계에 래피드 프로토타입의 개념을 도입한 것은 전통적인 교수체제개발(Instructional Systems Development: ISD)의 문제점을 해결하기 위해서였다. 전통적으로 기업의 교육 프로그램은 강사의 강의나 강연 중심으로 이루어졌기 때문에 강사의 역량에 따라 강의의 질이나 만족도가 달라지기도 하고, 강의 내용이 달라지기도 하였다. 이러한 문제를 해결하기 위한 방안으로 1970년대 이후 일반 체제이론을 기반으로 하는 교수체제개발 모형이 기업교육에 소개되었으며(오인경, 최정임, 2005; 허운나, 1993), 기업 내부의 특정 상황을 반영하면서 '자사 모델'의 형태로 개발되었다(나일주, 임철일, 이인숙, 2003). 그러나 기업에서 ISD모형이나 자사 모형을 적용하여 교육 프로그램을 개발하는 경우, 분석, 설계, 개발, 실행, 평가와 같은 하위 단계들이 선형적으로 연결되어 있기 때문에 교수설계자는 실제 사용자인 학습자나 의뢰인이 제공하는 상황 맥락적인 정보를 마지막 단계에 이르러서야 획득할 수 있다(Naumann & Jenkins, 1982). 또한, 학습자나 의뢰인도 최종 산출물이 나오기 전까지 개발된 교육 프로그램에 대해 자신들의 의견을 피력할 기회가 거의 없다. 이로 인해 최종 개발물이 현장에서 기대하는 것과는 다르다는 문제가 지속적으로 제기되었다.

Roh(2004)는 전문적으로 개발된 교육 프로그램이 사용자들로부터 외면당하는 이유로 다음과 같은 세 가지 원인을 지적하였다. 첫째, 교수설계자가 사용자에 대한 고려 없이도 체계적 교수설계 과정을 통해 이상적인 프로그램을 개발할 수 있다고 생각한다. 둘째, 사용자가 프로그램 개발 과정에서 자신의 중요한 역할을 자각하지 못한다. 셋째, 사용자와 교수설계자가 분리되어 프로그램에 대한 생각을 서로 공유하지 못한다. 즉, 전통적 ISD의 분석단계에서는 의뢰인의 요구와 학습자의 사전지식이 분석된 후 사용성 평가를 실시할 때까지 교수설계자와 사용자들 간의 상호작용이 없기 때문에 의뢰인을 포함한 사용자들은 최종 산출물이 나오기 전까지 교수설계자의 결정에 따른 결과물을 볼 수 없으며, 교수설계자는 학습자의 만족도를 높이기 위하여 어디에 초점을 맞추어야 하는지 정확하게 파악하기 어렵다는 문제점이 있다. 따라서 교수설계 초기 단계에서부터 사용자의 의견을 반영하면서 최종 결과물과 유사한 형태를 설계하려는 '래피드 프로토타입 개발 방법론'에 대한 관심이 제기되었다(임철일, 김민강, 김윤정, 2005; Tripp & Bichlmeyer, 1990).

래피드 프로토타입 개발 방법론(rapid prototyping)은 일련의 프로토타입들을 빠르게 개발하고 평가하는 과정을 의미한다(Dieli, 1989). 존스와 리치(Jones & Richey, 2000)의 래피드 프로토타입 개발 모형은 기존의 ISD모형을 바탕으로 하지만, 각 단계가 동시적이고 중첩적으로 이루어질 수 있음을 보여주고 있다. 즉, [그림 4-1]과 같이 기존의 분석-설계-개발-실행-평가가 직선적인 단계로 이루어지지 않으며, 개발의 각 단계가 중첩되어 진행된다. 예컨대, 이 모형에서 '학습내용을 과제 수준에서 확인'하는 활동은 설계의 '교수전략 확인' 및 프로토타입 '개발'의 개발 단계에서도 지속적으로 나타난다. 또한, 기존 ISD 모형에서는 의뢰인의 역할이 분석 단계에서만 특히 강조되어 왔다면, 이 모형에서는 의뢰인과 설계팀의 계속적인 참여가 있음을 알 수 있다. 따라서 래피드 프로토타입 개발 방법론에서는 의뢰인과 교수설계자의 지속적인 상호작용을 중시하며, 의뢰인의 요구사항을 충분히 반영할 수 있다는 장점을 지닌다. 또한, 존스와 리치(Jones & Richey, 2000)는 래피드 프로토타입 개발 방법론을 적용하여 동시적으로 교수개발을 실시한 결과 최종 산출물을 개발하는 데 소요된 시간이 감소하였고, 사용자들이 교수개발 과정에 폭넓게 참여하였으며, 산출물의 질과 사용자들의 만족도가 높았다고 보고하였다.

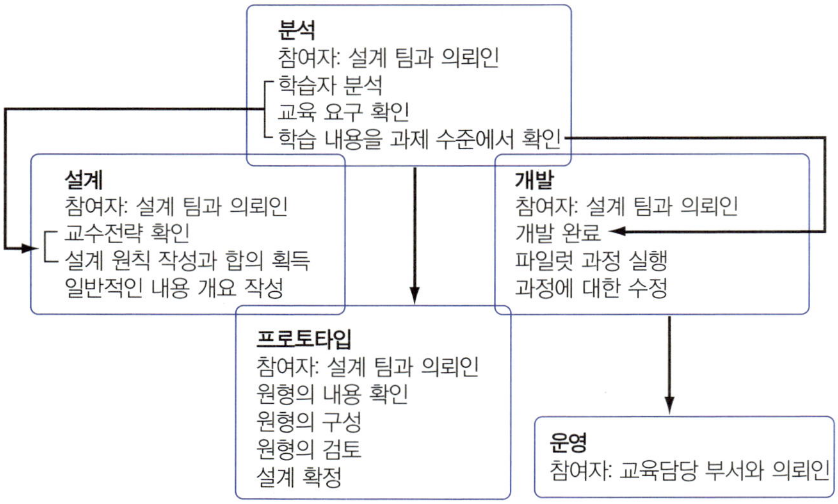

[그림 4-1] Jones와 Richey(2000)의 래피드 프로토타입 개발 방법론 모형

전통적인 개발 과정과는 달리 래피드 프로토타입 개발 방법론에서 사용자는 개발자와 같은 역할을 한다(Naumann & Jenkins, 1982; Tripp & Bichelmeyer, 1990). 권한의 균등한 공유를 위해 개발자와 사용자 모두에게 상호 학습을 유도하고, 개발물의 완성도를 높이는 것이 래피드 프로토타입

개발 방법론의 특징이다. 따라서 사용자는 설계 과정의 정보원과 촉진자로서 고유한 역할을 수행하고, 개발자는 전문적 프로젝트 관리, 실제 가능성 타진, 구조화되고 창의적인 논의의 촉진, 평가 등의 고유한 역할을 수행한다. 또한, 사용자와 개발자는 각자에게 주어진 고유한 역할을 수행하면서 프로젝트의 목표를 실현하기 위해 상호 통제와 책무성을 통한 협력과 의사소통을 한다(Dorsey et al., 1997).

국내에서도 웹기반 수업 개발을 위한 인쇄물 기반의 래피드 프로토타입 개발 방법론의 구체적인 절차와 과정을 밝힌 연구(임철일, 김민강, 김윤정, 2005)와 래피드 프로토타입 개발 방법론을 적용하여 웹기반 문제중심학습을 개발하는 연구(임철일, 조영환, 장선영, 하미리, 2005)가 시도되었다. 특히, 임철일, 김민강과 김윤정(2005)은 인쇄물 기반의 래피드 프로토타입 개발 방법론이 분석, 설계, 프로토타입 개발과 평가, 개발, 실행 및 평가 단계를 포함하고 있으며, 분석 단계에서 이루어지는 자료수집 및 과제분석 활동이 이후 설계와 프로토타입 개발 과정에도 동시적으로 나타남을 보여주었다. 또한, 래피드 프로토타입 개발 과정에서 학습자의 참여 및 의견 개진이 충분히 이루어짐으로 인해 개발물에 대한 학습자들의 만족도도 매우 높았다.

2) 프로토타입 설계의 범위

프로토타입은 완성도에 따라 낮은 완성도의 프로토타입(low fidelity prototype)과 높은 완성도의 프로토타입(high fidelity prototype)으로 구분할 수 있다. 낮은 완성도의 프로토타입은 실제성이 낮으며, 추상적이고 단순한 그림으로 사용자의 요구를 광범위하게 확인할 때 효과적이다. 반면, 높은 완성도의 프로토타입은 최종 결과물의 효과를 확인할 때 사용하게 된다(Dorsey et al., 1997).

일반적으로 설계의 초기 단계에서는 최소의 투자로 설계 과정의 효율성을 높일 수 있기 때문에 낮은 완성도의 프로토타입을 개발하는 경우가 많다. 따라서 이때 초기 프로토타입의 형태는 완성도가 낮은 아이디어 스케치(idea sketch)와 모형 형태(mock-up)인 경우가 많다. 프로토타입을 개발할 때, 고려해야 하는 가장 중요한 부분은 프로토타입이 최종 산출물의 핵심 요소들을 포함하고 있어야 한다는 것이다. 프로토타입 개발 시에는 의뢰인과의 의사소통 도구로 이용된다는 점을 염두에 두고 범위를 선정하는 것이 필요하며, 의뢰인이 원하는 교육내용과 방법 등을 중심으로 핵심 요소를 선정하는 것이 좋다. 또한, 개발 일정에 맞추어 집중적으로 다루어야 하는 부분의 프로토타입 제작을 우선시해야 한다.

초기 프로토타입에는 일반적으로 교육 프로그램을 통해 이루고자 하는 최종 목표와 이를 실현하기 위한 교육내용과 방법이 포함된다. 가능하다면 초기 프로토타입이라고 하더라도 세부적인 내용을 포함하는 것이 좋으며, 이러한 부분은 앞서 수행된 분석의 결과에 기반한 것이어야 한다. 즉, 초기에는 분석 단계를 통해 도출된 교육적, 교육 외적 해결안이 적절하게 투영되어 있는 교육 프로그램의 모습을 상상해 볼 수 있는 프로토타입을 설계하는 것이 필요하며, 초기 과정이 속도감 있게 진행되어야 이후 프로젝트 과정이 차질 없이 진행될 수 있다(Dorsey et al., 1997).

초보 교수설계자들은 흔히 프로토타입을 개발할 때 단계별 프로토타입에 어느 정도의 내용을 담아야 하는지를 결정하는 과정에서 혼란과 어려움을 겪는다. 즉, 1차 프로토타입을 개발할 때 어느 정도의 구체성을 띠어야 하는지 판단하는 과정에서 의사결정상에 어려움을 느낀다. 이때 도시 등(Dorsey, Goodrum, & Schwen, 1997)이 제안한 래피드 프로토타입의 활용 원칙을 적용하면 프로토타입의 범위를 결정하는 데 도움이 된다. 그들은 프로토타입 활용 원칙을 다음과 같이 제시하였다. 첫째, 래피드 프로토타입은 여러 차례 상호작용적 수정을 해야 하며, 점진적인 변화를 통해 사용자가 만족할 수 있을 때까지 빠른 속도로 계속 수정해가야 한다. 둘째, 실제 설계자가 프로토타입의 형성과 수정에서 사용자를 배제하면 사용자의 주인의식과 책무성이 감소되기 때문에 프로토타입을 활용하는 과정에서 사용자는 또 다른 설계자로 간주되어야 한다. 셋째, 설계자는 피드백을 통해 사용성 평가를 할 때 미시, 중간, 거시의 세 수준에서 데이터를 수집해야 한다. 미시적 수준은 보고 느끼는 것이나 사용 가능성을 나타내며, 중간 수준은 체제 안에서 과제 또는 학습목표를 어떻게 실행하는가, 거시적 수준은 사용자의 환경에서 해결책을 어떻게 통합하고 잠재적으로 영향을 주는가에 관한 데이터를 의미한다. 넷째, 설계자와 사용자는 각자의 역할이 무엇인지 정확히 알아야 한다.

대학원과 현장에서 수많은 교육 프로그램을 개발한 경험에 비추어 프로토타입 설계 시 범위를 결정할 때 저자가 실제 적용하는 원칙을 제시하면 다음과 같다. 첫째, 시간, 예산, 환경적 제약에 대한 정보를 확인한다. 프로토타입은 실행 가능한 산출물을 개발하는 것이다. 따라서 아무리 근사한 교육 프로그램이 설계된다고 하더라도 시간, 예산, 환경적인 제약으로 인해 실행이 불가능하다면 재설계해야 한다. 따라서 프로토타입 설계 전 최종 산출물의 실행을 위해 활용 가능한 시간과 예산, 환경적 제약 등에 대해 꼼꼼하게 확인한다.

둘째, 의뢰인의 요구에 맞춰 프로토타입의 범위를 선정한다. 즉, 최종 산출물을 어떠한 형태로 개발할 것인지에 대한 합의 후 완성된 프로그램의 핵심 요소들을 담아 프로토타입을 설계한다. 만약 5차시 정도의 교육 프로그램을 개발한다고 하면, 개발하고자 하는 교육 프로그램의 주요 교육내용 및 교수-학습 전략이 반영된 교수학습지도안의 청사진이 1차 프로토타입이 될 수 있다.

[그림 4-2]와 〈표 4-1〉은 마케팅 교육 사례에서 프로토타입이 사용성 평가의 과정을 통해 어떻게 구체화되는지를 보여준다. [그림 4-2]와 같이 초기 프로토타입에서는 마케팅 교육에 대한 전반적인 것을 다루었다면, 사용성 평가 과정을 통해 프로토타입이 구체화되면서 〈표 4-1〉과 같은 한 차시 분량의 대략적인 지도안이 개발된 후, 상세 지도안의 형태로 최종 산출물이 개발된다.

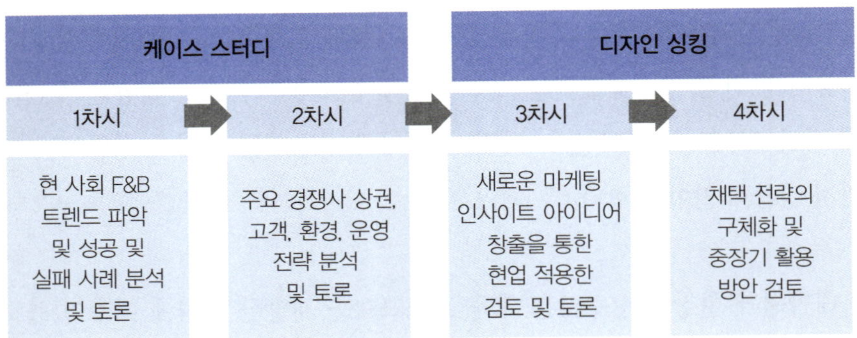

[그림 4-2] C사 마케팅 인사이트 교육 프로그램 개발을 위한 초기 프로토타입

〈표 4-1〉 C사 마케팅 인사이트 교육 프로그램 개발을 위한 상세 프로토타입

– 1차시 케이스 주제: 현 사회 F&B 트렌드 파악 및 성공 및 실패사례 분석 및 토론

교육구분/step	주제	내용	시간	강사	교육방법
사전학습	교육 1~2주 전 팀별 case 숙지 및 outline 학습지 작성	– 케이스 스터디 사례 및 case outline 학습지 배포 • 케이스 스터디 활용 매뉴얼 안내 • 팀 선정 및 역할분담 • 사례 요약 및 case outline 작성	15분	전문가 1인	인터넷 안내 및 팀 면담 중 선택

교육현장	1	사전과제 내용 공유	– 사전과제의 팀별 case 내용 요약 및 outline 내용 공유	1시간	전문가 1인 Sub 2명	요약 강의 및 팀 발표
	2	케이스 분석의 이론	• 내부/외부 환경분석 • F&B 트렌드 분석 • 고객 분석 • 성공/실패사례 분석 방법 강의	30분	전문가 1인	강의
	3	케이스 분석의 실제(강의의 내용을 자신이 맡은 case에 적용해보기)	– 내부/외부 환경분석 • F&B 트렌드 분석 • 고객분석 • 성공/실패 사례 분석 툴을 활용하여 팀별 토론 및 정리	1시간 30분	전문가 1인 Sub 2명	팀별 분석 과제 수행
	4	문제해결안 도출	– 핵심문제 해결안 도출을 통한 계획안 작성	1시간	전문가 1인 Sub 2명	발표 및 피드백

프로토타입은 사용성 평가를 통해 여러 번의 수정을 거치면서 구체화된다. 사용성 평가의 대상에는 의뢰인과 교수자 및 학습자, 관련 전문가 등이 포함된다. 프로토타입은 사용성 평가를 통해 구체화되기 때문에 프로토타입 설계와 사용성 평가를 분리해서 보지 않으며, 사용성 평가를 통해 더 이상의 수정 의견이 없을 때까지 여러 차례 반복적으로 이루어진다. 이처럼 래피드 프로토타입 개발 방법론을 활용하면 의뢰인 및 교육 프로그램의 이해 당사자들이 사용성 평가를 통해 자신의 의견을 초기에 개진할 수 있으므로 최종 개발물에 대해 높은 만족도를 보인다.

3. 사용성 평가

1) 사용성 평가의 개념

사용성 평가(usability testing)란 특정 제품이 사용 목적 등에 적절하고 유용한지를 확인하는 절차이다(Barnum & Dragga, 2001). 사용성 평가는 사용자가 제품을 사용하는 데 있어 육체적, 인지적, 감성적 측면의 편의성 정도를 평가함(김성희, 김문정, 2007)과 동시에 제품의 문제점을 발견하고 개선하는 것을 목적으로 한다(Rubin et al., 2008). 소프트웨어와 같은 도구에 대한 사용성 평가는 어떤 측면을 기준으로 평가할 것인가에 따라 평가의 요소가 매우 상이하지만 일반적으로 효율성, 효과성, 만족도, 사용 용이성의 내용을 공통적으로 포함하고 있다(임철일, 박태정, 최소영, 홍원준, 2011). 한편, 교육 프로그램 설계 및 개발에 있어서의 사용성 평가는 분석 및 설계 단계에서 제대로 확인하거나 도출하지 못한 사항을 확인하고 수정하기 위해 사용된다.

일반적으로 ISD에서 프로토타입에 대한 사용성 평가의 대상은 의뢰인, 해당 내용의 전문가, 교육 프로그램을 운영할 교수자나 강사, 학습자 혹은 학습자의 의견을 대변할 수 있는 사람들이다. 사용성 평가 과정에서 내용 전문가, 학습대상자, 운영자는 평가 항목에 따른 의견이나 추가 요구사항 등을 제안하게 되며, 제안된 의견은 프로토타입이 설계되는 동안 수정의 과정을 통해 지속적으로 반영된다. 즉, 사용성 평가를 통해 분석 및 설계 단계에서 제대로 확인하거나 도출하지 못한 사항을 확인할 수 있으며, 이를 반영하여 새로운 프로토타입을 개발하게 된다.

사용성 평가는 다음과 같은 특징을 지닌다. 첫째, 사용성 평가는 프로토타입 설계와 분리되지 않으며, 여러 차례 반복적으로 이루어진다. 둘째, 프로토타입 설계 및 개발 과정에 이해 당사자들이 폭넓게 적극적으로 참여한다. 셋째, 이해 당사자들의 의견이 반영됨에 따라 만족도가 높다. 넷째, 반복적인 수정을 통해 질 높은 결과물을 빠르게 도출 및 설계할 수 있다.

2) 사용성 평가 절차 및 도구

사용성 평가는 교육 프로그램을 더욱 효율적이고 효과적으로 수정하기 위해 사용할 수 있는 데이터를 얻기 위한 과정이다. 프로토타입의 사용성 평가를 위한 절차나 도구는 요구분석에서 도출된 결과와 상황에 맞게 개발하여 사용할 수 있다. 사용성 평가는 일반적으로 [그림 4-3]에 제시한 것과 같이 평가 계획, 실행, 결과 분석, 결과 반영의 단계를 거친다. 교육 프로그램 개발을 위한 프로토타입 사용성 평가 항목은 대개 교육 목표 및 분석 결과와의 적합성, 구성, 표현, 절차 및 내용의 이해, 학습량, 활용 가능성 등이 있다.

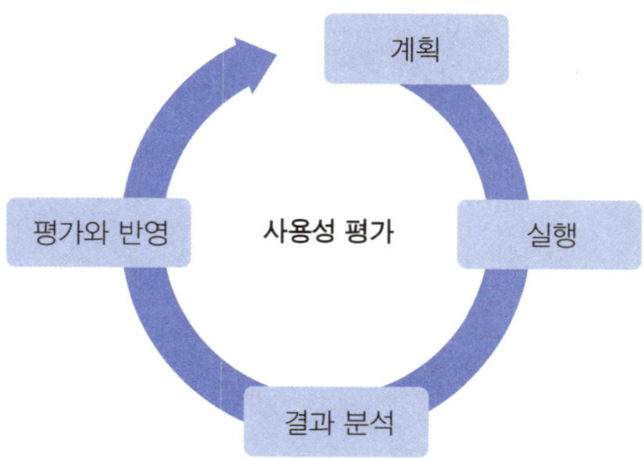

[그림 4-3] 사용성 평가 절차

계획 단계에서는 사용성 평가의 목적을 명확하게 규정한 후 의견을 수렴할 내용을 점검한다. 이때 핵심 이해당사자(key stakeholder)를 명확히 선정해 두면 이후 동일한 항목에 대한 평가 결과가 대상에 따라 상이한 경우 어떤 의견을 우선시하여 반영할지를 결정하는 데 도움이 된다. 또한, 사용성 평가의 대상과 도구, 장소를 섭외한다. 보통 1차 프로토타입은 최종산출물의 핵심 요소만을 담고 있는 경우가 많기 때문에 사용성 평가는 주로 의뢰인을 대상으로 면담을 통해 진행하는 경우가 일반적이다. 면담 시에는 질문할 항목과 함께 〈표 4-2〉에서 제시한 질문을 활용하여 타당성 평가를 실시하면 이후 프로토타입 설계 시 의뢰인의 요구 사항을 좀 더 효과적으로 반영할 수 있으며, 결과 분석을 통한 평가 및 반영의 단계에서 어떤 부분에 더 많은 노력을 기울여야 할지 판단할 수 있다. 이와 함께 프로토타입에 대한 만족도의 향상 정도를 파악하는 데도 도움이 된다.

〈표 4-2〉 사용성 평가를 위한 질문지

영역	질문내용	전혀 그렇지 않다	그렇지 않다	보통이다	그렇다	매우 그렇다
내용 구성의 적합성	해당 지식 또는 기술을 교육하기에 적절한 과목들로 구성되어 있는가?					
	학습대상자들의 흥미나 필요수준(긴급한 내용 우선)을 반영한 내용인가?					
	누락된 내용은 없는가?					
교육 방법의 효과성	해당 주제에 적합한 교육방법을 활용하고 있는가?					
	현실적으로 실현 가능한 교육방법을 활용하고 있는가?					
교육 기간의 적절성	전체 교육기간은 적절하게 구성되었는가?					
	해당 교육내용을 다루는 데 적절하게 시간이 배분되었는가?					

1차 프로토타입에 대한 사용성 평가를 실시한 이후에는 사용성 평가 결과를 분석하고, 이후 평가 결과를 반영하여 프로토타입을 수정하게 된다. 수정 단계에서는 처음부터 마지막까지 일관성 있는 설계가 이루어질 수 있도록 주의해야 한다. 1차 수정을 마친 후에는 사용성 평가의 대상과 도구를 정교화하거나 다양화하면서 사용성 평가를 계속 진행하게 된다. 예컨대, 1차 프로토타입에 대한 사용성 평가가 의뢰인만을 대상으로 했다면 2차 프로토타입 이후 단계에서는 의뢰인, 내용전문가, 학습자 등 평가 대상을 다양화하면서 평가 문항을 구체화하거나 면담 이외에 설문, 포커스 그룹 인터뷰 등을 통해 프로토타입에 대한 좀 더 구체적인 의견을 수렴하는 것이 필요하다(〈표 4-3〉에서 〈표 4-5〉 참조). 이러한 과정에서 다양한 대상들의 의견을 수렴하다 보면 의견이 불일치하는 경우가 발생하는데 이때는 설계 당시 선정한 핵심 이해당사자의 의견을 중심으로 사용성 평가 의견을 다양하게 수렴하는 것이 좋다.

〈표 4-3〉 사용성 평가를 위한 질문지 예시(프로그램의 구성)

	전혀 그렇지 않다	그렇지 않다	보통이다	그렇다	매우 그렇다
교육 내용으로 이론 학습, ○○조사 보고서 작성, 실습이 필요한가?					
이론 교육으로 ○○○ 전략, 시장조사 이론이 적합한가?					
요소별 내용과 비중이 적합한가?					
개발된 교육이 현장에서 PM 업무 수행에 도움이 되겠는가?					
기타 의견*					

* 기타 의견: 추가적으로 필요하다고 생각하는 내용 및 이론 혹은 방법이 있으면 작성해 주세요.

〈표 4-4〉 사용성 평가를 위한 질문지 예시 (교육기간)

	전혀 그렇지 않다	그렇지 않다	보통 이다	그렇다	매우 그렇다
전체 교육 내용이 2박 3일 내에 배우기에 적절한가?					
3일 동안 이론(1일 차), 실습(2일 차), 피드백(3일 차)이 각 일정마다 구분되어 제시되는 것이 적절한가?					
기타 의견*					

* 기타 의견: 추가적으로 필요하다고 생각하는 내용 및 이론 혹은 방법이 있으면 작성해 주세요.

〈표 4-5〉 사용성 평가를 위한 질문지 예시 (교수전략 및 방법)

	전혀 그렇지 않다	그렇지 않다	보통 이다	그렇다	매우 그렇다
○○조사 보고서 실습, ○○○ insight 실습, 현장 실습 등의 교육이 적절한가?					
교육 첫날 강의식 교육은 필요한가?					
○○○ insight를 계발하기 위한 교육이 필요한가?					
○○조사 보고서 작성에 대한 교육이 필요한가?					
실제 현장 견학, 모의○○조사 실시를 할 필요가 있는가?					
마지막 날 코칭 및 피드백이 적절한가?					
기타 의견*					

* 기타 의견: 추가적으로 필요하다고 생각하는 내용 및 이론 혹은 방법이 있으면 작성해 주세요.

사용성 평가의 결과를 정리할 때 설문조사, 면담 등과 같이 평가 도구별로 정리하는 것도 좋은 방법이지만 평가 결과의 주요 결론 및 시사점을 중심으로 정리하면 이후 수정의 단계를 효율적으로 진행할 수 있다. 예를 들어, B 프로젝트의 경우 설문조사와 면담을 통해 사용성 평가가 이루어졌는데, 이러한 결과를 〈표 4-6〉과 같이 전체 결론 및 시사점을 중심으로 정리하면, 이후 수정의 단계에서 도출된 결론을 중심으로 프로토타입을 수정, 보완할 수 있다.

〈표 4-6〉 B 프로젝트 1차 사용성 평가 결과

설문조사 (20○○. ○. ○.)	
회수율	○○% (○○명 중 ○명 응답)
설문결과	• 강의방법: 강의식, 코칭을 통한 피드백 선호 • 실제 교육을 통한 업무 능력 향상 기대
내용: 전문가, 학습 대상자 면담 (20○○. ○. ○○.)	
주요 내용	• 새로운 모듈 추가: B 프로젝트 인사이트 모듈 - 효과적인 ○○보고서 작성을 위한 요소로서 B 프로젝트 insight 강조 - 학습자 참여를 향상시키기 위한 방안 탐색
	• 기존 모듈 삭제: ○○분석 모듈 - ○○분석 및 관리는 상품 출시 이후 중점사항
	• 액션 러닝 + 모의○○조사 → ○○조사 현장 실습 변경

만약, 사용성 평가 결과가 의뢰인과 학습자들 간에 대조적으로 나타났을 경우에는 교수설계자가 분석 결과에 기반을 두어 합리적으로 결정해야 한다. 이때 반영되지 않은 입장에 대해서는 충분한 설명을 적어 두는 것이 필요하다.

일반적으로 교육 프로그램 개발 시 적용되는 사용성 평가를 위한 원칙을 제시하면 다음과 같다. 첫째, 사용성 평가 실시 전, 평가 방법을 숙지하고 관련 질문 혹은 설문지를 제작해 둔다. 둘째, 이해당사자들이 사용성 평가에 적극적으로 참여할 수 있도록 유도해야 하며, 이들의 의견을 경청하고 반영한다. 셋째, 핵심 이해당사자(key stakeholder)를 미리 선정해 두고, 사용성 평가를 실시한다. 넷째, 사용성 평가에서 지적되었던 부분을 중심으로 프로토타입을 수정, 보완한다. 다섯째, 사용성 평가 결과에 대한 종합적인 의견을 도출한다. 여섯째, 평가 대상자 간 사용성 평가 결과가 상이할 경우, 분석에 기반하여 합리적으로 의사 결정을 한다.

사용성 평가를 통해 수정되고 구체화된 최종 프로토타입은 대개 실제 활용 가능한 강사용 매뉴얼이다. 매뉴얼에 포함되는 범위는 한 차시의 강의부터 교육과정에 이르기까지 다양하다. 강사용 매뉴얼에는 교육목표와 주요 학습내용과 전략, 강의에 필요한 교육자료와 평가자료 등이 포함된다. 매뉴얼의 범위가 전반적인 교육과정을 포함하는 경우 코스(course) 운영 정보가 함께 포함되는데, 코스 운영 정보란 전체 교육 프로그램에 대한 일반적인 설명과 전반적인 강의 순서, 필요한 매체 등의 정보를 말한다.

마지막으로, 사용성 평가를 통해 최종 프로토타입이 개발되었다 하더라도 최종적으로 교육내용과 최종 목표, 수행목표들 간의 일치 여부, 내용 범위와 완성도의 적절성, 정확성 등을 다시 한번 검토할 필요가 있다. 또한, 현재의 교수자료가 적절한지, 변경하거나 개선해야 하는 부분은 없는지, 내용의 순서가 바른지, 학습자의 참여와 연습이 충분한지, 적절한 평가가 가능한지, 사용되는 매체가 목표와 학습 상황에 적절한지 등을 확인하여야 한다.

4. 프로토타입 설계 및 사용성 평가 적용의 실제

프로토타입 설계 및 사용성 평가 적용의 실제에서는 2장에서 제시한 G 가전 서비스센터의 '신입 안내도우미 입문과정'의 개발 사례를 통해 프로토타입 개발 과정과 해당 과정에서 사용성 평가가 어떻게 적용될 수 있는지를 간략하게 제시하였다. 해당 프로젝트의 최종 산출물은 해당 과정의 강사용·학습자용 매뉴얼을 개발하는 것이었다. 입문과정의 모듈 구성도에 따라 1차 프로토타입은 매뉴얼의 핵심적인 내용을 〈표 4-7〉과 같이 개발하였다. 1차 프로토타입은 각 모듈에 대한 개요 수준의 내용만을 포함하였으며, 1차 사용성 평가는 의뢰인을 대상으로 비구조화된 형태의 면담 방식으로 실시하였다. 의뢰인은 최종 산출물에 포함될 모듈 구성 및 각 모듈에 포함된 개요 수준의 내용이 적합한지에 대한 의견을 제시하였다.

〈표 4-7〉 G가전 서비스센터 프로젝트 1차 프로토타입

<table>
<tr><th>과정명</th><th colspan="2">신입 안내도우미 입문과정</th></tr>
<tr><td>과정목표</td><td colspan="2">1. 서비스의 개념과 중요성을 설명할 수 있다.
2. 스타도우미 제도에 대해 설명할 수 있다.
3. 안내 도우미가 갖춰야 할 복장, 용모, 기본 예절에 대해 설명할 수 있다.
4. 서비스 절차에 따라 고객을 응대할 수 있다.
5. 상황별 응대 스킬에 따라 고객 응대를 할 수 있다.</td></tr>
<tr><td>교육대상</td><td colspan="2">신입 안내 도우미</td></tr>
<tr><td>교육시간</td><td colspan="2">4시간</td></tr>
<tr><td>교육방법</td><td colspan="2">강의, 실습, 팀별 활동</td></tr>
<tr><td>기자재</td><td colspan="2">컴퓨터, 프로젝터, 실습 및 팀별 활동을 위한 워크시트, 시연 및 피드백을 위한 캠코더, 우수 서비스 사례 동영상, 팀별 발표를 위한 전지와 매직</td></tr>
<tr><th>구분</th><th>주요 내용</th><th>세부 내용</th></tr>
<tr><td>모듈 1</td><td>서비스의 개념과 중요성</td><td>서비스란 무엇인가?
서비스의 효과
스타도우미 제도 안내</td></tr>
<tr><td>모듈 2</td><td>안내도우미 이미지 메이킹</td><td>첫인상의 중요성
안내 도우미의 복장과 용모
기본 인사예절</td></tr>
<tr><td>모듈 3</td><td>서비스 절차 및 실습</td><td>안내도우미의 직무 역량
서비스 절차 5단계
서비스 절차 실습 및 피드백</td></tr>
<tr><td>모듈 4</td><td>상황별 서비스 요령 및 팀별 활동</td><td>고객 감동의 원칙
주요 상황별 서비스 요령
우수 서비스 사례에 대한 동영상 자료 감상 및 평가
팀별 발표 및 정리</td></tr>
</table>

2차 프로토타입은 [그림 4-4]에서 제시한 것과 같이 1차 프로토타입에서 제시한 각 모듈이 구체화되는 형태로 개발된 강사용 매뉴얼이었다.

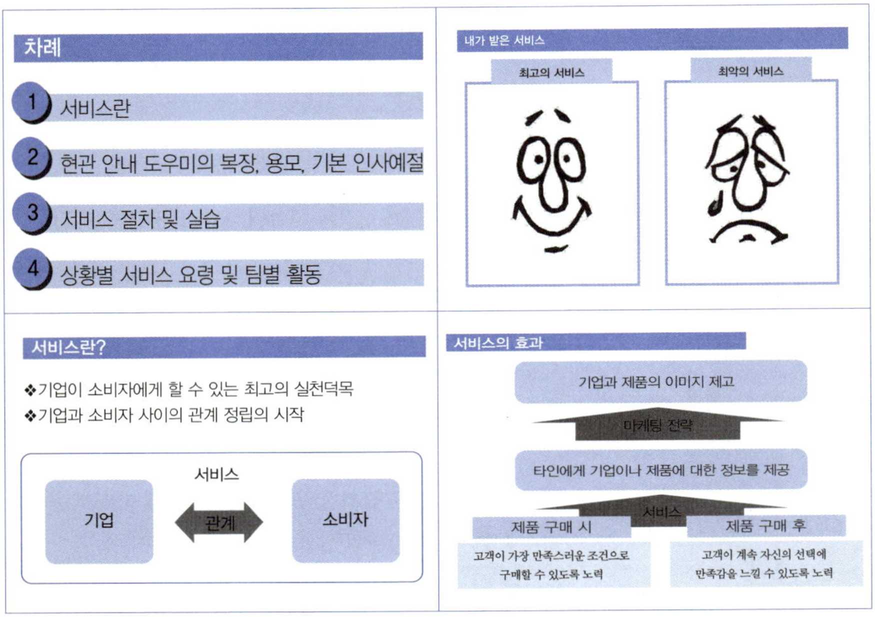

[그림 4-4] G가전 서비스센터 프로젝트 2차 프로토타입의 일부

개발된 2차 프로토타입에 대한 사용성 평가 항목은 〈표 4-8〉과 같았으며, 평가 항목별 만족도를 5점 척도로 표시하도록 하였다. 또한, 서술형 문항을 통해 해당 프로토타입에 대한 의견을 자유롭게 기술하도록 하였다. 사용성 평가는 의뢰인과 학습자를 대상으로 실시하였으며, 평가 결과 적합성, 구성, 유용성, 활용 가능성에 대해서는 높은 만족도를 보인 반면 표현 및 학습량에 대해서는 만족도가 낮았다. 따라서 사용성 평가를 토대로 두 번째 모듈과 네 번째 모듈의 표현 및 학습량을 줄이는 방식으로 3차 프로토타입을 개발하였다.

〈표 4-8〉 2차 프로토타입에 대한 사용성 평가 문항

요 소	설문 문항
1. 목표	전체적인 구성과 내용이 요구에 부합하였다.
2. 요구분석과의 적합성	초기 요구분석에서 제시한 내용이 모두 포함되어 있다.
3. 구성	매뉴얼의 전체 구성은 짜임새가 있다.
4. 표현	매뉴얼에 사용된 어휘 및 문장은 이해하기 쉬웠다.
5. 절차 및 내용의 이해	매뉴얼에 포함된 절차 및 내용은 이해하기 쉬웠다.
6. 학습량	개발된 매뉴얼에 포함된 학습량은 적당하였다.
7. 유용성	개발된 매뉴얼은 신입 현관 안내 도우미 교육에 유용하게 활용될 것 같다.
8. 활용 가능성	개발된 교육과정은 실제로 활용될 수 있을 것이다.

최종 프로토타입은 [그림 4-5]와 같이 안내도우미 입문과정에 대한 강사용 매뉴얼과 [그림 4-4]에 제시된 것과 같은 교육용 자료의 최종 수정본이었다. 최종 프로토타입에 대한 사용성 평가문항은 2차 사용성 평가문항이 구체화된 형태로 〈표 4-9〉에 제시하였다.

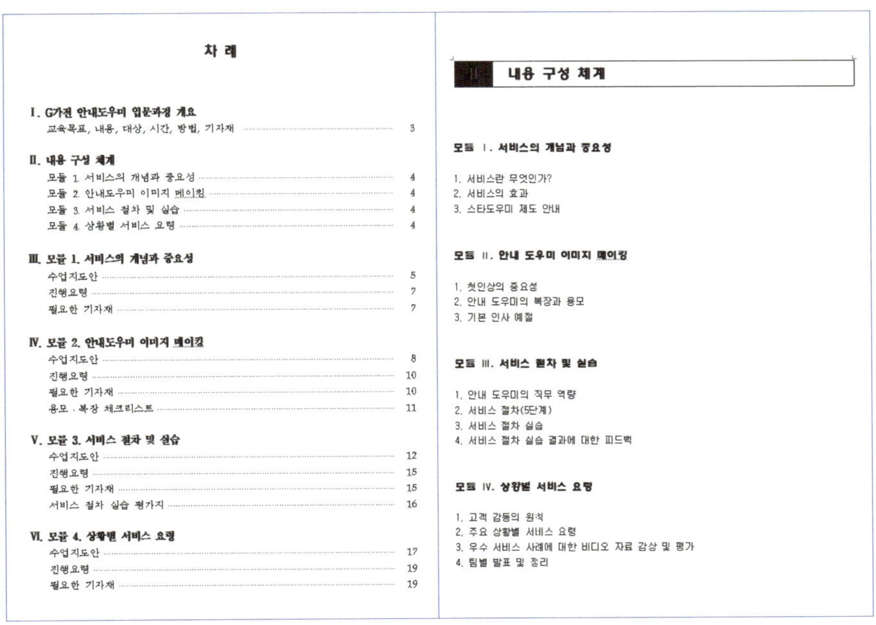
차 례

II 내용 구성 체계

모듈 I. 서비스의 개념과 중요성

1. 서비스란 무엇인가?
2. 서비스의 효과
3. 스타도우미 제도 안내

모듈 II. 안내 도우미 이미지 메이킹

1. 첫인상의 중요성
2. 안내 도우미의 복장과 용모
3. 기본 인사 예절

모듈 III. 서비스 절차 및 실습

1. 안내 도우미의 직무 역량
2. 서비스 절차(5단계)
3. 서비스 절차 실습
4. 서비스 절차 실습 결과에 대한 피드백

모듈 IV. 상황별 서비스 요령

1. 고객 감동의 원칙
2. 주요 상황별 서비스 요령
3. 우수 서비스 사례에 대한 비디오 자료 감상 및 평가
4. 팀별 발표 및 정리

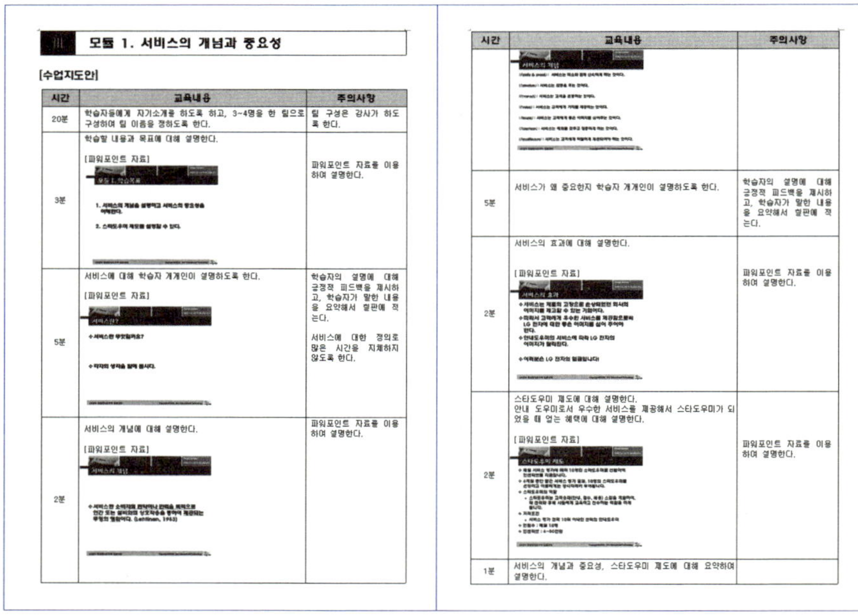

모듈 1. 서비스의 개념과 중요성

[수업지도안]

시간	교육내용	주의사항
20분	학습자들에게 자기소개를 하도록 하고, 3~4명을 한 팀으로 구성하여 팀 이름을 정하도록 한다.	팀 구성은 강사가 하도록 한다.
3분	학습할 내용과 목표에 대해 설명한다. [파워포인트 자료]	파워포인트 자료를 이용하여 설명한다.
5분	서비스에 대해 학습자 개개인이 설명하도록 한다. [파워포인트 자료]	학습자의 설명에 대해 긍정적 피드백을 제시하고, 학습자가 말한 내용을 요약해서 칠판에 적는다. 서비스에 대한 정의로 많은 시간을 지체하지 않도록 한다.
2분	서비스의 개념에 대해 설명한다. [파워포인트 자료]	파워포인트 자료를 이용하여 설명한다.

시간	교육내용	주의사항
5분	서비스가 왜 중요한지 학습자 개개인이 설명하도록 한다.	학습자의 설명에 대해 긍정적 피드백을 제시하고, 학습자가 말한 내용을 요약해서 칠판에 적는다.
2분	서비스의 효과에 대해 설명한다. [파워포인트 자료]	파워포인트 자료를 이용하여 설명한다.
2분	스타도우미 제도에 대해 설명한다. 안내 도우미로서 우수한 서비스를 제공해서 스타도우미가 되었을 때 얻는 혜택에 대해 설명한다. [파워포인트 자료]	파워포인트 자료를 이용하여 설명한다.
1분	서비스의 개념과 중요성, 스타도우미 제도에 대해 요약하여 설명한다.	

[그림 4-5] G가전 서비스센터 프로젝트 최종 프로토타입의 일부

〈표 4-9〉 최종 프로토타입에 대한 사용성 평가 문항

요소	설문 문항
1. 목표	전체적인 구성과 내용이 요구에 부합하였다. 각 모듈별 학습목표가 제대로 선정되었다.
2. 요구분석과의 적합성	초기 요구분석에서 제시한 내용이 모두 포함되어 있다.
3. 구성	매뉴얼의 전체 구성은 짜임새가 있다. 매뉴얼의 전체적인 순서와 시간이 적당하다. 각 모듈별 하위 구성은 짜임새가 있다. 각 모듈별 순서와 시간이 적당하다.
4. 표현	매뉴얼에 사용된 어휘 및 문장은 이해하기 쉬웠다.
5. 절차 및 내용의 이해	매뉴얼에 포함된 전체적인 절차 및 내용은 이해하기 쉬웠다. 각 모듈별 절차 및 내용은 이해하기 쉬웠다.
6. 학습량	개발된 매뉴얼에 포함된 학습량은 적당하였다. 각 모듈별 학습량은 적당하였다.

7. 유용성	개발된 매뉴얼은 신입 현관 안내 도우미 교육에 유용하게 활용될 것 같다.
8. 활용 가능성	개발된 교육과정은 실제로 활용될 수 있을 것이다.

이처럼 프로토타입 개발과 해당 프로토타입에 대한 사용성 평가를 통해 더 이상의 개선 의견이 없다면, 더 이상의 수정 단계 없이 최종 프로토타입을 확정할 수 있으며 확정된 프로토타입이 최종 개발물이 된다.

5. 요약

교수설계에 있어 프로토타입이란 설계의 초기 단계에서 최종적으로 개발될 교육 프로그램의 핵심 요소들을 통합하여 실행 가능한 형태로 제작한 것을 의미한다. 초기 프로토타입의 목적은 최종 산출물의 개념적인 구조를 평가하기 위한 것이며, 사용성 평가를 통해 개발된 프로토타입의 문제점을 확인하고 수정하게 된다. 프로토타입은 완성도에 따라 구분할 수 있는데 낮은 완성도의 프로토타입은 실제성이 낮고, 추상적이며 단순한 그림으로 사용자의 요구를 광범위하게 확인할 때 효과적이다. 반면, 높은 완성도의 프로토타입은 실제성이 높고 구체적인 형태를 띠며, 최종 결과물의 효과를 확인하는 데 효과적이다. 프로토타입을 개발할 때는 범위를 먼저 설정하는 것이 필요하다. 범위 설정 시에는 프로토타입이 의뢰인과의 의사소통 도구로 이용된다는 점을 염두에 두고 의뢰인이 원하는 교육내용과 방법, 개발 일정 등을 고려해서 정하는 것이 좋다.

사용성 평가는 분석 및 설계 단계의 문제점을 확인하고 수정하기 위한 과정이다. 사용성 평가 과정에서 의뢰인, 내용전문가, 학습자, 운영자 등은 평가 항목에 따른 의견이나 추가 요구사항을 제안하게 되며, 제안된 내용을 반영하여 새로운 프로토타입을 개발하게 된다. 사용성 평가는 교육 프로그램을 더욱 효율적이고 효과적으로 수정하기 위해 활용할 수 있는 데이터를 얻기 위한 과정이므로 요구분석에서 도출된 결과와 상황에 맞게 사용성 평가의 절차와 도구를 개발하여 사용할 수 있다. 초기의 사용성 평가는 주로 면담을 통해 진행되는 경우가 일반적이지만 이후에는 설문, 포커스 그룹 인터뷰 등을 통해 좀 더 다양하고 구체적인 의견을 수렴하게 된다.

연습 및 탐구 문제

1. 교수체제설계에서 프로토타입의 의미를 서술하고, 전통적인 ISD와 비교하여 사용성 평가를 통해 프로토타입을 지속적으로 수정하는 래피드 프로토타입 개발 방법론의 장점을 설명하시오.

2. 사용성 평가가 형성평가나 최종평가와 어떻게 다른지 설명하고, 사용성 평가 결과 의뢰인, 학습자, 강사 등 핵심 당사자 간 의견이 다르다면 이를 어떻게 해결해야 하는지에 대해 논하시오.

부록

설계 활동과 ChatGPT의 활용

설계 단계는 분석을 수행한 이후 해당 결과를 토대로 교육 프로그램의 안을 구상하고 규명된 교육 목적에 따라 프로토타입을 구안하는 단계이다(임철일 외, 2023). 프로그램의 설계를 위해서 프로그램명, 교육 목표, 주요 내용, 교수학습 방법 등을 핵심 요소로 포함해야 한다(임은선 외, 2023). 이 과정에서 ChatGPT를 활용하여 핵심 요소를 추출해 볼 수 있다.

1) 교육 주제 및 내용 추출

ChatGPT를 활용하여 교육 주제 및 주요 내용을 도출해 볼 수 있다. 앞선 분석 단계의 주요 내용을 입력하거나 관련 파일을 업로드 한 후, 아래와 같은 프롬프트를 통해 해당 교육 프로그램의 주제별 목표를 도출하고, 이를 적용해 프로토타입을 설계할 수 있다.

프롬프트	당신은 기업의 교육담당자입니다. 고객응대를 담당하는 신입 직원들이 고객 유형에 따른 응대 기술이 부족해서 교육 프로그램을 개발하려고 합니다. 해당 교육 프로그램의 세부과정을 아래와 같은 항목의 순서로 기술해 주세요. - 세부 교육과정명 - 과정 목표 - 주요 교육내용 - 교육방법 - 교육방법 선정 이유 - 평가방식 - 평가방법 선정 이유 - 구체적인 평가방법 예시

ChatGPT의 답변	세부 교육과정명: 고객 유형별 맞춤 응대 기술 교육 과정 목표: 신입 직원들이 다양한 고객 유형을 이해하고, 각 유형에 적합한 맞춤형 응대 기술을 습득하여 고객 만족도를 높이고 문제 상황을 효과적으로 해결할 수 있도록 한다. 주요 교육내용 1. 고객 유형 이해 • 고객 유형의 분류(예: 친절한 고객, 불만 고객, 조용한 고객, 정보 탐색형 고객 등) • 각 고객 유형의 특징 및 행동 패턴 2. 고객 유형별 응대 전략 • 각 유형별 응대 방법 및 접근 방식 • 구체적인 상황별 응대 스크립트 작성 및 롤플레이 3. 문제 해결 및 불만 처리 기술 • 불만 고객 응대 시 주의사항 및 대처법 • 문제 해결을 위한 단계별 접근법 4. 실제 사례 분석 및 응용 • 성공적인 고객 응대 사례 및 실패 사례 분석 • 실전 사례를 통한 응대 기술 연습 교육방법 1. 이론 교육 • 강의 및 프레젠테이션을 통한 기본 지식 전달 2. 토론 및 그룹 활동 • 소그룹 토론을 통해 다양한 고객 유형 및 응대 방법에 대한 이해 심화 3. 롤플레이 • 실제 상황을 시뮬레이션하여 응대 기술 실습 4. 사례 분석 • 실제 사례를 분석하고 해결 방법을 모색 교육방법 선정 이유 • 이론 교육: 기본 지식과 개념을 명확히 전달하여 모든 직원들이 같은 출발선에서 시작할 수 있도록 함. • 토론 및 그룹 활동: 서로의 경험과 의견을 공유함으로써 다양한 관점을 이해하고, 협력과 의사소통 능력을 향상시킴. • 롤플레이: 이론적으로 배운 내용을 실제 상황에 적용해보는 경험을 통해 실전 대응 능력을 강화. • 사례 분석: 실제 사례를 통해 배운 내용을 현실에 적용하는 능력을 기르고, 다양한 상황에 대처할 수 있는 유연성을 제공.

ChatGPT 의 답변	평가방식 1. 이론 시험 • 고객 유형과 응대 방법에 대한 이해도를 평가 2. 실습 평가 • 롤플레이 및 사례 분석을 통해 실제 응대 능력 평가 3. 피드백 설문 • 교육 후 직원들이 스스로 평가하는 설문을 통해 교육 효과와 만족도를 측정 평가방법 선정 이유 • 이론 시험: 교육 내용을 제대로 이해했는지 확인할 수 있는 객관적인 지표 제공. • 실습 평가: 실제 상황에서의 응대 능력을 실질적으로 평가할 수 있음. • 피드백 설문: 교육의 효과성을 직원들의 시각에서 평가하고, 추후 교육 프로그램 개선에 반영할 수 있음. 구체적인 평가방법 예시 1. 이론 시험: • 각 고객 유형에 맞는 응대 방법을 서술하거나 선택하는 문제로 구성. • 예시: "불만 고객 유형의 특징을 설명하고, 이 유형의 고객을 효과적으로 응대하기 위한 3가지 방법을 서술하시오." 2. 실습 평가: • 롤플레이 시나리오를 제공하고, 평가자가 역할을 맡아 실시간으로 평가. • 예시: "고객이 상품에 대해 불만을 제기하는 상황을 설정하고, 신입 직원이 해당 상황을 어떻게 처리하는지 평가자가 관찰 및 피드백." 3. 피드백 설문: • 교육 후 설문지를 통해 직원들이 느낀 교육의 유익성, 개선할 점 등을 평가. • 예시: "이번 교육이 실제 고객 응대에 얼마나 도움이 되었습니까?" (5점 척도: 매우 도움이 됨 – 전혀 도움이 되지 않음) 및 자유 서술식 의견.

2) 평가 방식 선정

ChatGPT를 활용하여 도출한 주요 주제 및 내용을 입력 값으로 넣고, 이에 따른 평가 방식에 대한 추천을 요구할 수 있다. 특히 교육 목표와 대응하는 평가 방식을 추천하도록 하고 그 이유를 함께 설명하도록 하여 적절한 평가 방식을 선택할 수 있도록 프롬프트를 작성할 수 있다.

<table>
<tr><td>프롬프트</td><td>위에 제시한 '고객 유형별 맞춤 응대 기술 교육'의 목표에 부합하는 평가도구를 아래의 항목을 포함하여 개발해 주세요. 그리고 필요하다면 루브릭 평가표도 개발해 주세요.
- 세부 과정의 목표와 평가방법
- 평가방법 선정 사유
- 평가도구 및 문항
- 평가기준(필요하면 루브릭 평가표 제시)
- 평가기준 선정 사유</td></tr>
<tr><td>ChatGPT의 답변</td><td>세부 과정의 목표
신입 직원들이 다양한 고객 유형을 이해하고, 각 유형에 적합한 맞춤형 응대 기술을 습득하여 고객 만족도를 높이고 문제 상황을 효과적으로 해결할 수 있도록 한다.
평가방법
1. 이론 시험: 고객 유형과 응대 방법에 대한 이해도를 객관적으로 평가
2. 롤플레이 실습 평가: 실제 상황에서의 응대 능력을 평가
3. 피드백 설문: 교육 후 직원들의 만족도와 자기 평가를 통해 교육 효과를 간접적으로 평가
평가방법 선정 사유
• 이론 시험: 교육 내용을 제대로 이해했는지 확인하는 가장 직접적이고 객관적인 방법
• 롤플레이 실습 평가: 이론적으로 배운 내용을 실제로 적용해보는 능력을 평가할 수 있음
• 피드백 설문: 교육의 질과 실질적인 도움이 되었는지에 대한 피드백을 통해 교육의 개선점을 찾을 수 있음
평가도구 및 문항
1. 이론 시험
• 문항 1: "친절한 고객 유형의 특징을 설명하고, 이 유형의 고객을 응대할 때 주의할 점 2가지를 서술하시오." (서술형)
• 문항 2: "불만 고객을 응대할 때 유용한 세 가지 전략을 설명하시오." (서술형)
• 문항 3: "조용한 고객 유형의 행동 패턴을 설명하고, 이 유형의 고객과 소통할 때 효과적인 방법을 제시하시오." (서술형)</td></tr>
</table>

ChatGPT 의 답변

2. 롤플레이 실습 평가
   - 시나리오 1: "상품에 대해 불만을 제기하는 고객을 응대하는 상황."
   - 시나리오 2: "새로운 제품에 대해 많은 질문을 하는 정보 탐색형 고객을 응대하는 상황."
   - 시나리오 3: "조용히 매장을 둘러보는 고객에게 다가가서 도움을 제안하는 상황."
3. 피드백 설문
   - 문항 1: "이번 교육이 실제 고객 응대에 얼마나 도움이 되었습니까?" (5점 척도)
   - 문항 2: "교육 내용 중 가장 유익했던 부분은 무엇입니까?" (자유 서술형)
   - 문항 3: "추가적으로 개선이 필요하다고 생각하는 부분은 무엇입니까?" (자유 서술형)

평가기준(루브릭 평가표 포함)

1. 이론 시험 평가기준
   - 명확성: 답변이 얼마나 명확하고 구체적인지 (0–5점)
   - 이해도: 고객 유형과 응대 방법에 대한 이해도 (0–5점)
   - 적용성: 제시된 전략이 실제 상황에 얼마나 잘 적용될 수 있는지 (0–5점)
2. 롤플레이 실습 평가기준

평가 항목	1점	2점	3점	4점	5점
커뮤니케이션	고객과의 대화 시 전혀 유연하지 않음, 명확하지 않음	대화가 일부 명확하지만 유연성 부족	대화가 대체로 명확하지만, 더 나은 유연성 필요	대화가 명확하고 유연함	대화가 매우 명확하고 유연하며 고객에게 신뢰감을 줌
적응력	상황 변화에 전혀 대처하지 못함	상황 변화에 일부 대처하지만 충분하지 않음	상황 변화에 대체로 잘 대처함	상황 변화에 잘 대처하며, 문제를 해결함	상황 변화에 매우 잘 대처하며, 고객의 기대를 초과하는 해결책을 제시함
문제 해결 능력	문제를 전혀 해결하지 못함	문제를 일부 해결하나 미흡함	문제를 대체로 잘 해결함	문제를 잘 해결하며 고객의 만족을 높임	문제를 매우 잘 해결하며 고객의 기대를 초과하는 해결책을 제시함

전문성	응대 시 전문성이 전혀 느껴지지 않음	응대 시 일부 전문성이 느껴지나 부족함	응대 시 전문성이 느껴짐	응대 시 전문성이 잘 전달됨	응대 시 매우 높은 전문성이 느껴지며 고객에게 신뢰감을 줌

평가기준 선정 사유

- 명확성, 이해도, 적용성: 이론 시험에서는 지식의 깊이와 응용 능력을 평가하는 것이 중요함.
- 커뮤니케이션, 적응력, 문제 해결 능력, 전문성: 롤플레이 평가에서는 실제 상황에서의 대응 능력을 다각도로 평가할 수 있음.
- 효용성, 만족도, 개선점: 피드백 설문은 교육의 실질적인 도움이 되었는지와 교육 프로그램의 개선점을 파악하는 데 유용함.

참고문헌

김성희, 김문정 (2007). 웹 검색 결과 시각화 기법의 사용성 평가에 관한 연구. 한국문헌정보학회지, 41(3), 181-199.

나일주, 임철일, 이인숙 (2003)(편). 기업교육론. 학지사.

오인경, 최정임 (2005). 교육 프로그램개발 방법론. 학지사.

임은선, 홍수민, 박성경, 임철일 (2023). 교육 프로그램 개발을 위한 래피드 프로토타입(RPISD) 모형 개선 연구. 교육공학연구, 39(3), 749-785.

임철일, 고보경, 정예일, 이은서, 전민선, 김승하 (2023). 교수설계를 위한 생성형 AI 기반 챗봇의 활용 방안 탐색: ChatGPT와 RPISD모형을 중심으로. 교육공학연구, 39(스페셜), 1213-1248.

임철일, 김민강, 김윤정 (2005). 웹기반 수업 개발을 위한 인쇄물 기반의 래피드프로토타입 개발 방법론에 관한 연구. 교육공학연구, 21(1), 3-28.

임철일, 박태정, 최소영, 홍원준 (2011). 장애인사용 음성워드프로세서를 위한 사용성 평가 방법론 개발에 관한 연구. 특수교육재활과학연구, 50(4), 457-484.

임철일, 조영환, 장선영, 하미리. (2005). 사용자중심설계 모형에 관한 개발연구: 웹기반 문제중심학습을 중심으로. 교육학연구, 43(3), 231-263.

허운나 (1993). 산업교육요구 분석. 배영사.

Barnum, C. M., & Dragga, S. (2001). *Usability testing and research*. Longman Publisher.

Dieli, M. (1989). The usability process: Working with iterative design principles. *IEEE Transactions on Professional Communication, 32*(4), 272-278.

Dorsey, L. T., Goodrum, D. A., & Schwen, T. M. (1997). Rapid collaborative prototyping as an instructional development paradigm. In C. Dills & A. J. Romiszowski (Eds.). *Instructional development paradigms*. Englewood Cliffs, Educational Technology Publications.

Jones, T. S., & Richey, R. C. (2000). Rapid prototyping methodology in action: A developmental study. *Educational Technology Research and Development, 48*(2), 63-80.

Naumann, J. D., & Jenkins, A. M. (1982). Prototyping: The new paradigm for systems development. *Management Information Systems Quarterly*, 29-44.

Roh, S. (2004). Making instructional design come alive: Applying principles and strategies of user-centered design to the ISD process. 교육정보미디어연구, 10(3), 209-223.

Rubin, J., Chisnell, D., & Spool, J. (2008). *Handbook of usability testing: How to plan, design, and conduct effective tests* (2nd ed.). Hoboken, Wiley.

Tripp, S. D., & Bichelmeyer, B. (1990). Rapid prototyping: An alternative instructional design strategy. *Educational Technology Research and Development, 38*(1), 31-44.

제5장
교수자 중심 교수설계

1. 교수설계의 개요와 주요 접근
2. 교수자 중심 수업을 위한 표준 설계 모형
3. 학습동기를 위한 켈러의 ARCS 모형
4. 교수설계의 산출물 형태
5. 요약

1. 교수설계의 개요와 주요 접근

1) 개요

요구 분석(제2장)과 과제 분석(제3장)의 단계를 거치면서 기대하는 교육 프로그램 개발을 위해서는 어떤 목적과 목표를 중심으로 내용을 선정하고 방법을 활용할 것인가에 대하여 대략적인 윤곽을 잡게 된다. 이런 잠정적 해결안, 즉 프로토타입에 대하여 사용성 평가를 통하여(제4장) 개발되는 교육 프로그램에 대한 의뢰인, 학습자, 내용전문가의 의견을 종합적이고 체계적으로 수렴하게 된다. 다음 단계에서는 이렇게 확인된 포괄적인 교육 내용과 교육방법을 구체적인 수준으로 발전시켜서 효과적이고, 효율적이며, 매력적인 수업을 가능하게 하는 교수설계(임철일, 2012; Dick et al., 2014; Merrill, 2013; Reigeluth, 1983) 활동을 하게 된다. 예컨대 어떤 사례를 가지고 학습자의 인지적 참여를 어떻게 유도할 것인가를 포함하는 교안(lesson plan)을 개발하게 된다.

교수설계(instructional design)는 전형적인 교육의 상황인 교실 수업 장면에서 교사 혹은 강사의 가르치는 행위를 안내하는 지식을 다룬다(임철일, 2012). 교육의 목표를 달성하기 위하여 어떻게 학습자의 동기를 유발하고, 교육내용을 효과적으로 전달하며 평가를 실시할 것인가와 같은 교육방법에 관한 원리를 포함한다. 교수설계의 이러한 특징은 학교의 교실을 벗어나서 기업의 연수원 등에서 이루어지는 교육 · 훈련에도 그대로 적용될 수 있다. 요구 분석 및 과제 분석을 통하여 확인된 교육목표를 달성하기 위하여 기업 교육의 강사는 어떤 사례와 실습 상황 혹은 문제 등을 확보하여 교육 프로그램을 운영할 것인가에 대하여 결정을 내리고 준비를 한다. 예컨대 앞 장의 요구 분석 및 과제 분석의 사례로 제시된 “고객 · 상권 · 경쟁사에 대한 정보를 분석할 수 있다."와 같은 교육목표를 학습자들이 달성하기 위해서는 어떤 원리와 사례가 적절한가를 판단하는 계획을 세우게 되고, 이에 대한 결과물들을 교안(lesson plan) 혹은 강사용 매뉴얼(instructor's manual)로 만들게 된다. 강사는 이러한 교안을 참고하여 실제 강의 활동 등을 하게 된다.

교수설계는 확인된 교육목표를 학습자들이 획득할 수 있도록 하는 교수방법 혹은 교수전략을 어떻게 선택하고 활용할 것인가를 다루는 활동이자 지식이다(Dick et al., 2014). 활동으로서 교수설계는 요구분석, 과제 분석의 단계에 이어서 구체적인 계획을 하는 단계를 의미한다. 한편, 지식으로서 교수설계는 이 과정에서 활용할 수 있는 수업 전략, 수업 원리, 수업 모형 등을 지칭한다. 지금까지 교수설계는 다양한 형태의 이론과 모형으로 발전되어 왔는데, 대체로 강사의 설명식 수업 등을 안내하는 교수자 중심 교수설계이론과 학습자의 주도적 참여를 이끌어내는 학습자 중심 교수설계이론으로 구분된다(박성익 외, 2012). 교수자 중심 교수설계이론에는 가네의 수업의 사태(Events of Instruction), 메릴(Merrill)의 구인전시이론(Component Display Theory), 켈러(Keller)의 ARCS 동기이론, 롸이겔루스(Reigeluth)의 학습 과제 기반 이론이 포함된다. 학습자 중심 교수설계이론은 문제기반학습(Problem Based Learning), 사례기반학습(Case Based Learning), 게임기반학습(Game Based Learning) 등을 포함한다.

본 장에서는 앞에서 언급된 다양한 교수설계이론 관련 모형을 일반적인 수준에서 소개한 후, 그중에서 특히 교수자 중심의 표준적인 교수설계 모형을 중점적으로 다룬다. 교수자 중심의 설명식 수업 혹은 강의는 어떤 형태의 교수설계이든지 기본적으로 필요하며 현실에서도 이에 대한 수요가 꾸준히 있다. 교수자 중심의 교수설계 모형도 학습자의 다양한 참여를 적극적으로 확보하려는 상호작용적 수업 혹은 강의를 통해서 기대하는 교육목표를 효과적으로 달성할 수 있다(임철일, 2012).

2) 교수설계의 주요 접근

(1) 행동주의 학습이론과 시사점

수업을 어떻게 설계할 것인가에 대한 학문적 접근은 과학적 학습이론에 근간을 두고 있다. 근대 공교육 체제, 군대 훈련 혹은 70년대 전후 국내 기업의 연수원에서 이루어지는 제도화된 교육 및 훈련에서 수업 혹은 강의를 어떻게 준비할 것인가를 과학적으로 안내하는 원칙들은 행동주의 학습이론으로부터 도출되었다. 행동주의 학습이론이 교수설계 과정을 구체적으로 안내하기 전에는 경험적인 지식을 바탕으로 교육 및 훈련이 이루어졌다고 볼 수 있다. 경험적 지식의 핵심 원칙은 '교육자의 입장에서 교육을 통해 다루고자 하는 내용을 대략적으로 확인하여 학생에게 전달하는 것'이다. 20세기를 전후로 다수의 학생이 있는 전형적인 학교 교실에서 정해진 교과서를 가지고 한 명의 교사가 칠판 등을 활용하여 수업을 하는 장면이 여기에 속한다.

[그림 5-1] 전형적인 학교교실의 수업 장면

이러한 교육 장면은 효율적으로 이루어지는 것처럼 보이지만, 행동주의적 학습이론에 비추어 보면 몇 가지 문제점을 포함하고 있다. 20세기에 접어들면서 발전하기 시작한 행동주의 학습이론, 특히 대표적인 행동주의 학자 스키너(Skinner, B. F.)의 관점에서 볼 때, 학습은 인간 행동의 변화로 정의된다. 학습되었다는 것은 예전에 할 수 없었던 행동의 변화가 발생했다는 것을 뜻한다. 예컨대 이전에는 중국어를 할 수 없었던 사람이 학습을 하고 난 후에 중국어를 유창하게 말하는 행동을 보여줄 때 우리는 그 학습자가 학습을 하였다고 한다. 이러한 행동 변화를 가져오는 요인으로 '교사의 설명(행동주의 관점에서 보면 일종의 자극, stimulus)'만을 생각하는 것은 행동주의 관점에서 보면 너무 단순하다. 행동주의 이론을 체계화한 스키너의 동물 실험에 따르면 (행동주의에서는 인간의 복잡한 행동도 결국에는 동물의 기본적인 행동 변화와 같은 선상에 있는 것으로 전제된다) 학습된 행동의 변화를 가져오는 것은 자극과 함께 그 자극 이후에 나타나는 행동에 대한 강화(强化, reinforcement) 혹은 보상의 여부에 달려있다.

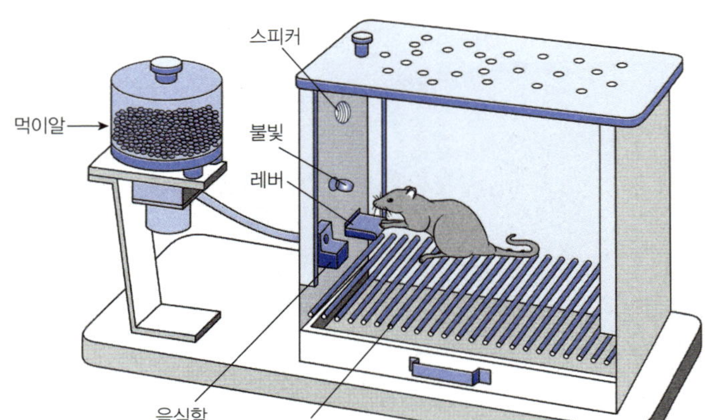

[그림 5-2] 스키너 상자

이 실험 상황에 처음 놓인 쥐는 우연히 레버를 건드려서 나오게 된 음식을 먹게 된다. 이후 다시 쥐가 동일한 박스에 놓일 때, 의도적으로 레버를 건드려서 나오는 음식을 먹게 된다. 이 경우 의도적으로 레버를 건드린 행동은 음식이라는 보상에 의하여 강화된 학습행동이 된다. [그림 5-2]와 같이 행동주의 학습이론에서는 자극과 함께 그 자극 이후에 나타나는 행동에 대한 강화(이 경우는 음식이라는 보상)가 학습된 행동을 가능하게 한다. 스키너는 이 이론적 발견에 기반하여 학교교육 체제의 변화에 대한 필요성을 역설했는데, 그중의 하나가 바로 행동주의적 교수목표(behavioral objectives)의 진술이며, 다른 하나는 교사 혹은 교수기계(teaching machine)에 의한 피드백의 제공이다. 행동주의적 교수목표는 논란이 있기는 하지만 현재까지도 다양한 교육 현장에서 실천되고 있는데, 단순히 교사의 입장에서 수업 중에 '어떠어떠한 것을 다룬다'와 같이 애매하게 교수목표를 설정하기보다는 학습자의 입장에서 예컨대, "이차 방정식을 풀 수 있다."와 같은 형태로 기술하는 것을 강조하고 있다(제3장 참조). 피드백의 제공도 학교 현장에서 교사가 학생의 반응에 칭찬 등을 하면서 응답을 하여 주거나 학생들의 과제물에 대한 피드백을 제공하고, 각종 상장 수여 등을 통해 우수 학습자를 격려하는 등의 방법으로 실천되고 있는 것을 알 수 있다. 한편 교수기계에서 시범적으로 구현된 개별 학생의 반응에 대한 순차적 피드백 여부는 완전 학습 혹은 프로그램 학습 등으로 학교 현장에서 구현되어 오다가, 컴퓨터매개학습에 이어서 다양한 이러닝(e-Learning) 콘텐츠에서 분절된 내용의 순차적 제시와 연습문제 및 피드백의 제공으로 구현되고 있다. 요컨대 행동주의 학습이론에 근거를 둔 행동적 교수목표의 진술 및 강화의 제시가 교수설계에 있어서 핵심적인 원칙으로 자리를 잡고 있는 것이다.

(2) 인지주의 학습이론과 시사점

학습을 내면적, 인지적 과정으로 설명하려는 인지주의 학습이론 또한 행동주의와 함께 교수설계에 많은 영향을 주었다. 인간 학습을 컴퓨터의 정보처리 과정에 비유하면서 기억(memory) 체제의 과정과 변화로 설명하는 정보처리이론(information processing theory)(Gredler, 2004)은 인지주의 학습이론 중 가장 널리 알려져 있다. 이 접근에 따르면 인간의 학습과정은 다음 [그림 5-3]과 같이 감각등록기, 단기기억, 장기기억의 단계를 거치면서 이루어지는데, 최초의 외부정보가 학습자의 뇌 속의 장기기억 형태로 변화되어 연결된 상태를 학습된 것으로 파악한다.

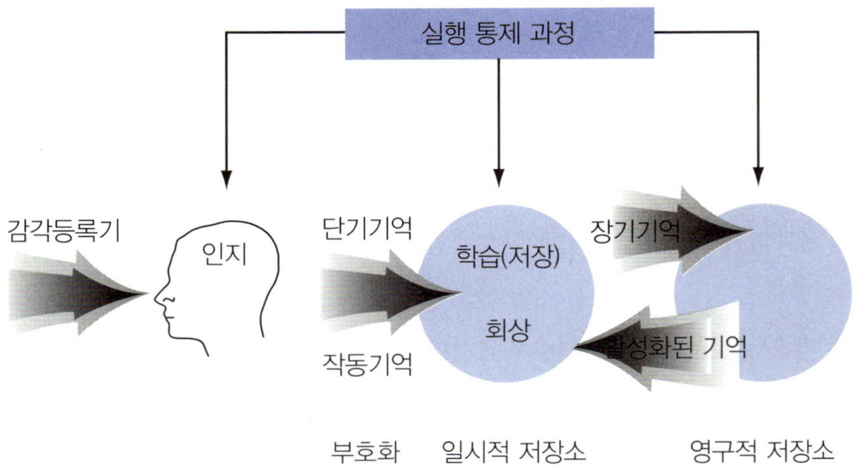

[그림 5-3] 학습에 관한 정보처리이론의 학습과정 모형

이 이론에 따르면 학습과정은 일단 눈과 귀를 통해 들어온 정보가 감각등록기를 거치면서 단기기억(short-term memory) 혹은 작동기억(working memory)에 일정 기간 동안 저장된다. 단기기억은 학습에서 매우 중요한 단계를 구성하는데, 이는 인간의 기억 용량이 제한적이기 때문이다. 인간의 경우 대체로 특별한 노력을 하지 않으면 새롭게 제공되는 정보를 20초 이내에 기억하지 못하게 되며, 7±2개의 단위를 벗어난 양의 정보에 대해서는 기억하지 못한다. 예컨대 상대방 전화번호 7~8개의 숫자를 처음으로 들었을 경우를 생각하여 보면 이를 알 수 있다. 이러한 단기기억 혹은 작동기억의 한계는 인지부하이론(cognitive load theory)(Sweller, 1994; Sweller et al., 2011)에 의하여 더욱 정교화되어 효과적인 학습이 되기 위한 전략의 개발

(Mayer, 2009)로 이어지고 있다.

작동기억에서 처리되는 정보는 다음 단계인 장기기억에 저장되는 단계를 거치면서 새로운 기억이 생기게 된다. 장기기억은 단기기억 혹은 작동기억에 비하여 기억 용량이 크며, 비교적 긴 기간 동안 사라지지 않고 있게 되어 이를 기반으로 다양한 의사결정과 행동을 하게 된다. 장기기억 과정에서 주목을 받는 현상 중의 하나는 활성화(activation)이다. 활성화는 새로운 정보가 외부에서 주어질 때, 이 정보를 기억 체제로 연결시키기 위하여 기존의 장기기억 중에 관련된 부분을 준비하고 작동시키는 과정이다. 예컨대 관성의 개념을 학습할 때, 교사가 학생들에게 버스 안에 있을 때 학생 자신의 몸이 차의 회전 방향과 반대로 움직이는 경험적 지식을 언급할 수 있다. 이 경우 학생들은 자신들의 사전 경험적 지식을 활성화하게 되며, 이 과정을 통하여 자연스럽게 관성이라는 새로운 개념적 지식을 획득하게 된다.

학습이론으로서 정보처리이론은 교수설계의 원칙에 관한 구체적인 시사점을 제시하여 왔다. 단기기억의 용량을 고려하여 정보의 단위를 일정하게 나누는 단위 분할(chunking)을 제안하여, 실제 파워포인트(PowerPoint)와 같은 제시용 소프트웨어의 하나의 슬라이드에 들어갈 정보의 수를 7개 내외로 제한하였다. 활성화를 고려하여서 수업 초반부에 학습자의 사전지식 활성화를 가능하게 하는 도입 질문의 개발을 제시하였다(임철일, 2012). 이외에도 다양한 형태의 주의집중의 원리, 부호화(encoding) 전략, 정교화(elaboration) 전략 등의 개발에 영향을 주었다.

(3) 구성주의 학습이론과 시사점

행동주의, 인지주의와 함께 대안적 학습이론으로서 구성주의의 발전도 교수설계에 많은 영향을 주었다. 구성주의는 행동주의 및 인지주의와는 다른 인식론적 기반을 가지고 있다. 구성주의에서 지식은 객관적으로 존재하는 것이 아니다. 인식의 주체 혹은 학습자가 나름대로 구성하는 것이 지식의 본질적 특성이다. 구성주의의 초기 형태는 피아제(Piaget, 1970)의 인식론적 발달론으로부터 출발하였다. 이 이론에서 학습자는 자신의 인지구조 혹은 도식(圖式, schemata)을 동화(assimilation)와 조절(accommodation) 및 평형(equilibrium)의 과정을 거치면서 구성하게 된다. 예컨대 아동이 개와 강아지의 개념을 획득한 후, 외양은 개와 비슷하지만 다른 종류로 구분할 수 있는 늑대의 개념을 획득하면서 개에 관한 도식을 발전시키는 것을 볼 수 있다.

한편 피아제와는 다른 방식으로 구성주의를 발전시킨 학자로 비고츠키(Vygotsky)를 들 수 있다. 그는 학습 및 지식의 구성과정에 있어서 사회적 요인을 매우 중요하게 간주한다. 인간의 학습은 자신의 주변 사람, 문화와 상호작용을 하면서 발생한다. 학습자로서 인간은 '근접발달영역(zone of proximal development)'이라는 일정한 수준의 인지적 가능성을 가지고 있는데, 외부 사람의 지도를 받아가면서 근접발달영역의 상위 단계에 이를 수 있다. 여기서 학습은 학습자를 둘러싼 사회, 문화적 환경 및 학습자의 수준에 영향을 받는다.

피아제 그리고 비고츠키에 의하여 발전된 구성주의 학습이론은 행동주의, 인지주의와는 다른 방식으로 교수설계 원칙의 개발에 영향을 주었다. 학습자의 현재 지식의 구성 상태를 고려하여 그에 맞는 환경의 제공 혹은 스캐폴딩(scaffolding)의 제시가 강조된다. 예컨대 학습자가 스스로 깨달을 수 있게 하는 적절한 사례의 제시가 무엇보다도 중요하다. 학습자의 적극적인 참여를 이끌어 낼 수 있는 실제적 문제(authentic problem)의 개발과 활용을 비중 있게 다룬다.

이상의 행동주의, 인지주의, 구성주의와 같은 다양한 학습이론이 구축되자, 교수설계 연구자들은 이러한 이론들을 바탕으로 수업을 어떻게 설계할 것인가에 관한 시사점(implication)들을 탐색하기 시작하였다. 예컨대 교수목표를 명시하거나, 피드백을 제공하거나, 내용을 분절하여 제시하거나, 사전지식을 활성화하는 질문을 하는 것 등은 모두 각 학습이론의 주요 설명으로부터 도출될 수 있는 교수설계 관련 시사점들로 볼 수 있다. 이러한 접근은 지금도 수많은 경험적 연구 결과들을 보고할 때마다 교육방법 측면에서의 시사점을 제시하는 방식으로 나타나고 있다. 예컨대 연습문제 결과에 대하여 단순히 '정오 여부를 알려주는 피드백'보다 '정보를 제시하는 피드백'이 효과적이라는 연구결과가 제시되면서 정보제시 피드백을 교수설계의 원리로 제안하는 것이다.

(4) 처방적 교수설계이론과 모형

학습이론의 설명으로부터 교수설계에 관한 시사점을 찾는 접근과 다르게 본격적으로 교수설계에 포함되어야 하는 요소들을 체계적으로 고려하는 접근이 있다. 교수설계의 처방성(prescriptivity)을 강조하면서 효과적인 수업을 설계하는 전체 과정을 지시적으로 안내할 수 있는 단계와 원칙을 제시하는 것이다. 이 접근의 대표적인 형태로 평가받는 교수설계 모형으로 가네(Gagné)의 수업의 사태(events of instruction)를 들 수 있다.

〈표 5-1〉 교수설계 모형으로서 수업의 사태

학습 과정(정보처리과정)	수업의 사태
1. 학습자가 자극을 수용할 수 있도록 민감화	1단계: 주의력을 환기하기
2. 학습결과에 대한 기대감 형성	2단계: 학습목표를 알려주기
3. 장기기억 항목들을 활동 기억 상태로 회복	3단계: 선수 학습요소의 상기
4. 학습하게 되는 자극들의 선택적 지각	4단계: 변별적 자극을 제시하기

5. 장기저장 및 회상을 쉽게 할 수 있도록 제시된 자료를 의미 있게 부호화	5단계: 학습 안내를 제공하기
6. 학습 결과를 나타내기 위한 행동적 반응	6단계: 행동을 유도하기
7. 학습 결과에 대한 확신감을 주기 위한 강화	7단계: 피드백 제공하기
8. 재생 시에 사용될 단서 제공	8단계: 성취수준을 사정하기
9. 새로운 상황에 행동을 일반화하기	9단계: 파지 및 전이를 높이기

이 모형은 기존의 학습이론으로부터 시사점을 도출하는 접근과 다르게 교수설계 지식의 특성을 처방성의 관점에서 파악한다는 측면에서 차이가 있다. 예컨대 기존의 접근은 행동주의에서 설명하는 학습기제의 원리로서 피드백을 고려하여 교수설계의 중요한 요소로 즉각적이고 체계적인 피드백을 포함하는 방식을 보여준다. 그러나 실제 교수설계에는 피드백의 제공 이외에도 어떤 사례를 준비하고, 어떤 난이도를 유지하고, 어떻게 학습자의 인지적 참여를 유도하며, 학습의 유형에 따라서 어떤 방법을 사용할 것인가에 관한 포괄적인 방법, 즉 처방적 지식(prescriptive knowledge)이 필요하다. 가네의 수업의 사태는 바로 이러한 처방적 지식의 전형을 보여준다는 점에서 교수설계의 대안적 접근의 기초를 이루고 있다(임철일, 2012).

수업의 사태는 〈표 5-1〉에서 알 수 있듯이 전형적인 수업의 시작부터 끝까지 교수자가 실제로 하는 행동을 포함하고 있다. 예컨대 수업의 시작 단계는 학습자의 주의력을 환기시키는 행동이 있게 된다. 질문을 하거나 관련된 영상자료 등을 보여주면서 학습자의 의견을 물어보는 것이다. 이런 주의력 환기는 곧바로 본래 수업내용을 제시하는 것(수업의 사태 중 '4단계: 변별적 자극의 제시' 단계)보다 효과적으로 학습자의 학습 과정을 준비시켜서 학습의 효과를 가져온다. 이후에도 학습의 일반적인 과정에 대응하는 단계를 중심으로 수업이 이루어진다. 즉 이 이론은 교수자가 수업과정에서 보여주어야 하는 구체적인 행동을 처음부터 끝까지 포함하는 처방성을 나타내고 있다(이 이론의 자세한 설명과 예시는 다음 절에서 다룬다).

교수설계이론의 처방성을 보여주는 또 하나의 전형적 예시로 켈러(Keller)의 ARCS(Attention, Relevance, Confidence, Satisfaction) 모형을 들 수 있다. 이 모형은 학습에 있어서 학습자의 동기가 중요하다는 관점을 교수설계이론 측면에서 발전시킨 것으로 이른바 스뫼르고스보르드(Smörgåsbord, 뷔페 형태) 모형으로 불리기도 한다. 즉 뷔페식당에서 음식을 선택하여서 먹듯이, 학습동기를 유발할 수 있는 대부분의 방법들을 한자리에 종합적으로 제시한 후 설계자들이 상황에 따라서 선택적으로 활용할 수 있도록 안내하는 것이다.

〈표 5-2〉 켈러의 학습 동기 설계를 위한 ARCS 모형의 구성

주의(Attention)	관련성(Relevance)
A.1. 지각적 주의환기의 전략 1) 시청각 매체의 활용 2) 비일상적인 내용이나 사건 제시 3) 주의 분산의 자극 지양 A.2. 탐구적 주의환기의 전략 1) 능동적 반응유도 2) 문제해결 활동의 구상 장려 3) 신비감의 제공 A.3. 다양성의 전략 1) 간결하고 다양한 교수형태 사용 2) 일방적 교수와 상호작용적 교수의 혼합 3) 교수자료의 변화추구 4) 목표-내용-방법의 기능적 통합	R.1. 친밀성의 전략 1) 친밀한 인물 혹은 사건의 활용 2) 구체적이고 친숙한 그림의 활용 3) 친밀한 예문 및 배경지식의 활용 R.2. 목적지향성의 전략 1) 실용성에 중점을 둔 목표 제시 2) 목적지향적인 학습형태 활용 3) 목적의 선택 가능성 부여 R.3. 필요나 동기와의 부합성을 강조하는 전략 1) 다양한 수준의 목적 제시 2) 학업성취 여부의 기록체제 활용 3) 비경쟁적 학습상황의 선택 가능 4) 협동적 상호학습상황 제시

자신감(Confidence)	만족감(Satisfaction)
C.1. 학습의 필요조건 제시의 전략 1) 수업의 목표와 구조의 제시 2) 평가기준 및 피드백의 제시 3) 선수 학습능력의 판단 4) 시험의 조건 확인 C.2. 성공의 기회 제시의 전략 1) 쉬운 것에서부터 어려운 것으로 과제 제시 2) 적정수준의 난이도 유지 3) 다양한 수준의 시작점 제공 4) 무작위의 다양한 사건 제시 5) 다양한 수준의 난이도 제공 C.3. 개인적 조절감 증대의 전략 1) 학습의 끝을 조절할 수 있는 기회 제시 2) 학습속도의 조절 가능 3) 원하는 학습부분으로 재빠른 회귀 가능 4) 선택 가능하고 다양한 과제와 다양한 난이도 제공 5) 노력이나 능력에 성공 귀착	S.1. 자연적 결과 강조의 전략 1) 연습문제를 통한 적용의 기회 제공 2) 후속 학습상황을 통한 적용의 기회 제공 3) 모의상황을 통한 적용의 기회 제공 S.2. 긍정적 결과 강조의 전략 1) 적절한 강화계획의 활용 2) 의미 있는 강화의 제공 3) 정답을 위한 보상 강조 4) 외적 보상의 사려 깊은 사용 5) 선택적 보상체제 활용 S.3. 공정성 강조의 전략 1) 수업목표와 내용의 일관성 유지 2) 연습과 시험내용의 일치

(5) 학습환경 설계

교수설계이론에 대한 또 다른 접근은 구성주의적 관점에 바탕을 둔 학습환경 설계(learning environment design)를 들 수 있다. 이 접근은 기존의 학습이론 시사점 접근이나 처방적 교수설계이론이 모두 다 강사에 의한 설명을 중심으로 하는 직접교수(direct instruction)의 형태에서 크게 벗어나지 않는다는 점에서 동일한 것으로 파악한다. 그러면서 학습자가 중심이 되어 학습활동을 가능하게 하는 학습환경의 설계에 주목한다. 여기서 강사의 설명 혹은 자료 등은 전체 학습환경의 한 가지 요소에 불과하며, 오히려 중요한 것은 학습자들의 주도적인 학습과정을 안내하고 지원하며 촉진할 수 있는 문제의 제시, 문제해결에 사용하거나 도움이 될 수 있는 도구나 절차, 그리고 성찰의 기회, 팀별 협력학습 절차 등이다.

학습환경 설계 접근은 지금까지 구성주의적 학습이론에 기반을 두고 이루어져 왔다(Jonassen, 1999). 구성주의 관점이 기본적으로 학습자의 주도성 및 실제적 문제 해결활동을 중요하게 여긴다는 점에서 학습환경 설계의 특성을 구체화하고 실제적인 모형을 개발하는 노력이 구성주의 차원에서 있어 왔다. 예컨대, 의과대학의 대안적 교육 모형으로 시작되어 널리 알려진 문제중심학습(Problem Based Learning)(Barrows, 1985)이나 기업의 직원들의 문제해결 역량을 개발하기 위한 목적중심시나리오(Goal Based Scenario)(Schank, 1992), 문제해결시나리오(Problem Solving Scenario)(임철일, 1998) 등이 여기에 속한다. 기업의 실제 문제를 해결하는 과정을 통하여 필요한 역량을 학습하는 실천학습(action learning)(장경원, 2011) 등이 모두 이러한 학습환경 설계 접근에 속하는 것으로 볼 수 있다.

학습환경 설계 접근은 대체로 문제해결능력 등 고차적이며 복잡한 사고나 역량의 획득을 목적으로 하며, 일반적인 설명식 교육에 비하여 주어진 교육 상황을 반영하여(예컨대, 학습자가 실제적인 문제를 해결하면서 지원을 받을 수 있는가?) 별도의 구체적인 모형(예컨대, 앞에서 언급한 실천학습 모형 등)에 따라서 개발하는 경우가 많다. 따라서 여전히 학교 및 기업 등 교육 현장에서 지배적인 교육의 실제를 담당하는 것은 강사의 주도성에 기반을 둔 설명식 교육으로 볼 수 있다. 본 장에서는 교수자 중심의 설명식 수업을 효과적이며 효율적으로 그리고 학습자의 흥미와 관심을 이끄는 형태로 설계하기 위한 원리와 절차를 제시하고자 한다. 학습자 중심의 학습환경설계 접근과 구체적인 모형은 다음 장에서 다룬다.

2. 교수자 중심 수업을 위한 표준 설계 모형

교수자 중심의 설명식 수업은 가장 보편적이며 널리 알려진 교육 방법 중의 하나이다. 교과를 중심으로 하는 학교 현장뿐만 아니라, 기업, 군대, 일반 성인교육 기관 등에서 이루어지는 많은 교육에서 설명식 수업이 여전히 지배적이다. 설명식 수업을 설계하는 과정을 안내하는 가장 대표적인 모형으로 앞에서 언급한 가네(Gagné)의 수업의 사태(Events of Instruction)를 들 수 있다. 이 모형은 일찍이 1970년대 초반 가네의 저서 '학습의 조건(conditions of learning)'을 통하여 제시된 수업 이론과 함께 널리 알려져 있다(임철일, 2012; Dick et al., 2014). 이 모형이 이처럼 적용 가능한 처방적 지식으로 현재까지 평가받는 것은 단위 수업에 필요한 교육방법을 수업 초반부터 끝날 때까지 비교적 구체적으로 제안하고 있기 때문이다.

〈표 5-3〉 가네의 수업의 사태

수업의 사태	
1단계	주의력을 환기하기
2단계	학습목표를 알려주기
3단계	선수 학습요소의 상기
4단계	변별적 자극을 제시하기
5단계	학습 안내를 제공하기
6단계	행동을 유도하기
7단계	피드백 제공하기
8단계	성취수준을 사정하기
9단계	파지 및 전이를 높이기

〈표 5-3〉에서 볼 수 있듯이 가네의 수업의 사태는 1단계 '주의력을 환기하기'라는 사태(event)로부터 시작하여 마지막 9단계 '파지(retention) 및 전

이(transfer)를 높이기'에 이르는 아홉 가지의 활동으로 구성된다. 사태는 일련의 활동들이 일정한 순서를 가지고 전개되는 것을 일컬으며, 정보처리이론에 따른 학습의 내적 과정에 상응하거나 이러한 내적 과정을 촉진할 수 있는 외적인 교수자의 활동을 보여주고 있다. 물론 개별 사태들의 구체적인 과정 안에는 행동주의에서 강조하고 있는 교수목표의 구체적 제시나 강화의 제공 등이 포함되어 있기도 하다. 각 사태들에 대한 간략한 설명은 다음과 같다.

1) 주의력 환기하기

가네의 수업 사태에서 초기 활동은 '주의력 환기하기'다. '주의력 환기하기'는 새로운 수업을 시작할 때 학습자로 하여금 인지적인 준비를 가능하게 하는 방법이다. 새로운 지식이 제공될 때 학습자는 통상 모르는 것이기 때문에 준비가 잘 되지 않은 경우, 제대로 받아들이지 못하거나 이해하지 못하게 되어 이후 수업 과정에 소외되는 경우가 적지 않게 나타난다. '주의력 환기하기'는 어떤 것을 왜 배워야 하는가를 안내하는 과정으로서 매우 중요하다.

'주의력 환기하기'와 관련하여 현재의 교육 현장에서 많이 관찰할 수 있는 것은 학습 주제와 연관된 동영상 자료를 제시하는 것이다. 〈표 5-4〉의 예시에서와 같이 지문 감식과 관련한 주제를 다루는 교육 장면에서 초기 주의집중의 방법으로 관련된 동영상 자료를 보여주고(이때 시각 및 청각 자료가 멀티미디어 형태로 제시되기 때문에 학습자들은 대체로 감각적 주의집중을 하게 된다), 이후에 관련된 질문을 하게 된다(이 사례의 경우 피해자 신원을 확인하는 방법이 무엇인가를 물어보면서, 자연스럽게 지문을 확인할 필요가 있다는 것을 도출하게 된다. 질문과 답변 과정을 통하여 감각적 주의집중 과정이 본 수업에서 다루려고 하는 내용에 연관되는 인지적 주의집중으로 전환될 수 있다).

〈표 5-4〉 수업의 사태 초기 주의집중의 사례

수업의 사태	실행	학습자료	지도상 유의점
주의집중	◆지문 감식의 중요성 • 지문의 활용 현황 • 지문의 활용사례 소개 ※ 사건 사고 동영상 상영 - 삼풍백화점 붕괴 ▶피해자 신원확인 방법은? ◆신원확인을 위한 기본사항 • 지문의 분류 이해 전제 • 지문 대조 신원확인	PC 프로젝터	대규모 재해, 재난 및 흉포화, 지능화되어가는 범죄를 동영상 및 사진으로 제시 - 피해자 및 범죄자의 신원을 어떻게 확인할 것인지 고민 - 지문감식의 중요성 인식 - 학습흥미 유발
학습목표 제시	◆학습 단원과 목표 제시 • 지문감식 관련 기본적 지식 및 기본 개념 이해 • 지문의 활용분야 파악	PC 프로젝터	명확한 목표를 제시하여 학습성과 기대감 조성

주의집중이 효과적으로 이루어지는 경우 중 하나는 앞의 인지주의 학습 이론에서 언급한 사전지식의 활성화를 통해서이다. 수업 초반부에 학습자의 주의집중을 위해서 학습내용과 관련된 질문을 하게 되면, 학습자들은 자신의 사전지식을 활용하여 답을 하게 된다. 이 과정에서 자연스럽게 주의가 집중되며, 학습내용과 관련된 사전지식이 작동기억에서 활성화되는 현상이 나타나게 된다. 사전지식의 활성화와 주의집중의 성패는 강사가 어떻게 학습자들의 의견을 적절하게 학습내용과 관련시키는가에 영향을 받는다. 질문을 하고, 학습자로 하여금 답을 하게 했다고 해서 그 자체가 주의집중을 일으키거나 사전지식이 제대로 활성화되는 것은 아니다. 학습자의 의견에 집중하고, 그것의 의미를 학습내용과 관련하여 적절하게 재해석하고 요약하는 강사의 창의적 역량이 필요하다. 이 점에서 교수설계가 실제 적용되는 과정에는 과학적, 공학적 설계 원칙뿐만이 아니라 강사의 예술적이고 종합적인 역량이 영향을 준다는 점을 알 수 있다.

2) 학습목표 제시하기

주의집중 과정과 사전지식 활성화를 통하여 학습자들이 어떤 지식을 이미 획득하였고 어떤 것을 알 필요가 있는가 하는 점이 확인되었다면, 그 다음 단계로 강사가 해야 할 교수행동은 바로 본시 수업을 통하여 어떤 학습목표를 달성하려고 하는가, 즉 학습목표를 제시하는 것이다. 학습목표 제시는 교수목표 제시와 혼용하여 사용되는데, 실제로 어떻게 제시할 것인가는 제3장 '과제 분석' 후반부의 '교수목표의 진술'에서 간략하게 다루었다.

학습목표 혹은 교수목표 제시와 관련하여 앞의 〈표 5-4〉에 있는 사례에서와 같이 특정 학습내용에 대한 '이해'와 '파악'이라고 하는 애매한 일반적인 능력으로 표기하는 경우를 많이 볼 수 있다. 행동주의적 학습이론의 관점에서는 이 점을 문제가 있는 것으로 파악하고 보다 구체적인 행동 동사, 예컨대 "~을 설명할 수 있다"와 같이 제시할 것을 제안한다. 물론 이해와 파악으로 표기하면서 교수자가 실제 의미하는 바는 "학습자가 ~을 설명할 수 있다"인 경우가 많기 때문에 이해와 파악이라고 표기했다고 해서 반드시 문제가 되는 것은 아니다.

그러나 만약에 실제 교육에서 기대하는 것이 "~을 적용할 수 있다"와 같은 것이라면 이렇게 '파악'이나 '이해'와 같은 애매한 동사 표현을 사용하는 것은 적절하지 않다. 최종적으로 기대하는 학습자의 역량이나 행동을 분명히 하고(예컨대 설명하거나 이해하는 데 그치는 것인지, 아니면 실제 적용하는 능력을 보여주어야 하는 것인지) 이에 상응하는 행동 동사가 포함된 학습 목표를 제시하여야 한다(구체적 행동적 교수목표의 예시에 대해서는 〈표 3-4〉를 참조).

부록 5의 교안 사례를 보면, SWOT(Strengths, Weaknesses, Opportunities,

Threats)분석을 다루는 교육에서 학습자에게 초기 주의집중 활동 후, "SWOT 분석을 활용하여 고객 · 상권 · 경쟁사 분석을 할 수 있다"와 같은 교수목표를 제시하고 있다. 여기서는 구체적인 수준의 행동 동사가 "~을 분석할 수 있다"인데, 이는 단순히 설명하는 데 그치지 않고 실제 적용 능력의 획득을 목표로 함을 알 수 있다. 이렇게 목표를 정하게 되면 이 목표를 달성하는 데 필요한 사례, 연습문제, 평가문항을 적절하게 선정하거나 개발하는 데 영향을 준다.

3) 선수 학습 회상 자극하기

주의획득과 수업목표 알려주는 활동과 밀접하게 연계되면서 초기 수업활동을 구성하는 또 하나의 단계로 '선수 학습 회상 자극하기'를 들고 있다. 일련의 수업이 연속적으로 이루어진다고 할 때, 대체로 교육은 앞 시간의 수업에 의한 학습결과(선수 학습, prior learning)에 많이 의존한다. 즉, 앞 단계에서 학습한 지식을 바탕으로 다음 단계의 수업활동이 이루어지는 것이다. 선수 학습 회상 자극하기는 이러한 교육 실제를 반영하고 있다. 우수한 학습자는 본시 수업이 시작되면 스스로 지난 시간의 수업 상황에서 다룬 것을 적극적으로 회상하는 활동을 하게 된다. 이러한 자율적 과정이 제대로 이루어지도록 훌륭한 강사는 지난 시간에 다룬 것을 간략하게 언급하며 학습자가 새로운 지식을 받아들일 수 있는 준비를 하게 한다. 앞의 사례에서는 SWOT 분석을 하기 위한 선수 학습으로 지난 시간에 마케팅의 개념 그리고 마케팅의 3C 분석, STP 분석을 다루었다고 보고, 선수 학습으로서 이러한 부분을 강사가 언급하고 있다.

'선수 학습 회상 자극하기'는 강사에 의하여 요약하는 식으로 전개할 수도 있으며, 강사에 의한 질문과 학습자의 대답, 그리고 이를 토대로 강사가 재정리하는 방식으로 전개될 수도 있다. 또한 선수 학습 회상 자극하기는 현재와 같이 주의집중과 학습목표를 제시한 후 진행할 수도 있지만, 수업 초반부에 이루어질 수도 있다. 즉 수업이 시작될 때, 지난 시간에 다루었던 것을 복습 형식으로 언급한 후 새로운 지식을 위한 주의집중 활동이 이어질 수도 있다.

여기서 한 가지 구분해야 할 것은 선수 학습 회상에서의 '선수 학습'과 사전지식의 활성화에서의 '사전지식'이다. 선수 학습은 일련의 수업과정에서 다룬 구체적인 학습내용을 의미한다. 앞의 사례에서와 같이 SWOT분석의 선수 학습으로서 마케팅 개념을 들 수 있다. 이에 비하여 사전지식은 본시 수업을 다루기 전에 학습자가 사전에 경험하고 가지고 있는 지식 중 본시 수업에 영향을 줄 수 있는 것을 의미한다. 여기에는 선수 학습 내용과 함께 학습자가 본시 수업 전에 획득한 다양한 지식이 포함된다. 즉 사전 지식이 선수 학습보다 포괄적인 특성을 지니고 있다.

4) 자극자료 제시하기

'자극자료 제시하기'는 통상 강사에 의한 학습내용 설명과 같은 것으로, 가네의 '수업의 사태' 모형에서는 행동주의 학습이론 관점이 반영되어 학습에 영향을 주는 개념으로 '자극'이 포함되어 있다. 교육심리학자인 가네는 이 부분에 대한 이론적 접근을 그의 저서인 '학습의 조건(Conditions of Learning)'(Gagné, 1977)을 통하여 체계화하였는데(제3장의 '학습과제의 유형' 부분 참고), 기본적으로 학습과제의 유형에 따라서 설명하는 방식 혹은 교수 전략(instructional strategies)이 달라진다는 관점을 발전시켰다. 예컨대 교육 장면에서 공통적으로 다루는 지식의 유형으로 개념, 원리, 절차를 확인하면서 이러한 지식을 적용할 수 있는 상태를 지적 기능(intellectual skills)의 획득이라고 보고, 개념, 원리, 절차의 적용 능력을 위한 수업 전략을 제시한 것이다(개념, 원리, 절차의 의미와 그것의 획득과 적용의 구분, 그리고 자세한 교수 전략에 대해서는 임철일(2012)을 참조).

'자극자료 제시하기'는 기본적으로 해당 교수내용의 의미, 정의, 맥락, 필요성, 하위 지식과 구성 등을 설명하는 것으로 구성된다. 예컨대 앞의 사례에서 SWOT 분석을 다룬다고 할 때, 이러한 분석 방법의 개발 배경, 분석 방법의 구체적인 의미와 목적, 그리고 하위 구성 요소 등에 대한 설명이 여기에 해당된다. 이러면서 관련된 전형적인 사례나 예시(example) 등이 제시된다. '자극자료 제시하기'는 강사의 언어적 설명 이외에도 각종 시청각 자료, 동영상 등 멀티미디어 자료 등을 통하여 대안적으로 제시되면서 학습자의 주의 집중과 획득 과정을 도와줄 수도 있다(시청각적 메시지 설계와 매체의 효과적 활용은 다음 제7장에서 자세하게 다룬다).

5) 학습안내 제시하기

'자극자료 제시하기', 즉 '설명하기'는 '학습안내 제시하기'라는 별도의 그러나 연관성이 깊은 단계의 활동에 의하여 학습자의 학습과정을 도와준다. '학습안내 제시하기'는 앞에서 전개한 '자극자료 제시하기'를 지원하여 학습자가 새로운 개념, 원리, 절차 등의 지식을 효과적으로 획득하는 데 도움을 줄 수 있는 추가적인 사례의 제시, 관련된 맥락 정보의 제공, 대안적인 멀티미디어 자료의 제시 등이 포함된다. 이 과정은 특히 학습자의 인지적인 참여를 촉진하기 위하여 학습자에게 질문이 이루어지기도 하며, 학습자는 질문에 답을 하거나 스스로 사례 등을 도출하는 적극적 참여 활동을 하게 된다.

'학습안내 제시하기'에서 가장 효과적인 하위 전략은 다양하면서도 실제적인 사례의 제시이다. 초기 단계에서는 쉬우면서도 전형적인 사례들이 제시되지만, 점점 복잡하면서도 다양한(divergent) 사례들을 제시하여 폭넓고 깊은 지식의 획득을 가능하게 한다. 효과적인 수업은 풍부한 사례를 준비하여 제시하는 것이라고 해도 과언이 아닐 만큼 '학습안내 제시하기'에서 사례의 준비와 제시는 매우 중요한 위치를 차지하고 있다.

6) 행동을 유도하기

'행동을 유도하기'는 '수행(performance)을 유도하기'와 동일한 것으로 '자극자료 제시하기'와 '학습안내 제시하기'를 통하여 일차적으로 획득한 지식을 실제 적용하여 보는 단계, 즉 연습 혹은 실습을 하는 단계이다. 교육목표를 달성하기 위해서는 정보, 자극, 교육내용의 제시에만 머무르지 말고, 실제 적용하면서 관련된 피드백을 받는 것이 효과적이다. 중요한 것은 행동주의 학습이론, 인지주의 학습이론, 구성주의 학습이론 등에 상관없이 공통적으로 강조되는 바이다.

'행동을 유도하기'는 바로 다음 단계인 피드백과 매우 밀접하게 연결되어 이루어지는데, 어떻게 행동을 유도하고 피드백을 제공할 것인가에 관한 많은 방법들이 제안되어 왔다. 가장 대표적인 행동 유도와 피드백은 수업의 중간 혹은 후반부에 문제가 제시되고, 학습자들이 개별적으로 이에 대하여 답을 할 수 있는 기회를 주며, 이를 개별적으로 발표하면 강사가 그에 대하여 즉각적이며 적절한 피드백을 제공하는 형태이다. 이 과정을 통하여 문제에 답을 한 학습자는 직접적인 피드백을 받게 되며, 다른 학습자들은 관찰을 통한 간접적인 피드백을 받게 된다.

다른 방식의 행동 유도와 피드백 제공은 몇 명으로 구성된 학생들끼리 협력 학습 차원의 실습을 하고, 그룹에 대한 피드백이 학생들끼리 혹은 강사에 의하여 주어지는 것을 들 수 있다. 또한 행동 유도가 수업시간에 이루어지는 것이 아니라 별도의 과제 등을 통하여 강의실 밖에서 이루어진 후,

그에 대하여 체크리스트나 평정척도(rating scale)를 활용하여 피드백을 제공할 수도 있다. 이 경우는 시험 혹은 평가와 구분하여 최종 점수가 부여되지 않고, 학습과정을 안내하는 데 초점을 맞추게 되어 무엇이 부족한지, 그래서 어떻게 개선할 필요가 있는지를 안내하게 된다.

7) 피드백 제공하기

'피드백 제공하기'는 앞의 '행동을 유도하기'와 밀접하게 관련되면서 이루어진다는 점을 앞에서 언급했다. 피드백은 행동주의 학습이론뿐만 아니라 여타의 학습이론에서도 일관되게 주장되는 매우 핵심적인 학습 요인이기에 교수설계 과정에서 반드시 포함되는 수업 전략 중의 하나이다. 피드백이 효과적이기 위해서는 가능한 한 구체적이면서 즉각적으로 학습자의 적용 결과물에 대해서 제공하는 것이 중요하다. 이를 위해서는 사전에 피드백을 실시하는 방식과 절차에 대하여 학습자들에게 안내하고, 체크리스트, 평정척도(rating scale), 평정항목(rubric)을 활용할 수 있다. 평정항목(rubric)은 평정척도에서 한 걸음 더 나아가 평가자의 주관성을 줄이기 위하여 특정 하위 항목에서 잘한 수준과 못한 수준에 해당하는 기준과 설명이 구체화된 형태의 평가 방법이다(Dick et al., 2014). 아래 〈표 5-5〉에 평정항목의 사례가 제시되어 있다.

〈표 5-5〉 평정항목(rubric)의 예

	1. 반성의 질
5	자신의 문제해결능력에 관한 매우 뛰어난 통찰력과 성장을 위한 명료한 아이디어를 가지고 있음.
4	자신의 문제해결능력에 관한 충분한 통찰력과 성장을 위한 아이디어를 가지고 있음.
3	문제해결의 강점과 부족한 점을 어느 정도 반성함. 문제해결자로서 어떻게 성장해야 하는지에 대한 어느 정도의 아이디어가 있음.

2	문제해결의 강점과 부족한 점을 거의 반성하지 않음. 문제해결자로서 어떻게 성장해야 하는지에 대한 아이디어가 거의 없음.
1	자신을 문제해결자로 전혀 생각하지 않음.
	2. 수학적 지식
5	수학적 문제, 개념, 원리에 대한 깊은 이해를 보임. 적절한 수학용어를 사용하고 모든 계산이 정확함.
4	수학적 문제, 개념, 원리에 대한 충분한 이해를 보임. 대부분의 경우 적절한 수학용어를 사용함. 계산 오류가 거의 없음.
3	수학적 문제, 개념, 원리에 대한 어느 정도의 이해를 보임. 적절하지 못한 수학 용어를 사용하는 경우가 어느 정도 있음. 계산 오류가 어느 정도 있음.
2	많은 문제에서 오류가 있음. 많은 용어가 부정확함.
1	문제에 중대한 오류가 있음. 수학적 문제, 개념, 원리에 대한 이해가 없음.

8) 성취수준을 사정하기

'성취수준을 사정하기(assessment)'는 일반적으로 평가 혹은 시험이라고 불린다. 교육의 효과성은 성취 과정 평가에 의하여 확보될 수 있다. 기업의 많은 교육 훈련들이 그 효과성을 제대로 확보하지 못하는 이유는 여러 가지 형편상 단순한 만족도 평가에 그치기 때문이다. 그러나 교육의 효과를 확인할 필요가 있다면 평가 혹은 시험은 필수적이다. 성취수준의 사정을 어떻게 할 것인가는 앞의 '학습목표 제시하기'에 의하여 영향을 받는다. 목표가 설명하는 수준에 그치는 것인지, 적용하는 수준까지 나간 것인지, 아니면 종합적으로 문제해결을 하는 것인지에 따라서 평가 문제의 유형과 답변 방식이 달라지는 것이다.

평가 혹은 시험의 최근 동향은 수행평가(performance evaluation)이다. 단순히 지필 시험에 그치지 않고, 교육 후 실제 접하게 되는 상황에서 보여주는 행동 혹은 수행을 평가하는 방식으로 평가가 구성되는 것이다. 이를 위하여 실제적인 상황(authentic situation)을 만들고, 그로부터 평가문항을 개발하는 시도가 많이 이루어지고 있으며, 이에 대한 평가를 보다 객관화하기 위하여 앞의 피드백 제시하기에서 이미 언급한 루브릭(rubric) 등을 활용한 평가가 시도되고 있다.

'성취수준을 사정하기'는 수업 시간의 일부분으로 이루어지기보다는 대개의 경우 별도의 과제를 통하거나 아니면 시험을 통하여 이루어진다는 점에서 매 수업 과정에서 나타나는 다른 사태와는 차이가 있다. 따라서 수업의 사태를 기반으로 하는 교안(lesson plan)에 평가를 어떻게 할 것인가는 나타나지만 수업시간 자체에서 이루어지지 않는 경우가 많다.

9) 파지 및 전이를 높이기

'파지(把持, retention)와 전이(transfer)를 높이기' 단계는 하나의 수업이 완성되는 마지막 단계이며 매우 중요한 기능을 담당하고 있다. 파지는 기본적으로 수업 시간에 다루었던 내용을 다시 한번 상기시키며 새로운 지식이 제대로 획득되도록 확인하는 과정이며 대체로 요약의 형태로 제시된다. 한편 전이는 이번 시간에 다룬 수업의 내용이 다음 수업에 긍정적인 영향을 미치도록 다음 수업 내용을 언급하면서 어떻게 이번 내용과 연결되는지를 안내하는 것이다. 효과적인 수업이 되기 위해서는 마지막에 학습자들과 배운 내용을 정리하면서 다음 시간을 안내하는 것이 급하게 추가적인 내용을 설명하는 것보다 효과적이다. 따라서 수업의 마지막 부분에 파지와 전이를 적절하게 운영하는 것이 반드시 필요하다.

3. 학습동기를 위한 켈러의 ARCS 모형

앞에서 소개한 가네의 수업의 사태는 설명식 수업을 위한 가장 표준적인 설계 모형으로 평가받고 있다. 한편 켈러에 의하여 제시된 학습동기를 위한 ARCS 모형은 이상의 수업의 사태에서 부분적으로 반영되기는 하였지만, 이외에 학습의 동기를 유지, 유발하기 위한 전략들을 종합적으로 제시하고 있어서 효과적이고 효율적이며 매력적인 수업을 설계하고자 할 때 많이 참고하는 모형이기도 하다.

실제 교수설계 과정에서 앞의 〈표 5-2〉에 제시된 주의집중, 관련성, 자신감, 만족감 요소를 위한 하위 전략들을 수업의 상황과 맥락을 고려하여 적절하게 선택하여 적용할 수가 있다. 예컨대 주의집중 요소에서 '탐구적 주의환기 전략'으로 '능동적 반응 유도'가 제시되어 있는데, 이를 위해서는 학습자의 사전지식을 활성화할 수 있는 질문을 제시하고 학습자의 대답을 유도하는 것을 생각할 수 있다. 관련성 요소에는 '친밀한 인물 혹은 사건의 활용'이 교수 전략으로 제시되어 있는데, 초기 주의집중을 유도하면서도 관련성을 고려하기 위하여 친숙한 영화 장면 혹은 뉴스클립을 제시하는 것이 이에 해당될 수 있다.

자신감 요소와 관련해서는 '성공의 기회 제시 전략'이 있는데, 이를 위해서 초기에는 쉬운 과제를 제시하고, 점점 어려운 과제를 제시하는 방법을 사용할 수 있다. 마지막으로 만족감과 관련해서는 '공정성 강조의 전략'으로 '연습과 시험 내용의 일치'를 제시하고 있는데, 이는 매우 효과적인 전략이지만 종종 실제 교육 현장에서 제대로 실천되지 못하는 전략이기도 하다. 연습 상황에서 다룬 문제와 난이도가 크게 다르거나, 전혀 다루지 않은 문제들이 시험에서 나타날 때 학습자들은 공정하지 않다고 생각하며 이는 만족감에 부정적인 영향을 줄 수 있다.

이처럼 켈러의 ARCS 모형이 제시하는 학습동기를 위한 교수 전략을 가네의 수업의 사태를 기반으로 하는 전체 교수설계에 추가적으로 적절하게 반영함으로써 보다 매력적인 수업을 가능하게 할 수 있다.

4. 교수설계의 산출물 형태

교수설계 활동과 과정을 통해서 결과적으로 산출되는 형태 중 대표적인 것으로 교안(lesson plan), 강사용 매뉴얼(instructor's manual), 학습자용 자료(learner's material)를 들 수 있다. 먼저 교안은 약식 교안과 상세 교안으로 나뉠 수 있다. 교안은 교수설계의 이론과 모형을 토대로 단위 수업을 어떻게 강사가 전개할 것인가를 상세하게 기술하여 놓은 계획서를 말한다. 주요 활동을 중심으로 기술한 약식 형태의 교안도 가능하며 강사와 학습자 간의 상호작용을 매우 상세한 수준으로 기술한 상세 형태의 교안 또한 개발할 수 있다.

교안은 현재까지도 학교 현장의 교육 등에서 시범 수업을 새롭게 실시할 경우나 예비교사들이 자신의 수업을 설계한 것을 나타내는 형식으로 활용되고 있다. 대부분의 경험이 많은 전문 교사나 일반적인 수업을 실시하는 경우에는 그다지 사용되지 않고 있다. 이 점은 그대로 기업이나 공무원 등의 교육 · 훈련에 반영되고 있다. 즉 시범수업이나 공공 경진대회 등에서 교안이 개발되고는 있으나, 실제 교육 · 훈련 장면에서는 그다지 활발하게 나타나고 있지 않다.

이에 비하여 분석 활동을 바탕으로 교수설계 활동이 이루어진 다음 강사용 매뉴얼(instructor's manual) 형태로 산출물이 개발되고 있다. [그림 5-4]의 사례는 기업교육 현장에서 활용되고 있는 강사용 매뉴얼의 한 가지 형태이다.

과정 개요

Module 1 마케팅 분석 기법	• 강사소개/사전평가 • 트렌드 교육 • 마케팅 분석기법 교육
Module 2 사례기반 분석 · 기획 실습	• 고객/상품/경쟁사 분석 템플릿 소개 및 교육 • 사례 기반 분석 · 기획 실습 • 그룹별 발표/토의
Module 3 분석 · 기획 · 개발 실습	• 사전 및 사후분석 교육 • 분석 · 기획 개별 실습 • 질의응답 및 토의
마무리 활동	• 사후 평가 • 추가 질의응답 • 강사 피드백 및 정리

[Key Point/Activity]
• Key Point : 과정의 개요 소개 : 과정의 필요성, 목적, 효과 소개 및 동기유발

[강의 시나리오]

점장 심화 과정인 LAM/LSM은 총 3개의 모듈로 구성되어 있으며, 마무리활동까지 포함하여 약 8시간의 교육과정입니다. 여러분은 점장 심화 과정에서 어떠한 것을 배우길 기대합니까?

(학습자들의 기대, 요구를 파악)

이번 점장 심화 과정인 LAM/LSM은 마케팅 분석기법에 대한 이론을 바탕으로 실무에 적용할 수 있는 실질적이고 전략적인 교육과정입니다.

(마케팅 분석기법에 대한 이론을 바탕으로 실무에 적용할 수 있는 실습이 주된 교육과정의 구성임을 강조)

[그림 5-4] 강사용 매뉴얼 예시

강사용 매뉴얼은 교수설계 활동을 통하여 강사들이 강의 진행 중에 사용할 교수내용과 방법을 포함하고 있다. 이를 통하여 설령 다른 강사가 강의를 맡는다 하더라도 표준적인 강사용 매뉴얼을 참고하여 강의가 진행될 수 있도록 할 수 있다. 강사용 매뉴얼의 한 가지 형태는 사례에서와 같이 학습자들이 보게 되는 슬라이드 자료와 함께 어떻게 이 자료를 활용하는지에 대한 안내를 포함한다.

마지막으로 교수설계의 과정을 통하여 산출되는 결과물 중의 하나는 [그림 5-5]와 같은 학습자용 자료(learner's material)이다. 학습자용 자료는 수업 중에 강사에 의하여 제시된 화면 혹은 설명을 포함하고 있는 것으로 주요 학습내용과 연습문제 등으로 구성된다. 학습자의 주의집중, 인지부하, 동기유발 등의 측면을 고려한 메시지 설계원리가 반영되어 개발된다. 자세한 설계 원리는 다음 장에서 다루게 된다.

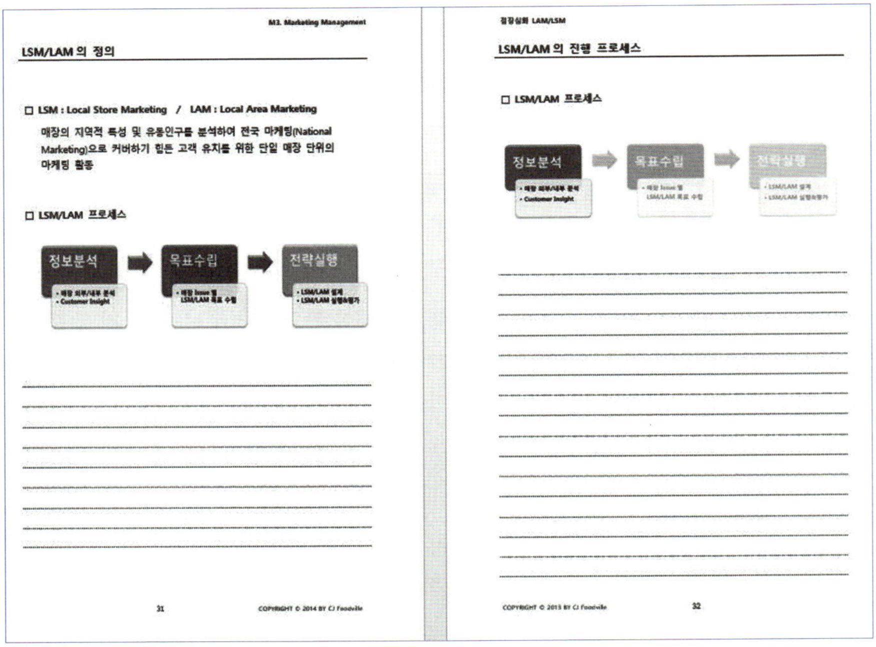

[그림 5-5] 학습자용 자료 예시

5. 요약

교수설계는 앞 장의 요구 분석과 과제 분석의 결과를 반영하여 어떤 내용을 어떤 교육 방법으로 다룰 것인가를 결정하는 활동이자 과정이다. 교수설계를 위한 주요 접근으로는 개별 학습이론에 따른 시사점을 확인하는 것이다. 행동주의, 인지주의, 구성주의 학습이론에서 효과적인 교수설계 과정을 안내하는 시사점을 찾아 반영하는 것이다. 강화 혹은 피드백의 제공, 인지부하를 고려한 내용의 순차적 제시, 사전지식의 활성화, 실제적 문제의 제시 등이 여기에 속한다.

학습이론의 시사점 차원을 벗어나 본격적으로 종합적인 교수설계의 처방성을 확보하여 적용하려는 접근이 시도되었다. 가네의 수업의 사태는 교수자 중심의 가장 표준적인 교수설계 모형으로 소개되고 있으며, 이를 토대로 단위 수업을 위한 교안 혹은 강사용 매뉴얼이 개발될 수 있다. 가네의 수업의 사태는 강사가 중심이 되어 학습자의 학습과정을 이끌어내기 위해 주의력 환기에서부터 파지와 전이 높이기까지 아홉 가지 일련의 사태로 구성되어 있다. 한편 켈러의 학습동기를 위한 ARCS 교수설계 모형 또한 표준적인 교수설계를 풍부하게 만드는 데 많이 활용되고 있다. 일종의 뷔페식 모형으로 불리는 ARCS는 다양한 동기유발 교수설계 전략을 상황과 맥락에 따라서 적절하게 선택하는 과정을 도와준다.

교수설계 과정을 통하여 교안, 강사용 매뉴얼, 학습자용 자료의 초안이 만들어질 수 있으며, 이는 앞 장에서 다룬 사용성 평가 과정을 거치면서 수정·보완된다. 각 자료의 개발 과정에서 고려할 수 있는 매체의 선정과 활용 그리고 메시지 설계 전략은 다음 7장에서 다루게 된다.

연습 및 탐구 문제

1. 다음 중 행동주의 학습이론이 교수설계에 제시한 시사점으로 적절하지 않은 것은?
   ① 명확한 교수목표를 설정하는 것이 중요하다.
   ② 수업평가는 평가문항을 중심으로 하되 상대평가가 적절하다.
   ③ 칭찬 등 다양한 형태의 긍정적 강화가 필수적이다.
   ④ 수업의 내용은 쉬운 것에서부터 어려운 것으로 점진적으로 제시하여야 한다.

2. 정보처리이론의 관점에서 설명하는 학습기제나 현상으로 적절하지 않은 것은?
   ① 학습자는 감각등록을 통하여 정보를 최초로 저장한다.
   ② 단기기억은 작동기억으로 불리기도 한다.
   ③ 의미의 부호화가 일어나는 것은 작동기억에서이다.
   ④ 지식이 장기기억에 저장되는 한 가지 형태는 스키마이다.

3. 다음 중 구성주의 관점에서 설명하는 학습 환경의 특징으로 볼 수 없는 것은?
   ① 학습자가 주로 참여하는 활동을 설계한다.
   ② 실제적 과제 여부가 학습에 있어서 결정적인 요인이 된다.
   ③ 강사의 역할은 기존 행동주의 관점과 큰 차이가 없다.
   ④ 평가는 보다 복잡한 문제를 다룬다.

4. 교수설계에 있어서 연습과 피드백의 제공이 매우 중요하다. 다음 중에서 연습과 피드백의 중요성을 적절하게 기술한 것이 아닌 것은?
   ① 학생들의 이해를 돕는 강사의 설명이 수업의 질을 좌우한다.
   ② 실제적인 상황이 반영될 수 있다.
   ③ 학생들의 인지적인 오류에 대하여 설명을 하여 준다.
   ④ 학생들의 참여 과정을 통하여 동기 수준이 높아진다.

5. 아래 교안 사례에서 '주의 획득하기'로 제시된 방법의 적절성을 학습 동기설계 관점에서 평가하고, 보다 적절한 방안을 제시하여 보시오.

1. 주의 획득하기	• 주제와 관련된 학습자의 성공, 실패사례 소개 *몇몇의 학습자를 지목하여 사례 발표를 하도록 함. • 마케팅의 우수사례 소개(주의 획득) * 고객/상권/경쟁사에 대한 SWOT 분석을 바탕으로 한 LAM/LSM 우수사례 소개(SWOT 분석 필요성 강조, 학습자 동기 유발)
2. 수업목표 알리기	• 학습자에게 수업목표 제시 1. SWOT 분석에 대한 개념을 설명할 수 있다. 2. SWOT 분석을 활용하여 고객/상권/경쟁사 분석을 할 수 있다.
3. 선수 학습 회상 자극하기	• 마케팅의 개념 및 마케팅의 3C 분석(시장 현황 분석), STP 분석(신제품 출시에 따른 고객 인지 전략) * 3C 분석 : 3C(Company, Competitor, Customer) * STP 분석 : Segmentation, Targeting, Positioning

참고문헌

박성익, 임철일, 이재경, 최정임, 임정훈, 정현미, 송해덕, 장수정, 장경원, 이지연, 이지은 (2012). 교육공학의 원리와 적용. 교육과학사.

임철일 (1998). 문제해결 시나리오 교수학습환경 설계 모형에 관한 형성적 연구. 교육공학연구, 14(2), 137-165.

임철일 (2012). 교수설계이론과 모형(2판). 교육과학사.

장경원 (2011). 대학교육을 위한 Action Learning 프로그램 설계 모형 개발 연구. 교육공학연구, 27(3), 475-505.

Barrows, H. S. (1985). *How to design a problem-based curriculum for the preclinical years*. Springer Publishing Co.

Dick, W., Carey, L., & Carey, O. J. (2014). *The systematic design of instruction* (8th ed.). Pearson Education, Inc.

Gagné, R. (1977). The conditions of learning (3rd ed.). Holt, Rinehart and Winston.

Gredler, M. E. (2004). *Learning and instruction*. Prentice Hall.

Jonassen, D. H. (1999). Designing constructivist learning environments. In C. M. Reigeluth (Ed.). *Instructional-design theories and models: A new paradigm of instructional theory.* Mahwa, Lawrence Erlbaum Associates.

Mayer, R. E. (2009). *Multimedia learning* (2nd ed.). Cambridge University Press; 김동식, 권숙진, 방선희, 정효정 (역)(2012). 멀티미디어 학습이론 기반의 콘텐츠 설계 원리. 아카데미프레스.

Merrill, M. D. (2013). *First principles of instruction*. Pfeiffer & Company; 임규연, 김명수, 김광수, 이현우, 정재삼(역) (2014). 교수의 으뜸원리. 학지사.

Piaget, J. (1970). Piaget's theory. In P. H. Mussen (Ed.). *Carmichael's manual of psychology.* Wiley.

Reigeluth, C. M. (Ed.)(1983). Instructional design theories and models: An overview of their current status. Lawrence Erlbaum Pub; 박성익, 임정훈(역)(1993). 교수설계의 이론과 모형. 교육과학사.

Schank, R. S. (1992). *Goal-based scenarios. Technical report*. Evanston, IL: The Institute for the Learning Sciences. Northwestern University.

Sweller, J. (1994). Cognitive load theory, learning difficulty, and instructional design. *Learning and Instruction, 4*(4), 295-312.

Sweller, J., Ayres, P., & Kalyuga, S. (2011). *Cognitive load theory*. Springer.

제6장
학습자 중심 교수설계

1. 개요
2. 학습자 중심 교수설계 모형과 활용 사례
3. 요약

1. 개요

5장에서 언급하였듯이 교수설계이론은 크게 객관주의적 관점의 교수자 중심 교수설계이론과 구성주의적 관점의 학습자 중심 교수설계이론으로 구분할 수 있다. 행동주의, 인지주의와 같은 객관주의적 관점의 학습이론이 학습에 관한 심리학적 접근이라면, 구성주의는 지식이란 무엇이고, 어떤 과정을 거쳐 구성되는지에 관한 철학적, 인식론적 접근이다. 객관주의적 관점에서 지식은 인간의 외부 세계에 객관적으로 존재하는 것이며, 교수자를 통해 외부에 존재하고 있는 지식을 잘 구조화하여 학습자에게 전달하는 것에 초점을 두고 있다. 반면, 구성주의적 관점에서 지식이란 외부에 객관적으로 존재하는 것이 아니라 개개인의 다양한 경험을 통해 개인 내부에서 스스로 구성되는 것이다. 또한, 학습은 학습자가 지식의 내적인 표상을 형성하는 과정이며, 실제 세계에 대해 학습자가 경험하는 것을 개인 내부에서 재구성해가는 능동적이고도 적극적인 과정이다. 따라서 구성주의에서는 학습자가 자신의 내부에 존재하고 있는 지식을 능동적으로 구성하는 것에 초점을 두고 있다(강인애, 1997; Duffy & Jonassen, 1992).

구성주의적 관점에서 학습은 개인적 경험과 상호작용에 기초하여 외부의 세계에 대한 개인적 해석을 내리는 과정이며, 교수자는 학습자들의 역동적이며 자발적인 학습 활동 참여를 촉진하는 역할을 한다. 따라서 구성주의 입장에서 교수설계란 가르칠 내용으로서 지식을 선정하고 조직화하는 것이 아니라, 학습이 일어날 수 있는 환경을 설계하는 것이다. 즉, 구성주의에서 학습은 학습자의 경험 혹은 이전 지식과 환경과의 상호작용을 통해 새롭게 의미를 구성해가는 과정이기 때문에 교수설계는 지식구성을 촉진할 수 있는 풍부한 학습환경을 설계하는 것이 된다(Jonassen, 1999).

구성주의 기반의 교수-학습모형으로는 문제기반학습 모형, 프로젝트기반학습 모형, 문제해결 시나리오 모형, 사례기반학습 모형, 게임기반학습 모형, 액션 러닝 등 다양한 모형이 있지만, 본 장에서는 기업교육 맥락에서 문제해결 시나리오, 사례기반학습, 시뮬레이션, 게임기반학습 모형에 대해 알아보고, 실제 기업교육 현장에서 이러한 모형이 어떻게 적용되는지에 관한 사례를 제시하였다.

2. 학습자 중심 교수설계 모형과 활용 사례

1) 문제해결 시나리오 모형과 활용 사례

문제해결 시나리오 모형(Problem-Solving Scenario, PSS)은 기업교육 맥락에서 구성주의적 관점을 바탕으로 문제해결 능력과 같은 고차적 사고기능을 향상시키기 위한 대표적인 교수설계 모형 중 하나이다. PSS는 문제기반학습이나 목표기반시나리오 모형과 유사한 특징을 지니고 있지만 내용 지식의 획득보다는 문제해결능력의 획득에 초점을 맞추고 있으며, 기업에서 이미 발생했던 문제를 교육적인 형태로 변형했다는 점에서 문제기반학습이나 목표기반시나리오 모형과는 차이가 있다. PSS 모형에서 교수학습 환경은 '실제 문제 제시', '학습지원체제', '교실환경 설계'라는 세 가지 요소를 포함한다(임철일, 1998a; 임철일, 1998b). 첫째, 실제 문제의 제시는 PSS 모형의 가장 큰 특징이자 장점으로 꼽힌다. 학습자는 소속된 조직 내에서 실제 발생한 문제를 해결하는 과정에서 제시된 문제 상황과 관련 자료, 문제에 대한 접근 방식 등을 통해 학습에 관심과 흥미를 갖고 적극 참여할 수 있다. 뿐만 아니라 조직 내 특정 문제 상황에 대해 다른 사람들이 어떤 의견을 갖고 있는지 확인할 수 있으며, 문제의 원인에 대한 자신의 해결안과 실제 해결안을 비교해 볼 수 있다. 또한, 실제 문제를 해결하는 과정에서 학습자들은 문제해결 능력을 획득할 수 있으며, 주어진 문제 영역에 대한 지식과 의사소통 능력, 팀워크 능력도 향상시킬 수 있다.

둘째, 학습지원체제는 PSS 교수학습 환경에서 학습자의 자기주도적 학습 과정을 구체적으로 안내하는 기능을 한다. PSS에서 학습의 전 과정은 학습자의 주도하에 이루어진다. 예컨대, 4~8명이 팀을 구성하여 주어진 문제상황에 대해 팀별 토의, 개인 학습, 팀별 발표 등의 과정을 반복적으로 수행하는데, 이 과정에서 학습자는 주어진 문제에 대한 해결방안을 명료화하고, 도출한 해결방안을 다른 팀과 비교해보거나 전문가의 도움을 통해 문제를 해결한다. 따라서 학습자의 문제해결을 지원하는 학습지원체제가 얼마나 통합적으로 잘 갖추어졌는지가 성공적인 학습의 관건이 된다. 학습자의 주도적 학습과정을 안내하기 위한 PSS의 학습지원체제에는 워크시트(worksheet), 발표양식(presentation format), 전문가 지원의 세 가지 하위 요소를 포함한다. 워크시트는 문제해결을 위해 학습자들이 반드시 고려해야 하는 사항을 담고 있으며, 학습자들은 워크시트에 제시된 각 사항에 대해 대답함으로써 문제해결을 위한 아이디어를 정리하거나 구체화하고, 팀 간의 의견을 조정하는 경험을 갖는다. 다음으로 발표양식은 각 단계에서 팀 활동을 정리하고 문제해결 방안을 정리하는 데 활용된다. 발표양식에 따라 발표할 내용을 작성하는 과정에서 학습자들은 각 단계별로 최종적인 아이디어나 결론이 무엇인지 정리하고, 다른 팀의 아이디어 및 결론과 비교함으로써 문제해결을 위한 접근방법에 대해 다른 각도에서 생각할 기회를 제공받으며, 이를 통해 결과보다 문제해결의 과정에 초점을 맞출 수 있게 된다. 이 과정에서 학습자들이 문제를 중심으로 주도적으로 학습하기 위해서는 학습 촉진자로서의 전문가 역할이 중요하다. PSS에서 전문가는 크게 내용전문가(domain specific specialist)와 과정촉진자(facilitator)로 구분할 수 있다. 내용전문가는 문제해결 과정에서 특정 내용에 관한 학습자의 질문에 대답하거나 학습자의 아이디어 등에 대해 논평하는 역할을 하며, 과정촉진자는 전체 학습과정에서 학습을 안내하거나 질문, 피드백 등을 통해 학습을 지원하고 촉진하는 역할을 수행한다.

셋째, PSS에서 학습자의 전체 활동은 강의실, 분임토의실, 도서관 등을 통해 이루어지기 때문에 학습자 주도의 학습환경 조성을 위해서는 교실환경을 설계해야 한다. 일반적으로 강의실에서는 전체 학습자들을 대상으로 필요한 강의를 하며, 분임토의실에서는 4~8명과 같이 소규모로 구성된 팀별로 학습내용을 발표하거나 토의한다. 이때 학습자의 적극적인 참여와 상호작용을 위해서는 'ㄷ' 자 혹은 'ㅗ' 자, 'ㅛ' 자 형태로 자리배치를 하는 것이 좋다. 도서관은 문제해결을 위한 관련 자료를 준비하였다가 필요시 제공하고, 내용전문가 및 과정촉진자가 상주하는 공간으로, 필요에 따라 학습자들은 이 공간에서 질문하거나 학습 안내를 받는다.

PSS 개발 절차는 사례 선정, 사례에 포함된 지식 및 기능의 분석, 문제 상황 구성, 학습지원을 위한 학습환경 설계, 교실환경 설계, 평가문항 개발의 여섯 단계로 구분된다. 실제 사례를 중심으로 구체적인 개발 절차를 안내하면 다음과 같다. 첫째, PSS 개발의 첫 단계는 사례를 선정하는 것이다. 사례를 선정할 때는 크게 두 가지를 고려하는데 하나는 문제해결 과정의 주요 단계를 포함하고 있으며, 다양한 문제해결 기법들이 활용되었는가이다. PSS에서 사례를 이용하는 주된 목적은 학습자들이 학습과정에서 문제해결의 주요 단계를 경험하도록 하는 것이다. 따라서 사례를 선정할 때는 특정 사례가 문제해결 과정의 주요 단계나 문제해결의 주요 기법을 활용하고 있으며, 관련 자료가 충분한지에 대한 검토가 필요하다. 다음으로 PSS는 내용전문가의 학습 촉진 활동이 중요하므로 선정하려고 하는 사례가 학습 과정을 효과적으로 촉진할 수 있는 내용전문가를 확보할 수 있는 사례인지도 검토해야 한다. PSS에서 학습자는 워크시트, 발표양식 등을 작성하는 과정에서 내용전문가의 피드백을 받는다. 이 과정을 통해 학습자는 실제적이며, 의미 있는 학습경험을 갖게 된다. 따라서 아무리 좋은 사례여도 개발 및 실행 과정에서 내용전문가를 확보할 수 없다면 PSS 사례로 선정될 수 없다.

둘째, 선정된 사례를 중심으로 해당 사례를 통해 개발 가능한 지식, 기능 영역을 분석한다. PSS 모형은 문제해결에 관한 지식과 기능뿐만 아니라 사례에 포함된 내용 영역의 지식과 기능의 획득을 목표로 한다. PSS 모형에서 문제해결 과정 및 기법에 관한 분석은 특정 사례가 선정되기 전에도 가능하나, 사례에 포함된 지식과 기능은 사례 선정 이후 분석 과정을 거쳐야 내용 영역의 지식과 기능을 도출할 수 있다. 그리고 이때 선정된 지식과 기능은 학습자들이 학습 시작 혹은 학습 이후 자신의 능력을 스스로 평가하는 문항을 구성할 때도 활용된다.

셋째, 선정된 사례와 분석된 지식 및 기능을 기반으로 문제 상황에 관한 시나리오를 구성한다. 시나리오 구성을 위해서는 사례에 포함된 문제 상황의 초기 배경과 맥락에 대해 기술하며, 간단한 자료와 학습자의 역할, 최종 산출물의 형태에 대해 명시해야 한다. 문제 상황은 복잡성과 학습을 촉진할 수 있는 형태로 구성되어야 한다.

넷째, 학습환경을 설계한다. PSS는 필요에 따라 관련 지식을 설명하는 짧은 강의를 제외하고는 전 과정이 학습자 주도하에 이루어진다. 앞에서도 언급한 것과 같이 학습자들이 팀을 구성하여 주어진 문제 상황에 대해 팀별 토의, 개인학습, 팀별 발표, 전체 발표, 검토의 과정을 반복적으로 수행하면서 학습하기 때문에 학습자 주도의 학습과정을 촉진하기 위해서는 학습환경을 잘 설계해야 한다. 이때 학습환경 설계는 학습지원체제의 설계를 의미하는데, 학습지원체제는 모듈, 데이터, 워크시트, 발표양식, 학습과정 촉진자의 역할 등으로 구성된다. 모듈이란 문제해결 과정 및 기법과 내용 영역으로 구분되며, 문제해결 과정 및 기법 모듈은 표준화된 형식으로 문제해결 과정과 기법에 관한 설명과 예를 제시하는 방식으로 구성된다. 내용 영역 모듈은 일반적으로 내용전문가의 지원을 받아가면서 교수설계자가 구성한다. 데이터는 실제 문제해결 과정에서 활용되었던 것으로 학습과정에 따라 순차적으로 제시되며, 단계별로 문제해결 과정에 필요하거나 도움이 되는 실제 자료들이 제시된다. 예를 들어, 고객의 요구분석 자료는 학습자가 워크시트에 고객에게 어떤 질문을 할 것인지를 작성한 후에 제시된다. PSS 모형에서 워크시트는 학습자가 자신의 사전지식과 모듈의 내용을 바탕으로 주어진 데이터를 분석하는 과정을 안내하기 위해 제시되며, 발표양식은 일정 단계의 학습결과를 정리함과 동시에 다음 단계의 학습을 안내하는 역할을 한다. 발표양식은 개별 과정의 특성에 맞게 구성할 수 있는데, 일반적으로는 중요한 학습내용과 문제해결 과정의 핵심요소를 성찰할 수 있도록 구성한다. 학습과정 촉진자의 역할은 전체 문제해결과정을 안내하고 피드백하는 것이며, 사전에 미리 준비되어 있어야 한다.

다섯째, PSS에서 교실환경은 크게 전체 강의실, 분임토의실, 도서관으로 구분된다. 강의실은 주로 전체 학습자 대상 강의나 발표가 진행되는 공간으로 이러한 학습활동이 효과적으로 진행될 수 있도록 설계되어야 한다. 분임토의실은 소규모로 구성된 팀이 학습내용을 발표하거나 토론하는 공간이므로 학습자 간 상호작용이 활발하게 일어날 수 있도록 설계하여야 하며, 도서관은 교육이 진행되는 동안 내용전문가와 학습과정 촉진자들이 상주하는 곳으로 학습자들이 수시로 피드백을 받고, 필요한 자료를 얻을 수 있도록 분임토의실과 가까운 곳에 두는 것이 좋다.

여섯째, 평가문항 개발 단계에서는 두 번째 단계에서 분석된 사례에 포함된 지식 및 기능 영역을 바탕으로 평가문항을 구성한다. 완성된 평가문항은 교육 시작 전과 교육종료 후 학습자가 스스로 평가하도록 함으로써 변화 정도를 파악할 수 있게 한다.

기업교육 장면에서 문제해결 시나리오 모형은 팀원들 간의 갈등 처리, 예산 제약 관리 등 경영전문가들이 직장에서 부딪히는 실제적인 문제해결 능력을 개발하는 데 유용한 교수학습 모형이다. 예를 들어, 관리자들은 PSS를 통해 빠듯한 마감일과 과중한 업무량, 제품 출시 처리, 팀 내부의 갈등, 목표를 달성하지 못한 팀, 높은 이직률에 직면한 팀 등의 문제를 다루는데, 이 중에는 단순한 의사소통의 차이에서부터 경쟁사로부터 중대한 위협에 놓인 상황까지 해결해야 하는 문제의 유형이 매우 다양하다. PSS에는 문제를 극복하는 과정이 그대로 남아있기 때문에 문제를 확인, 분석, 평가하고, 그 문제에 대한 효과적인 해결책을 만들고 실행하는 데 유용하다. 마지막으로 기업교육 장면에서의 문제해결 시나리오 활용 사례를 소개하면 다음과 같다(LG 화학, 1996).

〈표 6-1〉에 제시된 사례와 같이 문제해결 시나리오는 문제기반학습이나 목표기반 시나리오와 기본적으로 동일한 구성주의적 관점을 취하면서도 기업 맥락에서 당면한 실제 문제를 다룬다는 점과 문제에 포함된 지식 및 기능 영역뿐만 아니라 조직의 문제를 다각적으로 진단하고 해결하는 활동을 포함한다는 점에서 구성주의의 다른 모형과는 차별성을 지닌다. LG 화학 문제해결 시나리오 모형에서 학습자들은 4~5명이 한 팀이 되어 6개월 동안 문제를 확인하는 '테마선정' 단계, 문제의 원인을 분석하는 '현상분석' 단계, 해결안을 도출하는 '변혁과제 도출' 단계, 실행에 해당하는 '실행 및 후속작업' 단계의 네 단계를 통해 문제에 포함된 지식 및 기능과 '가설의 설정과 검증', 'Logic Tree 분석'과 같은 분석 문제해결 전략을 학습하게 된다. 주어진 문제를 해결하기 위해 학습자들은 주어진 상황과 관련된 자료를 개인적으로 학습하며, 팀별로 토의하고, 자신들의 아이디어를 워크시트에 정리한 후 학습과정 및 내용전문가의 지원과 피드백을 받게 된다. 또

한, 학습자들은 학습 과정에서 필요하다고 판단되는 자료를 내용전문가 및 학습과정 촉진자에게 요구할 수 있다. 이때 제공되는 자료는 실제 문제해결 과정에서 수집했던 원자료나 일차 가공 자료이다. 현상분석을 통해 문제의 원인을 파악하고 해결안을 도출한 후에는 최종 결과를 발표 양식에 작성하고 도출된 결과를 다른 팀과 함께 공유하며 평가와 질문을 받는 과정을 거친다.

〈표 6-1〉 L화학 문제해결 시나리오 적용 사례

〈부장 업무 분장 갈등 사례: 김 부장의 사례〉

L화학 산업자재사업부는 현재 새로운 도전에 직면하고 있다. 사업부 성립 3년 전까지 전 업종 적자라는 불명예를 벗어나지 못하였다. 다행히 지난해에는 몇 업종에서 적자를 벗어나기는 하였지만, 여전히 전체 사업부의 흑자로의 전망은 매우 불투명하다. 따라서 산업자재사업부는 올해를 새로운 도약의 시기로 설정하고 최대한의 노력을 경주하기로 하였다.

산업자재의 사업환경 분석을 실시한 결과, 표면소재 사업에 대한 사업부 차원의 투자를 시행하기로 하였으며, 표면소재 사업의 경쟁력 향상을 위하여 크게 다음과 같은 6가지의 해결과제를 선정하여 구체적인 활동을 시행하기로 하였다.

① Design 개발 및 Interior Coordination 능력 향상
② 고기능 제품 개발
③ 품질 혁신을 통한 품질경쟁 우위확보
④ 최적 물류 관리 체계 구축
⑤ 고객 밀착 영업 활동의 전개
⑥ Sales Support System(정보력/영업 조직 강화)

여러분의 과제는 바로 어려움에 직면하고 있으면서도 표면소재 사업을 중심으로 새로운 성장 기회를 포착하려는 산업자재 사업부를 도와 주는 것이다. 특히 성장제품의 매출 극대화를 선택한 K 사업부장의 전략을 실현하는 방안을 제시하여야 한다. 고광택 데코시트의 품질 경쟁력 확보 방안이 그중 한 가지이다.

K 사업부장이 기대를 걸고 있는 고광택 데코시트는 냉장고 문의 표면 소재로서 사용되는 것으로 데코시트의 한 가지 종류이다. 본 제품은 L화학 울산 카렌다 공장에서 생산되

며, Calendering 공정을 거친 후 인쇄 및 Dry Lami 공정을 거침으로써 최근에 부가가치가 높은 제품으로 각광을 받고 있다. 한편 중국, 동남아 등 해외 수요가 급격히 증가되리라 예상되어 더욱 그 가치가 증가하고 있다.

그러나 품질 수준이 불안정하며 안정된 시장을 구축하고 있지 못하며, 수입품 엔고로 인한 원가 부담 가중, 원재료 단가 급등에 따른 수익성 악화가 예상되고 있다. 또한 대응 제품 개발도 충분히 이루어지지 못하고 있다. 자사의 고광택 데코시트를 구매하여 가공하는 중소업체 및 대기업 고객들의 불만의 목소리도 여기저기서 들려오고 있다. 따라서 울산의 카렌다 공장에서도 P공장장을 중심으로 데코생산라인의 생산성 향상을 위한 다각적 노력이 계속되고 있으며, 영업라인에서도 고객 만족을 위한 새로운 해결 방안을 모색하고 있다.

본 문제를 해결하는 과정에서 K 사업부장이 기대하는 바를 분명히 하면 다음과 같다. K 사업부장은 몇 차례의 외부컨설팅 및 자사의 Skill 개발 과정을 통하여 보다 과학적이고 체계적인 접근법의 효용성을 체감하였기 때문에 여러분에게도 유사한 접근 방법과 그에 따른 결과를 기대하고 있다. 구체적으로 K 사업부장은 문제의 확인 및 그에 따른 원인 분석 및 해결안 제시가 단일한 접근으로는 실패할 가능성이 많으며 보다 복합적인 접근 방법이 유효하다는 것을 여러 가지 경험을 통하여 알고 있다.

본 문제 해결의 궁극적 목표는 사업부의 수익성 제고이다. 따라서 수익성 제고와 관련하여 고광택 데코시트의 어떠한 부분이 왜 문제인가를 분명히 파악하여야 한다. 문제의 파악은 사실적 자료 및 과학적 접근에 근거를 두어야 한다.

문제가 파악되면 그에 따른 원인을 분석하여야 하며, 그 원인은 이론적 그리고 실제적 양 측면에서 모두 다 근거가 있어야 한다. 이론적 측면에서 근거는 문제에 영향을 미치는 주요 요인이 포괄적으로 제시되었는가 하는 점이며, 실제적 측면에서 근거는 왜 특정 원인에 보다 초점을 맞추어서 분석을 실시하였는지가 제시되어야 한다.
원인을 해결하기 위한 제안들은 일차적으로 수익성의 향상에 반드시 기여할 수 있다는 것을 보여주어야 하며, 또한 그 수익성도 해결안 제시 후 3개월 이내에 그 결과가 보일 수 있는 것이어야 한다. 물론 장기적으로 고려하여야 하는 해결안은 일종의 중장기 제안서 형태로 제시될 수 있다.

2) 사례기반학습 모형과 활용 사례

사례기반학습은 이미 발생했던 사건이나 사례를 교육적으로 변형하여 그 속에 내포된 문제를 학습자들이 파악하도록 하고, 시도된 해결 방법의 적합성을 서로 비판하며, 대안을 제시하고 토론함으로써 의사결정이나 문제해결과 관련된 지식을 습득하기 위한 교수-학습 방법이다(한정선, 2004; Reisbeck & Schank, 1989; Williams, 1992; Kolodner, 1993). 사례기반학습은 학습자의 능동적이고 적극적인 참여를 요구하는 형태이므로 학습자들의 지속적인 흥미 및 동기 유발이 가능하다. 이와 함께 학습자들에게 문제해결 과정과 분석적 사고활동을 요구하기 때문에 학습과정에서 자연스럽게 종합적인 문제해결능력과 의사결정능력, 분석력, 판단력 등과 같은 고등사고능력을 기를 수 있다. 또한, 실제적이고 현장감 있는 사례를 통해 학습하기 때문에 실제적이고 실무적인 과제와의 연계성을 높일 수 있어 학습자들이 학습 경험을 되살려 유사한 상황으로 전이하는 데 용이한 장점이 있다(변경계, 2008; 임철일, 2007; 한정선 외, 2004; Plynn & Klein, 2001; Kolodner, 1993).

사례는 활용 목적이나 표면적 특성에 따라 다르게 분류된다. Shulman (1986, 1992), Sykes와 Bird(1992)는 〈표 6-2〉에서 제시된 것과 같이 사례를 활용 목적에 따라 세 가지 범주, 즉 표본으로서의 사례, 행동을 성찰하고 분석 연습을 하는 기회로서의 사례, 개인적인 성찰을 위한 사례로 구분하였다. 표본으로서의 사례는 명제적 지식의 전달에 초점을 두고, 해당 지식을 잘 보여주는 것에 초점을 두고 있으며, 행동을 성찰하고 분석 연습을 하는 기회로서의 사례는 실제 상황의 복잡성을 증가시키면서 제기된 문제를 분석하고, 가능한 해결책을 탐색하고, 선택하는 연습의 기회를 제공하는 것에 초점을 두고 있다. 따라서 분석 연습 기회로서의 사례는 분석, 문제해결, 의사결정을 필요로 하는 문제 상황을 포함하고 있다(Doyle, 1990;

Kagan, 1993; Merseth, 1991; Shulman, 1992; Sykes & Bird, 1992; Wasserman, 1994). 마지막으로 개인적인 성찰을 위한 사례는 직접 혹은 간접적으로 혼란스럽고 복잡한 상황을 경험하면서 전문지식으로서의 성찰 과정을 증진시키는 것에 초점을 두고 있다. 이때 사례는 암묵적인 것을 명시적으로 만들어내는 도구로서 기능을 한다. 이 유형은 사례를 논의하는 외적인 과정보다는 사례를 기록하는 내적인 과정을 더 강조하기 때문에 개인적인 경험을 스스로 보고하는 사례에만 한정된 것으로 보기도 한다(Shulman & Colbert, 1988).

〈표 6-2〉 사례의 목적에 따른 분류 (Sykes & Bird, 1992)

유형	목적	특징
표본으로서의 사례	일반적이고 명제적인 지식의 전달	이론이나 원리가 반영된 표본을 제시함
분석 연습 기회로서의 사례	의사결정과 문제해결을 위한 연습 기회의 제공	이론이 나타나는 상황을 제시함
개인적인 성찰을 위한 사례	성찰적 실행의 증진	사례를 기록하는 내적인 과정을 보고하도록 함

사례에 대한 또 다른 구분은 표면적 특성에 따라 사례를 구분하는 것이다(한정선, 2004). 사례의 길이, 사례를 표현하는 문장의 특성 등 사례의 표면적 특성에 따라 확장적 · 구체적 사례, 기술적 · 설명적 사례, 소규모 사례, 단문장 사례, 다중 선택 사례, 직접적 사례로 나누어 볼 수 있다(〈표 6-3〉 참조).

〈표 6-3〉 표면적 특성에 따른 사례의 유형 (한정선, 2004)

사례의 유형	특징
확장적 · 구체적 사례	주로 비즈니스 과정에서 사용되며, 보통 사례의 분량은 100페이지 이상임

기술적 · 설명적 사례	연속성이 있는 사례를 5개 정도의 부분으로 나눠서 한 번에 한 사례씩 보여주고 학습자에게 각 사례에 맞는 토론, 가설, 학습목표를 작성하도록 하는 것임
소규모 사례	학습자가 개념을 적용할 때나 어떤 내용을 실제에 적용하는 방법을 제공할 때 주로 사용함
단문장 사례	두 개에서 세 개의 문장으로 구성된 사례임
다중 선택 사례	단문장 사례의 변형으로, 4~5개의 해결책이 있는 소규모 사례를 제공하고 학습자에게 그중 하나를 택하게 한 후 그 해결책에 대해 자신의 논지를 펼 수 있도록 하는 것임
직접적 사례	정교하게 잘 구성된 질문과 짧은 사례를 같이 제공하는 형식임

사례기반학습의 유형은 사례의 내용 영역에 따라 다르며, 동일한 분야의 사례라고 해도 사례를 활용하는 목적에 따라 매우 다르게 나타난다. 먼저 독특한 형태로서의 사례기반학습으로 분류되는 법교육, 경영교육 분야에서의 사례기반학습에 대해 소개하면 다음과 같다.

법교육 분야에서 사례를 활용한 교수-학습방법은 판례교수법, 법률적 탐구모델, 사례연구법 등으로 다양하게 불린다. 판례교수법은 Langdell 교수에 의해 시작되었는데, 그는 1800년대 후반 하버드 로스쿨의 학장으로 재직하면서 법률 교과서 대신 엄선된 판례를 수업의 교재로 사용하였으며, 법원칙에 대한 강의 대신 법률관계를 조금 바꾸면 어떠한 법적 판단이 가능한가에 관한 가상적인 질문(hypothetical questions)을 통해 법학교육을 실시하였다(박민, 2006; Garner, 2000). 판례교수법에서 흔히 접할 수 있는 가상적인 질문이란 "본 사건이 법정에 오기까지 당사자들 사이에서 무슨 일이 벌어졌는가?", "담당재판부가 해결해야 했던 법적인 논점들은 어떤 것이었는가?", "각각의 법적인 쟁점들에 대해 법원은 어떤 판단을 내렸으며, 그 판단의 근거 및 이유는 무엇인가?"이다.

경영교육 분야에서의 사례를 활용한 것은 1910년 하버드 경영대학에서 당시 기업경영자를 강의실로 초빙하여 그들이 겪은 경영 사례와 문제점을 제시하고 학습자들이 이를 분석하는 방식으로 수업이 진행되었던 것으로부터 시작되었으며, 1921년 Copeland 교수의 사례집이 출간되면서 확산되었다(Corey, 1998). 경영교육 분야의 사례기반학습은 〈표 6-4〉에서 제시한 것과 같이 하버드 방식, 소사례 방식, Incident Process 방식, 경과 사례 방식, 행동 사례 방식, In-Basket 방식 등으로 구분할 수 있다(김영수, 2002).

〈표 6-4〉 경영교육 분야의 사례기반학습 유형 구분

유형	특징
하버드 방식	• 관리자 양성을 위한 교육에 주로 사용 • 복잡한 사실과 배경, 방대한 자료 등이 포함 • 보통 100페이지 이상 장문의 사례를 학습자에게 일괄적으로 제시하고, 제시된 사례를 분석하는 데 초점을 맞추어 진행 • 사례연구에 많은 시간이 소요되며, 관련 사례에 대한 학습자들의 토의를 촉진하도록 하여야 하기 때문에 직무경험이 풍부한 강사가 필요함 • 여러 관점에서 의견이 제시되기 때문에 하나의 결론으로 정리되지 못할 수도 있음
소사례 방식	• 한정된 내용과 영역의 문제를 다루는 방식 • 한 페이지 정도의 간단한 사례로 구성
Incident Process 방식	• 문제를 해결하기 위해 필요한 정보를 찾아내는 능력을 향상시키기 위해 주로 사용됨 • 간단한 사례를 학습자들에게 제시하고, 학습자들이 사례를 검토하는 동안 상황에 맞춰 필요한 정보를 추가로 제시하는 방식 • 초기에는 매우 단순한 사례만 제시되고, 사례 주변 상황이나 배후 사실은 교수자가 필요시 추가로 제시함
경과 사례 방식	• 기업환경과 요건의 변화에 능동적으로 대처하기 위한 능력과 현장에서 일어날 수 있는 문제해결능력 함양을 목적으로 함 • 시간의 경과에 따라 변화된 사례를 분할하여 학습자에게 제시하는 방식
행동 사례 방식	• 사례연구의 성과를 현실적 행동으로 연결시키는 것을 목적함 • 역할연기법을 수반하는 사례연구법임

In-Basket 방식	• 사례가 발생한 시점에 다른 정보들을 관련시켜 문제를 파악하고 의사결정을 돕기 위해 활용하는 방식 • 미결(未決)함에 들어있다고 가정한 20여 건의 결재서류를 학습자들에게 제시한 후 이를 분석하고, 검토시켜 처리 순서와 중요도를 파악하게 하여 자신의 입장에서 취해야 할 방안 등을 결정하도록 함

위에서 기술한 것처럼 사례기반학습은 사례를 활용하는 상황의 특수성이나 학자의 견해에 따라 매우 다른 형태로 나타난다. 그러나 일반적인 사례기반학습은 [그림 6-1]에서 제시한 것과 같이 교육목적에 따라 적합한 사례를 개발하고, 개발된 사례를 학습자들이 분석하고, 개별탐구와 팀별 활동을 반복하면서 사례에 포함된 문제에 관한 해결안(혹은 결론)을 도출하는 과정을 거친다.

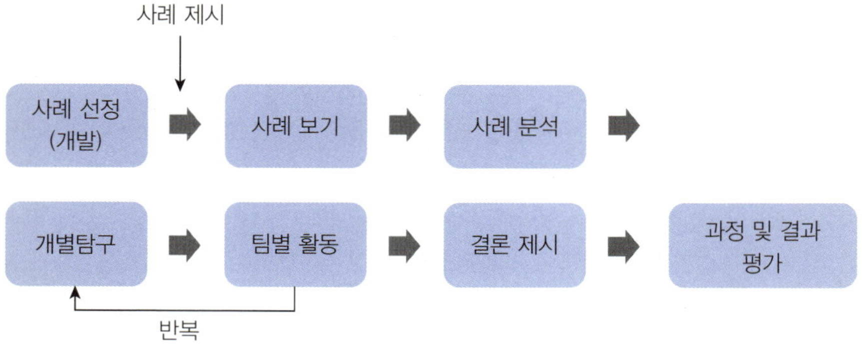

[그림 6-1] 일반적인 사례기반학습 모형의 절차(임철일, 2007)

첫 단계인 사례 선정 단계에서는 사례를 학습함으로써 학습자가 성취해야 하는 학습목표가 무엇인지 생각하고, 이에 따라 사례의 주제를 선정하며, 필요한 자원 및 구체적인 학습활동이 시작되기 전에 필요한 사항을 준비한다. 사례를 선정한 후에는 사례 내에서 분명하지 않은 용어나 개념에 대해 팀원들끼리 질의응답을 통해 분명히 하도록 하는 사례 보기 단계를 거친다. 그 후, 무엇에 관한 사례인지, 어떤 요소들이 포함되어 있는지를 명확하게 하는 사례분석 단계와 문제를 해결하기 위해 계획을 수립하는 개별 탐구 단계를 거친다. 개별탐구 단계에서 계획된 해결안은 팀 토의 과정을 통하여 검증하게 되며, 개별탐구 및 팀별 활동을 반복하면서 결론을 도출하게 된다. 이렇게 도출된 탐구 결과에 대해서 발표 및 성찰을 하게 되고, 마지막으로 학습과정과 최종 결과물에 대해 스스로 그리고 팀원들 간의 동료 평가를 하게 된다.

〈표 6-5〉는 사례기반학습을 적용한 S공사의 여성 중간관리자 리더십 과정 운영 사례이다. 해당 사례는 S공사의 여성중간리더 육성 과정에서 학습자가 실제 근무 상황에서 부딪히는 주요 갈등 사례를 교육용 사례로 개발한 것이다. 학습자들은 팀별로 해당 사례를 읽고, 해당 사례에 포함된 문제와 자신의 경험을 공유한 후, 자신이 만약 해당 사례의 당사자라면 어떻게 문제를 해결할 것인지 토의하면서 각 해결방안의 장점과 단점을 찾아보고, 유사한 문제가 발생했을 때 어떻게 해결할 것인가에 대한 잠정적인 대안(리더십 실천과제)을 찾는다. 이 과정에서 강사는 학습자들이 문제를 발견하고 해결방안을 찾을 수 있도록 조력자이자 코치 역할을 한다.

〈표 6-5〉 사례기반학습 적용 S공사 여성 중간관리자 리더십 교육 사례

〈여성 중간관리자 역할 갈등 사례: 나 과장의 사례〉

공사에서 근무한 지도 이제 어느덧 20년이 지났다. 처음에 일을 할 때는 내가 하는 일이 어려운 사람을 돕는 보람 있는 일이라고 생각했고, 작은 문제라도 해결이 되면 내 일처럼 기뻐하던 때가 있었던 것 같은데 전에 한 번 악성민원에 시달린 이후로는 입주민이 센터에 찾아오면 오늘은 또 무슨 일로 나를 힘들게 하러 온 건가 싶어 긴장이 된다.

박 과장이 있었을 때는 힘들 때 서로 의지도 하고 좋았는데, 박 과장이 개인적인 사정으로 휴직하고는 속마음을 털어놓고 의지할 사람도 없어 출근하자마자 퇴근 시간을 기다린다. 게다가 박 과장 후임으로 온 이 과장은 자기 일을 남에게 미루고, 오로지 센터장님만 챙긴다. 지난번 민원 사건 이후로 악성민원에 시달린 것도 원래는 이 과장과 약속하고 찾아온

민원인이 있었는데, 그날 갑자기 휴가를 써서 대신 응대를 하다가 생긴 일이었다. 이 과장은 나에게 갑자기 급한 일이 생겨서 그랬다며 미안하다고 사과했지만 왠지 일부러 나에게 떠넘긴 것 같은 생각이 든다.

민원에 시달리는 동안 너무 힘들었는데 다들 자기 일이 아니라고 무관심한 것 같고, 민원인이 막무가내이니 센터장님께 중재를 해달라고 했지만 센터장으로 온 지 얼마 되지 않아서 업무에 대해 아직 파악 중이고, 좋은 게 좋은 거니 알아서 잘 해결하라고 했다. 전쟁터에서 총알받이가 된 기분이 들어 이제는 내 일만 해야지 굳게 다짐했는데, 이제 막 신입으로 들어와 아무도 하기 싫어하는 업무를 맡아 쩔쩔매는 직원을 보고 있자니 딸 같은 기분이 들어 어쩔 수 없이 내 시간을 쪼개어 일을 도와주었다. 옆에서 보던 이 과장은 일을 스스로 하면서 배워야 한다며, 하나하나 떠먹여 주듯 가르쳐 주는 게 좋지 않다며 충고를 했다. 자기가 하던 일을 신입한테 넘긴 거면서 그런 충고를 하는 소리를 듣고 있자니 화가 치밀어 올랐다.

신입 일을 도와주다 보니 내가 해야 할 일을 못 해서 오늘도 야근을 해야 할 것 같다. 금요일이기도 하고 모처럼 식구들과 맛있는 것을 배달해서 다 같이 먹기로 했는데, 마음이 너무 급해 정신없이 일을 하고 있는데 6시가 되자 다들 퇴근을 했다. 생각해 보니 도움을 받았던 신입은 고맙다는 말도 없었던 것 같다. 고맙다는 소리를 들으려고 도와준 것은 아니지만 6시가 되자마자 퇴근하는 모습을 보니 왠지 씁쓸하고, 이게 아닌가 싶은 기분이 든다.

20년간 열심히 일했는데 늘 제자리인 것 같고, 앞으로 이렇게 일하는 게 맞나 하는 생각도 든다. 내가 일하는 방식이 잘못된 것일까?

또 하나의 사례는 조직 내 소통 및 갈등해결을 위한 신임 부장의 리더십 역량 과정에서 활용했던 사례이다. 〈표 6-6〉에 제시된 사례는 〈표 6-7〉에 제시한 세부 토의 질문을 제공함으로써 향후 학습자가 김 부장과 같은 상황에 직면하였을 때 어떻게 할 것인지에 대한 잠정적 해결안을 토의하면서 리더십과 관련된 지식과 함께 의사결정 및 문제해결 역량을 기를 수 있도록 하였다.

〈표 6-6〉 사례기반학습 적용 S공사 관리자 리더십 교육 사례

〈부장 업무 분장 갈등 사례: 김 부장의 사례〉

사장 업무보고 과정에서 새로운 업무를 받았다. 신규 업무를 부서원 중 한 명에게 배정해야 하는데 누구에게 배정해야 할지 고민이다. 신규 업무는 사장님 관심 사항이라 일을 잘하는 '최고다'에게 맡기고 싶은데, 이미 '최고다'는 부서원들이 꺼리는 힘든 업무를 맡아 해당 업무를 진행 중이어서 신규 업무까지 맡기기는 미안한 마음이다. 그렇다고 중요한 일을 잘 못하는 '일못해'나 입사한 지 1년 차인 '나신입'에게 맡길 수도 없고, 이제 막 부서 발령을 받은 '막왔어'에게 맡기기도 불안하다.

신규 업무를 누구에게 맡겨야 할까?

[그림 6-1]에 제시한 것처럼 학습자는 제시된 사례에 관해 개별탐구와 팀별 활동 과정을 반복하며 학습하게 된다. 이 과정에서 학습자의 개별탐구 과정을 촉진하기 위해 〈표 6-7〉에 제시된 토론 질문에 답변하면서 개별탐구 과정을 진행하게 된다. 그 후 팀별 토론을 통해 서로의 경험과 해결안을 공유하고, 팀별로 해당 사례의 문제해결을 위한 최적의 해결안을 도출하게 된다.

〈표 6-7〉 사례기반학습 적용 S공사 관리자 리더십 교육 사례 토론 질문

〈부장 업무 분장 갈등 사례: 김 부장의 사례〉

□ 토의 질문

Q. 위의 사례와 유사한 경험이 있습니까? 있다면, 언제, 어떠한 경우였고, 어떻게 하셨습니까?

Q. 평소 일을 맡길 때 염려하거나 걱정하는 것은 무엇입니까? 왜 그런 감정이 듭니까?

Q. 업무를 배분할 때 가장 중요하게 생각하는 기준은 무엇입니까?

Q. 구성원들은 새로운 업무를 기피합니까? 그렇다면, 왜 새로운 업무를 기피한다고 생각하십니까?

Q. 구성원들이 업무배분이 불공정하다고 느끼는 경우가 있다면 무엇 때문입니까? 그때 구성원들은 어떤 감정이나 반응을 보입니까? 그 결과로 부서 내에 어떤 일(혹은 상황)이 초래될 것이라고 예상하십니까?

Q. 일을 공정하게 배분하기 위해 리더로서 해야 할 일은 무엇이라고 생각하십니까? (예: 적임자를 선정하는 방법, 동기를 높이는 방식으로 업무를 배분하는 방법, 업무배분의 공정성을 평가하는 방법 등)

3) 시뮬레이션 모형과 활용 사례

시뮬레이션기반학습이란 학습한 지식과 기술이 사용될 실제 환경과 가능한 한 가깝게 조성된 상황에서 학습자가 지식과 기술을 적용해보고 피드백을 받을 수 있도록 하는 교수학습모형이다. 시뮬레이션은 조직체나 시설의 운용순서와 그 주요 요소를 모방하여 모델을 작성하고, 그 모델을 사용하여 실험함으로써 얻은 결과를 통해 실제의 현상과 행동을 설명하고 예측하는 데 이용하는 실험적 의사결정기법이다. 가장 바람직한 것은 어떤 복잡한 시스템에 대하여 직접적인 방법으로 실험이나 분석을 하여 결과를 도출해 내는 것이다. 그러나 현실에서의 실제 행위가 비용이 많이 들거나 위험하거나 시간이 많이 소요되는 상황일 때 시뮬레이션을 활용한다. 또한, 시뮬레이션은 어떤 유형의 학습 경험을 제공하기 위한 유일한 방법이 되기도 한다. 예를 들어, 시뮬레이션은 경제학에서 대공황의 사건을 다시 만들어 분석해보거나, 유전학에서 다음 세대의 탄생을 몇 초 만에 조작하거나, 실제로는 너무 빨리 움직여 도저히 관찰할 수 없는 분자의 움직임을 시간을 늘여 관찰하거나, 의학에서 희소한 질병을 진단하고 치료하거나, 항공기 조정 훈련에서 엔진이 멈추었을 때 적절히 대응하는 것과 같은 상황을 학습하는 데 있어 유일하게 활용될 수 있는 교수-학습 방법이다.

시뮬레이션기반학습에서는 학습자가 능동적인 참여자로서 학습내용과 상호작용해야 하고, 주어진 상황을 여러 방식으로 조작하여 특정 목표에 도달하게 된다. 따라서 시뮬레이션 학습은 학습자의 동기를 유발하며, 학습자 주도의 학습이 가능할 뿐만 아니라 학습자의 적극적인 인지적 참여를 유도하는 효과적인 방법으로 평가받고 있다(김동식, 박인우, 2003; 임철일, 연은경, 2009). 또한, 실제 상황과 유사한 상황에서 학습하기 때문에 학습 후 비슷한 상황이 주어졌을 때 학습한 기능과 지식이 보다 잘 전이될 가능성이 높다(이인숙, 권혁준, 2004; Alessi & Trollip, 1991; Barton, McKellar, & Maharg, 2007).

시뮬레이션기반학습은 항공 및 군사 분야에서 사용되다가 최근에는 의학, 경영 등 많은 분야에서 활용하고 있다. 항공 분야에서 시뮬레이션기반학습은 조종사, 비행 승무원, 항공 교통 관제사들이 실제 업무에 투입되기 전 소요되는 시간과 위험을 최소화한 상황에서 위기를 관리하고 더 나은 의사결정을 내릴 수 있도록 도와준다. 또한, 군사 및 국방 분야에서도 고위험 의사결정 상황을 대비할 수 있도록 하며, 의료 분야에서 시뮬레이션은 환자를 해칠 위험 없이 중요한 의료 기술을 훈련시킬 수 있다는 장점이 있다.

시뮬레이션기반학습의 설계를 위해서는 '지식의 속성', '학습자의 속성', '시뮬레이션의 속성'에 대한 고려가 필요하다. 지식의 속성은 시뮬레이션에 포함된 지식의 유형, 지식의 구조, 복잡성과 정확성을 의미하며, 이는 시뮬레이션 속성을 어떻게 설계할지에 영향을 미친다. 학습자 속성은 연령, 성별, 선수지식과 기능, 교과영역에 대한 사전 지식 혹은 능력, 학습 선호도, 학습동기 등이 포함된다. 이런 학습자 속성들은 성공적인 학습의 가능성에 영향을 미치기 때문에 시뮬레이션 설계 시 반드시 고려해야 한다. 마지막으로 시뮬레이션 속성은 시뮬레이션 설계와 관련된 요소들의 실현을 의미하는데, 시뮬레이션 설계 시 설계자들은 지식의 속성들이나 학습자의 속성들을 거의 통제할 수 없기 때문에 학습이 최적화될 수 있도록 하기 위해서는 시뮬레이션의 속성을 잘 선택해야 한다(Alessi, 2000).

일반적으로 시뮬레이션의 설계와 개발을 위한 절차는 학습할 지식과 학습자의 속성에 대한 분석, 시뮬레이션 요소에 대한 설계 판단, 기반 모형의 개발 및 구체화, 저작용 소프트웨어에서 표현, 사용자 인터페이스 개발, 교수적 지원 장치의 개발이라는 단계를 따른다. 지식과 학습자 속성에 대한 분석은 위에서 언급한 지식의 유형, 구조, 복잡성과 정확성에 대한 분석과 학습자의 연령, 사전 지식, 학습동기 등과 같은 속성에 대한 분석을 의미한다. 분석이 끝나면 지식의 특성, 학습자 특성, 학습목표에 기초하여 설계에 대해 판단한다. 설계 과정에서 어떤 요소에 대한 결정은 다른 결정에 영향을 주는데, 보다 성공적인 설계를 위해서는 네 수준에 대한 고려가 필요하다. 첫째 수준의 결정은 다음의 모든 설계 수준에 영향을 주는 것으로 초기 학습과 전이의 상대적 중요성, 학습동기를 증진하기 위한 동기 유발 기법, 학습을 지원하기 위한 기법들이 포함된다. 둘째 수준은 첫째 수준에서 나온 것을 따르는 것으로, 사실성, 학습자 통제, 전달 형태, 교수전략에 대한 결정을 포함한다. 셋째 수준은 입출력과 같은 구체적인 설계와 학습자가 보게 될 이미지의 유형 등에 관한 것이다. 넷째 수준은 각각의 화면, 텍스트, 그림, 메뉴, 버튼, 음성, 동영상, 애니메이션, 사용자의 행위, 피드백, 학습지원 등 구체적인 모든 것들을 포함한다. 기반 모형은 저작 시스템이나 표준 프로그래밍 언어를 사용해서 모형 공식을 생성해주고, 그 모형이 가동될 때 시간의 변화에 따라 다양한 상황에서 시스템 행동을 표현하는 것이다. 기반 모형이 구체화되면 저작용 소프트웨어에서 모델링한 것을 구현하고, 인터페이스와 시뮬레이션에 포함되어야 할 교수적 장치들을 개발하고 사용성 평가를 통해 수정하는 과정을 반복하게 된다.

분야별로 시뮬레이션기반학습 사례를 좀 더 구체적으로 살펴보면 다음과 같다. 과학 분야에서의 시뮬레이션은 현상의 복잡한 과정을 이해하기 위해 분석 대상인 현상을 모형화하고, 이 모형을 이용한 모의실험을 통해 실제 상황을 해석하거나 실험 관측에 너무 많은 시간이나 비용이 들어서 사실상 실험이 불가능한 경우에 자주 사용되어 왔다. 예컨대 [그림 6-2]는 두 개의 기체가 어떻게 혼합되는지, 확산 속도에 영향을 미치는 것은 무엇인지를 찾기 위한 실험 시뮬레이션이고, [그림 6-3]은 핵분열의 원리를 이

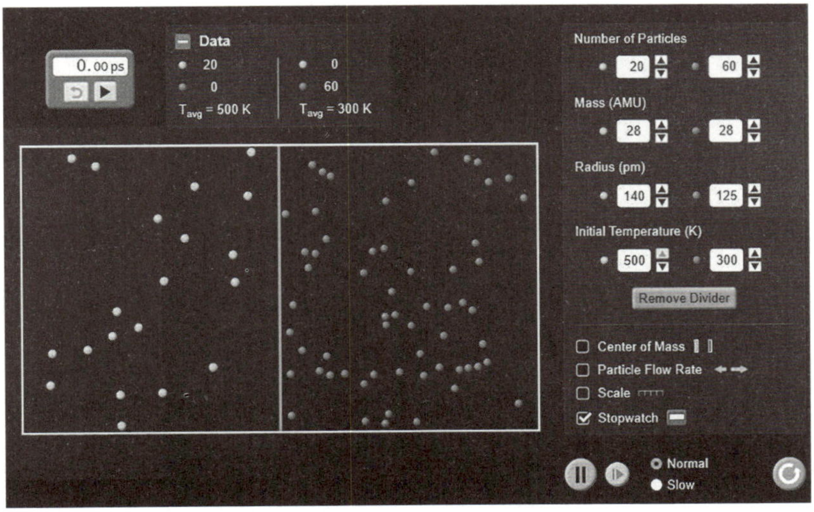

[그림 6-2] 확산 실험 시뮬레이션 프로그램
출처: PhET: Free online physics, chemistry, biology, earth science and math simulations (colorado.edu)

해하기 위한 시뮬레이션이다. 이처럼 과학 분야에서 시뮬레이션의 활용은 실제적 관찰 및 조작을 가능하도록 함으로써 능동적, 자기주도적, 탐구적 학습 기회를 제공하고, 눈으로 관찰하기 어려운 것을 시각화하여 보여줄 수 있으며, 시뮬레이션이 고가의 실험장비를 대신하거나, 안전성을 확보할 수 있다는 장점이 있기 때문에 많이 활용되고 있다.

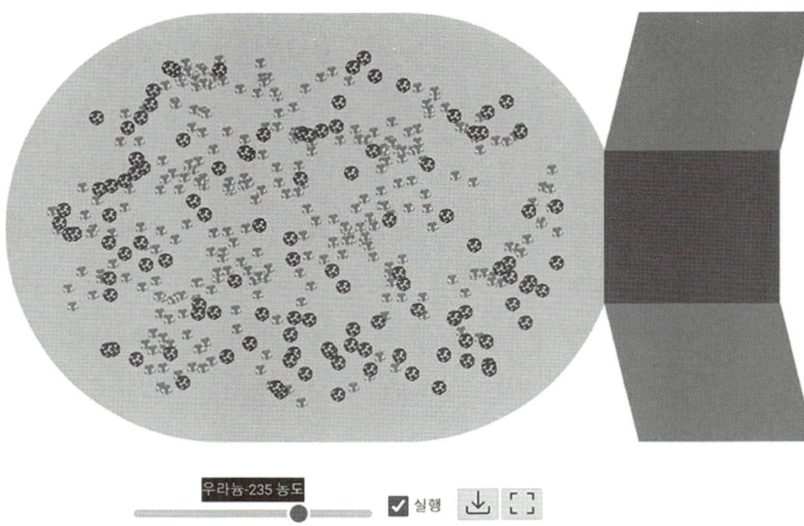

[그림 6-3] 핵분열 연쇄 반응 시뮬레이션 프로그램
출처: https://javalab.org/nuclear_chain_reaction/

의학 분야에서의 시뮬레이션은 환자들에게 유해한 결과를 초래하지 않고, 임상의사결정 과정을 연습하고 술기 실력을 향상시킬 수 있는 유용한 교육방법으로 널리 활용되고 있다(Lee et al., 2009; Bond & Spillane, 2002). 특히 의학 분야에서 시뮬레이터를 활용하여 진단과 시술을 연습하게 되면 환자에게 발생할 수 있는 위해를 줄일 수 있을 뿐 아니라 윤리적 문제로부터 자유로울 수 있다. 또한, 위험에 대한 부담이 없으므로 실험적 처치를 시도해 볼 수 있으며, 발생 가능성이 드문 상황도 경험할 수 있게 됨으로써 다양한 상황 대처 능력을 키울 수 있다. 우리나라에서는 2000년대 이후 교육에 환자 시뮬레이터를 도입하고, 교육을 위한 시나리오, 시뮬레이션센터 등의 제반 여건이 조성되면서 점점 더 많은 시뮬레이션기반 교육이 시행되고 있다(이선옥 외, 2007). 시뮬레이션기반 교육은 3차원 단순 기관모형, 플라스틱 기본 마네킹, 동물 모형, 시신, 모의환자나 훈련된 표준화 환자 등의 로테크(low-tech) 시뮬레이션을 활용한 교육부터 고충실도(high fidelity) 시뮬레이터, 하이테크 상호작용 환자 시뮬레이터, 가상현실을 활용한 교육에 이르기까지 매우 다양하다(Issenberg et al., 1999; Kneebone, 2003). 특히, 인체를 모방한 고충실도 마네킹 환자 시뮬레이터는 혈압, 맥박, 호흡 등의 활력징후를 측정할 수 있으며, 심음이나 폐음, 눈동자 움직임 등도 구현이 가능하다. 국내 의과대학에서도 다양한 시나리오를 기반으로 의료진의 임상술기 숙련도 향상을 위해 시뮬레이션기반 교육을 수행하고 있다([그림 6-4] 참조).

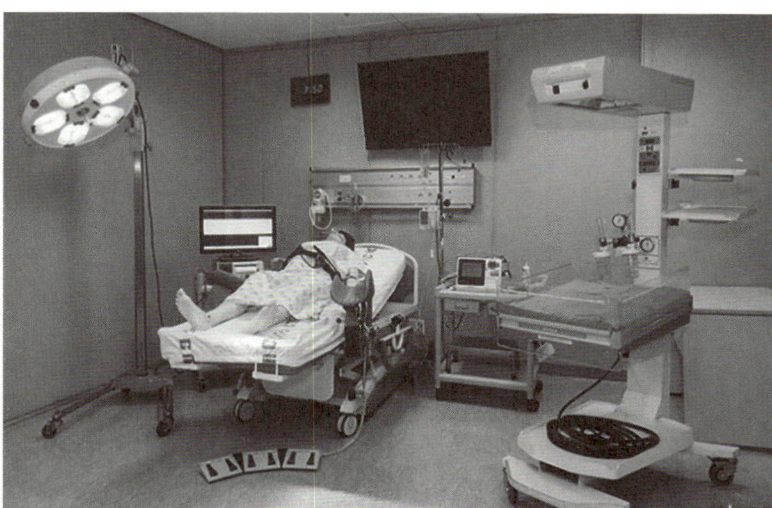

[그림 6-4] 국내 C대학 의학시뮬레이션센터
출처: http://start.catholic.ac.kr/kor/

항공·군사 분야에서는 비행 시뮬레이션을 통해 항공기나 전투기 등의 비행용 장비를 조정하는 훈련을 한다. 시뮬레이션기반 비행 훈련은 일반적인 비행 훈련뿐만 아니라 비상상황과 악천후 등 다양한 상황에서의 의사결정 능력과 위기관리 능력을 향상시키기 위한 목적으로 주로 활용되고 있다([그림 6-5] 참조). 최근에는 VR기술의 발전으로 [그림 6-6]과 같이 VR기반 시뮬레이션 프로그램도 널리 활용되고 있다. [그림 6-6]은 선박 시뮬레이터를 이용하여 다양한 운영 상황에서 발생할 수 있는 문제와 상황에 대처하는 방법을 습득하기 위한 VR기반 시뮬레이션 프로그램의 예이다.

[그림 6-5] 비행 시뮬레이션
출처: https://www.ecagroup.com/en/solutions/flight-training-solutions-0

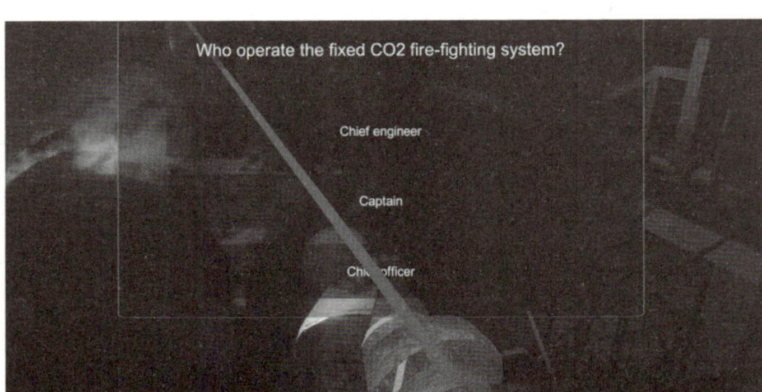

[그림 6-6] 선원 안전교육 VR 시뮬레이션 프로그램
출처: https://innosim.com/virtual/training/ship

건설 · 경영 분야에서도 시뮬레이션이 널리 활용되고 있다. 대표적인 건설 · 경영 시뮬레이션 프로그램으로 심시티(SimCity)를 들 수 있다. 심시티는 안정적인 예산을 유지하면서 도시를 개발시키는 도시 건설 시뮬레이션 게임이다([그림 6-7] 참조). 사용자는 주거지역, 상업지역, 공업지역으로 이루어진 구역을 지정해야 하는데, 구역은 도시에 존재하는 개발에 대한 수요만큼 지정이 가능하며, 구역의 개발은 전력, 교통망, 세율 등과 같은 여러 가지 조건에 따라 이루어진다. 그리고 도시 구축에 대한 구상이 인구, 경제, 주민들의 만족도, 교통 패턴에 어떤 영향을 주는지 관찰하고 분석할 수 있다.

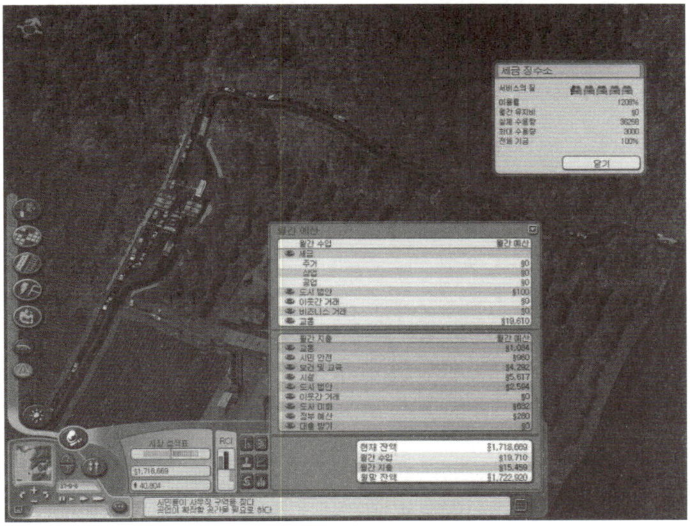

[그림 6-7] 심시티 4 공공교통시설 건설 장면
출처: https://www.ea.com/games/simcity/simcity-4

교사 교육에서도 시뮬레이션이 활용되고 있다. 미국 교육부는 교사 훈련을 목적으로 160만 달러의 예산을 투입하여 SimSchool이라는 시뮬레이션 프로그램을 개발하였다. SimSchool에서는 예비교사들이 학생들의 특성을 선택하여 교실환경을 구성하고, 학생 행동을 관찰하여 적절한 처치를 통해 학생 관리 기술을 학습할 수 있도록 하였다. 시뮬레이션 프로그램에서 예비교사들이 선택한 행동에 따라 학생들의 반응이 달리 나타나며, 이러한 행동의 변화는 누적 기록되어 훈련이 종료된 후 예비교사에게 제시된다.

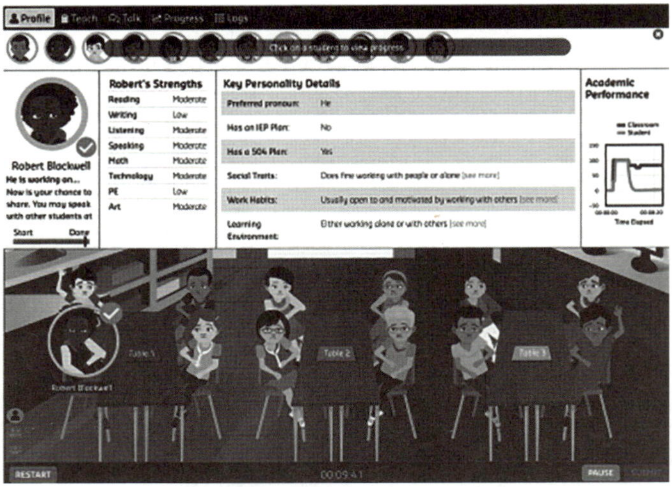

[그림 6-8] 예비교사 훈련 시뮬레이션
출처: https://www.simschool.org

경영 분야에서는 '경영 시뮬레이션'을 통해 경영지식과 현장의 문제 해결을 위한 종합적 문제해결과 의사결정능력, 전략적 마인드, 협업능력, 환경 대응능력, 창의력 향상을 위한 다양한 교육을 실시하고 있다(Ruben, 1999; Garris et al., 2002; 김상수, 임성택, 2006; 이재원, 2012). 화리아(Faria, 1998)의 연구에 따르면, AACSB(Association to Advance Collegiate School of Business International) 인증을 받은 경영대학 중 약 97%가 최소 한 종류 이상의 경영 시뮬레이션을 활용하고 있는 것으로 나타났다. 또한, Coca Cola, Procter & Gamble, ING, IKEA, IBM, BMW 등과 같은 글로벌 기업들에서도 경영 시뮬레이션을 임직원들의 의사결정 및 전략적 마인드 향상을 위해 널리 활용하고 있는 것으로 나타났다(Mark, 2009).

마지막으로 기업교육 분야의 시뮬레이션 활용 사례로서 P사에서 개발한 경영 전략 시뮬레이션에 대해 구체적으로 소개하면 다음과 같다. P사의 경영 전략 시뮬레이션의 주요 내용을 〈표 6-8〉에 제시하였으며, 전반적인 교육진행 방식은 [그림 6-9]에 제시하였다.

〈표 6-8〉 P사 경영전략 시뮬레이션의 주요 내용

구분	주제	시간	주요 활동 및 경영미션	주요 Wrap up 포인트
Intro	교육소개	1.5	진행 방법 소개 경영진 구성	기업 현황 분석 역할별 업무 분석
War Game	Round 1 좋은 전략가	2.5	경영목표와 전략 수립 마케팅/생산/HR계획 수립 손익 추정 분석	1기 경영성과 피드백 경영의 Big Picture 이해 손익 추정 방법
	Round 2 성과 창출하는 사업가	2.5	KPI/시장별 수익성 분석 제조원가/HR 원가 분석 현금흐름 분석 전략적 의사결정 #1. 신공법 도입	2기 경영성과 피드백 수익성 강화 방법 원가/현금 흐름 관리 방법
	Round 3 전략 마인드를 갖춘 경영자	2	경쟁사/탄력성 분석 시나리오/BSC 분석 재무상태 분석 전략적 의사결정 #2. 기술혁신	3기 경영성과 피드백 시나리오 경영 경영의 선순환 프로세스
	Round 4 재무 마인드를 갖춘 경영자	2	손익 추정 분석 재무상태/비율분석 전략적 의사결정 #3. 전략구매	4기 경영성과 피드백 재무/회계 관리 방법
	Round 5 미래를 준비하는 경영자	2	내・외부 환경/SWOT 분석 지속가능 경영전략 전략적 의사결정 #4. 영업채널	5기 경영성과 피드백 경영 환경 대응 방법
Wrap up	종합평가 기업적용방법	2	경영성과 종합보고 성찰의 시간, 시사점 개인별 활용방안 모색	기업 IR 활동 전략/협업 중요성 종합 피드백

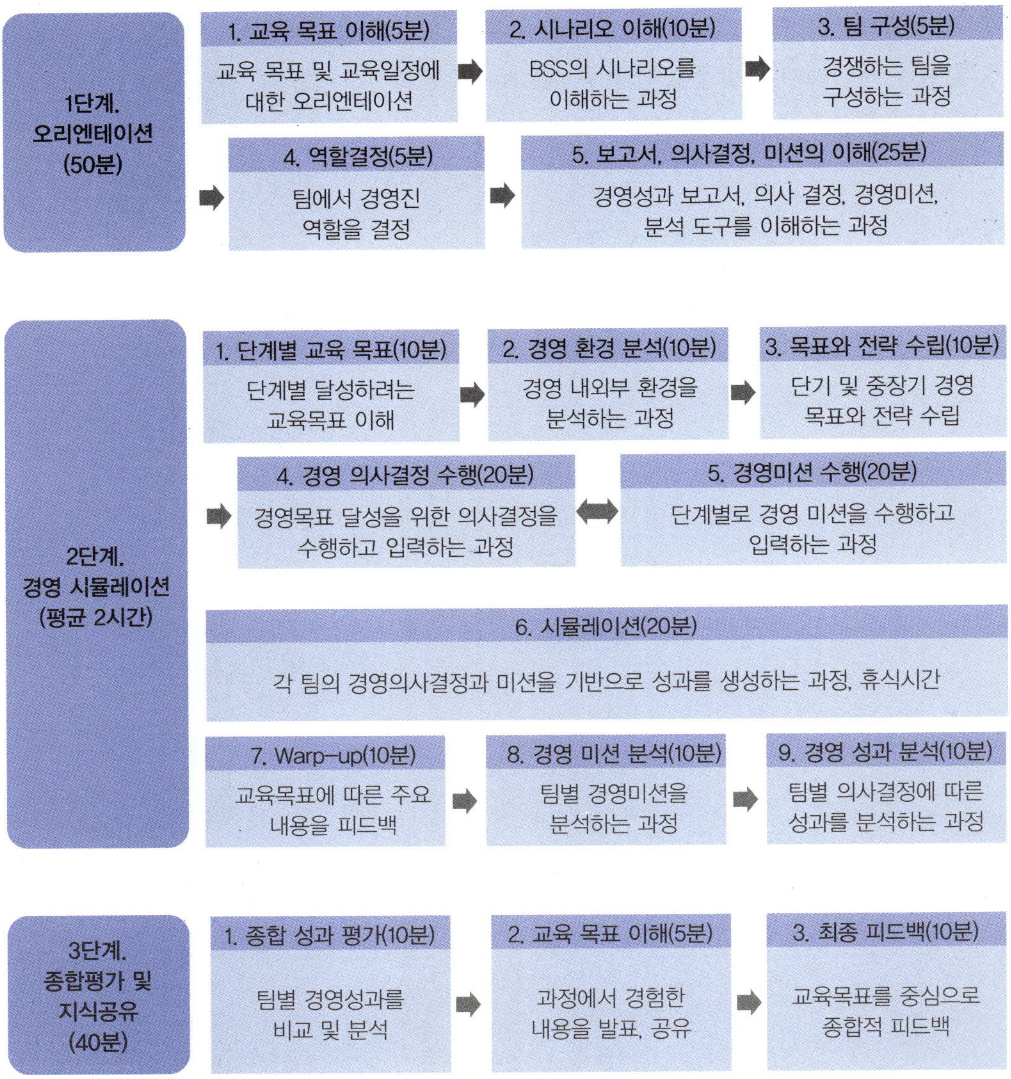

[그림 6-9] P사 경영전략 시뮬레이션 진행 절차

경영 시뮬레이션 과정이 시작되면, 교육목표와 시나리오를 확인하고, 팀을 구성하고 팀에서 경영진의 역할을 결정하고 경영미션과 분석도구를 이해하는 오리엔테이션 단계가 진행된다. 이후 경영 시뮬레이션 단계에서는 단계별 목표와 경영환경 분석, 경영목표 및 전략 수립, 경영 의사결정 및 미션 수행, 성과확인 및 피드백, 팀별 경영 미션 분석, 경영 성과 분석의 과정을 거친다. 이후 종합평가 단계에서는 팀별 경영성과를 종합, 비교, 분석하고, 해당 과정을 통해 경험한 내용을 발표하고 공유하며, 교육목표를 중심으로 종합적인 피드백을 받는다.

경영전략 시뮬레이션에서 학습자들은 5명이 한 팀이 되어 ○○기업 신임경영진으로 활동하게 되고, 각 학습자들은 최고경영자(CEO), 마케팅부문 임원(CMO), 생산부문 임원(COO), HR부문 임원(CHO), 재무부문 임원(CFO)의 역할을 수행하게 된다. 해당 역할을 수행하면서 CEO는 배당이율, CSV 투자, 환경보전, 전략적 의사결정을 통해 성과를 도출해야 하며, CMO는 발주량, 판매가격, 가공센터 신설 및 폐쇄, 가공센터 판매 지원, 솔루션 마케팅에 관한 의사결정을, COO는 생산계획, 설비 관리 투자, 연구개발비 투자, 생산라인 증설 및 폐쇄, 공장 신설, 제철소 조정 능력에 관한 의사결정을 통해 성과를 창출한다. 또한, CHO는 영업직원 채용 및 해고, 생산 및 영업직원 인건비, 생산 및 영업직원 복리 후생, 생산직원 직무교육, 영업직원 마케팅 교육, 전사 리더십 교육에 대한 의사결정을 통해, CFO는 원료 구매량, 은행대출, 회사채 및 주식 발행, CD 및 펀드 투자에 관한 의사결정을 통해 성과를 창출해야 한다.

오리엔테이션이 끝나면 학습자들은 시뮬레이션 실행 전략에 대한 의사결정을 해야 한다. 예를 들어, 〈표 6-9〉에 제시된, Round 2에서 제시되는 신공법 도입과 관련된 전략적 의사결정과 관련된 의사결정 미션 과제는 다음과 같다.

〈표 6-9〉 P사 시뮬레이션 의사결정 미션 과제 예시

철강업의 중요한 경쟁력은 철강제품의 제조원가를 낮출 수 있는 생산기술을 확보하는 것입니다. 최근 모 벤처회사에서 철강 제조원가를 절감할 수 있는 특허를 개발하였는데, 이 특허를 활용한 제조 공법을 도입하면 해당연도부터 제조원가의 3%를 절감할 수 있습니다. 이 특허가 철강 기업들에게 주는 원가 절감 효과가 크기 때문에 현재 많은 기업들이 관심을 가지고 있습니다. 최대 입찰 가격을 제시하는 기업이 특허를 획득할 수 있고, 만약 입찰 가격이 동일하면 전기의 주가가 높은 기업이 가져가게 됩니다. 입찰에 참여하는 기업의 최소 입찰 금액은 2,000억 이상이고, 최대 입찰 가능 금액은 당좌자산의 50% 이내입니다. 경영진으로서 여러분은 제조원가를 절감할 수 있는 특허권을 경쟁 입찰해서 가져올 것인지를 결정해야 합니다.

이러한 과정을 통해 학습자들은 기업 목표 달성을 위한 전략적 의사결정 역량을 향상시킬 수 있으며, 경영전략 수립을 위한 다양한 분석기법, 사업 전략 분석, 비용우위 및 성장전략 수립, 재무제표 분석, 경제성 분석 등 경영 관련 지식도 획득할 수 있다.

4) 게임기반학습 모형과 활용 사례

게임기반학습(game-based learning)이란 게임을 동기유발 전략으로 활용하여 교육적 목표를 달성하고자 하는 교육 방법을 의미한다(백영균, 2006). 교육 분야에서의 게임 혹은 게임적 요소의 활용은 게임기반학습, 게이미피케이션, 교육 게이미피케이션 등 다양한 용어와 개념으로 이해된다(Al-Azawi et al., 2016). 이러한 개념들은 학자들에 따라 용어의 정의가 상이하나 교육에 게임 혹은 게임적 요소를 활용한다는 것을 기본 전제로 한다(Kapp, 2012/2016; Martí-Parreño et al., 2016).

게임기반학습에서는 학습자가 학습목표를 인지하고, 학습내용을 습득하고, 평가를 수행하는 모든 교수-학습 활동들이 게임을 통해 진행된다. 일반적인 게임기반학습모형은 [그림 6-10]에서 제시한 것처럼 입력, 처리, 산

출로 구분할 수 있다. 게임기반학습 모형에서 입력 부분에 해당하는 교수학습 콘텐츠는 교육과정 분석을 통해 설계되어 게임 내에 포함되는 교육내용이며, 게임특성은 게임 자체가 주는 흥미와 몰입, 환상, 서사구조 등을 의미한다. 게임기반학습에서 학습자는 매 순간 제시되는 상황을 통해 문제 해결방안을 수립하고, 판단하여 직접적인 의사결정을 통해 학습한다. 게임 시스템은 지속적으로 학습자의 판단과 수행에 따른 피드백을 주어 학습자 스스로 행동을 수정하여 지속적인 학습이 일어나도록 지원하는 역할을 한다. 디브리핑은 게임기반학습에서 가장 중요한 핵심 과정으로, 이 과정을 통해 학습자는 시뮬레이션과 실세계를 연결, 게임 속의 사건과 실생활에서의 사건 사이의 관계를 도출하고, 게임의 경험과 학습을 연결하게 시킨다 (Garris et al., 2002).

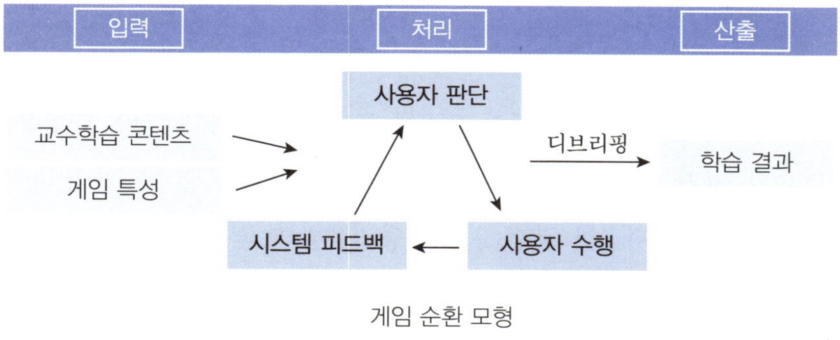

[그림 6-10] 게임기반학습 모형(Garris et al., 2002)

교육에 게임을 효과적으로 활용하기 위한 관심과 시도가 증가하고 있음에도 불구하고 교육과 게임을 결합하고자 하는 시도들은 많은 문제에 직면한다. 예컨대, 게임과 교육을 피상적인 수준에서 결합시키거나 게임의 경쟁, 보상 체계만을 교육에 적용함으로써 충분한 교육적 효과를 거두지 못하는 경우가 종종 있다(김성완, 2016; Kapp, 2012/2016; Eck, 2006; Slota & Young, 2014). 따라서 게임이 교육적으로 효과를 나타내기 위해서는 여덟

가지 요소들에 대한 고려가 필요하다(Alessi, & Trollip, 1990; 백영균, 이광희, 1994; Prensky, 2001; Garris et al., 2002).

첫째, 모든 게임은 명시적으로 또는 추론하여 알 수 있는 목표가 있어야 한다. 이때, 목표는 성취하고 싶고 도전하고 싶은 욕망을 불러일으키는 목표여야 한다. 게임기반학습에서의 목표는 교육적이어야 하는데, 이는 게임 자체의 목적과 동일할 수도 분리될 수도 있다.

둘째, 규칙은 게임에서 허용된 행동과 제약을 규정하는 것이다. 이런 규칙들은 게임이 흥미롭고, 도전의식을 고취하고, 여러 사용자들에게 공평하도록 설계되어야 한다. 예컨대, 미션을 수행하기 위한 시간적 제약을 주고, 주어진 미션을 수행했을 경우에만 다음 단계로 이동하거나 보상을 주는 것 등이 이에 포함된다.

셋째, 게임기반학습은 경쟁의 요소를 포함하고 있다. 경쟁의 대상은 다른 학습자, 자기 자신, 기회 혹은 기간 등이 될 수 있다. 경쟁은 게임의 가장 강력한 속성으로 적절한 경쟁 요소는 동기유발의 좋은 요건이 될 수 있으나 과도한 경쟁요소는 본래의 학습 목적을 상실하는 원인이 될 수 있다. 이러한 이유에서 대부분의 게임기반학습에서는 가공의 인물이나 팀 간 경쟁이 주로 사용된다.

넷째, 도전은 학습목표에 도달하기 위해 극복 또는 성공해야 하는 과정이라는 점에서 목표와 구별된다. 일반적으로 학습용 게임은 자신에 대한 도전 심리를 자극하도록 구성되어야 한다. 예컨대, 게임에서 이기려면 결국 가장 어려운 문제를 풀어야 하는데 이는 동기유발을 위한 도전원리를 적절하게 적용한 것이다(Malone, & Lepper, 1987). 학습자의 도전 심리를 자극하기 위해서는 현재 자신의 능력에 적합한 수준에서 도전하고, 자신의 발전에 따라서 난이도를 조정할 수 있는 장치나 도구에 대한 설계가 필요하다.

다섯째, 게임은 기본적으로 상호작용 방식을 취한다. 게임에서 사용하는 상호작용 방식은 크게 규칙에 대한 상호작용, 도전에 대한 보상과 피드백으로서의 상호작용, 결과에 대한 상호작용으로 구분할 수 있다. 우선, 게임은 주어진 규칙 안에서 사용자의 행동에 대한 상호작용 요소를 포함한다. 예를 들어, 게임에서 사용자가 특정 주제에 대한 질문에 응답하도록 요구한다면 학습자는 키보드나 마우스를 이용하여 정답을 입력하거나 선택할 수 있으며, 제한된 시간 내에 질문에 답하지 못했을 경우 기회가 박탈되도록 할 수 있다. 다음으로 게임기반학습에서 학습자는 게임을 통해 도전 상황에 놓이게 되는데 이때 도전에 대한 보상이 주어지지 않는다면 다음 도전에 대한 의욕이 반감된다. 이를 위해 게임에서는 도전에 대한 적절한 보상을 필요로 한다. 게임 내의 아이템이나 포인트 등이 보상의 전형적인 예이다. 또한, 게임기반학습에서는 도전의 성공 여부와 관계없이 도전에 대한 결과물로서 정답을 제시하거나 주제에 맞는 정보를 습득할 수 있도록 해야 한다.

여섯째, 게임기반학습에서 게임의 시나리오는 교과 및 게임의 유형과 일치하여야 한다. 이를테면, 세계 지리 학습이 목적이라면 세계를 여행하는 항해나 모험 게임이 적절하며, 단순한 수학 연산 학습이 목적이라면 'Math Blaster'에서 제시된 전투나 보드게임이 적합하다. 최근 연구에 따르면, 시나리오는 사용자의 몰입을 가져오는 가장 중요한 요소이다(김보경, 정동욱, 백영균, 2008).

일곱째, 디브리핑(debriefing)은 게임 속의 사건과 실생활에서의 사건 사이의 관계를 도출하여, 게임의 경험과 학습을 연결 짓는 것이다. 게임기반

학습이 다른 학습 방법과 차별성을 갖는 점은 가상의 공간인 게임에서 학습활동의 일부 또는 대부분이 수행된다는 것이며, 이는 필연적으로 디브리핑의 단계를 요구하게 된다. 클라크(Clark, 2004)는 이 단계를 게임기반학습의 중요한 요소로 보고 '지속(consequence)'이라고 정의하였다. 그리너웨이(Greenaway, 2007) 역시 디브리핑을 경험으로부터 학습을 촉진하는 중요한 부분이라고 보았는데, 그는 학습자가 게임에서 성공적으로 목표를 수행하였다고 해서 학습이 완성된 것으로 볼 수 없으며, 반드시 실제적이고 의미 있는 결과가 뒤따라야 한다고 하였다. 즉, 게임에서 수행하였던 과제들은 현실에서 그대로 수행하거나 더 발전되고 응용된 형태로 수행하기 위해서는 게임 종료 시 학습을 정리하고, 일상생활과 연결을 고려할 만한 상황을 제시하는 것이 필요하다는 것이다.

여덟째, 대부분의 게임은 즐거움을 제공한다. 학습 게임은 새로운 지식과 기술의 습득을 촉진하고자 하지만, 동기와 학습을 향상시키기 위해 즐거움이란 요소를 사용한다. 단순히 게임에 참가하는 것만으로도 즐거움을 줄 수 있지만 다양한 멀티미디어 기법(비디오, 오디오 효과 등)을 활용하여 즐거움을 증가시키기도 한다.

그간 게임기반학습은 초·중·고등학교 교육이나 외국어 교육에 한정되어 있었으나 게임의 순기능에 대한 관심이 증가하면서 다양한 분야의 교육에 게임이 활용되고 있다. 게임기반학습의 활용 사례를 살펴보면 다음과 같다. 아동 언어능력 향상을 위해 옥스퍼드 대학의 연구진과 마인드위버(Mindweavers)가 개발한 포노메나(Phonomena)는 아동의 학습능력을 인지하여 학습자에게 맞는 언어 교육용 게임이다. 아이팝 매스(Ipop Math)는 국내에서 개발한 정신지체와 지체부자유 아동들의 수학 능력 향상을 위한 게임으로, 장애 유형에 맞는 인터페이스와 특수 초등학교 1학년에서 고등학교 학생들이 활용할 수 있는 25개의 게임으로 구성되어 있다. 또한, 카네기

멜런 대학에서 개발한 피스메이커(PeaceMaker)는 중동지역 평화교육을 위한 교육용 게임이다. 피스메이커에서 학습자는 이스라엘 총리나 팔레스타인 대통령의 역할을 선택할 수 있으며, 한쪽의 리더로서 외교 협상부터 자살 폭탄 및 군사적 만행에 이르기까지 게임 내 이벤트에 전략적으로 반응하고 8명의 다른 정치지도자 및 사회단체와 상호작용하여 임기가 끝나기 전에 갈등을 안정적으로 해결해야 한다(서정희, 박형성, 2010).

[그림 6-11] 언어능력향상 게임 포노메나(Phonomena)와 중동지역 평화교육 게임 피스메이커(PeaceMaker)

마지막으로 기업교육에 게임기반학습이 활용된 대표적인 사례로 맥도날드의 'Till Training Game'을 들 수 있다. 맥도날드는 매장에서 근무하는 아르바이트 직원들을 대상으로 고객 응대와 주문 시스템 사용법 숙지를 위한 교육을 진행하기 위해 게임기반학습을 활용하였다. 맥도날드는 아르바이트 직원들의 학습동기가 높지 않으며, 이로 인해 불친절한 고객응대와 주문 시스템 사용 미숙과 같은 문제가 발생하여 이를 해결하기 위한 방안으로 게임기반학습의 교육 프로그램인 'Till Training Game'을 개발하였다. 이 게임은 주어진 시간 동안 고객과의 대화와 주문 사항을 정확히 주문 시스템에 입력하는 것을 게임의 목표로 제시하였다. 또한, 주문의 정확도, 3연속 성공, 제한 시간 준수, 미션 완료 후 잔여시간 등을 게임의 평가지표로 활용하였다. 그리고 미션 완료 시 포인트, 미션 이수 점수, 학습자의 성취 레벨, 고객 만족 정도를 즉각적으로 피드백하는 형태로 학습 프로그램을 구성하였다. 그리고 이 모든 과정은 최신 기술이나 고도화된 그래픽이 아닌 학습 목표를 중심으로 설계하였다. 그 결과, 연간 145,000여 명이 교육에 참여하였으며, 업무 적응도 85% 향상, 주문 시간 평균 7.9초 단축, 지점당 매출 15% 증가의 성과를 얻었다(Rooney, & Whittion, 2016).

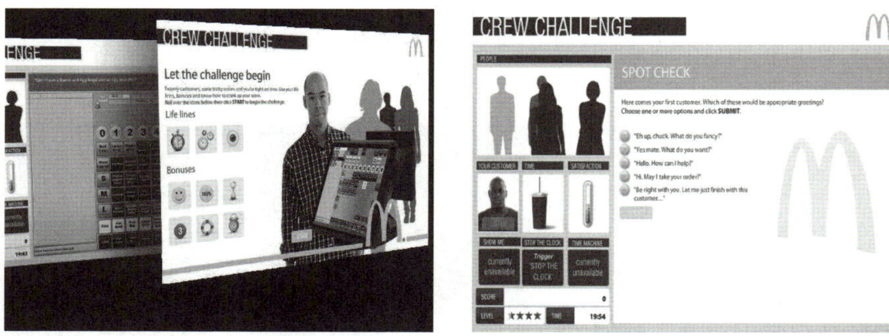

[그림 6-12] 맥도날드 Till Training Game 화면
출처: https://kineo.com/case-studies/mcdonalds-till-training-game

3. 요약

구성주의에서 학습은 학습자의 경험과 환경과의 상호작용을 통해 새롭게 의미를 구성해가는 과정이기 때문에 교수설계는 지식구성을 촉진할 수 있는 풍부한 학습환경을 설계하는 것에 초점을 둔다. 기업교육 장면에서 주로 활용되는 구성주의 기반의 교수-학습모형으로는 문제해결 시나리오, 사례기반학습, 시뮬레이션, 게임기반학습 모형 등이 있다.

문제해결 시나리오 모형은 기업교육 맥락에서 문제해결 능력과 같은 고차적 사고기능을 향상시키기 위한 교수설계 모형 중 하나이다. 이 모형은 내용 지식의 획득보다는 문제해결능력의 획득에 초점을 맞추고 있으며, 기업에서 이미 발생했던 문제를 교육적인 형태로 변형했다는 점에서 문제기반학습이나 목표기반시나리오 모형과는 차이가 있다.

사례기반학습은 이미 발생했던 사건이나 사례를 교육적으로 변형하여 그 속에 내포된 문제를 학습자들이 파악하도록 하고, 시도된 해결 방법의 적합성을 서로 비판하며, 대안을 제시하고 토론함으로써 의사결정이나 문제해결과 관련된 지식을 습득하기 위한 교수-학습 방법이다. 사례기반학습의 유형은 사례의 내용 영역에 따라 다르며, 동일한 분야의 사례라고 해도 사례를 활용하는 목적에 따라 매우 다르게 나타난다. 예컨대, 법 교육 분야에서 판례교수법, 법률적 탐구모델, 사례연구법 등 다양한 유형의 사례기반학습을 활용하고 있다.

시뮬레이션기반학습이란 학습한 지식과 기술이 사용될 실제 환경과 가능한 한 가깝게 조성된 상황에서 학습자가 지식과 기술을 적용해보고 피드백을 받을 수 있도록 하는 교수학습모형이다. 시뮬레이션은 실제로는 비용이 많이 들거나, 오랜 시간이 걸리거나, 위험이 동반될 수 있는 상황을 간접적으로 체험하도록 함으로써 비용 시간, 위험부담 등을 줄일 수 있다.

게임기반학습이란 게임을 동기유발 전략으로 활용하여 교육적 목표를 달성하고자 하는 교육 방법을 의미한다. 게임기반학습에서는 학습자가 학습목표를 인지하고, 학습내용을 습득하고, 평가를 수행하는 모든 교수-학습 활동들이 게임을 통해 진행된다.

연습 및 탐구 문제

1. 학습자 중심 교수설계와 교수자 중심 교수설계가 어떤 차이점이 있는지 지식을 바라보는 관점, 학습자와 교수자의 역할, 교수설계의 특성에 따라 비교하여 설명하시오.

2. 교수자 중심 교수설계에 비해 학습자 중심 교수설계가 가진 강점에 대해 논하고, 학습자 중심 교수설계의 강점에도 불구하고 해당 모형이 현실에서 널리 활용되지 못하는 이유와 이를 해결하기 위한 방안에 대해 논하시오.

참고문헌

강인애 (1997). 왜 구성주의인가?: 정보화시대와 학습자중심의 교육환경. 문음사.

김동식, 박인우 (역)(2003). 멀티미디어와 학습: 설계 및 개발. 피어슨에듀케이션코리아.

김보경, 정동욱, 백영균 (2008). 교수 시뮬레이션 개발의 방향 모색. 교육공학연구, 24(3), 209-240.

김상수, 임성택 (2006). 경영 모의 게임의 교육 효과에 관한 탐색적 연구. *Information Systems Review, 8*(2), 173-188.

김성완 (2016). 초등 수학 학습을 위한 소켓 기반 멀티플레이형 게임 서비스의 설계 및 구현. 서비스연구, 6(2), 175-184.

김영수 (2002). 경영사례 작성 및 교수법에 관한 연구. 경영교육연구, 5(2), 26-46.

박민 (2006). 법학교육방법론에 대한 소고. 교육법학연구, 18(2), 73-89.

백영균 (2006). 게임기반학습 활성화의 전제조건에 대한 고찰. 정보과학회지, 24(2), 45-50.

백영균, 이광희 (1994). 교육용 컴퓨터 게임의 평가 도구 개발 연구. 교육학연구, 32(5), 91-108.

변영계 (2008). 교수학습이론의 이해. 학지사.

이선옥, 엄미란, 이주희 (2007). 시뮬레이션 교육의 간호학 적용. 한국간호교육학회지, 13(1), 90-94.

이인숙, 권혁준 (2004). 시뮬레이션 게임에서 몰입, 정보처리 전략, 성취수준간의 관련성 규명. 교육공학연구, 20(4), 241-267.

이재원 (2012). 경영시뮬레이션게임의 활용실태와 교과모형. 한국산학기술학회, 13(1), 73-86.

임철일 (1998a). 문제해결 시나리오 교수학습환경 설계 모형에 관한 형성적 연구. 교육공학연구, 14(2), 147-165.

임철일 (1998b). 문제해결 시나리오 교수학습환경 설계 모형의 개발과 적용. 기업교육연구, 1(1), 3-25.

임철일 (2007). 사례기반학습. 강인애 외 6인 편저. 미래를 생각하는 e-Learning 콘텐츠 설계. 서현사.

임철일, 연은경 (2009). 사례기반 시뮬레이션 설계 원리에 관한 연구. 교육공학연구, 25(2), 117-149.

한정선 (2004). 교육방법 및 교육공학. 교육과학사.

한정선 외 (2004). 교육공학: 인포맵을 통해 찾아 본 뿌리와 줄기. 교육과학사.

LG 화학 (1996). Problem Solving Scenario I 과정.

Al-Azawi, R., Al-Faliti, F., & Al-Blushi, M. (2016). Educational gamification vs. game based learning: Comparative study. *International journal of innovation, management and technology,* 7(4), 132-136.

Alessi, S. M. (2000). Designing educational support in system-dynamic-based interactive learning environments. *Simulation and Gaming, 31,* 178-196.

Alessi, S. M., & Trollip, S. R. (1990). *Computer-based Instruction: Methods and Development*. 2nd. Prentice-Hall, Inc.

Alessi, S. M., & Trollip, S. R. (1991). *Computer based instruction: methods and development*. Upper Saddle River, Prentice Hall.

Barton, K., McKellar, P., & Maharg, P. (2007). Authentic fictions: simulation, professionalism and legal learning. *Clinical Law Review, 14*(1), 143-93.

Bond, W. F., & Spillane, L. (2002). The use of simulation for emergency medicine resident assessment. *Academic Emergency Medicine, 9*(11), 1295-1299.

Clark, A. (2004). *Simulations and the future of Learning*. SA: Pfeiffer.

Corey, E. R. (1998). *Case Method Teaching*. Harvard Business School Publishing.

Doyle, W. (1990). Case methods in the education of teachers. *Teacher Education Quarterly, 17*(1), 7-15.

Duffy, T. M., & Jonassen, D. H. (1992). *Constructivism and the technology of instruction: A conversation*. Hillsdale, Lawrence Erlbaum Association.

Eck, V. R. (2006). Digital Game-Based Learning: It's Not Just the Digital Natives Who Are Restless. *EDUCAUSE Review, 41,* 1-16.

Faria, A. J. (1998). Business simulation games: Current usage levels. *Journal of Management Development, 8*(2), 58-65.

Garner, I. (2000). Problems and inconsistencies with Kolb's Learning style. *Educational Psychology, 20*(3), 341-8.

Garris, R., Ahlers, R., & Driskell, J. E. (2002). Games, Motivation, and Learning: A Research and Practice Model. *Simulation & Gaming, 33*(4), 441-467.

Issenberg, S. B., McGaghie, W. C., Hart, I. R., Mayer, J. W., Felner, J. M., Petrusa, E. R., Waugh, R. A., Brown, D. D., Safford, R. R., & Gessner, I. H. (1999). Simulation technology for health care professional skills training and assessment. *Jama, 282*(9), 861-866.

Jonassen, D. H. (1999). Designing constructivist learning environments. In C. M. Reigeluth (Ed.), *Instructional design theories and models: A new paradigm of instructional theory* (pp. 217–239). Mahwah, Lawrence Erlbaum Associates, Inc.

Kagan, D. (1993). Contexts for the use of classroom cases. *American Educational Research and Development, 48*(4), 63–85.

Kapp, K. (2012). *The Gamification of Learning and Instruction: Game-Based Methods and Strategies for Training and Education*. Pfeiffer.

Kapp, K. (2016). Gamification zdesigns for instruction. In C. M. Reigeluth (Ed.), *Instructional design theories and models: A new paradigm of instructional theory* (pp. 351–384). Mahwah, Lawrence Erlbaum Associates, Inc.

Kneebone, R. (2003). Simulation in surgical training: educational issues and practical implications. *Medical Education, 37*(3), 267–277.

Kolodner, J. (1993). *Case-based reasoning*. CA: Morgan Kaufmann Publishers.

Lee, W.S., Cho, K. C., Yang, S.H., Roh, Y. S., & Lee, G. Y. (2009). Effects of problem–based learning combined with simulation on the basic nursing competency of nursing students. *Journal of Korean Academy of Fundamentals of Nursing, 16*(1), 64.

Malone, T. & Lepper (1987). Making Learning Fun: A Taxonomy of Intrinsic Motivations for Learning. In Snow, R. & Farr, M. J. (Ed), *Aptitude, Learning, and Instruction* Volume 3: Conative and Affective Process Analyses.

Mark, T. (2009). Tackling business problems with online games. https://edition.cnn.com/2009/BUSINESS/06/05/business.simulations/index.html

Martí–Parreño, J., Méndez–Ibáñez, E., & Alonso–Arroyo, A. (2016). The use of gamification in education: a bibliometric and text mining analysis. *Journal of Computer Assisted Learning, 32*(6), 663–676.

Merseth, K. K. (1991). The early history of case–based instruction: Insights for teacher education today. *Journal of Teacher Education, 42*(4), 243–249.

Plynn, A. E., & Klein, J. D. (2001). The Influence of Discussion Group in a Case–Based Learning Environment. *Educational Technology Research and Development, 49*(3), 71–86.

Prensky, M. (2001). *Digital Gamed–Based Learning*. McGraw–Hill.

Reisbeck, C. K., & Schank, R. C. (1989). *Inside Case–Based Reasoning*. Lawrence

Erlbaum Associates, M. A.

Rooney, P., & Whittion, N. (2016). *Game-Based Learning and the Power of Play: Exploring Evidence, Challenges and Future Directions.* Cambridge Scholars Publishing.

Ruben, B. D. (1999). Simulations, Games and Experience-Based Learning: The Quest for a New Paradigm for Teaching and Learning. *Simulation & Gaming, 30,* 498-505.

Shulman, L. S. (1986). Those who understand knowledge growth in teaching. *Educational Researcher, 15*(2), 4-14.

Shulman, L. S. (1992). Toward a pedagogy of cases. In J. H. Shulman (Ed.). *Case methods in teacher education.* Teachers College Press.

Shulman, L. S., & Colbert, J. (1988). Cases as catalysts for case. (ERIC Document ED 289864)

Slota, S. T., & Young. M. F. (2014). Think Games on the Fly, Not Gamify: Issues in Game-Based Learning Research. *Journal of Graduate Medical Education, 6*(4), 628-630.

Sykes, G., & Bird, T. (1992). Teacher Education and the case idea. *Review of Research in Education, 18,* 457-521.

Wasserman, S. (1994). *Introduction to case method teaching: A guide to the galaxy.* Teachers College Press.

Williams, S. M. (1992). Putting case-based instruction into context: Examples from legal and medical education. *The Journal of the Learning Science, 2*(4), 367-427.

제 7 장
교수매체 활용과 자료 개발

1. 개요

요구분석과 과제분석을 통해 교육목표가 선정되고 목표 달성을 위해 필요한 교육주제와 내용, 교수-학습 방법이 확정되면, 그 이후에는 설계된 교안을 바탕으로 사용할 교수매체를 선정하고, 매체 사용에 필요한 다양한 형태의 교수자료를 선택 또는 개발하여야 한다. 교수자료의 형태는 설계 단계에서 어떤 교수-학습 방법을 선택하였는지에 따라 매우 달라진다. 예컨대, 강의식 교수법을 위해서는 교수자가 설명 위주로 수업을 하면서 부가적으로 사용할 파워포인트나 유인물이 주된 교수자료가 되지만, 문제기반학습과 같은 구성주의 교수-학습방법에서는 문제와 학습에 필요한 학습자원(책, 논문, 인터넷 자료, 내용전문가의 강의 등)이 주된 교수자료가 된다. 이때 교수설계 단계에서 잠정적으로 전달 체제가 결정되었다면 교수자료의 선택 범위는 제한적이다. 하지만 만약 매체 형식과 전달 체제의 선정에 특별한 제한이 없다면 교수자료를 개발하는 동안 구체적인 내용이 바뀔 가능성이 높다.

어떤 매체와 자료를 선택(혹은 개발)할지 결정하기 위해서는 교육 프로그램을 운영하는 조직의 목표, 상황, 인적 · 물적 자원, 학습자 특성 등과 같은 여러 요소를 고려해야 한다. 하지만 교수자료의 선택과 개발 단계에서 가장 중요한 것은 이러한 자료가 학습자의 이해를 돕고, 동기를 유발하며, 효과적인 학습에 기여할 수 있어야 한다는 점이다. 이를 위해서는 체계적으로 잘 설계된 교수자료가 개발되어야 한다. 교수자료를 잘 설계하기 위해서는 처음부터 동기, 내용, 연습, 피드백과 같은 학습의 요소가 포함되어야 한다. 이러한 모든 과정이 'ASSURE 모형'에 잘 제시되어 있다.

ASSURE 모형은 교수목표와 학습내용을 전달하기에 적절한 교수매체의 선택 및 개발 과정을 도와준다. 이 모형은 학습자 분석(Analyze learners), 목표 진술(State objectives), 매체와 자료 선정(Select media and materials), 매체와 자료 활용(Utilize media and materials), 학습자의 참여유도(Require learner participation), 평가와 수정(Evaluate and revise)과 같은 매체 선정 및 활용의 6단계를 나타내는 철자의 머리글자를 딴 절차모형으로 효과적인 수업을 보장한다(assure)라는 의미를 내포하고 있다(Smaldino et al., 2012). ASSURE 모형은 복잡하고 전문성을 필요로 하는 교수체제설계 모형과는 달리 개별 교수자가 매체를 활용하고자 할 때 효과적으로 적용할 수 있다.

사용할 교수매체가 선정되면 매체 사용에 필요한 자료들을 선택하거나 제작하고 활용할 수 있어야 한다. 이 장에서는 가장 널리 사용되는 매체 자료인 텍스트와 시각자료를 제작하는 데 필요한 설계원리를 소개하고자 한다.

2. 교수매체의 개념과 활용

1) 교수매체의 개념

매체는 'medius'라는 라틴어에서 유래된 용어로서 '무엇과 무엇의 사이(between)'라는 의미를 가진다(Smaldino et al., 2012). 매체는 의사소통 과정에서 송신자와 수신자 사이에 정보를 전달하는 모든 채널을 의미하는 의사소통 수단이며 정보의 원천이다. 교수매체(instructional media)란 교수·학습 과정에서 교육내용을 효과적으로 전달하기 위해 사용되는 매체를 의미한다. 즉, 교수매체는 교육목표가 효과적이고 효율적, 매력적으로 달성되도록 교수자와 학습자, 학습자와 학습자, 학습자와 교육내용 사이의 의사소통을 통해 학습에 필요한 상호작용이 일어나도록 도와주는 다양한 형태의 매개수단 또는 여러 가지 체제를 의미한다(박성익 외, 2011; 이성흠 외, 2017). 초기의 교수매체는 교수활동을 하는 데 있어 내용을 구체화하거나 보충하여 학습자가 학습내용을 명확하게 이해할 수 있도록 도와주기 위해 활용되는 각종 인쇄자료, 텔레비전 및 라디오 등 미디어 자료, 컴퓨터, 인터넷 등 물리적 장치와 같은 자료나 기계를 의미했다. 그러나 지금은 매체를 보는 시각이 넓어져서 교수-학습 과정에서 교육목표를 달성하기 위하여 학습자와 교수자 간에 사용되는 모든 수단을 의미한다. 즉, 교수매체에 대한 광의의 개념에는 인적, 물적 자원을 포함한 교수-학습 환경까지 포함된다. 이러한 정의를 통해 볼 때, 교수매체는 교수자가 설정한 수업목표가 효과적이고 효율적이며 매력적인 방식으로 달성될 수 있도록 하기 위해 사용되는 다양한 형태의 매개수단 또는 제반체제라고 정의할 수 있다.

2) 교수매체의 기능과 효과

교수매체는 교육에 대한 매개적 보조기능, 정보전달 기능, 학습경험 구성 기능, 교수 기능을 가지고 있다(권성호, 2002). 매개적 보조기능이란 교수·학습 상황에서 교수매체가 효율적인 의사소통을 위한 매개이면서 보조적인 역할을 하는 것이다. 예를 들어, 교수매체가 학습자들의 주의집중 및 동기유발에 도움을 주어 학습자들의 수업 참여를 이끌기에 용이하고, 교수자와 학습자 간의 원활한 의사소통을 도와주는 기능으로 활용되는 것이다. 정보전달 기능이란 교수·학습 과정에서 매체가 정확한 정보를 전달하는 역할을 하는 것이다. 수업상황에서 교수매체는 많은 양의 정보를 신속하고 정확하게 전달하여 학습자들의 학습내용에 대한 이해와 집중을 도와주는 역할을 할 수 있다. 또한, 교수매체를 활용하면 언어와 이미지, 영상 등의 상징체계로 집약된 학습에 필요한 정보들을 시간과 공간의 제약 없이 제공할 수 있다. 다음으로 학습경험 구성 기능이란 교수매체 그 자체가 학습경험의 대상이 되는 것이다. 문제를 해결하거나 자료를 조사하기 위해 수업에서 활용할 수 있는 교수매체인 컴퓨터는 그냥 사용할 수 없으며 별도로 사용법을 익혀야 하는데, 이때 교수매체는 학습자들의 학습을 돕는 보조적 도구의 개념에서 벗어나 그 기능을 익히는 과정 자체가 학습의 대상이 될 수 있다. 이처럼 교수매체는 학습경험을 보조하는 기능도 있지만 동시에 학습경험을 구성할 수도 있다. 마지막으로 교수 기능이란 교수매체의 효과적 구성과 활용이 학습자들의 지적 기능을 개발하는 데 도움을 주는 역할을 하는 것이다. 교수 기능을 가진 교수매체에는 컴퓨터, 멀티미디어를 활용한 교수 프로그램 등이 있다.

교수매체는 교수 · 학습 과정에서 정확한 정보를 전달하고, 효율적인 의사소통을 위한 매개이면서 보조적인 역할을 수행하며, 교수 · 학습 환경에서 발생하는 소음이나 잡음 등 교육적 의사소통을 방해하는 요인들을 최소화하여 의미 있는 학습경험을 구성하는 교수 기능을 담당한다. 교수매체는 이러한 기능을 통해 다음과 같은 효과를 가져올 수 있다.

첫째, 학습자의 학습동기를 유발한다. 다양한 매체를 사용하여 교수 · 학습 내용을 제시함으로써 학습자들의 학습에 대한 관심을 불러일으키며, 주의를 집중시키고, 동기를 유발할 수 있다. 명료한 전달내용, 특수효과 등을 활용한 역동적인 수업진행과 관심거리 제공 등으로 학습의 즐거움을 제공함으로써 동기유발을 원활하게 하며, 학습에 대한 학습자들의 동기는 이어지는 학습의 효과를 높이는 데 유용하다.

둘째, 간접경험 및 적절한 상호작용을 통해 유의미한 학습경험을 가능하게 한다. 직접 현장을 방문하거나 만져보고 경험하기 어려운 상황에서 다양한 매체를 통한 상호작용 시각적 · 청각적 간접경험을 통해 학습자의 다양한 감각기관을 자극함으로써 구체적이고 다양한 형태의 정보를 짧은 시간에 전달할 수 있어 교수 · 학습 목표에 도달하는 데 필요한 시간이 감소되어 효율성을 높일 수 있다. 즉, 학습자 개개인에게는 매체를 통한 간접경험이 학습자들의 감성을 자극하고 이해를 도와 매체와 학습자의 상호작용을 이끌어낼 수 있다. 또한, 간접경험에 대한 학습자들의 토론 및 이를 활용한 다양한 학습활동 등은 학습자 간 상호작용을 통해 유의미한 학습경험이 가능하도록 한다.

셋째, 개별학습이 가능하도록 한다. 매체는 교수자나 학습자에게 필요한 시간과 장소에서 교수 · 학습 활동이 가능하도록 도와줄 수 있으며, 가상공간에서의 원격교육도 가능하게 한다.

넷째, 수업내용과 수행방법에 대한 직접적인 설명과 예시가 가능하다. 적절한 매체를 사용하여 추상적인 수업내용과 수행방법에 대해 구체적인 설명과 함께 예시를 제공할 수 있어 수업에 소요되는 시간을 단축할 수 있으며, 많은 양의 정보를 짧은 시간에 학습자에게 전달할 수 있다.

다섯째, 교수자와 학습자 역할에 대한 긍정적인 태도 형성이 가능하다. 매체를 활용하는 교육은 교수자가 수업과정에서 보다 긍정적인 역할을 할 수 있도록 돕는다. 매체를 활용한 충실한 수업 준비와 학습자들이 선호하는 매체의 활용을 통해 수업에서 자세한 설명을 위해 필요한 노력과 부담을 줄일 수 있으며, 이를 통해 중요 활동에 집중하고 개별지도나 학습자들에게 보다 많은 시간을 할애할 수 있다. 또한, 학습자는 학습에 대한 동기유발을 통해 적극적으로 학습에 임할 수 있고, 긍정적인 의사소통과 학습태도를 이끌어낼 수 있다.

여섯째, 수업활동의 표준화로 수업의 질 향상이 가능하다. 표준화된 교수매체는 교수자 개개인의 차이에 따른 수업의 차이를 줄일 수 있다. 교육내용에 적합한 매체의 활용은 기대수준에 근접한 학습이 가능하도록 하여 교수 · 학습 효과를 향상시킬 수 있다.

3) 교수매체의 종류와 분류 기준

교수매체는 수업에서 교사와 학습자 사이에 교육내용을 효과적으로 전달하기 위한 의사소통 수단으로 교육방법과는 구분된다. 다양한 교수 · 학습 매체는 각각의 특성을 가지고 있기 때문에 교육내용, 교수자, 학습자, 교육환경 등의 변인에 따라 적합한 특성의 매체를 활용할 수 있도록 매체를 바라보는 연구자들의 다양한 관점에 따라 상이하게 분류하고 있다. 예를 들어, 데일(Dale, 1969)은 학습자에게 경험을 제공하는 학습경험과 시청각 자료들을 구체성과 추상성의 정도에 따라 10단계로 분류한 '경험의 원추'를 고안하였다. 데일에 따르면 인간의 경험은 현실 그 자체와 같은 수준인 직접적이고 목적적인 경험에서부터 점차 간접성의 정도가 높아져 마지막에는 언어와 같은 추상적이고 고안된 경험에 이르는 원추 모양을 이루게 되는데, 추상성이 증대되면 짧은 시간에 보다 많은 정보가 압축될 수 있다.

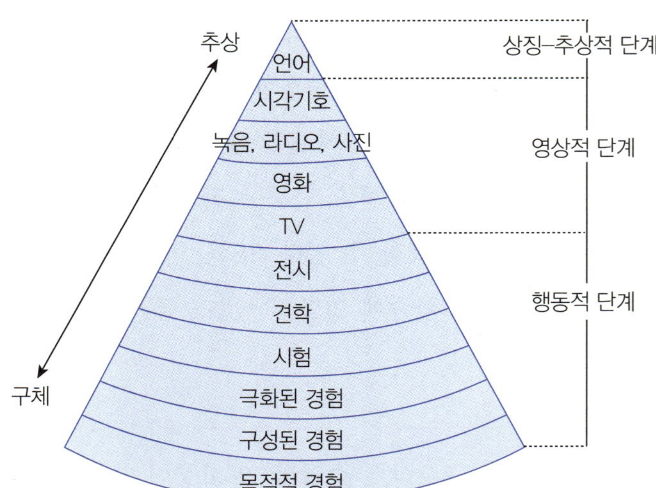

[그림 7-1] 경험의 원추(Dale, 1969)

한편, 로미조프스키(Romiszowski, 1988)는 [그림 7-2]와 같이 인간의 감각 기관에 기초하여 감각 통로와 교수자의 매체 통제 정도에 따라 매체를 분류하였고, 스말디노 등(Smaldino et al., 2005)은 넓은 의미의 교수 · 학습매체 개념을 적용하여 〈표 7-1〉과 같은 새로운 분류방법을 제시하였다.

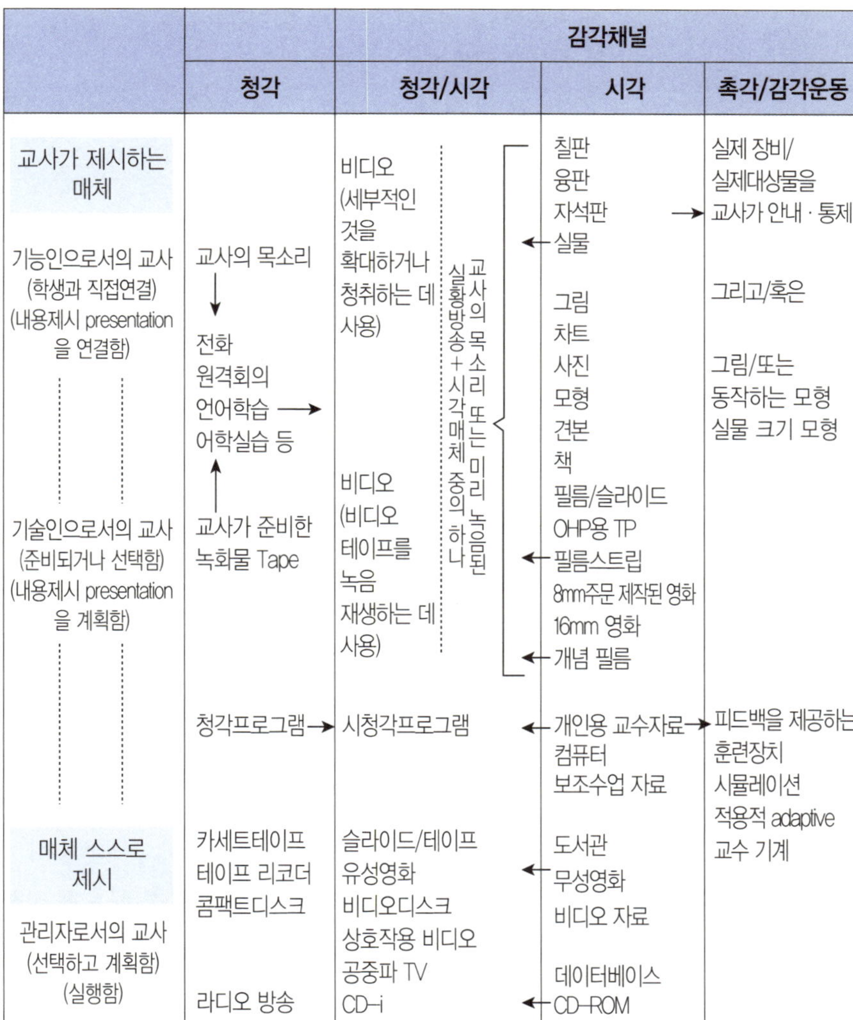

[그림 7-2] 감각통로와 교사의 매체 통제 정도에 따른 매체 분류
출처: 이성흠 외, 2017

〈표 7-1〉 교수매체의 여섯 가지 기본 유형 분류

분류	종류 및 예
글자와 숫자로 구성되는 전달내용	• 글자와 숫자로 구성되는 문자 • 책, 포스터, 칠판, 컴퓨터 화면 등에 표현
오디오	• 음성, 음악, 기계적 소리, 잡음 등이 포함 • 녹음이나 현장의 생생한 실제 소리
시각자료	• 포스터에 제시된 다이어그램, 칠판의 그림 • 사진, 책에 제시된 그래픽, 만화
동영상 자료	• 녹화물, 동영상에 나타나는 것과 같은 동적 움직임 • 실물과 모형을 매체보다는 학습자료로 간주
조작물	• 3차원이며 학습자에 의해 조작될 수 있는 매체 • 모의실험용 장치
사람 및 인적 요원	• 교사, 학습자, 내용전문가 등이 포함 • 학습자는 교사, 동료학습자, 다른 사람으로부터 학습이 가능

출처: 이성흠 외, 2017

또한, 글레이저(Glaser)는 매체가 학습에 어떠한 기능을 하느냐에 따라 시각, 청각, 시청각, 촉각과 같은 자극 기능으로서의 매체와 처리장치, 자료 수집 장치 등과 같은 반응 장치로서의 매체로 분류하였다. 이 외에도 전달 방식, 수업의 형태에 따라 매체를 분류하기도 한다. 이처럼 매체는 분류 기준을 무엇으로 보느냐에 따라 분류 형태가 달라지기 때문에 '어떤 매체는 어떤 부류의 매체로, 어떤 상황에서 활용되어야 한다.'고 단정 짓기 어렵다.

교수 · 학습과정에서 활용할 수 있는 매체의 종류와 형태는 무궁무진하게 다양하며, 과학기술 및 사회의 발달과 함께 빠르게 새로운 매체가 출현하고 있다. 교과서, 교재, 도서 등 인쇄매체가 가장 일반적으로 활용되는 매체이고, 교구, 영상, 인터넷 혹은 스마트 매체 등과 널리 활용되고 있다. 최근에는 기술의 발전에 따라 AR, VR, AI 등 새로운 매체들이 나타나고 빠른 속도로 발전하고 있다. 매체선택은 다양한 요인들에 의해 영향을 받는 복잡한 과정이기 때문에 매체를 선택할 때 〈표 7-2〉에 제시한 것과 같이 학습자의 특성, 수업의 상황, 학습목표와 내용, 매체의 물리적 속성과 기능, 학습장소와 시설, 실용적 요인을 고려해야 한다(박성익 외, 2011). 매체의 선택에 영향을 주는 매체 자체의 속성으로는 시각, 청각, 시청각, 동작, 색채 등이 있다. 예컨대, 내용을 시청각으로 제시할 것인가 아니면 시각으로만 제시할 것인가, 흑백으로 제시할 것인가, 컬러로 제시할 것인가? 등이 고려되어야 한다. 이러한 매체의 물리적 속성은 수업목표나 내용을 고려하여 선택된다. 예를 들면, 기계의 부품을 구별하는 것이 목표일 때는 그림이나 사진과 같은 시각자료를, 기계의 작동 원리를 설명하는 것이 목표라면 기계의 움직임을 보여줄 수 있는 동적인 매체를 선택하는 것이 바람직하다(박성익 외, 2011). 또한, 연령이 낮은 학습자에게는 그림을, 연령이 높은 학습자에게는 도표를 이용해 정보를 제시하는 것처럼 학습자의 연령이나 지적 수준, 태도, 교수자의 매체에 대한 태도나 사용 능력 등도 매체 선택에 영향을 미치는 주요 요인이다.

〈표 7-2〉 교수매체의 선정 기준

구분	항목	평가사항
학습 내용	학습목표와의 적절성	매체를 통해 제시된 내용이 학습목표와 일치하는가?
	내용의 신빙성	매체에 제시된 내용이 최신성과 신빙성을 가지고 있는가?
	학습동기 유발요소	매체를 사용하면 학습동기를 유발할 수 있는가?
	내용의 논리적 전개와 균형	내용의 논리적 전개와 균형정도는 어떠한가?
인적 요소	학습자 특성	학습자의 일반적 특성과 학습 집단의 크기에 적합한가?
	교수자 특성	교사는 매체를 다룰 수 있는 적합한 사용능력을 가지고 있는가?
매체 속성	학습내용의 표현 정도	구체적 실물부터 추상적 상징체제까지 표현이 적절한가?
	회화적 표현의 정도	실물, 사진 또는 그래픽을 이용한 표현이 적절한가?
	제시방법의 적절성 정도	매체를 제시할 수 있는 방법이 적절하게 준비될 수 있는가?
	기술적 질의 정도	매체가 가지고 있는 화질, 녹음, 음악, 색상 등의 정도가 적합한가?
	가격 적정성	매체를 구입 또는 복사할 때 비용은? 비용 대비 효과는 어떠한가?

4) 교수매체의 선정과 활용의 단계와 원칙

앞서 제시하였듯이 교수매체를 선정하기 위해서는 여러 가지 요소들을 고려해야 한다. 한 가지 예로 데일(Dale, 1969)은 교수매체의 선정 기준으로 전달하고자 하는 아이디어의 표현정도, 학습내용에 도움을 주는 정도, 학습자의 연령, 지능, 경험 등 개인적 특성과의 적합성, 매체의 물리적인 상태, 효과적인 사용을 위한 안내서의 존재, 학습자의 사고력과 창조력 배양에 도움이 되는 정도, 매체 이용에 드는 시간과 비용, 노력에 상응하는 가치 여부 등을 제시하였다. 이러한 다양한 기준을 고려하면서 매체를 선정하고 효과적으로 활용하는 것은 쉽지 않다. 이때, 매체의 선정과 활용을 도와주는 것이 바로 ASSURE 모형이다. ASSURE 모형은 매체와 자료를 효과적이고 체계적으로 활용하기 위한 지침이자 일종의 절차모형으로, 교수-학습의 과정을 일련의 수업의 사태로 보는 가네(Gagné)의 관점을 기반으로 개발되었다(Heinich et al., 1999). ASSURE 모형은 매체의 선정과 활용을 6단계, 즉 ① 학습자 분석(Analyze learners), ② 목표 진술(State objectives), ③ 교수매체와 자료의 선정(Select methods, media and materials), ④ 교수매체와 자료의 활용(Utilize media and materials), ⑤ 학습자의 참여유도(Require learner participation), ⑥ 평가와 수정(Evaluation and revise)으로 구분하여 제시하고 있다.

(1) 학습자 분석

학습자 분석에서는 학습자의 일반적 특성과 출발점 행동 등을 분석한다. 일반적인 특성이란 연령, 성별, 직업이나 지위, 학습스타일, 매체에 대한 태도나 사용 능력, 지적 수준, 태도, 학습자가 처한 환경 등을 의미한다. 또한, 출발점 행동이란 학습할 내용과 관련하여 학습자가 현재 가지고 있는 지식과 능력을 의미한다. 구체적인 출발점 행동을 확인하기 위해서는 필요한 능력들을 목록화하고, 수업실행 전 출발점 검사를 실시해야 한다.

학습자의 특성을 분석할 때 흔히 하는 실수 중 하나가 학습자들의 모든 특성을 분석하는 것이다. 분석된 모든 특성들을 반영하여 수업계획을 한다는 것은 현실적으로 불가능하며, 고려하지 않을 특성을 조사하는 것은 학습자에게도 부담을 줄 수 있다. 따라서 학습자 분석에 있어서 효율성을 추구하기 위해서는 학습에 영향을 미칠만한 특성을 선택적으로 분석하는 것이 필요하다. 예컨대, 기업교육의 장면에서는 성별이나 연령보다는 직무분야나 직급이 매체 선정에 더 중요한 영향을 미치는 요소일 수 있다. 따라서 학습에 영향을 미칠 수 있는 학습자의 일반적인 특성을 선별적으로 조사하여 분석하는 것이 필요하다.

학습자들의 일반적 특성과 구체적 출발점 능력, 학습양식을 분석한 정보는 ASSURE 모형을 적용한 수업을 설계할 때 의사결정 과정을 안내하고, 각 학습자들의 독특한 요구를 반영하는 의미 있는 수업을 설계하고 실행하는 데 도움이 된다. 학습자 분석의 예로 A가전 엔지니어 대상 교육 프로그램 개발을 위해 요구분석 단계에서 실시한 학습자 결과 분석 사례를 [그림 7-3]에 제시하였다. 학습자 특성 분석서의 맨 아래에 교수설계자가 제안한 설계 방향을 살펴보면 서비스 마인드에 대한 온라인교육이 제안된 것을 확인할 수 있다. 이러한 제안은 학습자인 엔지니어들이 서비스 마인드에 대한 기본 지식이 없으므로 이들을 대상으로 한 교육이 필요하지만, 학습에 할애할 수 있는 시간이 3시간 미만으로 적고, 온라인교육이 익숙하다는 학습자 분석을 통해 제시된 것이다. 실제 교수-학습 장면에서 학습자 분석의 단계는 종종 생략되거나 약식으로 진행되는 경우도 있다. 하지만 학습자 특성 분석을 통해 전체적인 수업의 방향과 매체 선정에 필요한 중요한 단서를 얻을 수 있기 때문에 학습자 분석의 단계를 제대로 실행하는 것이 좋다.

학습자 특성 분석서

분석 방법/도구	
기존 설문조사 자료 현존 자료 분석	
1. 출발점 행동 분석	
[출발점 행동] 서비스 마인드에 대한 기본 지식	
[학습자 직무 / 선수지식 수준] 고객응대, 엔지니어 서비스 제공 / 서비스 마인드보다 엔지니어 기술만 습득	
[선수 학습 필요유무]	□ 유 ■ 무
2. 일반적 특성	
학습자 성격	연령 □ 20~30대 ■ 30~40대 □ 40~50대 □ 50대 이상
	성별 □ 여자 ■ 남자 □ 혼합
	직급 □신입 ■ 대리 □ 과장~부장 □ 임원
	학습할애 시간(주) ■ 3시간 미만 □ 3시간~5시간 □ 5시간 이상
	학습장소 ■ 직장 □ 집 □ 기타 ( )
	진행 속도
선호도	콘텐츠 유형
	학습방법
	평가방법
온라인 교육경험	■ 유 (과목명 :) □ 무
학습자규모	□ 100명 미만 ■ 100명 이상~500명 미만 □ 500명 이상 ~ 1000명 미만 □ 1000명 이상
분석자의 전체적 recommendation－설계방향	
교육을 위해 서비스 마인드에 대한 기본적인 지식과 태도가 필요하나, 학습자인 엔지니어들은 서비스 마인드보다는 엔지니어 기술만 습득한 상태이다. 학습자는 대략 30~40대 남자로 직장에서 3시간 미만으로 학습에 시간을 할애할 수 있으므로 온라인 교육이 필요하며, 서비스 마인드에 대한 기본 교육이 필요하다.	

[그림 7-3] 학습자 분석 결과의 예

(2) 목표 진술

목표 진술 단계에서는 학습자가 수업의 결과로 무엇을 할 수 있게 될 것인가의 관점에서 목표를 진술한다. 목표를 진술할 때에는 관찰 가능하고, 수업을 통해 궁극적으로 학습자가 도달해야 하는 지식, 기능, 태도를 명확하게 진술해야 한다. 명확한 진술을 위해서는 '예를 들 수 있다', '분류할 수 있다', '선택할 수 있다', '자세를 취할 수 있다' 등과 같은 행동동사를 활용하는 것이 좋다. 또한, 학습자가 기대하는 행위에 도달했는지를 평가할 수 있는 구체적인 기준과 조건도 목표 진술에 포함되어야 한다. 예를 들어, 서비스센터의 현관 안내 도우미들을 위한 서비스 교육에서 '(신입 현관 안내 도우미가) 친절하게 고객을 응대할 수 있다.'라는 목표는 친절하게 고객을 응대한다는 것이 무엇인지 모호하며 구체적이지 않다. 따라서 '고객이 서비스센터에 들어왔을 때(조건), 5단계의 절차별 서비스 기법에 따라(기준) 고객을 응대할 수 있다(행동동사)'와 같이 구체적으로 학습자가 도달해야 할 목표를 분명하게 제시하는 것이 좋다.

(3) 교수 매체와 자료 선정

매체와 자료의 선정 단계에서는 수업의 목적을 달성할 수 있도록 적절한 수업방법과 매체를 선택하고, 이것을 실행하기 위한 자료를 선정하게 된다. 이를 위해 우선 주어진 학습과제에 적합한 방법을 결정하고, 방법을 수행하는 데 적당한 매체 유형을 선택하고, 선택한 매체 유형 내에서 특정 자료를 선택하거나 기존 자료를 수정하거나 새로운 자료를 설계하는 과정을 거친다. 이때 다음과 같은 질문이 자료 선택의 기준으로 활용될 수 있다(Heinich et al., 2002).

〈표 7-3〉 교수 자료 선택을 위한 체크리스트

항목	예	아니오
교육목표와 일치하는가?(목표를 성취하기 위해 필요한가?)		
정확하고 최신의 것인가?		
분명하고, 정확한 언어를 사용하고 있는가?		
흥미를 유발하고 유지시키는가?		
학습자의 참여를 유발하는가?		
기술적 품질이 좋은가?		
자료의 효과성에 대한 증거가 있는가?		
의도적인 편견이나 상업광고적인 성격이 없는가?		
사용자 안내문을 포함하고 있는가?		

(4) 교수매체와 자료의 활용

매체와 자료를 선정한 후에는 선택한 자료들을 어떻게 활용할 것인가에 대한 계획을 세워야 한다. 효과적인 활용을 위해서는 자료를 사전에 확인하고, 강의장 배치와 필요한 기자재나 시설을 포함하여 자료를 활용할 환경을 점검하고, 실제 활용하기 전에 연습해 보는 것이 필요하다. 이 과정은 공학, 매체, 자료의 사전 검토(Preview the technology, media, materials), 공학, 매체, 자료의 준비(Prepare the technology, media, materials), 환경 준비(Prepare the environment), 학습자 준비(Prepare the learners), 학습경험 제공(Provide the learning experience)의 5P 절차를 따른다. 첫째, '공학, 매체, 자료의 사전 검토' 단계에서는 선택된 매체와 자료를 사전에 확인한다. 해당 매체와 자료를 효과적으로 활용하기 위해서는 선택된 매체 및 자료에 대한 일반적인 평가 자료와 동료 교수자들의 평가 자료를 검토한 후, 직접 사용해 보고 전체적인 내용과 문제점을 살펴보는 것이 필요하다. 둘째, 준비 단계에서 교수자는 자신이 계획하는 수업활동을 위한 매체와 자료를 준비하고, 어떤 순서와 방법으로 자료나 매체를 사용할 것인지 결정해야 한다. 셋째, '환경 준비' 단계에서는 수업을 하려는 장소가 매체를 사용하기에 적절한지 확인한다. 매체와 자료를 효과적으로 사용할 수 있도록 시설이 갖추어져 있는지, 제대로 작동하는지 점검하고, 모든 학생들이 잘 보고 들을 수 있도록 시설과 자리를 배열하는 것이 모두 환경준비 단계에 속한다. 넷째, 학습에 관한 연구결과에 따르면 수업의 효과는 학습자를 어떻게 준비시키느냐에 따라 달라질 수 있다(Gagné et al., 1992). 즉, 학습자에게 수업에 대한 적당한 기대감과 동기를 갖도록 다음 중 하나 이상의 적절한 준비를 하는 것이 필요하다.

- 수업 내용에 대해 전반적인 개요를 제시하는 안내
- 그 내용이 실세계 적용과 어떤 관련성이 있는지 말해주는 논리적 설명
- 그 내용에 대해 알아야 할 필요성을 느끼게 하는 동기적 진술
- 수업의 특별한 측면에 주의를 기울이도록 지시하는 단서

다섯째, '학습경험 제공하기'는 모든 준비가 끝나고 매체를 활용하여 수업을 실행하는 단계이다. 일반적으로 교수자 중심의 설명식 수업에서는 강의와 같은 방법으로 자료를 제시하게 된다. 학습자 중심형 수업이라면 토론이나 인터넷을 활용한 주제 탐구 등과 같은 자료가 주어진다.

(5) 학습자 참여 유도

수업 과정에서 학습자의 참여를 요구하는 이유는 학습자들이 학습과정에 능동적으로 참여해야 학습이 향상되기 때문이다. 학습자들이 목표로 하는 지식이나 기능을 연습할 수 있는 기회는 토론, 퀴즈 등을 통해 다양하게 제시할 수 있으며, 이러한 활동에 대해 피드백이 제시되어야 보다 의미 있는 학습경험이 될 수 있다.

(6) 평가와 수정

마지막으로 평가와 수정 단계에서는 학습자가 성취한 정도를 평가할 뿐만 아니라 수업에서 활용된 학습 방법과 매체에 대해서도 평가하고 평가 결과에 따라 수정을 해야 한다. 매체에 대한 평가에는 매체 및 수업자료가 효과적이었는지, 개선할 점은 무엇인지, 학습자의 성취적 관점에서 비용 효과적이었는지, 학습자의 흥미를 일으키는 데 효과적이었는지, 의미 있는 학습자 참여를 제공해 주었는지에 대한 평가가 포함된다. 만약 의도했던 것과 실제 달성할 것 사이에 차이가 있다면 다음 수업을 위해 수정의 단계를 거친다.

결론적으로 ASSURE 모형은 학습자 개개인의 특성을 분석하고 이해하며, 교수·학습의 상황에 따라 사용 매체의 개발과 선정, 활용을 결정하는 데 유용한 모형이다. 〈표 7-4〉에는 ASSURE 모형의 단계에 따라 단계별로 고려해야 할 사항을 정리하여 제시하였다.

〈표 7-4〉 ASSURE 모형의 단계와 단계별 고려사항

구분	고려해야 할 사항
학습자 특성 분석 (Analyze Learners)	학습자의 일반적인 특성인 연령, 학력, 직위, 적성, 문화, 사회 · 경제적 요인 등을 분석
	'출발점 행동 분석'을 통해 학습자가 이미 가지고 있는 지식이나 기술이 어느 정도인지, 현재 가지고 있지 못한 지식과 기능을 종합적으로 분석
	'학습유형 분석'을 통해 개별 학습자의 학습환경에서의 지각 정도, 상호작용, 반응 등 심리적 특성을 분석
목표의 설정 (State Objectives)	학습자의 입장에서 수업을 받은 결과 무엇을 할 수 있는지에 대해 기술
	학습의 조건, 학습자가 수용할 수 있는 정도 등을 포함
	ABCD(Audience 대상자, Behavior 행동, Condition 학습조건, Degree 평가) 규칙에 따라 학습목표 진술

학습방법, 매체, 자료 선정 (Select Method, Media, Materials)	적합한 교수방법과 매체 형태를 선정하고 여기에 활용할 자료를 결정
	학습에 적합한 교수방법 결정 → 교수방법 수행에 적합한 매체 형태 선택 → 매체 형태로 사용 가능한 자료가 있다면 선정 혹은 변형, 없는 경우 제작
매체와 자료의 활용 (Utilize Media and Materials)	자료의 선정, 변형, 제작 여부와 관계없이 자료 사전 검토, 미리 실습, 수업 준비, 필요 장비와 설비 등을 갖추어 매체에 맞는 활용기법 사용 수업 실시
학습자 참여 유도 (Require Learner Participation)	효과적인 수업을 위해 학습자의 적극적 사고활동과 참여 유도
	학습자 반응을 유도하기 위해 토의, 퀴즈, 연습과제 등을 준비하거나 매체 활용 후 과제를 주어 더 활발한 참여를 이끎
평가와 수정 (Evaluate and Revise)	수업 후 수업의 영향과 효과를 평가
	학습자 평가뿐만 아니라 전반적인 수업과정 평가
	학습목표 성취 정도, 교육방법과 매체활용의 유용성 정도, 학습자료의 적절성 등을 평가하고 수정·보완

3. 미래형 교수매체

1) 교수 · 학습 미래의 거시적 동향

매체의 활용에 있어서 핵심적인 관점은 매체를 학습자 사고의 도구로서 또는 사고 반영의 도구로서 활용하는 것이다. 이러한 관점에서 볼 때 교수자는 새로운 매체가 등장하면 그 특징과 장점을 파악하고, 자신의 수업에 활용하여 보려는 노력을 하는 것이 필요하다. 하지만 정보통신기술은 하루가 다르게 발전하고 있고, 미래의 교수 · 학습 환경에서 어떠한 테크놀로지가 어떤 형태로 사용될지에 대해 예측하는 것은 쉽지 않다. 교수 · 학습 분야에서 적용 가능한 최신 테크놀로지 동향을 파악하는 데 유용하게 활용할 수 있는 자료 중 하나는 'Horizon Report'이다. Horizon Report는 새롭게 부각되는 정보통신 관련 테크놀로지를 찾아내고 이러한 테크놀로지가 교수,

학습, 연구, 창작활동 등에 어떠한 영향을 미칠 것인가를 예측한 자료이며, 온라인 위키(http://www.nmc.org/nmc-horizon)를 통해 관련 내용을 확인할 수 있다(계보경 외, 2023). 2022년 발간된 Horizon Report에서는 교수・학습의 미래를 결정할 거시적 동향을 사회, 기술, 경제, 환경, 정치의 다섯 가지 범주로 나누어 〈표 7-5〉에 제시하였다.

〈표 7-5〉 고등교육 교수·학습 미래를 결정할 거시적 동향

구분	내용
사회동향	• 하이브리드/온라인학습 • 스킬 기반 학습 • 원격 근무
기술동향	• 학습분석과 빅데이터 • 교수 전달방식의 재정의 • 사이버 안전
경제동향	• 대학 학위의 취득 비용과 그 가치 • 디지털 경제 • 재정 적자
환경동향	• 물리적 캠퍼스 구조 • 지속가능발전목표(SDGs)의 달성 • 지구의 건강
정치동향	• 고등교육의 불확실성을 가져오는 정치적 불안정성 • 페다고지에 영향을 미치는 정치적 이념 • 공공펀드의 삭감

Horizon 전문가 위원회는 고등교육 교수・학습에 지대한 영향을 미칠 것이라고 예측되는 핵심기술로 AI 기반 학습분석, AI 기반 학습도구, 하이브리드 학습 공간, 하이브리드 및 원격 학습 방식의 주류화, 마이크로 크리덴셜(Micro-Credential), 하이브리드 및 원격학습을 위한 전문성 개발을 꼽았다. 이 중 기업교육 분야에서 주로 활용되고 있거나 주목해야 할 이슈로 하이브리드・온라인 학습, 스킬 기반 학습, 학습분석과 빅데이터, 교수전

달 방식의 재정의에 대해 구체적으로 살펴보면 다음과 같다.

첫째, 하이브리드 및 온라인 학습이다. 코로나19 팬데믹으로 인해 우리의 삶은 전반적으로 온라인 및 원격 방식으로 재편되었으며, 온라인 및 원격 방식에 대한 수요는 한동안 지속될 것으로 보인다. 많은 교육기관들이 팬데믹 기간 동안 선택한 원격교육 모델은 새로운 하이브리드 및 온라인 프로그램과 과정을 제공하고자 자원과 인프라 개선을 계획하고 있다. 실질적인 하이브리드 및 온라인 교수법 개발과 교수설계 및 교수진의 전문성 개발은 이후에도 지속될 필요가 있다.

둘째, 스킬 기반 학습이다. 언제 어디서나 온라인에 접속하여 수업을 듣거나 흥미 기반의 일회성 기술을 온라인 과정으로 들을 수 있다. 비학점 및 비전통적인 교육과 기술 훈련에 대한 기대와 수요는 향후에도 증가할 것이다. 이러한 맥락 속에서 학생과 평생학습자들은 전통적인 대학 학위 프로그램보다는 경력을 발전시키기 위한 흥미로운 기회로서 더 실용적이고 맞춤화된 기술 기반 과정과 마이크로 크리덴셜에 더 많은 관심을 보일 것으로 예측된다. 주요 기술 기업들은 채용 공고 시 4년제 학위 요건 대신 실제 업무에 적용될 기술과 역량을 자격요건으로 내세우고 있으며, 이러한 변화로 인해 교육기관이 현재와 미래 인력을 교육하며 기술을 숙련시키고, 새로운 기술을 가르치기 위해 변화된 소비자와 산업 동향에 더 적합하고 매력적이고 유연한 기술 기반 자격인증 프로그램 개발이 필요할 것이다. 예를 들어, 아마존은 직무 향상 프로그램으로 새로운 'Surge2IT Program'을 출시하여 직원들이 새로운 고급 기술을 배움으로써 수요가 많고 임금이 높은 IT 직책을 맡도록 지원하기 위해 입문 단계의 IT 직원에게 40시간 분량의 교육 콘텐츠를 제공하고 있다.

셋째, 학습분석과 빅데이터에 대한 관심은 지난 5년간 학생들의 성과 향상과 학습관리시스템 같은 서비스를 자동화하려는 움직임으로 이어졌다. 그러나 빅데이터 시스템의 구현은 대학에 많은 변화를 가져오지 못했고, 많은 양의 데이터가 수집되지만 거의 활용되지 않아 성과 향상이나 시스템에 의미 있는 변화를 가져오지 못했다. 학습분석과 빅데이터에 대한 진전을 확인하려면 기관 전체의 신중한 데이터마이닝 전략이 필요하다.

넷째, 교수 전달방식의 재정의이다. 변화하는 요구사항 충족을 위해 하이플렉스(HyFlex), 혼합형(blended), 하이브리드(hybrid), 플립형(flipped), 실시간(synchronous), 하이브리드 온라인(hybrid online), 가상학습(virtual learning) 등과 같은 새로운 모델이 개발되고 있으며, 이러한 모델들과 관련된 다양한 용어도 새롭게 만들어지고 있다. 이러한 용어의 혼란은 궁극적으로 효과적인 의사소통에 의존하는 강사와 학생들에게 추가적인 장애물로 이어질 수 있으므로 공유된 재정의가 필요할 것으로 보인다.

2) 실시간 온라인 상호작용을 위한 교수매체

코로나19 팬데믹으로 인해 온라인 실시간 교육이 새롭게 부상하면서 비대면·온라인 방식의 교육이 널리 활용되고 있다. 팬데믹으로 인해 온라인 플랫폼 이용자 수가 급증하면서 기술적인 안정성 문제 등의 발생으로 인해 교육의 효과성을 높이려는 노력보다 오프라인에서 하던 교육을 온라인으로 옮기는 교수자 중심의 일방향 강의가 대부분이었으나 온라인 플랫폼의 안정성이 확보되고, 교육에 적합한 다양한 기능들이 추가되고, 온라인 실시간 교육 운영 노하우까지 쌓이면서 교수자와 학습자 사이의 활발한 상호작용을 전제로 하는 실시간 온라인 교육이 보편적으로 활용되고 있다. 여기에서는 온라인 기반 실시간 수업에서 활용할 수 있는 상호작용 도구들을 소개하였다. 상호작용 도구는 크게 온라인 플랫폼에 내장된 설문, 화이트보드, 소그룹 회의, 채팅 등의 도구와 카훗, 슬라이도, 패들렛, 구글독스와 같은 별도의 웹 기반 프로그램으로 구분할 수 있다. 온라인 플랫폼은 기관마다 사용되는 플랫폼이 상이하기 때문에 여기에서는 웹 기반 프로그램 도구와 'toptools4learning.com' 사이트에서 발표한 교육 및 학습 분야에서 선정된 디지털 도구들을 소개하였다.

첫째, 카훗(Kahoot)은 온라인 강의 중 실시간으로 퀴즈를 풀 수 있는 서비스이다. 객관식, OX형, 퍼즐형, 단답형 등 다양한 유형의 문제를 제공할 수 있으며, 퀴즈 결과에 대해 문제별 정답률, 학습자별 성적 등의 결과자료를 제공한다.

둘째, 슬라이도(slido)는 카훗과 동일하게 실시간으로 퀴즈를 풀 수 있고, 실시간 투표나 설문에도 활용할 수 있는 도구이다. 객관식, 주관식, Word Cloud, 별점, 정답이 정해진 퀴즈형 등의 문제를 제공할 수 있다.

셋째, 패들렛(Padlet)은 자유롭게 메모를 작성하여 붙이는 방식으로 의견을 공유하는 웹 기반 도구이다. 텍스트, 웹링크, 사진, 음성, 그림 등 다양한 메모 형태를 제공하며, 작성이 완료된 보드는 pdf, 이미지, csv로 저장이 가능하다.

넷째, 구글독스(Google docs)는 웹 기반에서 다양한 문서 편집 프로그램으로 이용 가능하다. 문서 작업 시 여러 참여자와 같이 협업하여 작성 내용의 실시간 공유와 저장이 가능하다는 특징이 있다.

'toptools4learning.com' 사이트에서는 2007년부터 매년 교육 및 학습 분야에서 사용되는 디지털 도구들을 평가하고 선정하여 발표하고 있다. 이 사이트에서는 전 세계 교육 분야에서 활용되는 디지털 도구들을 대상으로 설문조사를 실시하고, 이를 바탕으로 선정된 상위 100개의 디지털 도구를

[그림 7-4] 실시간 온라인 상호작용을 위한 웹 기반 도구(좌측 상단부터 시계방향으로 카훗, 슬라이도, 패들렛, 구글독스 화면)

발표하는데 선정기준은 도구의 사용빈도, 성능, 편의성 등이다. 2023년 9월에 발표한 범주별로 선정된 디지털 도구는 [그림 7-5]에 제시하였다.

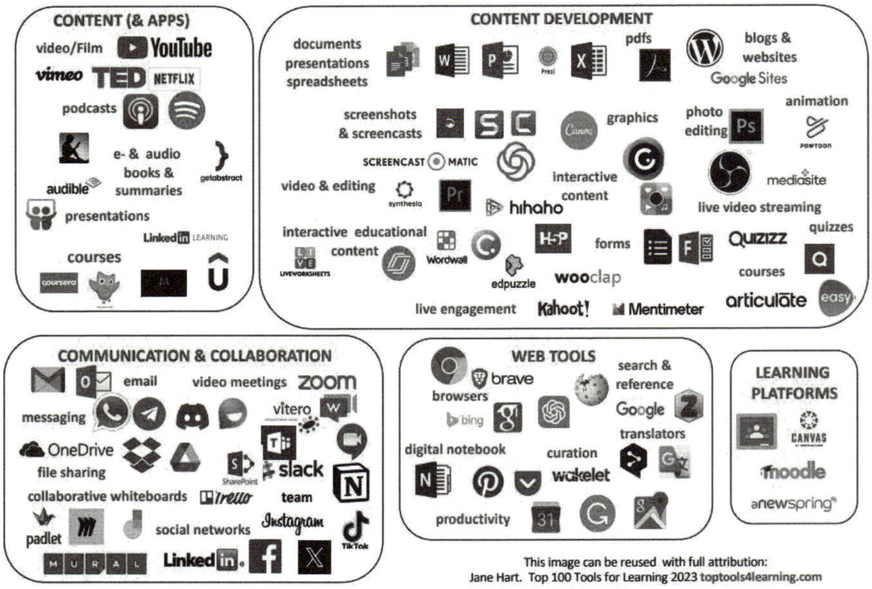

[그림 7-5] 'toptools4learning'에서 선정한 범주별 디지털 도구

종합적인 순위를 살펴보면 유튜브는 7년 연속 종합 1위이며, ChatGPT는 4위로 신규 진입하였다. 또한, 팬데믹으로 인해 2020년 2위에 올랐던 줌은 10위로 전년보다 5단계 하락하였다.

〈표 7-6〉 top tools for learning에서 선정한 상위 10개 디지털 도구

순위	작년 대비 변동사항	도구	설명
1	동일	YouTube	비디오 호스팅 및 공유 플랫폼
2	+1	Google Search	검색 엔진
3	+1	Microsoft Teams	기업 협업 플랫폼
4	신규	ChatGPT	자연어 텍스트를 이해하고 생성하는 AI 챗봇
5	−3	PowerPoint	마이크로소프트 프레젠테이션 소프트웨어
6	+1	LinkedIn	비즈니스 전문 소셜 미디어 플랫폼
7	+3	Wikipedia	온라인 백과사전
8	동일	Word	마이크로소프트 문서작성 소프트웨어
9	−3	Google Docs & Drive	온라인 문서편집기 및 파일공유 플랫폼
10	−5	Zoom	화상회의 플랫폼

4. 설명식 수업을 위한 교수자료 개발

교수실행을 위해서는 교수자료가 선택 또는 개발되어야 하고, 이를 위해서는 교육 프로그램을 운영하는 조직의 목표, 상황, 인적·물적 자원, 학습자 특성 등과 같은 여러 요소에 대한 고려가 필요하다. 설명식 수업을 위해 활용되는 교수자료는 교수자용 매뉴얼, 학습자용 자료, 프레젠테이션 자료, 보조자료, 참고자료 등이 있다. 이러한 자료들은 다양한 형태의 매체를 활용하여 인쇄물, 파워포인트, CD-ROM, 웹을 활용한 e-Learning 등과 같은 형태로 제작될 수 있다. 하지만 일반적인 설명식 수업에서 가장 일반적

으로 활용되는 자료는 인쇄자료이다. 인쇄자료는 유인물 같은 단순한 형태에서부터 매뉴얼이나 책과 같은 복잡한 형태까지 다양한 유형으로 활용될 수 있다. 인쇄자료가 단순한 정보 전달을 넘어 학습을 촉진하는 자료로 활용되기 위해서는 효과적인 인쇄자료의 설계와 제작 원리를 반영한 개발이 중요하다.

1) 텍스트 디자인과 인쇄자료 개발

교육·훈련 상황에서 일반적으로 활용되고 있는 전통적인 학습자료인 교과서, 매뉴얼, 유인물 등이 대표적인 인쇄자료이다. 인쇄 기반 텍스트는 기본적으로 저자가 독자에게 메시지를 전달하는 커뮤니케이션 과정 중 하나로 볼 수 있다. 효과적인 인쇄자료의 개발을 위해서는 텍스트 디자인 원리를 잘 활용해야 한다. 텍스트 디자인의 요소로는 글자체와 크기, 줄 간격과 여백, 텍스트의 조직, 일관성 등이 있다(오인경, 최정임, 2005). 텍스트 사용 시 주의해야 할 점은 판독성(legibility)과 가독성(readability)이다. 판독성이란 글자가 눈에 잘 띄는 것을 말하는 것으로, 낱글자 형태를 식별하고 인지하는 과정을 의미한다. 예컨대, [그림 7-6]에 제시한 도로 표지판 내용 중 아래쪽에 쓰인 'STOP'이라는 글씨를 멀리서도 더 정확하게 알아볼 수 있다. 이는 산세리프(sans serif)체가 세리프(serif)체보다 판독성이 높기 때문이다. 판독성에는 글자 크기, 주변 여백, 색깔 등이 영향을 미친다. 판독성

[그림 7-6] 글자체에 따른 판독성의 예

을 높이기 위해서는 지나치게 무겁거나 가벼운 서체, 지나치게 글자의 폭이 넓거나 좁은 서체는 피하는 것이 좋다.

[그림 7-7] 세리프체(좌)와 산세리프체(우)
주: 세리프란 글자와 기호를 이루는 획의 끝부분이 돌출된 형태를 의미하며, 산세리프체는 세리프가 없는 폰트를 의미함

가독성은 문자, 기호, 도형 등을 얼마나 효과적으로 읽고 이해할 수 있는지에 관한 정도로, 가독성이 높은 텍스트는 같은 시간 안에 피로를 덜 느끼고 빨리 읽을 수 있다. 서체, 글자크기, 행의 길이, 줄 간격, 자간 간격, 획폭비, 정보의 양과 크기, 여백, 종이의 질, 글자체에 대한 독자의 익숙함 정도는 가독성에 영향을 미친다. 예를 들면, 필기에 익숙하지 않은 독자라면 필기체의 텍스트가 불편함을 줄 수 있다.

가독성은 문자, 기호, 도형 등을 얼마나 효과적으로 읽고 이해할 수 있는지에 관한 정도로, 가독성이 높은 텍스트는 같은 시간 안에 피로를 덜 느끼고 빨리 읽을 수 있다. 서체, 글자크기, 행의 길이, 줄 간격, 자간 간격, 획폭비, 정보의 양과 크기, 여백, 종이의 질, 글자체에 대한 독자의 익숙함 정도는 가독성에 영향을 미친다. 예를 들면, 필기에 익숙하지 않은 독자라면 필기체의 텍스트가 불편함을 줄 수 있다.	가독성은 문자, 기호, 도형 등을 얼마나 효과적으로 읽고 이해할 수 있는지에 관한 정도로, 가독성이 높은 텍스트는 같은 시간 안에 피로를 덜 느끼고 빨리 읽을 수 있다. 서체, 글자크기, 행의 길이, 줄 간격, 자간 간격, 획폭비, 정보의 양과 크기, 여백, 종이의 질, 글자체에 대한 독자의 익숙함 정도는 가독성에 영향을 미친다. 예를 들면, 필기에 익숙하지 않은 독자라면 필기체의 텍스트가 불편함을 줄 수 있다.

[그림 7-8] 서체, 줄 간격, 자간 간격에 따른 가독성 차이에 관한 예

판독성과 가독성 이외에도 인쇄자료의 개발을 위해서는 학습자가 이해하기 쉽고, 명료하게 문장을 작성하는 것과 함께 학습자의 주의를 끌고, 중요한 것을 강조하고, 기억하기 쉽게 자료를 구조화하는 것이 중요하다.

2) 시청각 자료의 설계원리와 파워포인트 자료 개발

인쇄자료 이외에 교수를 위한 매체를 사용할 때 가장 일반적으로 활용되는 또 하나의 자료는 시청각 자료이다. 시청각 자료는 사진, 슬라이드, e-Learning 자료 등에 이르기까지 광범위하게 적용된다. 시청각 자료는 말이나 텍스트의 내용을 쉽게 이해할 수 있도록 돕는다. 잘 개발된 시청각 자료는 학습자 이해에 매우 유용한 도구가 되지만 그렇지 못한 경우에는 오히려 학습을 방해할 수 있다. 따라서 학습자의 주의집중, 인지 부하, 동기유발 등의 측면을 고려한 시각 다자인 설계 원리를 반영하여 자료를 개발하는 것이 필요하다.

한 가지 예로서 '번개를 동반한 폭풍이 어떻게 발달하는가?'를 세 가지 방식으로 설명한다고 가정해 보자. 첫 번째 방식은 번개를 동반한 폭풍우가 어떻게 발달하는지 언어의 형태로 설명하는 것이고, 두 번째 방식은 주석이 달린 삽화의 형태로 번개 형성 원리를 설명하는 것이다([그림 7-9] 참조). 그리고 세 번째 방식은 내레이션을 포함한 애니메이션의 형태로 번개 형성 과정을 설명하였다. 이 세 가지 방식 중 어떤 방식의 설명이 가장 효과적일까? 가장 효과적인 방식은 설명과 함께 그림을 보여주는 세 번째 방식이다. 왜냐하면, 세 번째 방식이 설명과 그림을 통합하여 제시함으로써 인지부하(Cognitive Load)를 줄여주기 때문이다. 따라서 시청각자료를 개발할 때에는 학습효과를 결정짓는 요인을 찾아내고 고려하는 것과 함께 학습의 가능성을 극대화하기 위해 인지부하이론(Cognitive Load Theory)에 기반하여 교수-학습자료를 개발할 필요가 있다.

[그림 7-9] 삽화 형태로 제시된 번개 형성 원리
출처: Mayer & Moreno (1998), p. 313

인지부하이론은 정보를 처리하는 데 필요한 정신적 에너지에 대해 설명해 준다. 학습자가 특정 과제를 수행할 때 학습자의 인지체계에 부과되는 부하, 즉 정신적 에너지는 내재적(intrinsic), 외재적(extrinsic), 본유적(germane) 인지부하로 분류된다(Paas et al., 2003). 내재적 인지부하는 학습 내용의 양적 측면과 관련된 것이고, 외재적 인지부하는 작동기억의 제한을 무시하고 비합리적 교수설계를 감행하여 학습자에게 부담이 되는 내용이 제시됨에 따라 발생하는 부하현상이다. 본유적 인지부하는 작동기억 용량의 범위 안에서 학습과 직접 관련이 있는 정신적 노력으로 인해 발생하는 인지부하를 의미한다. 인지부하이론의 핵심은 인간의 작동기억에는 한계가 있기 때문에 학습자에게 너무 많은 양의 정보를 한꺼번에 제공하면 인지적 과부하를 일으켜 효과적인 학습을 방해하게 된다는 것이다. 따라서 불필요한 인지부하를 초래하는 변인을 밝혀내어 효과적인 교수설계의 전략을 개발하는 것이 매우 중요하다.

예를 들어, 너무 많은 내용을 제시했거나 학습과 관련 없는 내용, 복잡한 내용 등을 포함한 교수자료는 높은 인지부하를 발생시킨다. 반면, 변화를 가져오는 범위가 너무 작거나 너무 낮은 수준의 인지부하를 발생시키는 교수자료도 학습에 효과적이지 않다. 즉, 정보(학습내용)는 기억을 필요로 하는 적정수준의 부담을 가질 때 가르쳐질 수 있다. 이러한 점을 고려했을 때 인지부하를 최적으로 만들어야 하며, 최적의 교수자료를 개발할 수 있도록 도와주는 수많은 전략들을 사용해야 한다. 이처럼 인지부하의 각 유형에 대한 이해는 시청각 자료를 설계하기 위한 전략을 파악하는 데 도움이 된다.

첫째, 내재적 부하는 학습과제 자체의 구조와 복잡성에 의해서 발생하는데, 학습과제의 복잡성은 그것을 구성하는 요소들의 상호작용 수준에 의해 결정된다(Brünken et al., 2003). 그러나 내재적 부하는 학습자의 선수지식 정도와 관련이 있다. 만약, 학습자가 학습내용에 대한 선수지식이 많으면 보다 의미 있는 이해를 할 수 있고, 인지부하는 감소하게 된다. 결과적으로 학습과제의 복잡성은 학습자의 선수지식에 따라 상대적일 수 있다(Renkl & Atkinson, 2003). 따라서 동일한 내용의 학습과제일지라도 서로 다른 내재적 인지부하를 일으킬 수 있으며, 서로 다른 내재적 인지부하는 결과적으로 작동기억 용량의 범위 내에서 서로 다른 본유적 인지부하를 일으킬 수 있다(Pollack et al., 2000).

둘째, 외재적 부하는 학습활동을 하는 동안 학습과 직접적으로 관련이 없는 정신활동에 의해 발생한다. 외재적 부하는 학습해야 하는 자료의 제시 형태와 방식에 의해 부과된다(Renkl & Atkinson, 2003). 따라서 동일한 학습내용일지라도 서로 다른 외재적 인지부하를 발생시키는 교수전략과 설계, 정보제시 방식에 따라 부과되는 인지부하의 양은 달라질 수 있다(Brünken et al., 2003). 예컨대, 이미지 자료와 이미지를 설명하는 언어자료는 통합하여 제시하는 것이 주의집중 효과가 있으며(Leahy et al., 2003), 시각자료와 텍스트를 동시에 제시하는 시간적 통제를 사용하여 외재적 인지부하를 줄일 수 있다(Mayer, Moreno, & Vagg, 1990). 스캐폴딩의 사용 또한 외재적 인지부하를 조절할 수 있다(Pillay, 1997). 결론적으로 외재적 인지부하는 공간적 주의분산효과(spatial contiguity principle)와 시간적 주의분산효과(temporal contiguity principle), 스캐폴딩을 사용하여 조절이 가능하다.

셋째, 본유적 인지부하는 작동기억 용량의 범위 내에서 학습과 직접 관련이 있는 정신적 노력을 의미한다(Brünken et al., 2003; Renkl & Atkinson, 2003). 스웰러(Sweller et al., 1998)는 본유적 인지부하를 스키마(schema) 형성의 관점에서 연구하였다. 스키마란 "정보의 요소가 다루어져야 하는 방식대로 조직화하는 인지적 구성"을 의미한다(Sweller, 1994, p. 296). 본유적 인지부하를 통해 스키마 획득과 인지기능 자동화가 발생하기 때문에(김경, 김동식, 2004), 형성된 스키마들이 존재한다는 것 또한 작동기억의 인지부하를 감소시킴으로써 본유적 인지부하를 최적화시킬 수 있게 해준다. 그것은 스키마가 특정 내용영역에서 새로운 정보를 분류하거나 문제를 해결할 수 있도록 도와주기 때문이다(Sweller, 1994). 따라서 교수설계는 작동기억 용량을 초과하지 않는 범위 내에서 본유적 인지부하가 최대화될 수 있도록 설계되어야 한다.

인지부하이론은 부하를 최적화하는 것의 중요성을 강조함으로써 바람직하지 않은 정보부하를 줄이고 본유적 부하를 늘릴 수 있도록 설계해야 한다는 분명한 지침을 제공한다. 하지만 이러한 이론적 전략들을 단순히 적용하는 것만으로는 충분하지 않다. 시청각자료를 잘 설계하기 위해서는 학습자의 경험이나 태도 등을 고려해야 한다. 여기에서는 성인학습자에게 적용 가능한 시청각 자료 중 교육 장면에서 가장 일반적으로 사용되는 파워포인트 자료개발 시 고려해야 할 것들을 메이어(Mayer, 2009)가 제안한 멀티미디어 설계원리를 중심으로 설명하였다.

첫째, 파워포인트 자료를 개발할 때 흔히 하는 실수 중 하나는 좀 더 재미있게 만들기 위해 여러 가지 글이나 그림, 사운드 등을 포함하는 것이다. 예컨대, 슬라이드 배경음악을 삽입하거나 슬라이드 변환 시 벨소리 등과 같은 사운드를 추가한다든지, [그림 7-10]과 같이 슬라이드의 빈 공간에 그림이나 아이콘을 삽입하는 경우가 있다. 그러나 내용과 관련 없는 문자나 그림 등의 자료는 학습자들의 주의를 빼앗아 학습을 방해한다. 따라서 내용과 관련 없는 문자나 그림, 사운드, 기호 등을 파워포인트 자료에 포함하지 않는 것이 좋다(Mayer et al., 1996; Moreno & Mayer, 2000).

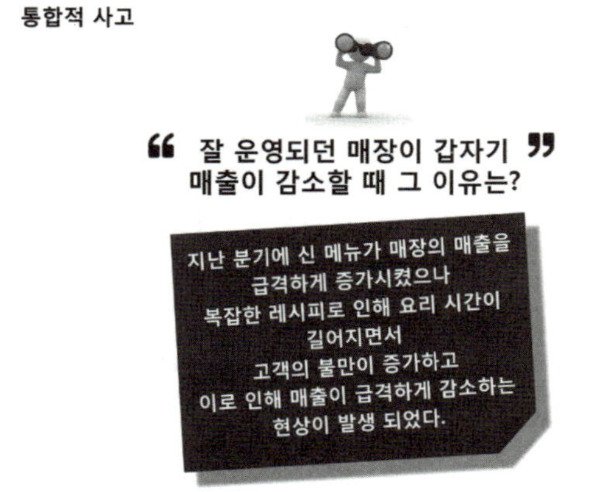

[그림 7-10] 불필요한 그림이 삽입된 파워포인트 자료의 예

둘째, 핵심적인 내용에 주의를 집중할 수 있도록 색이나 크기 변화 등의 단서를 통해 강조한다. 강조를 위해서는 맨 처음 슬라이드에 전체 자료의 내용에 관한 개요나 요약문을 제시하거나, 핵심 단어에 밑줄 긋기, 색이나 크기 변경하기 등의 변화를 주는 전략을 활용할 수 있다.

셋째, 동일한 내용이 여러 가지 형태로 제시될 때 혹은 애니메이션을 제시하면서 동일한 내용의 텍스트를 제공하는 것과 같이 불필요하게 정교화되었을 때 학습에 방해를 받게 된다. 따라서 슬라이드에 그래픽, 내레이션, 텍스트를 중복적으로 제시하는 것보다는 그래픽과 내레이션만 제시될 수 있도록 슬라이드를 구성하는 편이 좋다.

넷째, 한 슬라이드에 담을 수 있는 텍스트 및 그림 자료의 양은 한정되어 있기 때문에 주어진 공간에 글자와 그림을 얼마만큼, 어떻게 배분할지에 대해 결정해야 한다. 한 화면에 지나치게 많은 정보를 제시하면 한꺼번에 처리할 수 있는 작동기억의 용량을 초과하기 때문에 되도록 한 슬라이드에는 4~6줄을 넘지 않게 요약의 형태로 내용을 제시하는 것이 좋다. 또한, 하나의 슬라이드에 서로 관련이 있는 글자와 그림을 삽입할 때에는 가능한 한 글자와 그림을 가깝게 배치해야 불필요한 인지부하를 줄일 수 있다.

다섯째, 같은 내용의 그림과 글자를 제시할 때는 순차적으로 제시하는 것보다는 동시에 제시해야 더 잘 학습할 수 있다. 예컨대, 번개 형성에 대한 애니메이션을 제시한 후 설명하기보다는 번개의 형성에 관한 애니메이션을 제시하면서 설명하는 편이 학습에 더 효과적이다. 따라서 파워포인트 슬라이드를 작성할 때에도 가능한 한 관련된 그림과 텍스트는 한 화면에 제시될 수 있도록 하는 것이 좋다.

이 외에도 효과적인 파워포인트 자료개발을 위해서 공간, 색상, 서체, 배치 등을 통해 대비를 준다든지, 슬라이드 디자인을 일관되게 사용하는 것이 좋으며, 불필요한 시각 요소를 최소화하고, 그림과 문자를 적절하게 사용하는 것과 같은 전략을 사용하는 것이 좋다.

5. 요약

교육목표를 설정하고, 목표 달성을 위해 필요한 교육주제와 내용, 방법이 확정되면 이후 교수매체를 선정하고 교수자료를 개발해야 한다. 초기에는 교수매체는 좁은 의미로 교육내용을 전달하기 위해 사용되는 기계나 자료로 받아들였지만 지금은 교수-학습 과정에서 의사소통을 돕는 인적, 물적 자원과 환경까지를 포함하여 그 의미가 확대되었다. 적절한 교수매체를 선정하기 위해서는 매체의 속성, 목표, 학습자 특성과 같은 다양한 요소들을 고려하여야 한다. ASSURE 모형은 매체 선정과 활용을 도와준다.

ASSURE 모형은 매체의 선정과 활용을 학습자 분석(Analyze learners), 목표 진술(State objectives), 교수매체와 자료의 선정(Select methods, media, and materials), 교수매체와 자료의 활용(Utilize methods, media, and materials), 학습자 참여 유도(Require learner participation), 평가와 수정(Evaluation and revise)의 6단계로 구분하여 제시하고 있다.

매체 선정 이후에는 교수실행에 적합한 교수자료를 선택하고 개발하여야 한다. 설명식 수업을 위해 활용되는 자료로는 주로 교수자용 매뉴얼, 학습자용 자료, 프레젠테이션 자료, 보조자료, 참고자료 등이 있다. 이러한 자료들은 다양한 형태의 매체를 활용하여 제작될 수 있지만, 일반적으로 가장 흔하게 활용되는 자료는 인쇄자료와 파워포인트 자료이다. 인쇄자료와 파워포인트 자료를 학습을 촉진하는 자료로 활용하기 위해서는 텍스트 디자인의 원리 및 시청각 자료 설계의 원리를 적용하여 개발하는 것이 필요하다.

연습 및 탐구 문제

1. 집합교육 형태의 수업에 비해 실시간 온라인 수업을 할 때 활용할 교수매체의 선정 기준에 추가적으로 고려해야 할 사항이 있다면 무엇인지 논하시오.

2. 기술의 발전에 따라 교수매체가 다양해지고 있다. 수업에서 교수매체를 활용하는 것이 왜 중요한지, 교수자는 교수매체 활용의 전문성을 갖추기 위해 어떠한 노력을 해야 한다고 생각하는지 논하시오.

3. 학습자 매뉴얼이나 유인물을 하나 선정한 후, 텍스트 디자인과 관련된 요소가 적용된 예와 적용되지 않은 예를 찾아보시오.

○ ChatGPT 활용 교수설계: 개발하기

설계한 프로그램을 실행하기 위해서는 교육 운영을 위한 구체적인 산출물을 개발해야 한다(임철일 외, 2023). 개발 단계에서는 교수매체를 선정하고, 이에 따라 적절한 교수자료를 개발해야 한다. 구체적인 교수자료에는 교안, 교수자용 매뉴얼, 운영자용 매뉴얼, 학습자용 자료 등이 있다(임은선 외, 2023). 이때 ChatGPT를 활용하여 학습자용 자료에 활용할 수 있는 사례와 시나리오를 개발하고, 교수자료에 활용할 수 있는 이미지를 개발할 수 있다.

1) 사례 개발

ChatGPT를 활용하여 학습자용 자료에 포함할 사례를 개발할 수 있다. 신임팀장을 위한 리더십 교육 프로그램을 개발하는 경우를 생각해보면, 신임팀장이 리더십을 발휘해 팀원을 격려 및 관리해야 하는 여러 사례를 개발하고, 이를 활용하여 교육 프로그램을 진행할 수 있을 것이다. 이러한 사례를 개발할 때 다음과 같은 프롬프트를 활용하여 사례를 개발할 수 있다.

프롬프트	기업교육 담당자로서 신임팀장을 대상으로 리더십 교육 프로그램을 개발하려고 해. 그중 팀원들에게 팀장으로서 리더십을 발휘해 코칭(coaching)하는 상황에 대한 시나리오를 만들고 싶어. 어떤 상황으로 시나리오를 만들 수 있을까? 여러 상황을 불릿 포인트 형태로 제시해줘.
ChatGPT의 답변	여기 몇 가지 리더십 코칭 시나리오입니다: • 신규 프로젝트 할당: 팀원이 새로운 프로젝트를 맡았으나 경험이 부족해 불안해하는 상황에서 팀장이 지원과 지도를 제공합니다. • 성과 미달: 한 팀원의 최근 성과가 기대에 못 미치는 경우, 팀장이 문제를 파악하고 해결책을 모색하는 과정을 진행합니다.

	• 팀 간 갈등: 서로 다른 팀원 간의 갈등이 발생했을 때, 팀장이 중재자 역할을 하여 갈등을 해결하고 협업을 촉진합니다. • 개인 목표 설정: 팀원의 개인적인 목표와 팀의 목표를 어떻게 조화시킬지에 대해 팀장이 코칭하는 상황. • 리더십 기술 개발: 팀원이 장래에 리더가 되기 위해 필요한 기술을 개발하도록 팀장이 코칭하는 시나리오. 이러한 시나리오들은 신임 팀장들이 다양한 상황에서 리더십과 코칭 기술을 발휘하는 방법을 실습하고 이해하는 데 도움이 될 것입니다.

2) 시나리오 개발

여러 사례 중 교육 프로그램 운영에 적합한 사례 하나를 고른 이후, 선정한 사례에 대한 구체적인 시나리오를 개발할 수 있다. 시나리오는 롤플레잉 교육 시 사용 가능한 자료로서, 주로 대화 형태로 구성된다.

프롬프트	그중 첫 번째 '신규 프로젝트 할당'에 대한 상황에 대한 구체적인 시나리오를 팀장과 팀원의 대화 형태로 만들어줘. 상황은 친환경 에너지 개발 연구에서 PM을 맡은 팀원이 연구 관리를 제대로 해내지 못하는 상황으로 작성해줘.
ChatGPT의 답변	*시나리오: "친환경 에너지 개발 연구의 프로젝트 관리 문제" 팀장(Emma): "안녕, Alex. 최근 친환경 에너지 프로젝트의 진행 상황에 대해 이야기해보자. 진척 상황이 좀 늦어지고 있는 것 같은데, 어떤 어려움이 있니?" 팀원(Alex): "안녕하세요, Emma. 네, 사실 연구 관리가 생각보다 복잡해서 제대로 해내지 못하고 있어요. 특히 데이터 분석과 팀원들의 협업 부분에서 어려움을 겪고 있습니다." Emma: "이해해. 연구 관리는 쉽지 않지. 구체적으로 어느 부분에서 가장 큰 어려움을 겪고 있는 거야?" Alex: "데이터 분석 부분이 특히 어려워요. 적절한 분석 도구를 선택하고 사용하는 데 시간이 많이 걸리고 있어요."

	Emma: "그럼, 데이터 분석 부분에 대한 추가 교육이나 지원이 필요할 수도 있겠네. 나랑 함께 앉아서 필요한 자원과 가능한 해결책에 대해 논의해보자. 그리고 팀원들과의 협업도 함께 살펴보고 개선할 방법을 찾아보자." Alex: "네, 그게 도움이 될 것 같아요. 감사합니다, Emma." Emma: "문제없어, Alex. 우리는 팀이니까. 함께 해결책을 찾아보자. 내일 오후에 시간을 잡아서 자세히 이야기해보자." 이 시나리오는 신임 팀장이 팀원의 프로젝트 관리 문제를 파악하고, 구체적인 지원과 해결책을 모색하는 과정을 보여줍니다. 팀장은 팀원의 어려움을 이해하고 협력적인 접근 방식으로 문제를 해결하려고 합니다.

여러 번의 프롬프팅 입력을 통해 시나리오를 수정 및 보완하여 적절한 시나리오를 개발했다면, 이를 교육에서 직접 활용할 수 있도록 빈칸이 포함된 시나리오로 발전시킬 수 있다. 교육 대상자들은 직접 시나리오의 빈칸을 채워보며 교육 내용을 익힐 수 있다.

프롬프트	위 대화 중 팀장(Emma)의 역할은 신임 팀장이 직접 생각해볼 수 있도록 빈칸 형태로 제시해줘. 대신, 각 빈칸의 발화 내용에 포함되어야 할 요소 및 유의사항 안내를 제시해줘.
ChatGPT의 답변	시나리오: "친환경 에너지 개발 연구의 프로젝트 관리 문제" 팀장(Emma): "________" 팀원(Alex): "안녕하세요, Emma. 네, 사실 연구 관리가 생각보다 복잡해서 제대로 해내지 못하고 있어요. 특히 데이터 분석과 팀원들의 협업 부분에서 어려움을 겪고 있습니다." Emma: "________" Alex: "데이터 분석 부분이 특히 어려워요. 적절한 분석 도구를 선택하고 사용하는 데 시간이 많이 걸리고 있어요." Emma: "________" Alex: "네, 그게 도움이 될 것 같아요. 감사합니다, Emma." Emma: "_______"

이 시나리오는 신임 팀장이 팀원의 프로젝트 관리 문제를 어떻게 이해하고 지원할 수 있는지를 보여주기 위해 팀장(Emma)의 대사를 빈칸으로 남겨두었습니다. 이를 통해 교육 참가자들은 자신만의 대답을 생각해볼 수 있습니다.

[빈칸 1: 구체적인 어려움 질문]
공감 표현, 구체적인 어려움에 대한 질문, 팀원의 관점과 경험을 이해하려는 태도.

[빈칸 2: 지원 및 해결책 제안]
해결책 제시, 팀원의 필요와 역량을 고려한 지원 방안 모색, 긍정적인 태도 및 적극적인 지원 약속.

[빈칸 3: 후속 조치 및 계획 수립]
실질적인 후속 조치 계획, 팀원과의 지속적인 커뮤니케이션 및 협력 약속, 구체적인 계획 수립을 위한 논의 제안.

이 구조를 통해 신임 팀장은 팀원의 문제를 파악하고, 효과적인 지원과 해결책을 모색하는 방법을 연습할 수 있습니다.

3) 이미지 개발

ChatGPT에 DALLE · 3가 통합되면서 ChatGPT를 활용해 다양한 이미지 자료를 개발할 수 있다. DALLE · 3를 활용한 이미지 생성은 다음과 같은 특징을 지닌다. 교수설계자들은 이하의 특징을 고려하여 DALLE · 3를 활용해야 한다.

- 수치를 활용해 이미지의 크기를 조정할 수 있다(프롬프트: 이미지는 16:9 이미지로 만들어줘).
- 텍스트를 포함한 이미지를 생성할 수 있다(프롬프트: 이미지에 Instructional Designer라는 단어를 넣어 교수설계자의 이미지를 그려줘).
- 철자에 약하다(단어의 철자를 잘못 쓰는 경우가 매우 많다).

프롬프트	실수하는 신입사원을 격려하는 팀장의 모습을 그려줘.
ChatGPT의 답변	

프롬프트	팀원 간 갈등이 있는 상황을 그려줘. 등장인물은 한국인으로 해줘.
ChatGPT의 답변	

참고문헌

김경, 김동식 (2004). 웹기반 학습에서 학습자료 유형과 학습내용 제시 시기가 인지부하, 효과성 및 효율성에 미치는 효과. 교육공학연구, 20(4), 111-145.

박성익, 임철일, 이재경, 최정임 (2011). 교육방법의 교육공학적 이해. 교육과학사.

오인경, 최정임 (2005). 교육 프로그램 개발 방법론. 학지사.

이성흠, 이준, 구양미, 이경순 (2017). 교육방법 및 교육공학. 교육과학사.

임은선, 홍수민, 박성경, 임철일 (2023). 교육 프로그램 개발을 위한 래피드 프로토타입(RPISD) 모형 개선 연구. 교육공학연구, 39(3), 749-785.

임철일, 고보경, 정예일, 이은서, 전민선, 김승하 (2023). 교수설계를 위한 생성형 AI 기반 챗봇의 활용 방안 탐색: ChatGPT와 RPISD모형을 중심으로. 교육공학연구, 39(스페셜), 1213-1248.

Brünken, R., Plass, J. L., & Leutner, D. (2003). Direct measurement of cognitive load in multimedia learning. *Educational Psychologist, 38,* 53-61.

Dale, E. (1969). *Audio-visual methods in teaching*. Holt, Rinehart & Winston.

Gagné, R. M., Briggs, L. J., & Wager, W. W. (1992). *Principles of instructional design* (4th ed.). Fort Worth, Harcourt Brace Jovanovich.

Heinich, R., Molenda, M., Russell, J., & Smaldino, S. (2002). *Instructional media and technologies for learning* (7th ed). Englewood Cliff, Prentice Hall.

Leahy, W., Chandler, P., & Sweller, J. (2003). When auditory presentations should and should not be a component of multimedia instruction. *Applied Cognitive Psychology, 17,* 401-418.

Mayer, R. E. (2009). *Multimedia learning*. Cambridge University Press.

Mayer, R. E., & Bove, W., Bryman, A., Mars, R., & Tapangco, L. (1996). When less is more: Meaningful learning from visual and verbal summaries of science textbook lessons. *Journal of Educational Psychology, 88,* 64-73.

Mayer, R. E., & Moreno, R. (1998). A split-attention effect in multimedia learning: Evidence for Dual Processing systems in working memory. *Journal of Educational Psychology, 90,* 312-320.

Moreno, R., & Mayer, R. E. (2000). A coherence effect in multimedia learning: The case for minimizing irrelevant sounds in the design of multimedia message.

Journal of Educational Psychology, 92, 117–125.

Paas, F., Renkl, A., & Sweller, J. (2003). Cognitive load theory and instructional design: Recent developments. *Educational Psychologist, 38*(1), 1–4.

Pollack, E., Chandler, J., & Sweller, J. (2000). Assimilating complex information. *Learning and Instruction, 12,* 61–86.

Renkl, A., & Atkinson, A. (2003). Structuring the transition from example study to problem solving in cognitive skill acquisition: A cognitive load perspective. *Educational Psychologist, 38,* 15–22.

Romiszowski, A. J. (1988). *The Selection and Use of Instructional Media.* Kogan Page.

Smaldino, S. E., Lowther, D. L., & Russell, J. D. (2012). *Instructional technology and media for learning* (10th ed.). Pearson Education, Inc.

Smaldino, S. E., Russell, J. D., Heinich, R., & Molenda, M. (2005). *Instructional technology and media for learning* (8th ed.). Pearson Education.

Sweller, J. (1994). Cognitive load theory, learning difficulty and instructional design. *Learning and Instruction, 4,* 295–312.

Sweller, J., van Merriënboer, J. J. G., & Pass, F. G. (1998). Cognitive architecture and instructional design. *Educational Psychology Review, 10,* 251–296.

Top 100 Tools for Learning 2023. Accessed Jan 29, 2024, https://toptools4learning.com/

제 8 장

테크놀로지 기반 교육

1. 개요

앞 장에서는 일반 강의실 맥락에서 교수자 중심의 매체를 활용할 때 참고할 수 있는 ASSURE 모형과 멀티미디어 자료 개발의 원리들을 다루었다. 일반적이고 전통적인 수업 형식으로 교육이 운영될 때 제시된 모형과 원리들은 나름대로 그 기능을 다할 수 있다. 그러나 디지털 전환(digital transformation)이 가져온 테크놀로지의 지속적 발전으로 테크놀로지 기반의 다양한 수업 개념과 모형이 나타났다(임철일, 2019). 대표적으로 플립 러닝(flipped learning, 거꾸로 학습), 블렌디드 러닝(blended learning, 혼합 학습), 하이브리드 러닝(hybrid learning)이 있다.

플립 러닝은 전통적 교실 내 수업 진행 방식을 거꾸로 뒤집어 놓은 것으로, 온라인으로 사전에 교육 내용을 학습한 후, 강의실 내에서는 문제해결, 토론 등 다양한 교육활동을 하는 방식으로 이루어져 있다(박성익 외, 2021). 플립 러닝은 원래 미국 중등학교 맥락에서 성공적으로 이루어진 이후 국내 학교 및 대학에 소개되었으며, 기업 내에서도 적용되어 지금에 이르고 있다(최욱, 2020). 블렌디드 러닝은 기본적으로 학습 목표, 학습 내용, 학습 시간과 공간, 학습 방법, 학습 매체, 상호작용 방식 등 다양한 학습 요소들을 복합적으로 활용하려는 방식이다(Singh & Reed, 2001). 주로 온라인과 오프라인 학습 전략을 적절히 결합하고 활용하는 것에 초점을 맞춘다(한국교육공학회, 2005). 코로나 19를 거치면서 실시간 온라인 교육이 보편화되었고, 이로 인하여 많은 실천이 이루어지고 있다. 하이브리드 러닝은 교수자와 학습자, 물리적 교실과 사이버 교실을 임의로 결합하여 실시간으로 학습을 제공하는 방식인데(Hastie et al., 2010), 전형적으로는 강의장에서 이루어지는 대면 교육과 온라인의 비대면 교육이 실시간으로 동시에 이루어지는 학습 형태를 말한다. 블렌디드 러닝과 마찬가지로 코로나 19를 거치면서 주목을 받고 있다.

이 세 가지 방법은 공통적으로 실시간 혹은 비실시간으로 이루어지는 온라인 교육을 한 가지 중요한 요소로 포함하고 있으며 온라인 교육을 효과적으로 실행할 수 있는 테크놀로지 기반의 수업 방법이라는 특성을 보여주고 있다. 이번 장에서는 이 세 가지 교육 방법의 특징과 운영 방식을 소개하면서 교육 방법의 다양한 실제와 향후 가능성을 제시한다.

2. 플립 러닝

1) 플립 러닝의 정의와 특성

플립 러닝(Flipped learning)은 교실 수업을 하기 전에 교수자의 강의와 설명을 온라인 환경에서 학습을 한 후, 교실 내에서는 교수자와 학습자 혹은 학습자 상호 간의 문제 해결, 토의 등 다양한 상호작용으로 이루어지는 교육 방법이다(최욱, 2020; Bergmann & Sams, 2012). 전통적인 교육 형태의 경우 교실 수업에서는 주로 교수자의 설명이 이루어지고, 실제 적용 등의 연습이나 과제 해결 활동은 교실 밖의 공간, 예컨대 집이나 도서관 등에서 이루어진다. 이에 비하여 플립 러닝 혹은 거꾸로 학습은 앞의 활동이 반대로 이루어지는 특징을 보이고 있다.

플립 러닝의 실질적인 주창자인 Bergmann과 Sams는 미국 중학교 교실 수업의 도전적 과제에 주목하였다(최욱, 2020). 교수자의 설명에 의하여 주도되는 교실 내 수업을 제대로 따라오지 못하는 다수의 학습자들을 위한 새로운 방안을 모색하려고 하였다. 학습자의 선수 학습 수준의 차이가 있어서 모든 학습자가 수업을 따라오지 못하거나, 체육 등 다른 활동 등으로

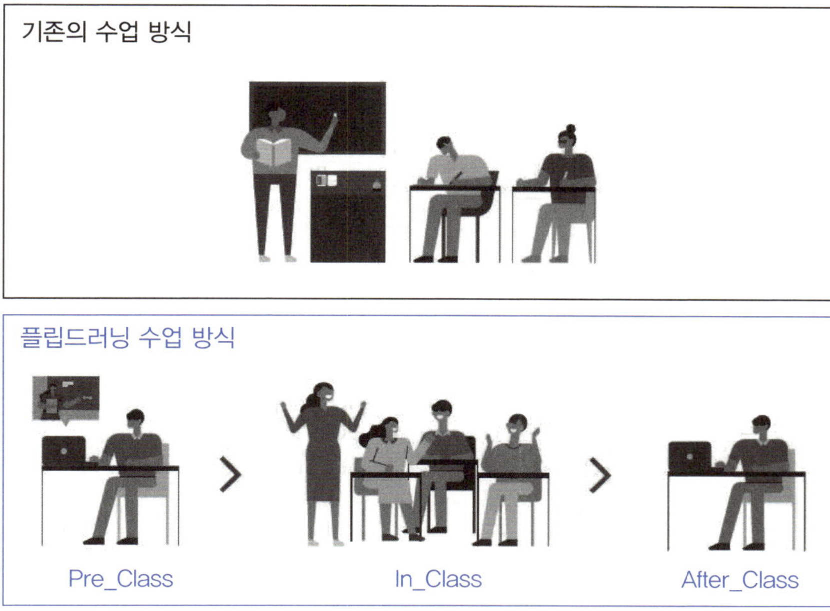

[그림 8-1] 플립 러닝의 수업 방식 형태
출처: https://www.sungshin.ac.kr/bbs/innocc/4265/88625/artclView.do

수업에 결손이 생겨서 제대로 참여하지 못하는 것이 문제가 되었다. 그때 주목한 것이 바로 교사의 강의 혹은 수업의 설명 부분을 온라인 기술을 활용하여 사전에 녹음, 녹화하여 미리 학습하게 하고, 교실 내에서는 학습자들이 실제 적용 문제 혹은 과제를 해결하는 방식이었다.

이 방법을 통하여 학습자들은 자신의 속도에 맞추어서 필요하면 반복하여 설명 내용을 볼 수 있을 뿐만 아니라, 자신이 원하는 시간에 원하는 장소에서 학습할 수 있다. 이후 자신의 학습 정도를 실제 적용 과정을 통하여 확인하고, 필요한 피드백을 교사 및 동료로부터 교실 내에서 갖게 된다. 이러한 방식은 전통적인 교육 방식과 비교하여 학업 성취 수준에서 떨어지지 않거나 오히려 상승한 경우가 많았으며, 학습자의 적극적 참여와 동기 수준이 높은 것으로 드러났다.

물론 플립 러닝 그 자체가 바로 교육적 효과를 가져오지는 않는다. 주요 원칙이 제대로 지켜지지 않을 때 학습자들은 힘들어하며, 동기 수준이 떨어지는 것으로 나타난다. 이에 따라 학업 성취 효과가 제대로 드러나지 않을 수도 있다. 국내에 플립 러닝이 도입되는 과정에서 긍정적인 결과를 가져오면서 하나의 대안적 교수 방법으로 정착되는 경우도 있지만, 제대로 작동이 되지 않으면서 오히려 부정적인 인식을 주고, 사라지는 경우도 있다. 예컨대, 온라인 자료가 학습자의 인지 과정을 제대로 지원하지 못하는 방식으로 만들어져서 학습이 이루어지지 못할 수 있다. 또한 교실 내에서 문제 해결 활동이 의미 있게 이루어지지 못하고, 강의가 다시 반복적으로 실행되는 문제도 발생한다. 플립 러닝이 원래의 기대했던 바를 결과로 나타내기 위해서는 특정 교육의 상황에 따라서 모종의 원리, 원칙과 체계적인 모형이 적용될 필요가 있다. 이 점은 학교교육으로부터 출발한 플립 러닝이 고등교육과 기업교육에서 적용되는 과정에서도 마찬가지이다.

2) 기업교육의 플립 러닝

기업교육에서 플립 러닝의 활용을 검토할 때 크게 두 가지 요소를 고려할 필요가 있다(임철일 외, 2020). 우선 기존 과정 중 어떤 교육과정에 플립 러닝을 적용할 것인가를 판단해야 한다. 그 다음으로, 플립 러닝에 활용할 수 있는 교수설계 원리에는 어떤 것이 있는가를 확인해야 한다.

첫째, 특정 과정이 플립 러닝에 적합한가 여부를 평가하여야 한다. 새롭게 플립 러닝을 개발할 때도 필요하지만, 대체로 기존의 교육과정을 플립 러닝으로 변환하는 결정을 하게 될 때 평가를 실시하게 된다. 평가 영역은 크게 교육 목표, 교육 내용, 교수학습 방법으로 구분된다. 교육 목표는 지식의 이해 수준을 벗어나서 지식의 활용 및 재구성을 대상으로 하는가를 판단해야 한다. 플립 러닝은 대체로 지식의 활용 및 재구성에 적합하기 때문이다. 또한 교육 목표 평가의 연장선에서 교육 내용이 어떤 특성의 것인가를 평가한다. 이때 이론 수업의 여부, 온라인 형태의 강의 자료 개발 가능성이 포함된다.

〈표 8-1〉 교육 목표의 유형 평가 질문

	질문
1	교육과정의 목표는 '지식의 활용' 이상인가?
2	교육과정의 '지식의 활용'을 위해서 '지식 이해'가 필요한가?
3	교육과정은 교육내용의 기억을 넘어서 현장에의 적용이 요구되는가?
4	교육과정은 학습 내용을 자신만의 지식으로 재구성하는 것이 요구되는가?

〈표 8-2〉 교육 내용의 특성 평가 질문

<table>
<tr><th></th><th colspan="2">질문</th></tr>
<tr><td rowspan="4">1</td><td colspan="2">강사 주도의 이론 수업이 교육과정에 포함되어 있는가?</td></tr>
<tr><td>상</td><td>강사 주도의 이론 수업이 교육과정의 40~60%이다. (5점)</td></tr>
<tr><td>중</td><td>강사 주도의 이론 수업이 20~40%, 60~80%이다. (3점)</td></tr>
<tr><td>하</td><td>강사 주도의 이론 수업이 20% 미만, 80% 초과한다. (1점)</td></tr>
<tr><td>2</td><td colspan="2">강사 주도의 이론 수업은 적용 또는 응용할 내용을 포함하는가?</td></tr>
<tr><td>3</td><td colspan="2">교육과정의 이론에 해당하는 부분을 온라인 형태의 강의 자료(예, 20분 분량의 영상)로 개발 가능한가?</td></tr>
<tr><td>4</td><td colspan="2">온라인 콘텐츠에 오프라인 활동을 위한 동기 및 호기심 유발 등의 자료를 포함할 수 있는가?</td></tr>
</table>

다음으로, 플립 러닝으로 개발하려는 교육과정이 강의 중심의 설명식 수업에서 벗어나서 다양한 유형의 학습자 활동을 포함하고 있는가를 검토해야 한다. 플립 러닝의 오프라인, 즉 강의실 내 수업에서 활용할 수 있는 다음과 같은 네 가지 활동의 포함 여부를 평가한다.

〈표 8-3〉 플립 러닝에서 학습자 중심 활동의 유형과 특성

구분	문제해결활동	실습 · 실험 활동	토론 · 토의 활동	사례 공유 활동
수준	지식재구성	지식 활용	지식활용	지식 이해
내용	여러 가지 지식을 종합하여 새로운 상황에서 문제를 해결하고 실천하는 경우	배운 것을 그대로 따라하며 활용하는 활동. 특히 장비(예: 유료 소프트웨어가 설치된 컴퓨터)가 필요한 경우	지식을 활용해 어떤 문제에 대해 깊게 논의하는 경우	내용을 이해하고 여러 사례에 대해 단순히 말하는 경우
예시	임금단체교섭전략과 대응방안	엑셀을 활용한 보고서 작성, 설비예방보전핵심실무	마케팅 성공 · 실패 사례 분석	회계관리 기초

문제해결활동은 해답을 제시해야 하는 시험 문항이나 문제 상황이 주어지고 이를 해결하는 학습 활동이다. 실습 또는 실험 활동은 주로 수행 능력을 함양하기 위한 학습 활동으로 학습한 내용을 실제로 직접 수행해보는 활동이다. 토론 또는 토의 활동은 제시된 주제에 대하여 자유롭게 자신의 의견을 교환하는 활동이다. 사례 공유 활동은 학습한 내용에 해당하는 사례를 서로 공유하는 활동이다. 이상의 학습자 중심 활동의 포함 여부와 수준을 평가하여 플립 러닝 여부 판단에 활용한다.

둘째, 이상의 평가 과정과 함께 플립 러닝에 활용할 수 있는 다양한 교수설계 원리에 대한 이해가 선행되어야 한다. 플립 러닝에 포함되는 교수설계 원리와 세부 전략들은 크게 [그림 8-2]와 같이 다섯 가지의 구성 요소로 구분될 수 있다.

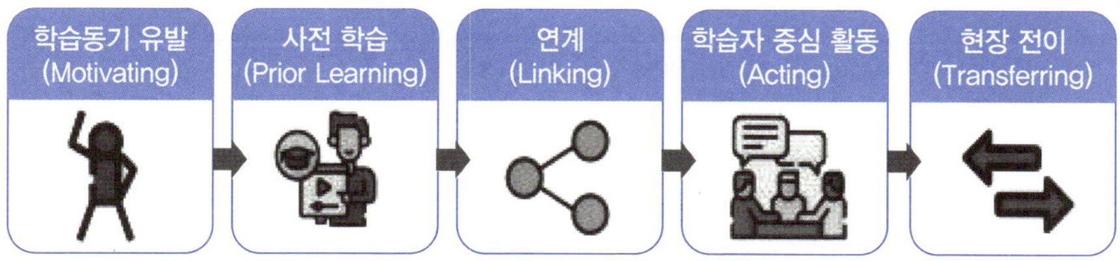

[그림 8-2] 플립 러닝의 교수설계 원리의 구성 요소

플립 러닝은 기존의 설명식 수업과 다르게 학습자의 적극적 참여를 전제로 하기 때문에 무엇보다도 학습 동기 유발을 위한 설계가 요구된다. 또한 강의실 내 오프라인 수업 이전에 실시하는 온라인 사전 학습에서 동영상을 통한 학습이 이루어지게 된다. 사전 학습에서 습득한 지식은 교실 내 다양한 학습자 중심 활동과 연계되어야 한다. 마지막으로 강좌 수강 후 학습 내용을 현장에 적용하는 것을 지원하는 전이가 포함된다.

앞에서 제시한 구성 요소 중 학습 동기 유발, 사전 학습, 연계와 관련된 대표적인 설계 원리와 전략을 제시하면 다음과 같다.[1]

1) 이하 내용은 임철일 외 (2020) 한국생산성 본부 플립 러닝 개발 컨설팅 및 표준모델 개발 최종 보고서에 기반을 두고 있다.

〈표 8-4〉 플립 러닝의 학습 동기 유발 단계의 원리와 전략

1	교육과정 시작 전에 오리엔테이션을 실시하라	
1-2	플립러닝 진행 방법에 대하여 사전에 안내하라 (예: 교육과정을 시작하기 전, 학습자들에게 플립러닝 방식을 적용한 온라인-오프라인 연계 학습이 이루어짐을 안내하여 플립러닝 교육 환경을 준비할 수 있도록 함. 특히, 플립러닝 적용의 중요한 목적으로 온라인 교육에서는 지식 전달 위중의 학습이 이루어지고, 오프라인 교육에서는 습득한 지식에 대한 토론 또는 실습 등이 이루어져 지식을 적용하고 확장하는 교육과정임을 안내함.)	
1-3	교육 종료 후 성취 가능한 사례를 제시하여 교육의 필요성과 교육 목표를 안내하라 (예: 교육 종료 후 예상되는 수행 능력을 보여주는 사례 또는 성취도가 높은 수료자 인터뷰 사례 등을 제시하여 내적 학습 동기를 유발함.)  대한미국 IT산업을 이끌어 갈 인재를 찾다(I-TOP 경진대회 시상 조회수 56회 · 2개월 전  ERP 자격증을 지금 당장 따야 하는 이유(I-TOP경진대회) 조회수 88회 · 2개월 전  ITQ 합격하고 대상받은 썰 푼다 조회수 46회 · 2개월 전	임철일 (2015)
1-4	교육과정에서 제공되는 보상을 제시하라 (예: 교육과정에 참여도에 따라서 제공하는 보상을 사전에 제시함으로써 외적 동기를 높임. 학습자가 개별적으로 사용할 수 있는 음료 쿠폰, 문화 상품권, 수강 할인권 등을 제공할 수 있음.)	

학습 동기 유발 단계의 원리는 교육과정 시작 전에 오리엔테이션을 실시하는 것을 포함한다. 하위 전략으로 플립 러닝 진행 방법에 대하여 사전에 안내할 수 있으며, 교육 종료 후 성취 가능한 사례를 제시할 수 있다. 또한 교육과정 참여 정도에 따라서 다른 보상을 제시할 수도 있다.

〈표 8-5〉 플립 러닝의 사전 학습 단계의 원리와 전략

<table>
<tr><td>1</td><td>사전 학습은 온라인 학습 환경에서 마이크로러닝으로 실시하라</td><td rowspan="5">Buchem & Hamelmann (2010)</td></tr>
<tr><td>1-1</td><td>사전 학습 동영상은 15분 이내로 제작하라
(예: 온라인 학습 환경에서의 집중도를 고려하여 동영상 분량은 15분 이내로 짧게 제작하여 이동 중에도 동영상을 틈틈이 시청할 수 있도록 제작함.)</td></tr>
<tr><td>1-2</td><td>학습자의 관심을 유도할 수 있는 썸네일을 제작하라
(예: 영상의 썸네일만으로도 학습자 흥미를 유발할 수 있도록 주제와 유행어, 트렌디한 이미지를 결합함. 구매협상능력개발 강좌의 경우, “싸게 잘 구매하고 싶어? 궁금하면 들어와”와 같이 타깃층의 호기심을 유발할 수 있는 문구를 활용할 수 있음. 4차산업혁명 관련 강좌의 경우, “퀀텀점프, 너만 몰라 너만! 드루와!”와 같이 타깃층이 관심 있는 주제와 유행어를 결합하여 관심을 유도할 수 있음.)

싸게 구매하고 싶어? 내 강의 들어! ‘구매 협상 능력 개발’

프로 영업인이 되고 싶어? 김신우 교수의 ‘영업마인드 혁신 전략’

자신을 브렌딩하라! ‘퍼스널 시그니처 컬러 컨설턴트 양성과정’</td></tr>
<tr><td>1-3</td><td>사전 학습 동영상을 시청하고 있는지 확인하고 미시청하는 경우에는 학습자에게 직접적으로 연락하여 학습을 독려하라
(예: LMS 시스템 상에서 학습자의 시청 여부 및 시청시간을 살피고, 총 시청시간이 1시간 미만인 경우 학습 마감일 3일 전에 학습 독려 문자메시지를 발송함.)</td></tr>
<tr><td>1-4</td><td>사전 학습 동영상은 도입, 전개, 정리순으로 단계적으로 개발하라
(예: 마이크로러닝 기법을 적용한 짧은 영상이더라도, 학습 목표를 안내하며 학습동기를 유발하는 ‘도입’, 강의 내용을 전달하는 ‘전개’, 학습한 내용을 빠르게 요약 및 복습하는 ‘정리’ 단계로 체계적으로 개발함.)</td></tr>
</table>

사전 학습 단계의 원리와 전략은 “온라인 학습 환경에서 마이크로러닝으로 실시하는 것”을 포함한다. 이 원리의 하위 전략으로는 동영상 자료를 15분 이내로 제작하는 것, 학습자의 관심을 유도하는 섬네일을 제작하는 것, 사전 학습 동영상을 시청하였는지를 확인하는 것, 사전 학습 동영상 자료를 도입, 전개, 정리 순으로 개발하는 것 등을 포함한다.

연계 단계의 설계 원리는 온라인 지원 시스템을 통해 사전 학습 내용에 대한 질의응답을 실시하여 상호작용을 촉진하는 것을 포함한다. 이를 위한 세부 전략으로는 학습자는 온라인 지원 시스템에 질문을 올리고 동료 학습자의 질문에 의무적으로 응답하도록 하여 상호작용에 대한 보상을 제공하는 것, 교수자는 48시간 이내에 질의응답에 대한 피드백을 제시하는 것 등이 포함된다.

〈표 8-6〉 플립 러닝의 연계 단계의 설계 원리와 전략

<table>
<tr><td>2</td><td>사전 학습 동영상에서 학습된 학습자의 사전 지식 수준을 파악하여 본 수업의 난이도를 조절하라</td><td rowspan="4">임정훈(2016), 한형종, 임철일, 한송이, 박진우(2015), Gannod, Burge, & Helmick(2008)</td></tr>
<tr><td>2-1</td><td>퀴즈(활용 도구 예시: Google forms, Socrative, Kahoot 등)를 통해 학습자의 사전 지식 수준을 파악하라
(예: 인사평가시스템 구축 실무 강좌의 경우, Google Forms나 Socrative 플랫폼을 활용하여 사전 지식과 관련된 '성과책임 도출의 원칙'을 포함한 여러 종류의 퀴즈를 실시하고 실시간으로 도출된 결과를 통해 학습자의 사전 지식 수준을 파악함.)
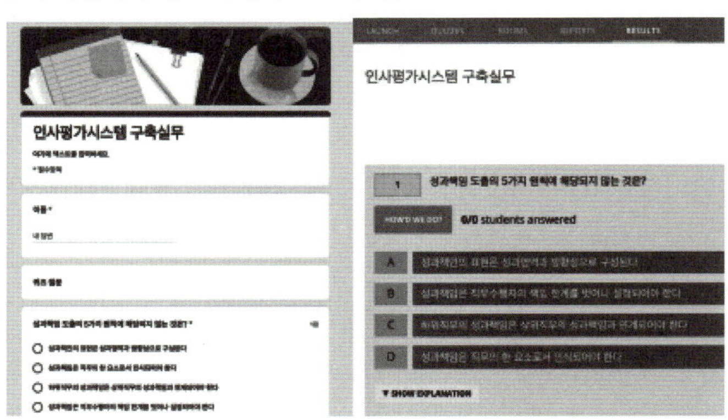</td></tr>
<tr><td>2-2</td><td>퀴즈 결과를 제시하고 이에 대한 피드백을 제공하라
(예: 학습자들의 이해 수준과 동료 학습자의 사전 학습 지식 수준을 스스로 파악할 수 있도록 퀴즈에 대한 정답과 결과를 안내함.)</td></tr>
<tr><td>2-3</td><td>틀린 학습자가 많은 문항과 관련된 학습 내용을 보충 설명하라
(예: 교수자는 퀴즈 결과를 확인하고, 학습자들이 많이 틀리는 문항과 관련된 학습 내용에 대하여 학습 자료를 추가로 제공함.)</td></tr>
</table>

3) 플립 러닝을 위한 교수학습 모형

기업 맥락에서 플립 러닝을 운영할 때 참고할 수 있는 표준 모형은 [그림 8-3]과 같다. 표준 모형은 오프라인 교육, 온라인 교육, 오프라인 교육, 현장 전이의 네 단계로 구성된다. 먼저 오프라인 교육을 통하여 교육과정의 목표와 필요성을 공유하는 오리엔테이션, 온라인 교육을 위한 사전 개념 학습, 팀별 문제해결 과제를 제시하여 학습 동기를 유발하는 활동을 실시한다. 이 과정을 통하여 이후 학습 과정 참여를 준비시키게 된다.

두 번째 온라인 교육 단계에서는 개발된 마이크로러닝을 통해 교수자 중심의 지식 전달이 이루어지며, 교육 중 학습자 간 상호작용을 촉진하는 다양한 설계 원리가 적용된다. 온라인 교육에서 일정 수준 이상의 조건(강의 수강률, 평가 등)을 맞춘 학습자들을 중심으로 세 번째 단계인 오프라인 교육이 실시된다. 오프라인 교육 단계에서는 온라인 학습 내용을 상기하기

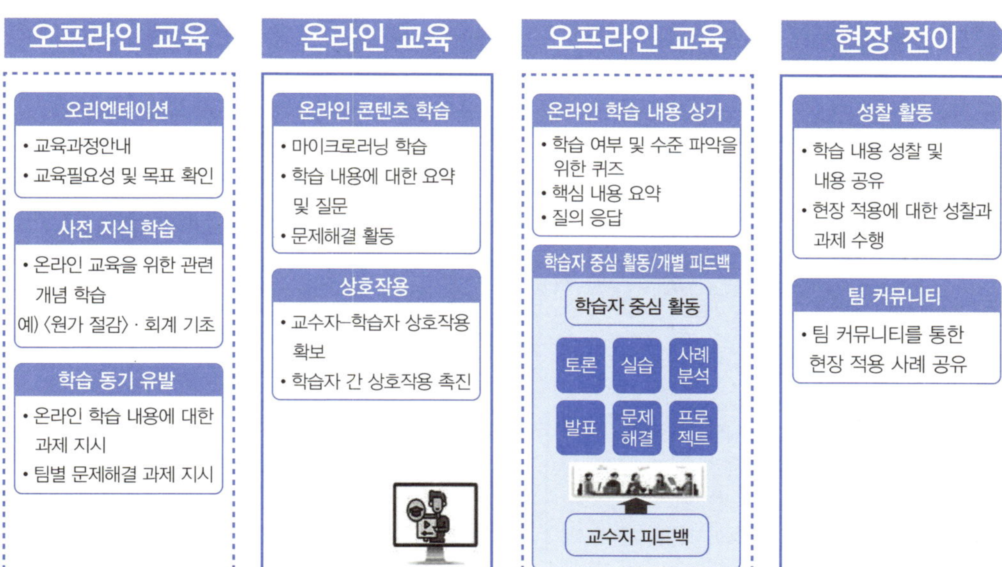

[그림 8-3] 기업의 플립 러닝을 위한 표준교수학습 모형

위한 퀴즈 활동 및 핵심 내용 정리와 일반 질의 응답 활동이 먼저 시작된다. 이후 토론, 실습, 사례 분석, 발표, 문제해결, 프로젝트 수행 등 다양한 학습자 중심 활동이 이루어진다. 마지막에는 현장 전이를 위한 활동을 실시한다. 학습 내용을 성찰하고 상호 공유한 후, 현장에 적용하면서 학습관리시스템의 게시판 등을 통하여 공유하고, 필요시 교수자의 피드백이 제공될 수 있다. 이때 교육과정 운영자는 교수자와 함께 온라인 학습관리시스템을 지속적으로 관리할 수 있다.

기업 맥락에서 플립 러닝의 활용 사례는 다음과 같다. 김혁 외(2021)는 플립 러닝을 활용하여 중소·중견 기업 핵심인재 양성 사례를 보고하였다. 경영관리 및 전략경영, 경영자 리더십, 액션 러닝 영역으로 구성된 차세대 리더 양성 과정 중 경영관리 및 전략경영 영역을 플립 러닝으로 구성하였다. 4주간의 온라인 선행학습을 시행하고, 3일간의 집합교육에서 지필 테스트 및 해설, 세부 내용에 대한 추가 강의, 질문 및 토의, 피드백을 실시하였다. 이후 현장 전이를 원활하게 하기 위하여 액션 러닝을 적용하여 과제를 수행하도록 하였다.

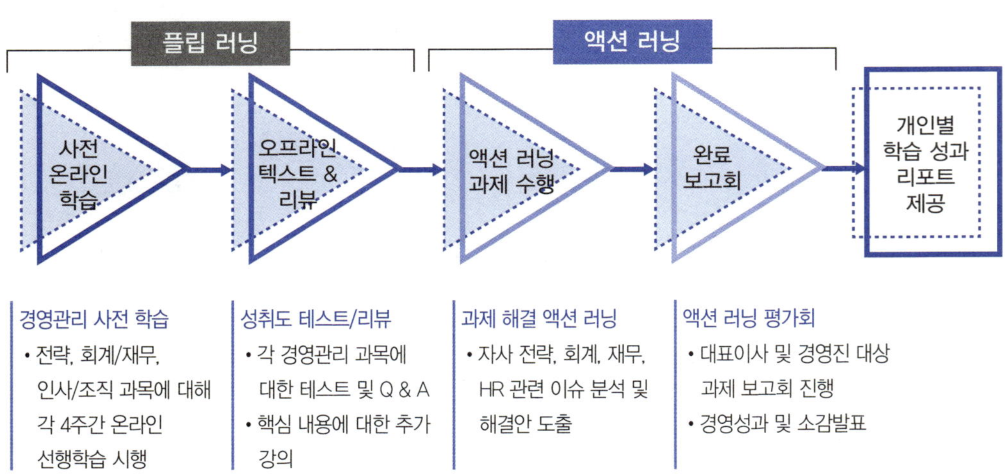

[그림 8-4] 차세대 리더 양성 과정 플립 러닝 · 액션 러닝 운영 모델

한국생산성본부는 플립 러닝을 적용하여 인사평가시스템 구축 실무 플립 러닝 교육과정을 개발하였다(임철일 외, 2020). 온라인 교육에서 인사 평가 개요, 인사평가 설계 및 운영과 같은 이론적인 내용을 다루고, 오프라인 교육에서 인사평가 제도 설계, 인사평가 개선방안 수립 등의 학습자 중심의 실습 교육을 설계하였다. LMS 게시판에서 사례 공유 및 성찰 활동을 실시하고 이를 통해 현장 전이를 할 수 있도록 하였다. 또한 오프라인 교육, 온라인 교육, 오프라인 교육이 순차적으로 이루어지는 플립 러닝을 적용한 원가계산 및 분석실무 플립 러닝 교육과정도 개발하였다. 오프라인 교육이 한 번 더 추가된 이유는 학습자의 온라인 학습 동기가 낮아 오프라인 오리엔테이션을 통해 교육과정을 안내하여 학습자의 동기를 유발할 필요가 있었기 때문이다.

포스코 인재창조원은 해외법인에 근무 중인 현지직원을 대상으로 플립 러닝을 적용한 리더 양성과정을 운영하였다(박예나, 2016). 직원들은 입과 전에 개별적으로 이론적 배경을 습득하기 위하여 이러닝 사전학습을 실시하였으며 리더십, 재무 관련 업무 사례를 작성하였다. 이후, 한국에서 열린 오프라인 집합 교육에서 역량 향상 교육과 토론, 퀴즈, 액티비티 등 다양한 교육 프로그램을 통해 리더십 스킬을 습득하였다.

3. 블렌디드 러닝

1) 블렌디드 러닝의 정의와 특성

블렌디드 러닝(blended learning)은 학습 요구에 적절히 부응하기 위하여 다양한 교육 방법과 매체를 혼합하려는 총체적인 접근 전략(Reay, 2001)이며, 학습 목표, 학습 내용, 학습 시간과 공간, 학습 방법, 학습 매체, 상호작용 방식 등 다양한 학습 요소들의 복합적 활용을 통해 최적의 학습 효과를 산출해내기 위한 방법(임정훈, 2004)으로 오래전부터 알려져 왔다. 최근에 와서는 기술적, 공간적, 물리적 혼합을 넘어 온, 오프 환경을 유기적으로 연계해 최상의 학습 효과를 도출하는 교수·학습 방법(한송이, 이가영, 2021)으로 정의되고 있다. 요컨대, 다양한 방법을 혼합한다는 광의의 의미

[그림 8-5] 하버드 연구 보고서 (2022)

출처: Harvard Future of Teaching and Learning Task Force. (2022). Report of the Harvard Future of Teaching and Learning Task Force–Reimagining the Classroom, Enriching Content, and Expanding the Harvard Community. Harvard University. https://ftltaskforce.harvard.edu/files/future-teaching-learning/files/harvard_ftl_final_3.8.22_2.pdf

로부터 시작하여 온라인과 오프라인 환경의 결합에 초점을 맞춘 협의의 의미로 사용되고 있기도 하다. 블렌디드 러닝의 사례로 널리 알려진 Minerva University의 경우 캠퍼스가 없는 대학이라고 불리며 4년간 7개 도시에서의 온라인 수업과 오프라인 활동을 접목시킨 커리큘럼을 선보여 주목을 받았다(전종희, 2021). 그러나 실질적으로 블렌디드 러닝이 주목을 받게 되는 것은 2020년 이후 코로나 19를 거치면서 온라인 교육 환경과 도구를 적절하게 활용함으로써 오프라인 교육 일변도를 벗어나서 충분히 최적의 학습 경험을 제공할 수 있다는 것을 확인하면서부터이다(Harvard Future of Teaching and Learning Task Force, 2022).

블렌디드 러닝에 포함되는 유형은 여러 가지 방식으로 구분될 수 있는데, 운영되는 교육이 동기적인지 아니면 비동기적인지 여부와 온라인인지 오프라인인지 여부에 따라서 다음과 같은 4사분면에 나누어질 수 있다.

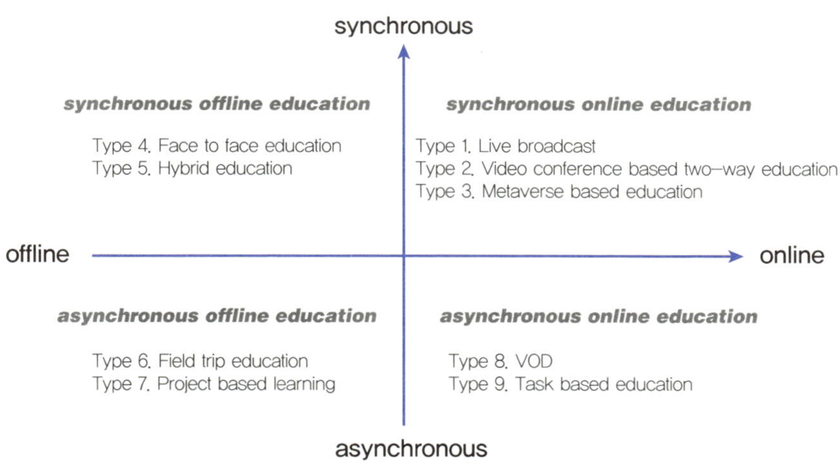

[그림 8-6] 블렌디드 러닝의 유형(임철일 외, 2023)

(1) 동기 및 온라인 교육

동기 및 온라인 교육에는 실시간 방송(Live broadcast), 양방향 화상 회의 교육(Video conference based two-way education), 메타버스 기반 교육(Metaverse based education)이 포함된다.

실시간 방송은 실시간 유튜브 방송처럼 교수자는 학습내용을 일방향적으로 전달하며, 학습자는 실시간으로 송출되는 방송을 통해 학습하게 된다. 전 세계 학습자가 시청할 수 있으며, 지식의 재사용 및 공유를 위한 보관이 가능하고, 접근성이 편리한 기기를 이용하여 시공간의 제약 없이 언제든 시청할 수 있는 장점이 있다. 그러나 오프라인 수업에 비해 학습자 상태를 즉각적으로 파악하여 수업 참여를 이끌거나 피드백하기 어려우며, 시각적 단서의 결핍에 따라 사회·정의적 의사소통이 부족하여 감정의 표현이 어려울 수 있는 단점이 있다(이상수, 2004; 주유존, 양혜준, 황하성, 2022).

양방향 화상 회의 교육은 교수자, 학습자, 교실이 분리되어 있으며 물리적 거리가 있더라도 시간적, 공간적 제약을 받지 않고 원하는 시간에 원하는 장소에서 ZOOM, Webex 등의 실시간 양방향 소통이 가능한 화상회의 플랫폼을 활용하여 동시에 학습하게 된다. 이 방식의 장점은 다양한 규모로 근무지의 학습자 전원이 교육에 참여할 수 있으며, 시공간의 유연성과, 학습자 수준 등에 따라 진도 조절이 용이하다는 것이다. 한편, 강사의 준비 시간이 늘어날 수 있으며, 기기 활용을 어려워하는 사람들은 학습에 불편함을 느낄 수 있다(주유존, 양혜준, 황하성, 2022; Stein & Graham, 2014).

메타버스 기반 교육(Metaverse based education)은 학습자가 메타버스 환경 내에서 사회적, 공간적 실재감을 느낄 수 있으며, 연속성을 가져 메타버스 내에서 발생하는 학습 경험이 단절되지 않고 연속적이다. 또한 데이터 및 정보가 현실세계와 서로 연동되어 학습에 활용된다. 이 유형의 장점은 현실세계에서는 어려운 것들을 가상세계에서 경험함으로써 간접 경험을 통한 학습 효과를 얻을 수 있으며, 높은 자유도를 지녀 학습자의 자율성 확대가 가능하다는 점이다. 또한 가상화를 통해 학습자의 능동적 참여가 확대되고 몰입도가 높아질 수 있다. 반면에 교육 관계자들의 메타버스에 대한 지식 부족과 오해의 소지가 있으며, 메타버스 이용자의 학습 외 활동으로 시간 낭비 문제가 발생할 수 있으며, 메타버스 이용자(기업, 학습자 등) 간 윤리적 문제(예: 비속어 사용, 모욕, 따돌림 등) 발생이 가능하며, 교육환경 및 콘텐츠 개발을 위해 비용이나 개발 인력 등이 추가로 요구되는 단점이 있다.

블렌디드 러닝의 특성상 사사분면에 나눈 네 가지 유형의 교육 방식이 종합적으로 사용되나, 특히 빈번하게 사용된 교육 방식을 기준으로 동기 및 온라인 교육의 사례를 소개할 수 있다. 신한생명보험은 자사의 온라인 교육 콘텐츠인 S-EDU 시리즈의 교육 경험을 공유했는데, 이는 실시간 라이브 교육 콘텐츠인 S-Live와 마이크로 러닝 콘텐츠인 S-Class로 구성되어 있다(KHRD, 2020). 이는 코로나19로 인한 비대면 상황에서 현장 교육과 같은 생동감을 주기 위한 방식으로 보인다.

(2) 동기 및 오프라인 교육

동기 및 오프라인 교육에는 전통적인 면대면 교육(face to face education)과 하이브리드 교육(hybrid education)이 있다. 면대면 교육은 우리에게 익숙한 형태로, 교수자와 학습자가 같은 시간과 공간에서 실시간으로 교육을 진행하는 것인데, 기본적인 온라인 기술을 활용하여 실시간 수업과정에서 교수자와 학습자 그리고 학습자 상호 간 소통을 할 수 있다. 면대면 교육은 특히 사회적 존재감을 결속하고 발전시키기가 좀 더 쉬우며, 이를 통해 상호 신뢰감을 쉽게 형성할 수 있게 한다. 반면에 학습자 규모가 크거나 학습 주도형 특성을 보여주는 학생을 포함하여 학습자 전원을 참여시키는 것이 어려울 수 있다. 또한 시간의 제약으로 인하여 온라인에 비해 도달하고자 하는 깊이까지 상호작용이 이루어지지 않을 수 있다(이상수, 2004; Stein & Graham, 2014).

하이브리드 교육은 학습자 일부는 물리적인 교실에서 수업에 참여하고, 학습자 일부는 교실 외의 공간에서 가상으로 수업에 참여하는 학습 형태로, 교수자는 화상 회의 툴을 활용하여 대면 학습자와 원격 학습자를 동시에 가르치게 된다. 다른 공간에 있는 학습자와 학교 현장에 있는 학습자가 동시에 수업을 들을 수 있다는 장점이 있는 반면에, 교육 기획자, 운영자는 실시간 혼합형 수업을 운영하는 경우 통제할 수 없는 요소가 다른 수업에 비해 많으며, 교육 실무자의 입장에서는 기존의 수업에 비해 두 배 이상의 노력이 필요하다는 단점이 있다.

동기 및 오프라인 교육의 사례로 IBM의 MDP(Management Development Portal)를 사례로 들 수 있다. MDP는 전 세계에 분산된 관리자급 직원 교육을 위한 4단계 블렌디드 러닝 교육 프로그램이다. 온라인 과정인 1-3단계 이후 특히 4단계에서는 Learning Lab이라고 불리는 오프라인 교실 과정을 운영하는데, 이때 고차원적 능력 습득 및 숙달을 위해 대화, 토론, 그룹작업을 포함한 대면 학습을 진행하는 것이 특징적이라고 할 수 있다(디지털타임스, 2003).

(3) 비동기 및 오프라인 교육

비동기 및 오프라인 교육은 현장 방문 교육(Fieldtrip education)과 프로젝트 기반 학습(Project based learning)이 포함된다. 현장 방문 교육은 학습 대상이 있는 현장에 방문하여 관찰하거나 온라인 도구를 활용하여 조사하면서 행하는 것으로서 교실에서 학습한 것을 실천할 수 있는 기회를 제공해주며, 교육과정을 풍부히 하여 지식을 심화, 확대시킬 수 있다. 또한, 새로운 의미를 발견하게 하고 사고력을 높임과 동시에 연구심을 배양하며, 자연스럽게 호기심을 유발해 학습의욕을 지속시킬 수 있다. 그러나 현장 방문 교육이 가능하기 위해서는 여러 영역별 추가 비용이 필요하며, 사전준비를 철저히 해야 하고, 사후 결과 처리에도 많은 시간이 할애되는 단점이 있다(이지연, 2013).

프로젝트 기반 학습은 교수자와 같은 공간이 아닌 곳에서 실시간이 아닌 상태에서 학습자가 실제적인 문제에 대해 주도적으로 계획을 세우고 산출물을 만들어내면서 프로젝트 활동을 진행해 나간다. 학습자 자신의 학습과정에 대한 통제권과 책임감을 가지면서, 그룹으로 진행할 경우, 친밀감을 높일 수 있으며 활발한 상호작용이 가능하다. 반면에 효과적이고 균등한 그룹 배정에 어려움이 있으며, 학습자 간 시간, 공간의 제약이 뒤따르는 문제가 있다.

비동기 및 오프라인 교육의 사례는 다른 세 교육방식의 사례에 비해 많지 않으나, CJ ENM의 글로벌 필드 트립 과정을 예시로 들 수 있다. 이 프로그램은 7~9년 차 제작 직군(PD)을 대상으로 글로벌 리딩 기업을 벤치마킹하며 최신 트렌드 파악과 영감 획득을 목표로 하는 프로그램으로, 해당 연수 대상자들이 희망하는 콘텐츠, IT, 게임 분야 주요 글로벌 엔터테인먼트사 10곳에서의 학습 및 연구 기회를 제공한다(이정현, 2019). 따라서 학습자들은 본인들의 희망에 따라 교육 장소를 선택하고 해당 기업에서의 개별적인 교육을 실시하게 된다.

(4) 비동기 및 온라인 교육

비동기 및 온라인 교육은 비실시간 화상 강의(Video On Demand)와 과제 기반 교육(Task based Education)이 포함된다. 비실시간 화상 강의는 가장 보편적인 교육 형태로 학습자들이 원하는 시간과 공간에서 학습을 할 수 있다는 점에서 가장 수요가 많은 반면에 학습자의 자기주도성이 떨어지는 경우 학습에 실패할 확률이 높은 것으로 알려져 있다(윤세현 외, 2022). 최근에는 학습자의 주의 집중 시간을 고려하여 짧은 형태의 영상 자료를 기반으로 하는 마이크로러닝이 널리 활용되고 있다. 과제 기반 교육은 학습관리체제(LMS)를 활용하면서 비실시간으로 학습자들이 학습 과제를 수행하는 방식으로 진행된다. 발산적 사고와 깊이 있는 논의를 필요로 하는 학습과제를 중심으로 이루어지는 반면에 의사소통이 즉각적으로 이루어지지 않기 때문에 과제 수행이 효율적으로 진행되지 못하는 문제가 있다.

블렌디드 러닝을 온·오프 여부, 동기와 비동기 여부에 따라서 구분할 때 앞에서 밝힌 것처럼 다양한 유형들이 나타난다. 이러한 유형 중 교육목표의 종류, 교육 환경의 특성, 교육 활동의 종류, 학습자의 수, 교육 내용의 종류, 학습자 특성, 학습자의 근무지 등의 요소 등을 종합적으로 반영하여 상황에 맞는 방법을 선택하게 된다. 예컨대, 복잡하면서도 창의적 활동, 종합적 평가 등의 교육 목표 유형은 동기이면서 오프라인 교육(기존의 강의실 수업)으로 가능한 반면에 단순한 지식의 습득과 유형은 온라인으로 비동기적 방법으로 운영할 수 있다. 또한 위의 준거를 참고하면서 일정한 산술적 기준을 적용할 경우 "학습자가 테크놀로지 친숙도가 높고, 학습 선호도가 대면, 비대면이 혼재되어 있으며, 학습자 규모가 크고, 반면에 교육 장소가 중형이며, 기술 및 장비 및 운영 인력이 충분하게 되면 하이브리드 교육 유형을 선택할 수 있다(임철일 외, 2023)."

따라서 비동기 및 온라인 교육은 다른 교육 방식과 적절하게 조합되어 사용되는 경우가 많은데, 삼성그룹의 경영자후보 부장급 간부 대상 교육 프로그램인 SEP(Samsung Executive Program)를 그 사례로 들 수 있다. 이 프로그램은 국제적인 수준의 종합 경영 관리 능력을 개발하기 위한 블렌디드 러닝 프로그램으로, 12개 모듈로 구성된 온라인 교육과정을 오프라인 교육을 혼합하여 보완한 방식으로, 온라인 과정의 전후와 사이사이에 시나리오 교육, 액션 러닝(Action Learning)을 도입하여 실제 업무현장과의 연결성을 높이고 있다(디지털타임스, 2003).

2) 효과적인 블렌디드 러닝을 위한 방법

블렌디드 러닝이 효과를 가져오기 위해서는 다양한 요소들이 제대로 이루어져야 하는데, 그중에서도 특히 온라인 교육 측면에 대한 세심한 설계가 요구된다. 온라인 교육 측면에서 고려할 요소로 크게 '교육 내용 전달' '동기 유발' '학습자 참여 유도' '온라인 실재감' '원활한 테크놀로지 활용' '학습 내용의 전이'를 들 수 있다.

교육 내용 전달을 효과적으로 하기 위해서는 〈표 8-7〉과 같이 단계적 개발, 시간 제한, 섬네일 활용, 전달 방법 변환, 비언어적 표현 활용, 강조 기능 활용을 할 수 있다(임철일 외, 2023).

〈표 8-7〉 온라인 교육에서 교육 내용 전달 방법

	설계 방안	설명	예시	관련 연구
1	단계적 개발	• 온라인 콘텐츠는 도입, 전개, 정리순으로 단계적으로 개발한다.	• 마이크로러닝 기법을 적용한 짧은 영상이더라도, 학습 목표를 안내하며 학습동기를 유발하는 '도입', 강의내용을 전달하는 '전개', 학습한 내용을 빠르게 요약 및 복습하는 '정리' 단계로 체계적으로 개발함	LouisVille, 2019
2	시간은 15분 이내로	• 온라인 콘텐츠는 15분 이내로 제작한다.	• 온라인 학습 환경에서의 집중도를 고려하여 동영상 분량은 15분 이내로 짧게 제작하여 이동 중에도 짧은 동영상을 틈틈이 시청할 수 있도록 제작함.	Harvard Future of Teaching and Learning task force, 2022
3	재미있는 썸네일	• 학습자의 관심을 유도할 수 있는 썸네일을 제작한다.	• 영상의 썸네일만으로도 학습자 흥미를 유발할 수 있도록 주제와 유행어, 트렌디한 이미지를 결합함. • 타깃층이 관심 있는 주제와 유행어를 결합하여 관심을 유도할 수 있음.	Harvard Future of Teaching and Learning task force, 2022
4	전달방법 변환	• 학습 내용 특성에 따라서 강의식, 대화식, PPT제공 등의 전달방법을 다양하게 변환하여 주의를 환기한다.	• 계속 동일한 전달방법을 사용하기 보다는 다양한 방법을 혼합하여 활용함으로써 학습자의 주의를 환기시킴. • 내용 전달 위주의 강의일 경우, PPT 화면만 띄우다가 화면을 전환하여 교수자의 모습을 PPT 화면과 동시에 등장시킬 수 있음. 사례공유 활동에서 대화하는 장면을 활용할 수 있음.	한형종, 2020; Katai & Iclanzan, 2022
5	비언어적 표현 활용	• 중요한 학습 내용은 강조하는 몸짓이나 억양을 바꿔서 주의를 환기한다.	• 중요하거나 그렇지 않은 부분, 격려하거나 저지하는 부분, 의견을 촉진하거나 강의에 집중하는 부분 등 과정 중 학습 내용에 따라 필요한 제스처를 활용해야 함.	한형종, 2020
6	강조 기능 활용	• 핵심 내용을 전달할 때는 화면의 줌 아웃이나 밑줄긋기 기능을 사용한다.	• PPT 화면을 활용하여 내용을 전달할 경우, 핵심적인 내용에 밑줄을 긋거나 색 또는 굵기를 달리하여 강조함. • 그 외에 줌 아웃과 같은 촬영기법을 적용하여 강조할 수 있음.	Katai & Iclanzan, 2022

학습자 참여를 유도하기 위해서는 〈표 8-8〉에 있는 것처럼 '시청 여부 확인', '연습 문제 제시', '요약과제 제시', '장점 안내', '이수율 확인'을 할 수 있다.

〈표 8-8〉 온라인 교육에서 학습자 참여 유도 방법

	설계 방안	설명	예시	관련 연구
1	시청 여부 확인	• 콘텐츠를 시청하고 있는지 확인하고 미시청하는 경우에는 학습자에게 직접적으로 연락하여 학습을 독려한다.	• LMS시스템상에서 학습자의 시청 여부 및 시청시간을 살피고, 총 시청시간이 1시간 미만인 경우 학습 마감일 3일 전에 학습 독려 문자메시지를 발송함. • 중도포기자에 대한 설문조사를 준비하여 중도포기 이유에 대한 정보를 수집하고 이수율을 증진하기 위한 방안을 마련할 수 있음.	Willging, & Johnson, 2004
2	연습문제 제시	• 연습문제를 제시하여 학습 내용을 적용할 수 있는 기회를 제공한다.	• 학습 내용에 대한 연습 문제를 제시하고, 연습문제 풀이를 통해 학습 내용을 활용 및 적용할 수 있도록 함.	서일보 외, 2022
3	요약 과제 제시	• 내용을 요약하는 과제를 제시하여 학습 내용을 구조화 할 수 있는 기회를 제공한다.	• 학습 내용 전체를 유목화, 구조화 하는 등 내용을 요약하는 기회를 제공함.	박주현 외, 2022
4	장점 안내	• 운영자는 학습자의 조직 및 가족에게 온라인 과정에 대한 장점을 안내하는 안내물을 전달한다.	• 학습자의 참여를 유도하기 위하여 온라인 과정에 대한 장점을 안내할 필요가 있음.	Park & Choi, 2009
5	이수율 확인	• 대시 보드를 통해 학습자의 이수율을 확인할 수 있도록 한다.	• 학습자의 학습 이수 현황, 과제 제출 현황 등 전반적인 학습 과정을 대시보드를 통해 모니터링할 수 있도록 함.	Park & Choi, 2009; 진성희, 2019

원활한 테크놀로지 활용을 위해서는 〈표 8-9〉에 있는 것처럼 '기술 활용 교육 실시', 'Single-Sign-On 사용', '기기 활용 환경 확보', '줌 피로도 관리', '기술 활용 최적화'를 할 수 있다.

〈표 8-9〉 온라인 교육에서 원활한 테크놀로지 활용 방법

	설계 방안	설명	예시	관련 연구
1	기술 활용 교육 실시	• 강사의 테크놀로지의 활용 능력은 학습자의 주의집중에 직접적으로 영향을 미치므로, 강사를 대상으로 사전에 충분한 교육을 실시한다.	• 처음 접하는 강사도 강의에 활용하기 쉬운 테크놀로지를 사용함. • 사내 강사에게 강의의 내용뿐만 아니라 테크놀로지 활용에 대한 것도 사전에 훈련시킴	이희정, 2021
2	Single Sign-On 사용	• Single Sign-On 포털(My써니)을 사용하여 여러 프로그램이나 사이트 간 접근성을 높이도록 해야 한다.	• Google 계정을 활용하여 My써니 사이트를 비롯하여 Google 워크스페이스, Miro 등 여러 사이트에 쉽게 로그인할 수 있도록 함.	Murphy et al., 2014
3	기기 활용 환경 확보	• 기기 구비와 안정적인 인터넷 연결 및 충분한 대역폭을 확보한다.	• 교수자와 운영자가 많은 학습자의 접속과 학습 상태를 확인하고, 상호작용 도구의 원활한 활용을 위하여 인터넷 환경을 점검함.	Murphy et al., 2014
4	줌 피로도 관리	• 줌 피로도를 줄이기 위하여 카메라를 끄거나, 본인의 비디오를 바라보지 않도록 한다.	• 줌 사용시, 원하는 경우 카메라를 끄거나, '내 화면 숨기기(hide self view)' 기능을 사용함.	De Oliveira Kubrusly Sobra et al., 2022
5	기술 활용 최적화	• 수업의 맥락을 고려하여 온라인 스트리밍 플랫폼의 최적의 기술을 활용하여 상호작용을 촉진한다.	• 줌, 팀즈 등과 연동할 수 있는 Miro, Google 워크스페이스 등을 활용하여 학습자들의 불필요한 어플리케이션 간 이동을 방지함.	이희정, 2021

학습자의 동기 유발을 위한 방법으로는 〈표 8-10〉에 있는 것처럼 '교육목표의 제시', '출발 질문의 제시', '실패 사례의 제시', '실생활 사례 제시', '비형식적 학습 환경 제시', '사전 보상 안내', '수료증과 배지 제공'을 들 수 있다.

〈표 8-10〉 온라인 교육에서 학습자 동기 유발 방법

	설계 방안	설명	예시	관련 연구
1	교육목표 제시	• 교육 종료 후 성취 가능한 사례를 제시하여 교육의 필요성과 교육 목표를 안내한다.	• 교육 종료 후 예상되는 수행 능력을 보여주는 사례 또는 성취도가 높은 수료자 인터뷰 사례 등을 제시하여 내적 학습 동기를 유발함.	Park & Choi, 2009
2	출발 질문 제시	• 교육주제와 관련된 출발 질문을 통해 호기심을 자극한다.	• 수업을 시작하면서 학습자의 주의를 환기할 수 있도록 학습 내용과 관련하여 가볍게 생각해 볼 수 있도록 하는 질문을 통해 호기심을 자극함.	한형종, 2020
3	실패 사례 제시	• 학습 내용에 해당하는 실패 사례를 제시하여 교육의 필요성을 느끼도록 자극한다.	• 실패 사례를 통해 교육이 필요함을 느낄 수 있도록 함.	권기성 외, 2020
4	실생활 사례 제시	• 학습자의 실생활과 연관된 친숙한 사례를 제시한다.	• 학습자가 경험하거나 경험했을 것으로 예상되는 상황과 연관된 사례를 제시하여 학습자의 동기를 유발할 수 있음.	Park et al., 2009
5	비형식적 학습환경 제시	• 과정 시작 전, 학습자들에게 비형식적 학습환경을 제공하여 학습자들의 동기를 유발한다.	• 교육의 핵심 내용을 담은 카드 뉴스나, 웹툰을 제시하여 학습자의 동기를 유발할 수 있음.	임지영, 2020
6	사전에 보상 제시	• 교육과정에서 제공되는 보상을 제시한다.	• 교육과정 참여도에 따라서 제공하는 보상을 사전에 제시함으로써 외적 동기를 높임.	Park & Choi, 2009; 권기성 외, 2020
7	수료증, 배지	• 온라인 학습자의 동기를 부여하는 방안으로 학습자에게 수료증, SK 배지 등의 보상을 제공한다.	• 학습 성과나 성취도를 확인할 수 있는 시각화 수단을 제공하여 목표를 달성하기 위한 적극적인 참여를 유도할 수 있음.	권기성 외, 2020; Davis et al., 2018; Park et al., 2009

온라인 실재감을 확보하는 방법으로는 〈표 8-11〉에 있는 것처럼 '48시간 이내 피드백 제시', '온라인 지원 도구의 활용', '소그룹 활동'을 들 수 있다.

〈표 8-11〉 온라인 교육에서 실재감 확보 방법

	설계 방안	설명	예시	관련 연구
1	48시간 이내 피드백	• 교수자는 48시간 이내에 질의응답에 대한 피드백을 제시한다.	• 교수자는 48시간 이내에 질의응답에 대한 피드백을 제시함. 학습자가 온라인 지원 시스템에 질문이 올라오면 그로부터 48시간 이내에 답변을 제시하여 온라인 학습 상황에서도 교수자와 상호작용이 이루어진다는 것을 확인할 수 있도록 함.	김동일 외, 2021; LouisVille, 2019; Zhang, S., 2019
2	온라인 지원 도구 활용	• 온라인 학습 상황에서의 의사소통 한계를 극복하기 위하여 적절한 온라인 지원 도구 활용 방안을 제시한다.	• 온라인 지원 도구 예시: google Docs, Socrative, Kahoot 등 • Google Docs를 활용해서 실시간 공동 문서작업을 진행하여 온라인 학습상황에서도 동시적 상호작용이 가능하도록 하여 협동학습 진행함. • Kahoot을 활용해 배운 내용에 대한 이해도를 게임 형식의 퀴즈를 통해 실시간으로 확인하고 피드백을 제공함.	임철일 외, 2020; 조영환 외, 2015; De Santis et al., 2019; Kim, M, 2020
3	소그룹 활동 안내	• 소그룹 활동에 대해 구체적으로 안내한다.	• 학습지 간 상호작용 촉진을 위하여 활동 주제, 역할 분배, 소그룹 활동방법(활동 전체 시간, 개인별 발언 시간, 발표 순서 등), 소그룹 활동 결과물 공유 방법을 구체적으로 안내함.	서순식, 2020; Gahl et al., 2021; Tanis, 2020

학습 전이를 위한 방법으론 〈표 8-12〉에 있는 것처럼 '적용 기회 제공', '학습 커뮤니티 조성' 등을 고려할 수 있다.

〈표 8-12〉 온라인 교육에서 학습 전이의 방법

	설계 방안	설명	예시	관련 연구
1	적용 기회 제공	• 학습자들이 습득한 지식을 실제 적용할 수 있는 기회를 제공한다.	• 학습자들이 학습한 내용을 예상되는 문제 상황에서 시뮬레이션 형태로 적용해보거나, 실제 업무 상황에서 적용해보는 노력을 장려하여 효과적인 학습을 촉진시킬 수 있음	서일보 외, 2022; 차운정 외 (2020)
2	학습 커뮤니티 조성	• 학습한 내용을 업무에 적용한 사례를 공유할 수 있는 커뮤니티(COP)를 조성한다.	• 학습 중이나 학습 후 해당 내용이 휘발되지 않도록 실제 업무 상황에 적용해본 경험이나 어려움을 겪는 지점을 공유하는 커뮤니티를 형성할 수 있음.	권성연 외, 2005; Kim, M, 2020

4. 하이브리드 러닝

하이브리드 러닝(Hybrid learning)은 교수자와 학습자, 물리적 교실과 사이버 교실을 임의로 결합하여 실시간으로 학습을 제공하는 방식으로(Hastie et al., 2010), 전형적으로는 강의장에서 이루어지는 대면 교육과 온라인의 비대면 교육이 실시간으로 동시에 이루어지는 학습 형태를 말한다. 코로나 19를 경험하면서 오프라인에서 이루어지는 실시간 교육 중 온라인으로 교수자와 학습자가 참여하는 것이 비용 효율적이면서도 기술적으로 가능하다는 것을 경험하면서 교육적 대안 중 하나로 시도되고 있다. 예컨대, 신입사원을 위한 교육 중 일부 프로그램에 대하여 현장에서 강사와 참여하는 학습자 이외에도 온라인으로 참여하는 학습자를 두어서 진행하는 사례가 나타나고 있다(HR Insight, 2023).

블렌디드 러닝과는 다르게 하이브리드 러닝의 학습자들은 서로 다른 매트릭스에 존재한다. 즉, 하이브리드 러닝의 일부 학습자는 물리적인 교실에 있고, 일부 학습자는 화상 회의 플랫폼 등을 사용하여 교실에서 이루어지는 수업 활동에 같이 참여하게 된다. 온오프라인 학습이 '동시'에 일어나며, 학습자에게 수업의 참여 형태에 대한 선택권을 부여한다. 오프라인 학습 매트릭스인 교실에 있는 학생들과 온라인 학습 매트릭스인 디지털 플랫폼에 접속한 학생들은 온라인 플랫폼, 온라인 도구 등을 통하여 동료 간 지도, 자기 평가, 교수자-학습자 간의 협업 등 '실시간 쌍방향 상호작용'을 하게 된다.

1) 하이브리드 러닝의 설계 원리

하이브리드 러닝이 기대하는 결과를 가져오기 위해서는 일련의 원리들이 적용되어야 한다. 하이브리드 형태로 학습을 제공하는 것이 곧바로 성과로 나타나는 것이 아니기 때문이다. 예컨대, 미국 Central Michigan University는 Webex를 활용한 하이브리드 수업을 위한 6가지 설계원리를 다음과 같이 제시하였다(Central Michigan University, 2024). 첫째, 전자칠판의 세부적인 기능 및 연결 상태를 파악하라. 둘째, Webex를 중앙 컴퓨터에서 실행하라. 셋째, 강의실의 컴퓨터, 모니터 등의 기기 정보를 확인하고 Webex 미팅을 시작하라. 넷째, 음소거 설정과 해제 기능에 능숙해져라. 다섯째, 강의 내용의 전달을 위해 화면 공유 기능에 능숙해져라. 여섯째, 강의 내용을 기록해야 함을 상기하라. 국내의 경우 장수(2019)가 하이브리드 러닝이 효과적으로 운영되기 위한 교수설계 원리를 다음 〈표 8-13〉과 같이 도출하였다.

〈표 8-13〉 하이브리드 러닝 지원을 위한 교수설계 원리

구성요소	설명
환경	1. 실재감의 원리: 온라인 학습자에게 교수 실재감을 높일 수 있는 교실 수업 환경과 공동체의 형성을 지원한다.
학습 방식	2. 형평성의 원리: 현장 학습자가 지루하지 않게 수업을 진행하고 온라인 학습자의 소외감을 없애도록 한다.
	3. 교수자 지원의 원리: 교수자의 인지부하를 감소시키기 위해 수업 준비, 운영을 도와주는 인력 지원을 제공한다.
	4. 동기 유지 원리: 교실 학습자와 온라인 학습자가 적극적으로 수업 활동에 참여할 수 있도록 지속적으로 유도한다.
상호작용	5. 상호작용 원리: 혼합형 실시간 학습에서 교수자와 학습자 간의 즉시적 상호작용이 이루어지도록 피드백과 의사소통을 촉진한다.
전달	6. 사용 용이성 원리: 혼합형 실시간 학습과정에서 교수자와 학습자 모두 쉽게 사용할 수 있는 도구로 학습자원을 제작하여 전달한다.
	7. 친숙성 원리: 학습자와 교수자가 혼합형 실시간 학습에서 사용할 도구에 익숙해질 수 있도록 지원한다.
	8. 적응성 원리: 학습자가 혼합형 실시간 학습 환경의 학습 조건과 학습 요구에 의한 변화에 적합하도록 행동 및 태도를 변화시켜 순응한다.
역할	9. 유연성 원리: 교수자가 복잡한 환경에서 수업을 진행하도록 적응하며, 여러 돌발 상황을 유연하게 대처한다.
온오프라인의 융합	10. 혼합성의 원리: 최적의 혼합형 실시간 학습을 창출하기 위해 학습방법, 평가방법, 상호작용 방식 등 다양한 학습요소들을 연결하여 복합적으로 활용한다.
평가	11. 다양성 원리: 기존에 많이 사용되는 지필고사 방식 이외에 학생들의 활동을 다각도로 평가하는 방식을 활용한다.

이상과 같은 하이브리드 러닝을 지원하는 원리에 관한 몇 가지 선행 연구를 종합할 때 다음과 같은 수업의 설계 및 운영 전략을 고려할 수 있다(임철일, 2022).

〈표 8-14〉 하이브리드 러닝을 지원하는 설계 및 운영 전략

구분	설계 및 운영 전략	
수업 전	인프라 확인	• 하이브리드 수업에 적절한 강의실 선정 • 온/오프라인 학습자의 접속 기기 확인
	학습자 참여방식 확인	• 학습자의 온/오프라인 참여 방식 확인
수업 중	상호작용	• 온/오프라인 학습자가 동등한 수준으로 교수자와 상호작용할 수 있도록 수업 운영 • 온/오프라인 학습자와 즉시적 상호작용이 이루어질 수 있도록 피드백 및 의사소통 촉진 • 그룹 활동
	온라인 도구 활용	• 교수자, 온/오프라인 학습자가 모두 쉽게 사용할 수 있는 온라인 도구 선정 및 활용
수업 후	수업 평가	• 다양한 방식으로 학습자 평가

2) 하이브리드 러닝의 사례

하이브리드 러닝을 최적화한 대표적인 사례로 미국 하버드 대학교 경영대학의 사례를 들 수 있다. 하버드 비즈니스 스쿨(Harvard Business School)에서는 2020년 3월 말, 비대면 학습자와 대면 학습자를 모두 수용할 수 있으면서 동시에 안전하고 공정하며 매력적인 학습 경험을 제공하기 위해 올드리치(Aldrich) 강의실을 하이브리드 강의실로 개조하여 활용하기 시작하였다([그림 8-7] 참조). 강의실 뒤쪽에 설치된 고화질 카메라 두 대는 교수자와 칠판을 포착하며 교수자의 자연스러운 시선을 유도하였으며, 강의실 앞쪽에 설치된 카메라는 와이드샷으로 대면 학생들을 촬영한다. 이를 통해 모든 학생은 칠판의 판서를 읽을 수 있으며, 교수자는 모든 학생을 한눈에 볼 수 있다. 또한, 온라인 참여 학생들은 칠판과 오프라인 참여 학생들, 교수자를 개별적으로 볼 수 있고, 손을 들고 이야기하는 등 상호작용을 원활히 할 수 있다.

대개 온라인 환경에서는 감정을 읽거나 눈을 마주치는 것이 불가능하다. 하지만 구축된 하이브리드 강의실을 통해, 온라인 환경에 있는 학습자는 교수자가 돌아다니며 눈을 마주치고, 학습자가 말할 때 다른 학습자들이 고개를 끄덕이는 것을 볼 수 있다. 오프라인 교실에 있는 학습자와 원격에서 접속한 학습자 모두 실제 손을 들고 예전 교실 경험과 연결할 수 있다.

[그림 8-7] 올드리치(Aldrich) 하이브리드 강의실

: 올드리치 강의실은 교수자와 학습자의 요구를 모두 수용하도록 개조하였다. 교수자는 온라인 학생과 오프라인 학생을 한눈에 볼 수 있으며, 온라인 참여 학생들은 칠판과 오프라인 참여 학생들, 교수자를 개별적으로 볼 수 있도록 카메라 및 스크린이 설치되었다.

출처: https://www.hbs.edu/news/articles/Pages/creating-hybrid-classrooms.apx

국내의 폴 바셋(Paul Bassett)은 모든 교육을 비대면으로 전환하는 것이 적절할지에 대하여 의문을 가지며, 오프라인 교육을 통한 교류 협업 문제해결 등 전통적인 교육의 순기능도 분명 지켜야 할 가치가 있다고 판단하였다(김하나, 2022). 이에 오프라인과 온라인을 자유롭게 넘나들 수 있는 하이브리드 교육체계 구축을 포스트 코로나 시대의 새로운 교육전략으로 선택하였다. 학습 플랫폼을 구축하고 플랫폼 내 학습기능을 통해 실시간 강의 수강 온라인 공간에서의 학습 조 구성, 지식공유 게시판 등을 통해 보다 효율적으로, 하지만 보다 더 흥미롭게 학습 콘텐츠에 접근할 수 있도록 온라인 과정을 설계하였다. 교수자가 학습자에게 주입식으로 내용을 전달했던 교육과정은 온라인 교육으로 전환하고, 비대면 교육이 가지는 한계를 보완하기 위해 아이디어를 도출하거나 개인이 가지고 있던 지식들을 조직의 자산으로 만드는 교류의 장 및 토론과 실습을 통해 함께 문제를 해결하는 교육들은 대면교육의 영역으로 남겨두었다. 이러한 운영전략을 통해 비대면 교육에서 발생할 수 있는 학습 미참여자와 비대면 교육의 효과성 문제를 해결할 수 있었고 전체 1,000여 명의 현장 바리스타 인원 중 98%의 교육 수료율을 달성하는 성과를 이루었다. 필수 교육 외 수시로 업로드되는 학습 자료를 수강하였을 경우, 교육 포인트를 제공하였고 연간 누적된 포인트를 바탕으로 학습 우수자에 대한 개인 포상 그리고 승진을 위한 가산점에 활용하기도 하였다.

이가영 외(2022)는 과학기술인을 대상으로 교육을 실시하는 국가 기관인 K기관의 성인 학습자를 대상으로 하이브리드 수업을 설계하고 운영하여 이에 대한 학습자의 인식을 분석하였다. 개발한 교육과정명은 '과학커뮤니케이터 양성 과정'으로, 대상, 목표, 상황을 고려하여 과학 커뮤니케이션을 할 수 있다는 교육목표를 달성하기 위해 총 4개의 모듈(과학 커뮤니케이션의 중요성, 과학 말하기, 과학 프레젠테이션, 과학 글쓰기)로 구성되었다. 교육 방법은 교육 목표에 따라 강의형, 실습형, 상호작용형 등 다양한 교육방법이 활용될 수 있도록 하였다. 학습자 면담 결과, 온 · 오프라인 참여 형태와 관계없이 교육목표를 달성하였고, 참여 형태가 교육목표 달성 여부에 영향을 주지 않는다고 인식한 것으로 나타났다. 또한, 강의형, 실습형, 상호작용 등 다양한 교육방법이 효과적으로 적용될 수 있음을 확인하였다. 다만 교수자와의 소통, 교육환경의 문제 등 교육 운영상의 불편함이 제한점으로 제시되었다.

5. 요약

디지털 전환(digital transformation)이 가져온 테크놀로지의 지속적 발전으로 테크놀로지 기반의 다양한 수업 개념과 모형이 나타났다(임철일, 2019). 본 장에서는 그중 플립 러닝(flipped learning, 거꾸로 학습), 블렌디드 러닝(blended learning, 혼합 학습), 하이브리드 러닝(hybrid learning)을 소개하였다. 플립 러닝은 전통적 교실 내 수업 진행 방식을 거꾸로 뒤집어 놓은 것으로, 온라인으로 사전에 교육 내용을 학습한 후, 강의실 내에서는 문제해결, 토론 등 다양한 교육 활동을 하는 방식이다. 블렌디드 러닝은 학습 목표, 학습 내용, 학습 시간과 공간, 학습 방법, 학습 매체, 상호작용 방식 등 다양한 학습 요소들을 복합적으로 활용하려는 방식이다. 대체로 온라인과 오프라인 학습 전략을 적절히 결합하고 활용하는 것을 중심으로 활용되고 있다. 하이브리드 러닝은 교수자와 학습자, 물리적 교실과 사이버 교실을 임의로 결합하여 실시간으로 학습을 제공하는 방식인데 전형적으로는 강의장에서 이루어지는 대면 교육과 온라인의 비대면 교육이 실시간으로 동시에 이루어지는 학습 형태를 말한다.

이상의 세 가지 모형은 디지털 전환과 코로나19로 인한 교육 및 학습 환경의 변화에 대응하여 관심을 받고 있는 대표적인 교수 학습 모형이다. 교육 및 학습을 위한 온라인 기술이 보편화되면서, 기존의 강의실 수업으로 인하여 제한을 받았던 문제를 해결하는 차원에서 확산이 되고 있다. 그러나 기술의 활용 자체가 교육의 효과성을 가져오지 않기 때문에 각각의 교수학습 모형에 최적화된 설계 원리와 운영 전략의 적용이 요구된다. 본 장에서는 플립 러닝, 블렌디드 러닝, 하이브리드 러닝이 활용되기 위한 적합한 조건과 함께 최적의 활용을 위한 설계 원리와 전략에 관한 연구 결과를 제시하고 있다.

연습 및 탐구 문제

1. 플립 러닝을 설계하기 위한 원리는 크게 학습 동기 유발, 사전 학습, 연계, 학습자 중심 활동, 현장 전이로 구성될 수 있다. 각 구성 요소의 특징을 간략히 설명하고, 이것이 잘 반영된 현실의 교육 사례를 분석하라.

2. 블렌디드 러닝에는 다양한 유형들이 포함될 수 있다. 온오프라인 여부, 동기성 여부에 따른 블렌디드 러닝의 유형 아홉 가지를 설명하고, 특정의 기업 교육 사례를 하나 들어서 어떤 유형에 해당하는가를 분석하라.

3. 하이브리드 러닝의 교수설계 원리 중 형평성의 원리를 간단히 설명하고 이 원리가 구현되기 위한 측면으로 온라인 학습자의 소외감을 줄이기 위한 세부 방법을 제안하라.

참고문헌

권기성, 김민정 (2020). 기업교육에서 ARCS모형을 적용한 게임기반 교육 프로그램 개발 및 효과성 파악. 기업교육과 인재연구, 22(2), 33-59.

권성연, 유선주, 강경종 (2005). 기업의 효과적인 Blended Learning 개발 · 운영 전략 탐색을 위한 사례 연구. 직업능력개발연구, 8(1), 89-126.

김동일, 임정은, 우예영, 한다솜, 이진우, 연준모 (2021). 비대면 온라인 수업 효과에 영향을 미치는 온라인 수업 구성요소: 대학교 이론 수업 수강생을 중심으로. 교육연구논총, 42(2), 35-60.

김하나 (2022). 하이브리드 HRD의 퍼실리테이터에서 해답을 찾다. KMA ISSUE REPORT: HRD TREND. KMA 지식연구소.

김혁, 안예진, 조남채 (2021). 플립 러닝과 액션 러닝을 활용한 중소 · 중견 기업 핵심 인재 양성 사례. 산업교육연구, 41(1), 55–71.

디지털타임스 (2003년 8월 29일). [e리포트] 블렌디드 러닝 적용사례. https://www.dt.co.kr/contents.html?article_no=2003082902011360680001

박예나 (2016. 5. 13.) 포스코인재창조원, 해외법인 현지직원 '글로벌 리더'로 체계적 육성. 포스코뉴스룸. http://bit.ly/2H3C5L4.

박주현, 동효관, 이인태, 장근주, 조보경, 홍원준, 김선영, 이주은 (2021). 학교 온라인 교수학습 설계 및 실행 지원 방안. 한국교육과정평가원.

서순식 (2020). 실시간 원격교육에서 학습자의 학습 참여 촉진을 위한 방안 모색. 창의정보문화연구, 6(3), 149-158.

서일보, 강이철 (2022). 온라인 수업에서 인출연습유형과 인출간격이 학습잡념과 메타인지 판단 및 학업성취에 미치는 영향. 교육공학연구, 38(3), 743-777.

윤세현, 이재민, 서동화, 정대인, 박지원 (2022). 집합교육의 비대면 실시간 교육 전환 과정 및 성공요인 탐색: 기업교육사례를 중심으로. 기업교육과인재연구, 24(2), 93-132.

이가영, 한송이, 김명선, 이현경, 김민지, 박한림, 김규동, 허선영 (2022). 래피드 프로토타입 개발 방법론을 활용한 실시간 혼합형 교육 프로그램 개발 사례연구 - 과학기술인을 대상으로 -. 교육정보미디어연구, 28(1), 23-49.

이상수 (2004). 면대면 학습 환경과 온라인 실시간/비실시간 학습환경에서의 상호작용 패턴 분석. 교육공학연구, 20(1), 63-88.

이정현 (2019년 1월 23일). CJ ENM, 7~9년차 중견 PD 글로벌 기업에 연수 보낸다. 연

합뉴스. https://www.yna.co.kr/view/AKR20190122151800005

이지연 (2013). 대학 교양수업의 현장체험학습 활용방안 –통일의식 재고를 위한 현장체험학습 사례를 중심으로. 교양교육연구, 7(5), 495-521.

이지현 (2013). 반전학습(Flipped learning) 수업 모형 개발: 대학 미적분학 강의 사례를 중심으로. 제30회 대한 수학회 수학교육 심포지엄 자료집, 91-111.

이희정 (2021). 대학에서의 플립 러닝 기반 한국어 문법 교육 사례 연구. 문화와융합, 43(4), 213-240.

임정훈 (2004). 혼합형 학습(blended learning) 전략의 초, 중등학교 현장 적용 가능성 탐색. 교육학연구, 42(2), 399-431.

임정훈 (2016). 대학교육에서 플립러닝(Flipped Learning)의 효과적 활용을 위한 교수학습 전략 탐색: 사례 연구. 교육공학연구, 32(1), 165-199.

임지영 (2020). 컴퓨터기반 협력학습(CSCL)에서 공유된 조절에 대한 모니터링 지원이 협력학습 과정 및 성과에 미치는 영향. 이화여자대학교 박사학위논문.

임철일 (2015). 교수설계이론과 모형 제2판. 교육과학사.

임철일 (2019). 미래 사회와 교육을 위한 교육공학 연구 및 실천 영역의 재조명. 교육공학연구, 35(2). 253-287

임철일 (2022). 하이브리드 교수학습 가이드 및 매뉴얼 개발 최종 보고서. 서울대학교 미래교육혁신센터.

임철일, 한형종, 홍수민, 송유경, 이다연 (2020). 기업 교육에 있어서 창의적 사고 역량 향상을 위한 설계원리 개발. 교육정보미디어연구, 26(3), 477-510.

임철일, 홍수민, 박주현, 김한휘, 박성경, 엄태연, 정예일 (2023). SK그룹 교육 프로그램 효과 극대화를 위한 과정 개발 및 운영: 온·오프라인 블렌디드 교육 최적화 중심. 서울대학교 미래교육혁신센터.

장수 (2019). 혼합형 실시간 학습을 위한 교수설계 원리 개발 연구. 서울대학교 대학원 박사학위논문.

전종희 (2021). 교육중심대학인 미네르바 스쿨 사례를 토대로 한 향후 대학교육 방향 모색 연구. 학습자중심교과교육연구, 21(18), 105-128.

조영환, 허선영, 최효선, 김정연, 이현경 (2015). 고등교육 분야 온라인 학습 연구의 동향: 생태계적 접근. 교육공학연구, 31(4), 725-755.

주유존, 양혜준, 황하성 (2022). 온라인 스트리밍 수업의 특성이 학습 만족도와 추천의도에 미치는 영향 분석 연구. 인터넷정보학회논문지, 23(5), 59-68.

진성희 (2019). 비동시적 온라인 토론에서 대시보드 유형과 학습자 특성이 교육효과에 미치는 영향. 교육공학연구, 35(스페셜), 339-364.

최욱 (2020). 모든 학교를 위한 플립드러닝 가이드북. 교육과학사.

한송이, 이가영 (2021). 대학교육에서 하이플렉스(Hyflex) 수업 사례 연구: A대학의 사범대 교직 강좌를 중심으로. **교육문화연구**, 27(5), 269-289.

한형종 (2020). 대학 실시간 온라인 교육의 효과적인 운영을 위한 고려요소 및 개선방안 탐색: 학습자 경험과 인식을 중심으로. **디지털융복합연구**, 18(12), 69-79.

한형종, 임철일, 한송이, 박진우 (2015). 대학 역전학습 온, 오프라인 연계 설계전략에 관한 연구. **교육공학연구**, 31(1), 1-38.

HR Insight (2023). AI시대의 디지털 인재 육성 방법_SK mySUNI. Retrieved from https://m.post.naver.com/viewer/postView.naver?volumeNo=36234292&memberNo=46261615.

KHRD (2020년 8월 28일). 제338차 「HRD포럼」, 온택트 블렌디드 러닝 전략 토론, https://www.khrd.co.kr/m/view.php?idx=+5051854

Bergmann, J., & Sams, A. (2012). *Flip your classroom: Reach every student in every class every day*. International society for technology in education.

Bergmann, J., & Sams, A. (2014). *Flipped learning: gateway to student engagement*. International Society for Technology in Education.

Buchem, I., & Hamelmann, H. (2010). Microlearning: a strategy for ongoing professional development. *eLearning Papers, 21*(7), 1-15.

Central Michigan University (2024). *Hybrid Flexible (HyFlex) Instruction. Retrieved from* https://www.cmich.edu/offices-departments/curriculum-instructional-support/access-course-delivery-services/hybrid-flexible-(hyflex)-instruction.

Davis, D., et al. (2018). Activating Learning at Scale: A Review of Innovations in Online Learning Strategies. *Computers & Education, 125*, 327-344.

De Oliveira Kubrusly Sobral, J. B., Lima, D. L. F., Lima Rocha, H. A., de Brito, E. S., Duarte, L. H. G., Bento, L. B. B. B., & Kubrusly, M. (2022). Active methodologies association with online learning fatigue among medical students. *BMC Medical Education, 22*(1), 1-7.

De Santis, A., Sannicandro, K., Bellini, C., & Minerva, T. (2019). *Reasons for attending a MOOC: a survey on EduOpen learners*.

Gannod, G., Burge, J., & Helmick, M. (2008). *Using the inverted classroom to teach software engineering*. In Proceedings of the 30th international conference on Software engineering, ACM.

Harvard Future of Teaching and Learning task force. (2022). *Report of the Harvard*

Future of Teaching and Learning Task Force-Reimagining the Classroom, Enriching Content, and Expanding the Harvard Community. Harvard University. https://ftltaskforce.harvard.edu/files/future-teaching-learning/files/harvard_ftl_final_3.8.22_2.pdf

Hastie, M., Hung, I. C., Chen, N. S., & Kinshuk. (2010). A blended synchronous learning model for educational international collaboration. *Innovations in Education and teaching International, 47*(1), 9-24.

Katai, Z., Iclanzan, D. (2023). Impact of instructor on-slide presence in synchronous e-learning. *Educ Inf Technol. 28*, 3089-3115.

Murphy, R., Snow, E., Mislevy, J., Gallagher, L., Krumm, A., & Wei, X. (2014). *Blended learning report.* Michael & Susan Dell Foundation.

Park, J. H., & Choi, H. J. (2009). Factors Influencing Adult Learners' Decision to Drop Out or Persist in Online Learning. *Educational Technology and Society, 12*, 207-217.

Raman, R., Sullivan, N., Zolbanin, H., Nittala, L., Hvalshagen, M. & Allen, R. (2021). Practical tips for HyFlex undergraduate teaching during a pandemic. *Communications of the Association for Information Systems, 48*(1), 28.

Reay, J. (2001). Blended learning - a fusion for the future. *Knowledge Management Review, 4*(3), 6.

Singh, H., & Reed, C. (2001). A white paper: Achieving success with blended learning. *Centra software, 1*, 1-11.

Stein, J., & Graham, C. R. (2014). *Essentials for blended learning: A standards-based guide.* Routledge.

Tanis, C. J. (2020). The seven principles of online learning: Feedback from faculty and alumni on its importance for teaching and learning. *Research in Learning Technology, 28.*

Willging, P. A. & Johnson, S. D. (2009). Factors that Influence Students' Decision to Dropout of Online Courses. *Journal of Asynchronous Learning Networks, 13*(3), 115-127.

제9장

교육 프로그램 실행 및 평가

1. 개요

개발 과정을 거치면서 학습자용 자료, 강사용 매뉴얼 등이 완성본 형태로 구체화되면 실제 교육 프로그램을 실행(implementation)하는 단계를 밟게 된다. 실행 단계는 크게 '최초 실행'과 '주(主) 실행'으로 구분된다. 최초 실행은 개발된 자료를 중심으로 교육 프로그램을 운영하면서 개발된 프로그램이 제대로 작동하는지를 확인하거나 개선점을 찾는 활동이 중심이 된다. 이는 기존의 교수체제설계 모형 등에서 말하는 형성평가(formative evaluation) 단계의 활동과 동일하다(Dick et al., 2014). 주 실행은 최초 실행에서 확인된 수정 사항을 반영한 교육 프로그램을 반복적으로 운영하면서 교육 프로그램이 효과성을 확보하고 있는지를 확인하는 활동이 중심이 된다.

이처럼 실행 단계는 성격상 평가와 불가분의 관계를 맺고 있다. 실행 단계에서는 교육 프로그램을 실제 운영하면서 원래의 의도와 목표를 달성하였는지를 확인할 수 있게 된다. '최초 실행' 단계에서는 형성평가 혹은 마지막 사용성 평가가 실시되면서 교육 목표, 내용, 방법, 평가 등에서 문제점을 찾게 된다. '주 실행' 단계의 기업의 교육 상황에서는 전통적으로 실시되어 온 만족도 평가가 실시되며, 기관의 특성에 따라서 시험에 해당하는 평가가 이루어지기도 한다. 또한, 기업의 교육 · 훈련프로그램이 실제 현업에서의 변화와 성과를 가져오는가에 주목하여 평가가 실시될 수도 있다. 예를 들어, 커크패트릭(Kirkpatrick, 1998)이 제안한 4수준 평가 중 제3수준 '수행 평가'(학습자가 현업에서 행동의 변화를 보여주는지 여부에 대한 평가)와 제4수준 '성과 평가'(행동의 변화로 인하여 궁극적인 성과, 예컨대, 매출이 증가하였는가? 이직률이 떨어졌는가? 고객 만족도가 높아졌는가?)가 실시되기도 한다.

한편, 분석부터 개발 단계까지가 교수설계자, 내용전문가, 교수매체 개발자 간 작업이 중심이라면 실행 단계는 강사와 운영자가 학습자와 같이 교육의 목표 달성에 필요한 활동을 한다는 점에서 차이가 있다. 그러한 점에서 실행 단계는 별도의 의미를 지니며 그 중요성이 부각되고 있다(오인경, 최정임, 2005). 예컨대, 실행 단계의 성공적인 운영에 결정적인 영향을 주는 것 중의 하나는 운영자가 사전에 학습자와 학습자의 상사들에게 어떻게 교육 안내를 하는가이다. 상사의 관심 여부에 따라서 학습자의 학습 동기수준에 큰 차이를 가져오고, 이는 이후 교육 프로그램의 성공적 운영에 큰 영향을 준다(김진모 외, 2010; 김진모 외, 2006; Chiaburu & Marinova, 2005). 이외에도 성공적인 실행을 위하여 운영자가 준비하고 실천해야 하는 것으로는 강사 소개, 물리적 교육환경 준비, 학습 전이를 위한 계획 활동, 학습자 참여 독려, 평가활동의 준비와 실시 등 세세한 많은 항목들이 있다(오인경, 최정임, 2005).

이번 장에서는 교육 프로그램을 개발하는 과정에서 마지막 단계에 해당하는 실행과 평가를 다룬다. 먼저 실행과 평가 관련된 주요 접근을 간략하게 살펴본 후, 교육 프로그램을 평가할 때 참고할 수 있는 이론적 틀로서 커크패트릭의 4수준 평가를 중심으로 개별 평가의 구체적인 방법과 원칙을 설명한다. 다음으로 교육 프로그램의 운영자로서 염두에 두어야 할 운영의 원칙과 절차를 소개한다.

2. 실행과 평가의 주요 접근

설계와 개발 단계에서 이루어진 사용성 평가 결과를 반영한 교육 프로그램이 개발되면 이를 바탕으로 최초의 실행 단계가 이루어진다. 실행 단계에서는 여러 형태의 체계적 교수설계 모형(Dick, Carey, & Carey, 2014;

Morrison et al., 2007)에서 전통적으로 다루어진 '수업에 대한 형성평가'를 실행하게 된다.

1) 형성평가

역사적으로 형성평가는 교육 분야에서의 평가가 주로 새로운 교육 혁신에 따른 교육방법 혹은 교육과정의 효과성을 확인하는 데 그치는 문제점을 지적하면서 제안되었다. 1970년대 초반에 스크리븐과 동료들(Scriven et al., 1967)에 의하여 제안된 이 개념은 새로운 교육방법 혹은 혁신을 적용한 교육 프로그램이 그다지 효과가 크지 않자, 이를 위한 해결 방안으로 나타났다. 즉, 교육 프로그램이 개발된 후 그 효과를 확인하기 위하여 시행되는 전통적인 평가인 총괄 평가(summative evaluation) 이외에도, 교육 프로그램을 개발하는 과정에 관련된 자료와 정보를 수집하여 분석하는 형성평가(formative evaluation)를 실시함으로써 양질의 교육 프로그램을 개발하도록 하는 것이다. 이후 국내·외 학교 현장에서는 형성평가가 원래의 의도와 개념대로 활용되기도 하였지만, 약간 변형되어 수업을 진행하면서 실시하는 다양한 학습 성취에 대한 일련의 평가활동(학습자의 상태를 보고, 수업의 방향과 난이도를 조정하는 기능으로 활용) 중 하나로 인식되기도 하였다.

형성평가는 딕과 케리(Dick & Carey, 1978)의 모형을 통하여 교육 프로그램 설계 및 개발 과정에서 중요한 단계로 개념화되었다. 체계적 교수설계 모형의 취지대로 당시까지 정립된 교육과 학습에 관한 많은 지식, 이론, 모형을 체계적으로 적용하여 교육 프로그램을 설계하는 과정에서 형성평가가 하나의 주요한 요소로 자리를 잡은 것이다. 딕과 케리의 초기 모형에서부터 현재에 이르기까지 '수업에 대한 형성평가를 실행'하는 것은 [그림 9-1]에서 제시하는 것과 같이 전체 교수설계 과정의 맨 마지막 단계를 구성하고 있다(총괄 평가는 설계과정 자체에 포함된다고 보기 어렵기 때문에 형성

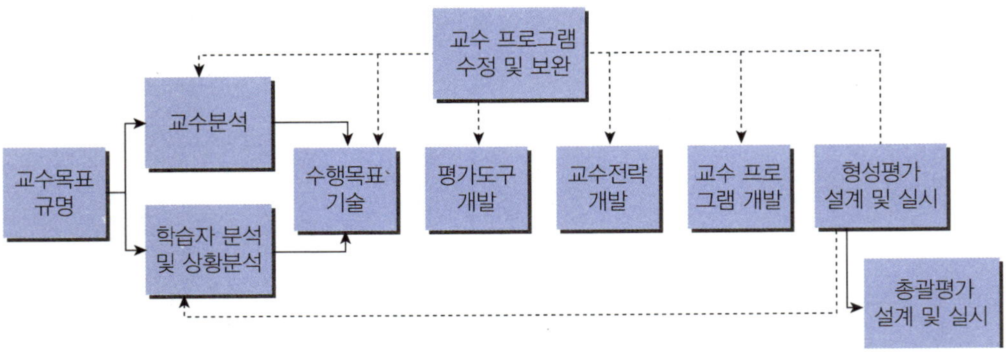

[그림 9-1] Dick과 Carey의 체계적 교수설계 모형(Dick et al., 2014)

평가와는 달리 별도로 조금 아래에 위치하고 있음을 알 수 있다).

딕과 케리는 형성평가의 단계에 포함되는 하위 평가 과정을 크게 세 가지로 구분하여 제안한다. 첫째, 학습자와의 일대일 평가이다. 일대일 평가는 기본적으로 교수설계자가 개발된 교육자료를 개별 학습자에게 설명하면서, 학습자의 의견을 수집하는 활동으로 구성된다. 교육자료에 특별한 실수가 있는지를 살펴보는 이 단계에서 교수설계자는 다음과 같은 세 가지 평가 기준을 활용하게 된다(Dick et al., 2014).

- 명료성: 학습자에게 내용이 분명한가?
- 효과성: 학습목표를 달성하게 하는가?
- 가능성: 수업이 주어진 자원하에서 실천 가능한가?

형성평가에 참여하는 학습자는 대체로 일반적인 능력 측면에서 평균, 평균 이상, 평균 이하의 학습자 그룹을 대표하여 3~4명 정도로 구성한다. 형성평가의 과정은 먼저 학습자에게 형성평가 활동의 의의와 목적을 설명하는 것으로부터 시작한다. 이때 학습자가 교육자료를 읽어가면서 잘 이해하지 못하는 것은 학습자의 문제가 아니라 교육자료의 문제라는 점을 분명히 한다. 교육자료에 대한 일대일 평가가 마치면, 학습자로 하여금 평가와 설문지에 답을 하게 하고, 왜 특정의 답을 선택했는지 질문한다. 최종적으로 수집된 자료를 분석하여 개발된 교육 자료를 수정한다.

둘째, 소규모 그룹을 대상으로 형성평가를 실시한다. 일대일 평가를 통하여 수정된 교육자료를 활용하여 대략 8~12명 정도의 그룹을 대상으로 형성평가를 실시한다. 그룹 평가는 일대일 평가와는 달리 교수자의 개입을 최소화하며, 일단 학습자들 스스로 주어진 교육자료를 끝까지 마치게 한 후, 심층 면담과 설문지 조사를 진행한다. 이 과정에서 이루어지는 질문은 크게 다음과 같다.

- 수업은 흥미로웠나?
- 학습할 것을 제대로 학습하였나?
- 학습 자료는 목표와 직접적 관련이 있었나?
- 충분한 연습 기회가 제공되었나?
- 시험은 교육 목표 달성 여부를 측정하는가?

셋째, 현장적용(Field Trial) 평가이다. 현장적용 평가는 대략 30명 정도의 학습자들을 대상으로 실제 교육현장과 비슷한 상황에서 실시되는 것으로, 교수설계자의 참여가 배제되고 강사에 의해 진행된다는 점과 사전사후 검사 등 각종 시험이 모두 진행되기보다 앞의 소규모 그룹 평가결과를 참고하여 반드시 확인해야 할 부분만 확인하면서 제한적으로 평가가 실시된다는 점을 제외하면, 앞의 소규모 그룹 평가와 유사하다.

형성평가에 있어 앞의 두 단계, 즉 개인별 형성평가와 소규모그룹 형성평가는 본서에서 제안하고 있는 사용성 평가를 통해 구현되고 있다. 다시 말해, 교수설계자가 설계 및 개발 과정에서 사용성 평가를 통해 교육 프로그램의 적절성과 수정 방향을 확인하는 노력은 개인별, 소그룹별 형성평가를 통해 수업의 개선사항을 확인하려는 노력과 유사하다. 한편, 마지막 현장적용 평가는 실제 교육 프로그램 개발 과정에 있어서 최초의 실행 과정을 통하여 구현될 수 있는 것으로 통상 파일럿(pilot) 과정이라 불리는 평가이다.

2) 총괄 평가

총괄 평가는 형성평가와 대비될 때 그 의미가 명확해진다. 스크리븐(Scriven, 1964)은 기능에 따라 교육 프로그램 평가를 형성평가와 총괄 평가로 구분하였다. 그는 형성평가가 교육 프로그램의 개선을 위해 실시하는 것이라면, 총괄 평가는 교육 프로그램 종료 후 해당 프로그램이 최초 설정한 목표를 효과적, 효율적으로 달성했는지 등의 여부를 종합적으로 판단하기 위해 실시하는 것이라고 하였다. 즉, 교육 프로그램의 효과는 총괄 평가를 통해 객관적으로 확인하며, 해당 프로그램의 효과성, 효율성, 유용성 등에 대한 객관적 분석결과를 통해 해당 프로그램의 지속적인 운영 여부 및 가치 등을 종합적으로 판단한다. 대표적인 총괄 평가로는 성취도 평가인 시험이 있다. 특히, 학교 맥락에서는 대체로 성취도 평가인 시험 성적의 결과가 교육 프로그램의 효과성을 대변한다.

그러나 기업 맥락에서는 총괄 평가가 학교와 다르게 운영되어 왔다. 학교는 성격상 교육결과가 진학이나 사회 진출에 영향을 주기 때문에 시험과 성적의 객관화가 총괄 평가의 큰 실체를 이루었다. 이에 비해 기업 맥락의 교육훈련 평가는 특정 프로그램의 품질을 판단하는 협의의 개념뿐만 아니라 문제해결이나 가치창출을 위해 실행된 개입전략의 유효성을 판단하는 광의의 개념을 포괄한다(김태성 외, 2019). 전략의 유효성 평가 측면에서 효과성과 효율성은 중요한 개념인데 효과성은 추구한 목표를 실제 얼마나 달성했는지를 의미하며, 효율성은 투입된 자원을 달성된 목표와 견주어 경제적인 합리성을 보여주는 지표이다. 아무리 교육 프로그램이라도 목표 달성에 실패했다면 효과적이지 못한 것이고, 목표를 달성했다고 하더라도 시간과 비용이 과도하게 소모되었다면 비효율적인 것으로 평가된다.

또한, 기업 맥락에서는 다양한 데이터를 체계적으로 수집, 분석, 해석하고 이를 이해관계자들과 공유하는데, 이때 이해관계자들의 관심은 크게 기술적, 예측적, 처방적 관심으로 분류할 수 있다(Pease et al., 2013). 기술적 관심이란 직접적인 투입과 산출에 초점을 두고 기술통계와 같은 분석방법을 활용하여 종합적이고 핵심적인 결과 정보를 중시하는 것이다. 예를 들면, 운영된 교육과정의 수, 참여 인원, 소요 예산, 만족도 평균, 전년과의 비교 데이터 등이 기술적 관심을 뒷받침하는 평가지표이다. 다음으로 예측적 관심이란 목표 달성 여부와 정도에 초점을 두고 추론통계와 같은 분석방법과 논리의 활용에 관심을 두는 것이다. 예측적 관심이 있는 이해관계자는 주로 교육훈련의 개입 결과로 어떤 바람직한 변화가 일어났는지에 대한 분석 결과와 타당한 논리의 제안에 초점을 둔다. 마지막으로 처방적 관심이란 불확실성의 해소 및 바람직한 방향 설정에 초점을 두고 현재 상황의 진단과 향후 방향에 대한 제안을 중시하는 것이다. 앞서 형성평가가 요구분석을 포함하여 교육 프로그램 개발의 전 과정에 관여한다면, 총괄 평가는 교육 종료 시 목표 달성 여부에 대한 판단, 효과성과 효율성 평가, 더 나은 대안 탐색 등을 위해 시행된다.

기업교육에서 평가와 관련한 다양한 이론과 모델은 크게 결과 중심 접근과 과정 중심 접근으로 분류할 수 있다. 결과 중심 접근은 목표 및 의사결정 지향적 평가로서 프로그램을 통해 목표가 어느 정도 구현되었는지와 본래의 기대치에 어느 정도 부응하는지 등을 종합적으로 평가하는 데 관심을 둔다. 대표적인 결과지향적 평가모형으로는 커크패트릭의 4수준 평가모형과 필립스의 5수준 평가모형이 있다. 과정 중심 접근은 프로그램으로부터 얻은 경험과 활동의 가치를 포함하여 통합적 평가를 지향하며, 대표적인 모형으로는 CIPP(Context, Input, Process, Product) 모형과 CIRO(Context, Input, Reaction, Outcome) 모형이 있다(Kraiger et al., 1993). 결과지향적 모형과 과정지향적 모형 중 현장에서 가장 널리 활용되는 Kirkpatrick 모형과 CIPP 모형을 소개하면 다음과 같다.

3) 커크패트릭의 4수준 평가 모형

커크패트릭(Kirkpatrick, 1998)은 기업에서 실행되고 있는 평가가 만족도 평가 혹은 지필형 시험 등에 그치는 문제를 지적하면서, 기업에서 이루어지는 교육 프로그램의 실질적인 효과를 측정하기 위한 대안적 모형으로 4수준 평가 모형을 제시하였다. 이 모형에 따르면, 1수준 평가는 반응(reaction)평가로 교육참여자들의 만족과 불만족에 대한 자료를 분석하여 프로그램을 개선하는 데 활용한다. 2수준 평가는 학습(learning) 평가로 교육참여자들의 지식, 기술, 태도의 변화를 측정하여 프로그램에서 계획한 학습목표 달성 여부를 평가해 해당 프로그램의 효과성을 판단하는 데 활용한다. 3수준 평가는 행동(behavior) 평가로 프로그램을 통해 학습한 지식과 기술의 현장적용도를 측정한다. 이를 통해 직무수행 행동의 변화를 평가하는 동시에 학습전이와 현장적용을 촉진하거나 방해하는 요소를 파악한다. 마지막으로 4수준 평가는 결과(result) 평가로 프로그램이 조직의 사업성과와 목표달성에 미친 긍정적 영향 및 기여 정도를 평가함으로써 프로그램에 대한 투자 가치를 평가한다.

커크패트릭의 4수준 평가는 기업교육평가에서 가장 널리 활용되는 모형으로 교육 프로그램 평가에 큰 변화를 가져오는 데 기여하였다. 특히, 3수준 평가를 어떻게 할 것인가에 관한 많은 아이디어를 촉발시켰으며, 실제 교육 프로그램으로 인하여 기대하였던 조직상의 성과가 있는가를 확인하는 평가 활동의 의의를 드러내기도 하였다.

4) CIPP(Context, Input, Process, Product) 모형

스터플빔(Stufflebeam, 1973)은 평가가 의사결정에 필요한 정보를 기술, 획득, 제공하는 과정이라는 정의를 토대로 CIPP 모형을 제안하였다. CIPP 모형은 산출(product)평가뿐만 아니라 상황(context)평가, 투입(input)평가, 과정(process)평가로 이루어진 복합적 평가모형이다. CIPP 모형은 의사결정의 내용과 성격에 관심을 두고, 그에 대응하는 평가의 역할을 강조한다는 점에서 다른 평가모형과 차이가 있다. 예를 들어, 계획 단계에서 추구할 목표를 선정하고 조정하는 활동과 관련한 의사결정을 위해서는 상황평가가 필요하며, 특정 프로그램을 지속시킬 것인지의 여부를 결정하기 위해서는 산출평가가 필요하다. 평가 요소별 주요 내용을 살펴보면, 상황평가는 요구와 기회의 진단, 우선 순위와 목표, 대안 등에 대한 타당성 검토, 호의적인 여론 형성 등을 목적으로 실시한다. 상황평가에서는 전반적인 맥락과 환경을 분석하여 필요한 조건과 실제 상황을 확인하고 진단한다. 투입평가는 목표 달성을 위해 필요한 자원 및 자원 배분의 적절성을 판단하고, 의사결정권자의 관여도, 지지, 책무성 등을 강화하기 위해 실시한다. 투입평가에서는 목적 달성을 위해 실제 상태를 검토하는 것에서 시작해 변화를 위해 선택한 전략을 실천하는 데 필요한 활동이나 자원을 체계화하고, 구조화한다. 과정평가는 계획의 이행과 실천 프로세스를 지속적으로 점검하고, 프로그램이 올바르게 진행될 수 있도록 피드백을 제공하며, 개선을 위해 필요한 수정사항을 확인하고 수행하기 위해 실시한다. 과정평가에서는 프로그램에 필요한 정보를 제공하고 필요한 절차와 활동을 기록하고 판단한다. 마지막으로 산출평가란 진행 단계별 및 종료 시 얻게 된 산출물들의 요구 충족 정도와 품질 등을 분석하고, 이를 토대로 프로그램의 성과를 해석하고 판단하기 위해 실시한다. 산출평가를 위해서는 일반적으로 프로그램 효과에 대한 견해를 종합하기 위해 다양한 방법들이 결합되어 사용된다(〈표 9-1〉 참조). CIPP 모형은 기업 내 각종 프로그램에 대한 평가뿐만 아니라 교육서비스 기관의 전반적인 운영에 대한 평가 등에도 폭넓게 활용되고 있다.

〈표 9-1〉 CIPP 모형의 네 가지 평가유형

구분	상황평가	투입평가	과정평가	산출평가
목표	• 기관의 상황 파악 • 대상 모집단 확인 요구분석 • 요구사정, 요구충족의 기회 탐색 • 주변의 문제 진단	• 시스템의 능력 분석 • 대안 프로그램 전략의 분석 • 전략, 예산, 일정을 집행하는 과정 설계 분석	• 절차설계나 실행 과정상의 결점 파악/예측 • 계획된 결정에 대한 정보 제공 • 절차상의 사건이나 활동에 관한 판단/기록	• 산출결과에 대한 판단과 기술 자료 수집 • 산출결과를 목표 및 상황/투입/과정 정보와 연결 • 산출결과의 가치와 장점 해석
방법	• 체제분석 • 조사연구 • 문헌검토 • 공청회, 면담 • 진단검사 및 델파이	• 관련성, 경제성, 활용 용이성 측면에서 인적, 물적, 해결 전략 등 분석 • 문헌연구, 파일럿	• 실제 과정 기술 • 프로그램 운영자와의 지속적인 상호작용 및 활동 관찰	• 결과를 조작적으로 정의하고 측정 • 성과와 관련한 이해당사자들의 판단에 대한 질적/양적 분석
의사결정 내용	• 대상 영역 결정 • 문제해결과 관련된 목표 설정	• 자원의 원천, 해결 전략, 설계절차 선택	• 프로그램 계획 및 절차 시행	• 프로그램의 지속, 수정, 종결 결정

3. 교육 프로그램 평가 방법

교육 프로그램의 효과성을 평가하는 다양한 방법들을 커크패트릭의 4수준 평가 모형을 기반으로 제시하면 다음과 같다.

1) 제1수준: 반응 평가

보통 만족도평가 혹은 스마일(smile) 평가로 불리는 반응평가는 교육 종료 시점에 교육 프로그램 전반과 강사의 교육방법, 교육운영 방식 등을 평가하여 교육 프로그램의 효과를 가늠하는 방식이다. 대부분의 기업 교육 프로그램에서 실시하는 반응 평가를 구성하는 하위 요소와 실제 운영 방식의 특징을 살펴보면 다음과 같다.

먼저 반응평가를 구성하고 있는 하위 요소는 교육목표와 내용의 적절성, 교수자료의 효과성과 유용성, 교육방법 및 활용 매체의 효과성, 강사 및 운영자의 효과적 진행, 교육과정의 시기와 기간, 교실 환경, 교육 · 훈련의 전이 가능성 등으로 구분될 수 있다(이성흠, 2005).

- 교육목표와 내용의 적절성: 이 요소는 교육과정이 지향하는 목표가 명확하게 진술되었는지를 비롯하여 교육 목표가 직무와 관련되어 있는지 그리고 교육내용의 수준이 적정한지를 다룬다.
- 교수 · 학습자료의 효과성과 유용성: 이 요소는 교육과정에 사용되는 교육생용 자료집과 기타 수업 자료가 이해하기 쉽게 작성되었는지, 향후 업무 수행 시 참고할 수 있는 형태로 제공되었는지를 다룬다.
- 교육방법 및 활용매체의 효과성: 이 요소는 교육과정에서 활용되는 강의나 학습자 참여 활동 등 각종 교육방법이 적절한가, 멀티미디어 등

매체의 활용이 효과적으로 이루어졌는가를 다룬다. 또한 강사가 운영하는 각종 수업활동이 효과적인가를 다룬다.

- 강사 및 운영자의 효과적 진행: 이 요소는 교육과정 강사가 효과적으로 강의나 전체 과정을 운영하는지와 교육과정 담당자가 과정 시작부터 중간 단계 및 최종 정리 등 과정 전체를 효과적으로 진행하는지를 다룬다.
- 교육과정의 시기와 기간: 이 요소는 교육과정이 적절한 시점에 제공되었는지와 교육과정의 전체 기간이 교육 목표를 달성하는 데 적절한지, 그리고 실습 등에 배정된 시간이 적절한지를 다룬다.
- 교실환경: 이 요소는 교실의 물리적 시설 등이 교육을 받는 데 적절한지를 다룬다. 책상 배치, 냉·난방, 조명, 교육 기자재 등의 상태를 확인한다.
- 교육·훈련의 전이 가능성: 이 요소는 교육과정이 향후 현장 업무에 복귀하여 업무를 수행할 때 도움을 줄 수 있는지를 다룬다. 직장 상사의 관심 여부를 다룰 수 있다.

이상과 같은 하위 영역을 중심으로 대체로 5점 척도의 리커트(Likert) 설문지를 개발한 후, 단위 교육 모듈이 끝나거나 전체 교육과정이 종료되는 시점에 조사를 실시할 수 있다. 이상의 양적 지표 이외에도 설문지 마지막 부분에는 자유스럽게 의견을 적을 수 있는 칸을 만들어서, 교육과정의 장점과 개선점에 대한 교육 참가자의 반응을 확보할 수도 있다.

설문지를 활용하여 교육 프로그램의 종료 단계에서 교육 참가자의 반응을 확보하는 것 이외에도 교육 운영자는 필요한 시점에 교육과정 중간중간에 학습자의 반응을 관찰하거나, 별도의 간단한 면담을 통해서도 유용한 반응 자료를 수집할 수 있다. 이상의 반응평가 자료는 교육과정의 효과성을 가늠하는 기본적인 자료이다. 이 자료 이외에 학습평가 등 추가적인 자료 획득을 통한 다각적인 분석이 요구된다.

C사 국내 식품 법규/표시 과정(서비스)					
교육내용 및 활동					
	매우 불만족				매우 만족
1) 본 코스의 학습목표가 분명했다.	①	②	③	④	⑤
2) 교재는 내용이 충실했고, 잘 구성되었다.	①	②	③	④	⑤
3) 본 코스의 내용 및 활동들은 학습에 도움이 되었다.	①	②	③	④	⑤
4) 본 코스의 내용 및 활동들은 관심을 유발하는 것들이었다.	①	②	③	④	⑤
5) 본 코스는 학습자에게 적절한 내용으로 구성되었다.	①	②	③	④	⑤
강사 만족도					
6) 강사는 준비가 철저했다.	①	②	③	④	⑤
7) 강사는 명확하게 내용을 전달했다.	①	②	③	④	⑤
8) 강사는 질문에 효과적으로 피드백해주었다.	①	②	③	④	⑤
9) 강사는 개념들을 설명하기 위하여 다양하고 적절한 예시를 보여주었다.	①	②	③	④	⑤
10) 강사는 교육내용을 업무에 적용하는 방법들을 깨닫는 데 도움을 주었다.	①	②	③	④	⑤
교육결과 및 활용도					
11) 본 코스에서 배운 내용은 업무를 수행하는 데 유용하게 활용될 것이다.	①	②	③	④	⑤
12) 본 코스 교육에 참여한 시간은 가치가 있었다.	①	②	③	④	⑤
13) 본 코스를 다른 교육 대상자들에게도 추천하겠다.	①	②	③	④	⑤
교육운영 전반					
14) 교육장소, 날짜, 시간표, 준비물 등이 명확하게 공지되었다.	①	②	③	④	⑤
15) 교육환경(청결상태, 주변 소음, 좌석 배치, 프로젝터, 음향, 조명 등)은 전반적으로 적절했다.	①	②	③	④	⑤
교육 개선사항 및 향후 업무활용 계획					
16) 이 코스에서 가장 도움이 되었다고 생각하는 것은 무엇입니까?					
17) 이 코스에서 바뀌었으면 하는 것은 무엇입니까?					

[그림 9-2] 제1수준 평가: C사의 반응평가 사례

또한, 실시간 온라인 강의에서는 위에 제시한 만족도 평가 항목 이외에도 온라인 과정 운영에 대한 모니터링이나 실시간 강의 접속에 문제가 발생할 시 대처 등과 같은 평가항목을 추가하여야 한다. 〈표 9-2〉에는 국가인재원의 버추얼 클래스(실시간 온라인 강의) 과정에 대한 반응평가 사례를 제시하였다.

〈표 9-2〉 국가인재원의 버추얼 클래스 과정에 대한 반응평가 사례

문항 번호	설문내용	문항 유형
1	강사는 버추얼 클래스에서 지속적인 모니터링과 적절한 피드백을 제공하였다.	5점 척도
2	온라인 플랫폼을 이용하여 수강하는 데 큰 어려움은 없었다.	
3	나는 버추얼 클래스 중 집중하여 학습할 수 있었다.	
4	나는 다른 교육과정을 버추얼 클래스로 수강할 생각이 있다.	
5	버추얼 클래스에서 대화, 채팅, 문자 등 다양한 방법으로 강사와 소통하였다.	
6	버추얼 클래스 강의 중 운영이 매끄럽게 이루어졌다.	
7	나는 주변 사람들에게 버추얼 클래스를 추천하겠다.	
8	강사가 사용한 수업방법(강의, 토론, 실습 등)이 버추얼 클래스 강의에 적합하였다.	
9	버추얼 클래스에서 동기들과 공정하게 과제를 부담하고 함께 해결하였다.	
10	버추얼 클래스 강의 중 나에게 문제가 생겼을 때, 빠르게 도움을 받을 수 있었다.	
11	나는 버추얼 클래스 강의 중 다른 인터넷 사이트를 방문하는 등 몰입하지 못한 적이 있다.	
12	학습 예정인 교육과정이 버추얼 클래스로 제공되기를 바란다.	
13	버추얼 클래스가 불편했던 이유는 무엇입니까? (시간활용, 수강방식 등)	주관식
14	버추얼 클래스에 몰입할 수 없으셨다면, 그 이유는 무엇입니까? (소음, 업무수행, 다른 인터넷 사이트 방문 등)	
15	버추얼 클래스로 진행되어 가장 좋았거나 유용했던 점은 무엇입니까?	

최근에는 반응평가에 교육 프로그램의 만족도 평가 외에 순고객추천지수(Net Promoter Score, 이하 NPS)를 활용하기도 한다. NPS는 2003년 Reichheld가 하버드비즈니스 리뷰에 처음 소개한 마케팅 관련 지표로, 추천의향이라는 단 하나의 질문을 통해 상품이나 서비스에 대한 고객의 반복구매나 추천 의사를 파악하고 이를 통해 조직의 성과를 예측하는 데 활용된다. NPS는 구매나 추천과 같은 인간의 의사결정이 통합적 정보처리의 결과라는 점을 감안하였을 때 분화된 여러 질문보다는 종합적인 하나의 질문이 더욱 강력하고 효과적인 평가 방법일 수 있다는 가정을 전제한다. NPS의 산출은 "최근 구입한 제품이나 서비스를 친구들이나 동료에게 추천할 의향이 얼마나 있습니까?"와 같은 질문을 통해 0(가능성이 전혀 없음)에서 10(가능성이 매우 높음)까지의 반응에 대해 일관된 척도로 데이터를 수집한 후, 측정된 자료를 토대로 추천고객(9~10점) 비율에서 비추천고객(0~6점) 비율의 차로 계산한다.

NPS={(적극적으로 추천하겠다는 고객 수-적극적으로 추천하지 않겠다는 고객 수) ÷전체 응답자 수}X100

NPS는 통상적인 평가 방식과 다른 관점에서 해석을 가능하게 하고, 어떤 경우에는 마이너스 수치가 나타날 수도 있어 경각심을 불러일으킬 수 있다는 점 등 여러 면에서 유용성을 갖는다.

2) 제2수준: 학습 평가

기업의 교육 프로그램에 대하여 학습평가를 실시하는 목적은 일반 학교교육의 학습평가와 유사한 측면도 있지만 특별히 강조하는 영역이 따로 있다. 대체로 학교교육에서 평가를 실시하는 목적은 일반적인 교육적 목적

이외에도 상급 학교로의 진학 혹은 졸업 시 활용할 수 있는 선발 자료의 확보에 있다. 따라서 학교교육에서 평가는 반드시 실시하여야 하는 절대적인 요소 중의 하나이다. 이에 비하여 기업에서의 학습평가는 제대로 이루어지지 않고 있다. 만족도 수준의 평가에서 대부분 그쳤으며, 학습평가는 기술 능력의 획득에 초점을 맞추는 소수의 교육과정에서 이루어지고 있다.

기업 교육 프로그램에서 학습평가에 대하여 새롭게 관심을 갖게 된 것은 아무래도 기업에서 제공하는 교육이 이제는 '교육을 위한 교육' 차원에서 벗어나서 '효과가 있는 교육(Training for Impact)'(Morrison et al., 2001)이어야 한다는 인식의 변화 때문이다. 기업의 '효과적인' 교육 프로그램은 사업상의 요구를 해결하기 위한 방안으로 제공될 때 가능하다. 즉, 새로운 환경 변화 등에 의하여 요구되는 기업 구성원의 새로운 수행 능력의 획득을 교육 프로그램이 지원하여야 하는 것이다.

따라서 이런 배경에서 개발된 교육 프로그램이라면 실제로 이 교육과정이 기대한 효과를 달성하였는지를 확인할 필요가 있다. 교육과정에 따른 학습평가는 교육과정이 설정한 교수목표의 달성 여부를 보여 준다. 예컨대, 해당 교수목표를 달성하였다고 판단할 수 있는 최종 점수를 설정하고 그것을 획득한 학습자들의 비율을 확인할 수 있는 것이다. 한편, 이외에도 학습평가를 실시함으로써 그전에는 발견할 수 없었던 교육 프로그램의 수정 영역을 확인할 수도 있으며, 전체 교육 프로그램의 질적 수준을 높이는 결과를 가져올 수 있다.

학습평가 방식은 크게 일반 평가와 수행평가로 구분될 수 있다. 이하 간략하게 각 평가의 특징과 도구를 살펴본다.

(1) 일반 평가와 평가 도구

일반 평가는 우리가 잘 알고 있는 지필 시험과 같은 전통적으로 실시하여 온 평가 접근을 의미한다. 일반 평가는 객관적이며 효율적인 평가의 실시를 목적으로 한다. 즉, 학습자의 학습결과를 평가하는 데 있어서 주관적인 평가보다는 누구나 인정할 수 있는 형태의 객관적이며 공정한 평가에 관심을 둔다. 또한 시간과 비용 등을 적게 들이면서 평가하려고 한다.

일반 평가는 대체로 지필검사의 형태를 취한다. 지필검사는 크게 선택형 문항과 서답형 문항으로 나누어진다. 선택형 문항은 정답이 어떤 형태로든 제시되고 그중에서 정답을 선택하게 되며, 서답형 문항은 학습자가 직접 답을 쓰도록 하는 자유반응 형태라고 말할 수 있다. 선택형 문항은 정오를 확인하는 진위형, 연결을 하게 하는 배합형, 정답을 선택하게 하는 선다형 등이 있다. 〈표 9-3〉의 예는 간단한 적용 능력을 확인하는 선택형 문항을 보여주고 있다. 이처럼 선택형 문항도 학습자의 단순한 기억 능력을 벗어나서 실제적인 적용 능력을 평가하는 기능을 가지고 있다.

〈표 9-3〉 선택형 문항의 예시

다음 중 어느 회사가 수익성이 더 좋은가? (　　)

구 분	A사	B사
매출액	1,000	1,000
비용	900	900
이익	100	100
투하자산	2,000	1,500

서답형 문항에는 단답형, 완성형, 논술형 문항이 있다. 단답형 문항은 주로 '누구', '무엇', '어디', '언제', '왜', '어떻게' 등과 같은 사실적 지식을 묻는

경우에 많이 사용된다. 〈표 9-4〉에 간단한 단답형 사례가 제시되어 있다.

〈표 9-4〉 서답형 문항의 예시

다음은 단체협약의 효력을 발생하기 위하여 반드시 필요한 요건을 기술한 것이다. 적절한 내용으로 빈칸을 채워 넣으시오.

『단체협약은 (　　)으로 작성하여 당사자 쌍방이 (　　)하여야 한다.』

물론 단답형의 경우도 단순히 사실의 기억에서 벗어나서 학습자의 적용 능력을 확인하는 문항일 수 있다. 〈표 9-5〉의 문항은 시설투자비 계산 원칙에 의거하여 풀이한 결과를 적도록 하고 있다. 즉, 일종의 적용 능력을 확인하는 문항이다.

〈표 9-5〉 단답형 문항의 예시

올해의 생산 자산은 6,400,000,000원으로 32,000개 생산이 가능하다. 내년도 생산량을 34,000개로 2,000개 증가시키기 위해서 필요한 올해 시설투자비는 얼마인가? (감가상각은 매년 10% 이루어짐)

완성형은 진술문의 일부분을 비워 놓고 그곳에 적합한 단어, 구, 기호 등을 써넣게 하는 방법이다. 실질적으로 단답형과 유사한 형태로 볼 수 있다. 〈표 9-6〉에 간단한 완성형 문항 사례가 제시되어 있다.

〈표 9-6〉 완성형 문항의 예시

L사에서는 국내에 수요가 많지 않은 비데(bidet) 시장에 진출하려고 한다. L사의 마케팅 부서에서는 비데 시장의 사업성을 알아보기 위해 환경 분석을 하기로 하였다. 환경 분석의 첫 단계인 '시장분석'과정에서 기본적으로 하게 되는 분석을 무엇이라 하는가? 그리고 각각의 분석요소는 무엇을 뜻하는지 완벽한 영어 단어로 표기하시오. (3가지 분석 요소임)

(　　) 분석

(　　), (　　), (　　)

논술형은 별다른 형식이 없으며, 어떤 질문 혹은 지시에 따라 자유스럽게 학습자의 능력을 표현하게 하는 특징을 가지고 있다. 〈표 9-7〉 문항은 종합적인 적용 능력을 확인하는 논술형 문항을 보여 주고 있다.

〈표 9-7〉 논술형 문항의 예시

[상황 1] '가'통신사 고객 A씨는 사용하고 있는 S사의 aa기종의 핸드폰의 잦은 고장으로 불만이 이만저만이 아니다. 핸드폰 기기의 고장은 이동통신 서비스업체가 아닌 기기 제조사의 문제라는 것을 알지만 답답한 마음에 A씨는 가 통신사의 서비스 센터로 찾아가 심정을 호소한다. 이에, 서비스 센터 직원은 직접 S사의 서비스 센터에 문의해 A씨의 단말기를 수리해 주었고 비용도 직접 부담하였다.

[상황 2] 대학생 B양은 백화점에서 입사 면접 시 입을 정장을 구입하였다. 바지 기장이 조금 길어 수선을 부탁하였는데, 옷을 찾으러 가기로 한 날 갑자기 면접 일정이 당겨져 백화점 오픈 시간에 앞서 일찍 서둘러야만 했다. 옷을 찾으러 갈 수 없는 상황이 되자 다급한 마음에 매장 직원에게 전화했고 사정을 들은 직원은 면접 시간에 맞추어 직접 B양의 회사 앞으로 옷을 갖다주었다.

위 두 가지 사례에서 A씨와 B양이 "만족"을 느꼈다면, 그 공통된 이유를 "고객만족 실천 4단계"에 근거해 간략히 설명하라.

(2) 수행평가와 평가 도구

수행평가는 지필형 검사가 학습자의 결과적인 능력만을 표현하는 한계가 있다는 점을 지적하면서 학습자의 실제 능력을 확인하려는 시도에서 시작된 평가 중 하나이다. 기본적으로 수행평가는 학습자가 특정의 과제를 수행하는 과정을 관찰하며, 과정에 따른 결과물의 수준을 측정하려고 한다. 따라서 수행평가에서는 학습자의 행동을 관찰하거나 특정 결과물을 평가할 때 사용할 수 있는 점검표(checklist), 평정척도(rating scale), 평정항목(rubric)을 개발하고 활용하는 것이 매우 중요하다. 한편, 수행평가 방법 중 하나로 최근 학교교육에서 활용되기 시작하여 기업교육까지 확대 적용되고 있는 포트폴리오(portfolio)라는 도구가 있다(〈표 9-8〉 참조).

수행평가는 기존의 기능 혹은 기술에 대한 평가, 그리고 태도에 대한 평가와 밀접하게 연관되어 있다. 기능 혹은 기술 평가는 예컨대, '발표 자료를 효과적으로 개발할 수 있다' 혹은 '발표를 효과적으로 실행할 수 있다'와 같은 목표의 달성 여부를 확인하는 평가이다. 이러한 평가는 수행평가의 개념이 있기 전부터 실행되고 있었다. 이런 기능과 기술 분야에 대한 평가의 구체적인 방법들은 실제 과제를 중심으로 학습자의 능력이 발휘되는 것을 평가해야 한다는 수행평가에 의하여 다시 한번 강조되고 있다. 수행평가는 기존의 기술, 기능, 태도 평가를 포함하면서 〈표 9-8〉과 같은 문제의 실제성과 구체성을 보다 강조한다.

〈표 9-8〉 수행평가의 예시

당신은 '가'전자의 판매사원이다. 그곳은 2월 한 달 매출이 급감하여 판매사원에 대한 친절 및 제품설명 교육을 집중적으로 실시하고 있다. A제품 코너를 담당한 당신은 2월 대비 3월 매출을 15% 이상 올리라는 혁신 목표를 부여받았다. A제품에 대한 실판매를 최대로 올리기 위해 고객이 내점했을 때 해당제품을 가장 잘 설명할 수 있는 화법을 구사하라.

※ A제품에 대한 구체적인 Spec이 나온 자료는 ○○사이트에서 검색이 가능하다.

〈평정 척도〉

제품 설명	미약	준수	탁월
상품이 가진 기본적인 기능에 대한 설명			
상품의 기능과 특성의 경쟁 상품 및 기존상품보다 유리한 점이나 장점에 대한 설명			
상품이나 서비스의 기능과 특성이 작용하여 사용자에게 제공되는 혜택에 대한 설명			
친절도	**미약**	**준수**	**탁월**
고객 내점 시 인사유무			
유니폼 착용 준수 및 청결도			
고객과의 Eye Contact			
접객 태도			

위의 사례에서 볼 수 있듯이 수행평가에서는 실제적인 상황이 주어지고 그것을 해결할 때 사용할 수 있는 자료들이 제공되며, 기대하는 구체적인 결과물에 대한 평가로 평정척도와 같은 평가도구가 일반적으로 사용된다.

점검표(checklist)는 관찰할 요소들을 나열한 후, '예', '아니오'와 같은 선택형 문항을 통해 관찰하고자 하는 요소를 확인하는 비교적 쉽게 활용할 수 있는 평가 도구이다. 〈표 9-9〉에 간단한 점검표 사례가 제시되어 있다. 점검표는 뒤에 다루게 될 평정 척도와는 달리 다양한 수준의 차이를 보여주지 못하며, 학습자에게 '아니오'라는 평가를 왜 받게 되었는가를 설명하지 못한다는 한계점이 있다.

〈표 9-9〉 선택형 평가문항 점검표

내용	예	아니오
난이도가 쉬운 것에서부터 어려운 것 순서로 문항이 배열되어 있는가?		
문항 사이에 공백이 적절한가?		
정답이 무선적인가?		
이름과 날짜를 위한 공백이 포함되어 있는가?		
지시문이 명료한가?		
검사지가 교정을 보았는가?		
어간 사용의 원칙을 준수하였는가?		
방해자 사용의 원칙을 준수하였는가?		

평정척도는 수행평가에서 가장 빈번히 활용되는 평가도구이다. 위의 점검표와 비슷한 형태이지만 질적 수준을 판단할 수 있는 요소들이 첨가된다. 대체로 4점 혹은 5점 척도의 지표를 갖는다. 〈표 9-10〉에 간단한 평정척도 사례가 제시되어 있다.

〈표 9-10〉 평정척도 사례

<table>
<tr><th>프로젝트명</th><th></th><th>평가위원</th><th colspan="5">강사용</th></tr>
<tr><th rowspan="2">평가항목</th><th rowspan="2" colspan="2">구체적 내용</th><th colspan="5">평가결과</th></tr>
<tr><th>1</th><th>2</th><th>3</th><th>4</th><th>5</th></tr>
<tr><td rowspan="8">과제해결</td><td colspan="2">1. 복잡하고 잠재적인 문제를 해석하여 구체적인 Issue를 도출하였음</td><td></td><td></td><td></td><td></td><td></td></tr>
<tr><td colspan="2">2. 과제해결(성공)의 모습을 구체적으로 설계하였음</td><td></td><td></td><td></td><td></td><td></td></tr>
<tr><td colspan="2">3. 도출된 Issue를 Sub Issue로 적절히 분해하였음</td><td></td><td></td><td></td><td></td><td></td></tr>
<tr><td colspan="2">4. 전반적인 프로젝트 진행이 가설지향적으로 Approach되었음</td><td></td><td></td><td></td><td></td><td></td></tr>
<tr><td colspan="2">5. Fact 확인에 필요한 정보 수집과정을 설계하고 적절한 정보수집을 하였음</td><td></td><td></td><td></td><td></td><td></td></tr>
<tr><td colspan="2">6. 복수의 분석을 병렬적으로 진행하면서 전략적 의미를 도출하였음</td><td></td><td></td><td></td><td></td><td></td></tr>
<tr><td colspan="2">7. 과제를 정리하고 새로운 관점의 Framework를 구축한 Perspective가 느껴짐</td><td></td><td></td><td></td><td></td><td></td></tr>
<tr><td colspan="2">8. 본질론에 바탕을 둔 독창적 사고에 의해 복수의 해결책을 개발하고, 평가를 통해 해결책을 도출하였음</td><td></td><td></td><td></td><td></td><td></td></tr>
<tr><td rowspan="2">커뮤니케이션</td><td colspan="2">9. 부가가치가 높고 설득력이 있는 보고서를 작성하였음</td><td></td><td></td><td></td><td></td><td></td></tr>
<tr><td colspan="2">10. 문제점을 지적, 해결책 제시는 물론, 충분한 반론과 설득을 하였음</td><td></td><td></td><td></td><td></td><td></td></tr>
<tr><td rowspan="2">프로젝트관리</td><td colspan="2">11. 과제의 성격에 맞는 Process를 설계하였음</td><td></td><td></td><td></td><td></td><td></td></tr>
<tr><td colspan="2">12. 프로젝트 성공을 겨냥하여 관련 부문을 충분히 끌어들여 조직 전체를 리드하였음</td><td></td><td></td><td></td><td></td><td></td></tr>
<tr><td>종합평가</td><td colspan="2"></td><td colspan="5"></td></tr>
</table>

〈표 9-10〉의 사례는 프로젝트 수행 과제에 대한 평가 시 활용할 수 있는 평정척도를 보여 주고 있다. 왼편에 항목이, 오른편에 5점 척도가 제시되어 있다.

평정항목(rubric)은 수행의 질적 수준을 평가하는 비교적 새로운 도구로서 등장하였다. 전통적인 평정척도와는 달리 평정항목은 학습자의 수행수준에 대하여 보다 질적이면서도 전체적인 설명을 추구한다. 평정척도는 수행의 질적 수준을 점수화하는 데 일차적인 목적이 있지만, 평정항목은 수행의 전체적 특성을 잘 설명하려는 목적을 가지고 있다. 평정항목은 학습자의 수행의 질적 수준에 대한 정보를 제공하면서 학습자들에게 일종의 피드백을 주려는 것이다. 평정항목의 사례는 〈표 9-11〉에 제시되어 있다.

〈표 9-11〉 평정항목 사례

평가영역 \ 단계		4	3	2	1
미래 예측력	기법 활용 정도	의사결정 사안을 5W1H 등으로 구체화하여 세부 의사결정 사항으로 매우 잘 적용하였으며, 의사결정에 직접 영향을 미치는 주요 의사결정 역할요소들을 명확히 규명하였다.	의사결정 사안을 5W1H 등으로 구체화하여 세부 의사결정 사항으로 잘 적용하였으나, 의사결정 영향요소들에 대한 규명은 일부 보완이 필요하다.	의사결정 사안을 5W1H 등으로 구체화하여 세부 의사결정 사항으로 적용하려고 노력하였으나, 불완전하며, 주요 의사결정 영향요소들도 불충분하다.	의사결정 사안을 세부 의사결정 사항으로 연결을 제대로 하지 못하였으며, 의사결정에 직접 영향을 미치는 주요 의사결정 영향 요소들도 거의 규명하지 못하였다.
	시나리오의 구체화 정도	사업환경분석을 통해 시나리오를 매우 구체적으로 작성하였다.	사업환경분석을 통해 시나리오를 구체적으로 작성하였다.	사업환경분석이 미흡하여 시나리오가 구체적으로 연결되지 못하였다.	사업의 미래 시나리오로 연결하려 하였으나, 중대한 실수가 있다.

전략 대안 수립 능력	기법 활용 정도	불확실한 상황에서의 전략적 의사결정 기법들을 충분히 활용, 적용하여 전략 대안을 수입하였다.	불확실한 상황에서의 전략적 의사결정 기법들을 대부분 활용하여 전략대안을 수립하였다.	불확실한 상황에서의 전략적 의사결정기법을 일부 적용하였으나, 불완전하다.	불확실한 상황에서의 전략적 의사결정기법을 거의 제대로 적용하지 못하였다. 대안수립의 필수요소를 반영하려는 노력이 많이 부족하다.
	재무 위협 파악 정도	각 대안의 바람직한 결과와 재무적 위협 정도를 매우 구체적으로 파악하고 있다.	각 대안의 바람직한 결과와 재무적 위협 정도를 일부 파악하였다.	대안수립 전개 과정이 논리적으로 연계되지 못하고 있다.	대안수립의 필수요소를 반영하려는 노력이 매우 부족하다.

위의 평정항목은 전략적 의사결정 능력 중 특히 미래 예측과 전략대안 수립 능력을 평가할 수 있는 평정 항목을 보여주고 있다. 평정척도와 달리 학습자들이 어떤 수준의 능력을 가지고 있는가를 보여 준다.

수행평가를 위한 또 하나의 구체적 도구로서 포트폴리오(portfolio)는 원래 예술 계통의 학생들이 자신들의 작업 결과로서 그림, 사진 등을 담고 있는 사례에서 유래된 것으로, 학생들의 성장, 자기 성찰, 성취를 보여주는 학생 작업의 수집물에 대한 평가를 의미한다. 포트폴리오 평가는 일반적으로 학습자의 성취를 보여주는 객관식 지필형 검사의 결과에서부터 제출한 보고서와 같은 산출물, 평정척도를 활용하여 실제 수행을 관찰하고 평가한 것 등을 모두 포함한다. 더 나아가 교육 활동 중에 보여주는 교육 참가자의 학습태도 등도 포함된다. 이러한 포트폴리오 평가는 비교적 장기간에 걸쳐서 이루어지는 교육 참가자의 성장과 변화되는 능력을 평가한다는 점에서 기업교육에서도 적용해 볼 수 있다. 포트폴리오평가 시에 활용할 수 있는 항목은 〈표 9-12〉에 제시하였다.

〈표 9-12〉 포트폴리오 평가 시 고려될 수 있는 세부항목(Arter, 1996)

평가 항목	세부 항목
목적	1. 포트폴리오 작성이 지향하는 교육목적은 무엇인가?
	2. 포트폴리오가 교육목적을 제대로 반영하고 있는가?
교수-학습	1. 포트폴리오가 수업시간에 어떻게 만들어졌는가?
	2. 포트폴리오에 학생들의 활동내용이 어떻게 담겨 있는가?
	3. 포트폴리오가 단순 학습 산출물 모음집과 다른 점은 무엇인가?
내용	1. 포트폴리오에 들어가 있는 산출물의 내용은 무엇인가?
	2. 포트폴리오에 포함된 산출물의 내용은 충실하고 다양한가?
	3. 포트폴리오에 포함된 산출물을 앞으로 더 발전시킬 수 있는가?

3) 제3수준 평가: 행동 평가

교육장 내에서 이루어지는 학습평가 교육 종료 시점에서 가상의 상황에서 보여주는 학습자의 성취 및 수행 수준을 측정하는 것이다. 이에 비하여 교육받은 결과가 실제 업무 현장에서 행동으로 드러나는가에 대하여 관심을 가지고 평가를 할 수 있다. 이와 같은 제3수준 평가는 학습평가에 비하여 행동의 변화를 가져올 수 있는 변인에 대한 통제가 쉽지 않기 때문에 제대로 실행하기가 쉽지 않다.

제3수준 평가, 즉 행동평가의 실제적인 어려움이 있다 하더라도 대체로 제3수준 평가는 일정 기간(일반적으로 3-6개월 이내)이 지난 다음 실제 수행을 측정하거나, 인식을 측정함으로써 가능하다. 실제 수행에 대한 관찰은 교육생의 실제 행동을 관찰하거나 교육생의 수행으로 인한 결과물을 점검하는 방법이 가능하다(오인경, 최정임, 2005). 대체로 교육생 상사의 관찰 결과가 가장 적절할 수 있으며, 상황이 여의치 않으면 상사 이외의 객관적인 위치에 있는 사람들이 관찰할 수도 있다.

관리자를 위한 수행 체크리스트

직 원: ______________________ 교육일자: ______________________

관리자: ______________________ 현재일자: ______________________

관찰기간: 시작 ________________ 끝 ______________________

- 지시사항: 다음의 각 기능에 표시해 주십시오.

- 관찰 날짜: 직원이 그 기능을 수행하는 것을 언제 관찰했습니까?
  첫 번째 칸에 당신이 수행된 기능을 관찰한 날짜를 적어주십시오. 만약, 그 기능을 하루에 한 번 이상 관찰했다면 관찰한 횟수만큼 날짜를 반복해서 적어주십시오.

- 수행 평점: 직원이 그 기능을 얼마나 잘 수행했습니까?
  그 기능을 관찰했다면 두 번째 칸에 직원의 수행에 대한 전반적인 평점을 표시해 주십시오.

- 의견: 의견이 있으십니까?
  세 번째 칸에 당신이 중요하다고 생각하는 부수적인 정보(비일상적인 상황, 환경적 요소, 수행에 대한 세부사항 등)가 있다면 어느 것이든 제시해 주십시오.

관찰된 기능	날짜	수행 평점	의견
1. 결손을 메우기 위해서 다양한 자료를 사용한다.		① ② ③ ④ ⑤ 개선 필요 만족 매우 우수	
2. 효과적인 직무 설명서를 작성한다.		① ② ③ ④ ⑤ 개선 필요 만족 매우 우수	
3. 회사의 지침에 따라 면담을 수행한다.		① ② ③ ④ ⑤ 개선 필요 만족 매우 우수	
4. 노조 운영문제를 해결하기 위해 이익에 기초한 문제해결 전략을 사용한다.		① ② ③ ④ ⑤ 개선 필요 만족 매우 우수	
5. 시간 관리를 위해 주간 계획서를 사용한다.		① ② ③ ④ ⑤ 개선 필요 만족 매우 우수	

[그림 9-3] 제3수준 평가: 관리자를 위한 수행 체크리스트 사례(수행측정)

〈표 9-13〉 제3수준 평가: C사의 점장 역량 진단지(1차 상사 대상)

주요 역량	하위역량		행동 지표(Behavior Indicator)			참고	1차상사평가	
			1	2	3	'22년 기대 수준	'23년 기대 수준	홍길동
매장 운영 표준화 역량	1	P/L 관리 역량	차월/차년도 P/L 목표를 수립 손익 및 재무 관련 기본지식을 이해하고 목표 차질이 발생된 부분(원가, 인건비, 기타 비용 등)에 대해 원인 분석을 하여 개선한다.	시장 동향 및 시즌 지표를 예측하여 목표를 수립한다. 지속적으로 발생하는 비효율적인 비용을 최소화하기 위한 개선방안을 수립하고 실행한다.	점장 컨트롤 비용 外의 문제점 발견 시 원인을 분석하여 개선사항에 대해 적극적으로 유관부서에 challenge 하여 해결점을 도출한다. 경영진 방문 시 P/L에 기반하여 매장의 전반적인 현황을 명확하게 설명한다.			
	2	위기 관리 역량	위기 발생 가능 영역(소방, 안전, 시설, 위생 등)에 대한 법규를 숙지하고 매뉴얼을 준수한다. SNS 등 외부 매체를 통해 전달되는 ○○○ 관련 주요 피드백을 수시로 파악한다.	위생/소방/안전/시설/SNS 관련 이슈 발생 시 경험을 바탕으로 스토리라인을 신속하게 예측하여 유관부서와 협업하여 주도적으로 대안을 제시하고 해결한다.	위생/소방/안전/시설/SNS 관련 사례를 통해 구성원들에게 교육하고, 선제적으로 예측하여 미연에 예방한다.			
	3	고객/상권/경쟁사 분석 역량	매장의 시간대/객층별 고객 특성 등을 주기적으로 파악한다. 카드사 및 멤버십 DB를 활용하여 고객 재방문률을 분석하고 잠재고객 POOL을 파악한다.	旣 파악된 고객별 행동양식을 매장 운영 및 프로모션에 활용하여 고객 만족도를 제고한다.	과거 분석사례를 수집/정리하고 필요시 R&D/마케팅 등 유관부서에 Solution을 제안하며, 이를 프로세스로 정립한다.			

고성과 창출 역량			상권별 고객, 경쟁구도, 주변시설 현황 등을 고려하여 매장의 차별화된 상권 특성을 정의하고 세분화한다.	유동인구, 접근성, 주변환경 등을 분석하여 추가 상권 확장을 위한 대안을 기획/실행한다.	상권 환경변화 등의 주요정보를 영업전략 및 경영기획에서 활용할 수 있도록 제공한다.			
			경쟁사의 신제품/가격/Promotion동향을 지속적으로 파악한다.	경쟁사가 매장에 미칠 영향력을 분석하여 유관부서와의 협의를 통해 대응방안을 수립/실행한다.	경쟁사 정보를 종합하고 전사 차원의 영향에 대해 분석하여 전사전략 및 마케팅 등 유관부서에 정보를 제공하고 제안한다.			
業 Leading 역량	4	메뉴 경쟁력 강화 역량	상품 In&Out에 대한 정책방향을 구성원들에게 정확히 전달한다. 신메뉴의 Selling Point를 구성원이 숙지하여 판매활동에 활용하도록 독려하고, 고객 홍보방안을 수립한다.	매장 특성별 내/외부 환경요소에 따라 상품 In&Out에 대한 의견을 유관부서에 제안/적용한다.	메뉴 경쟁력 강화를 위해 p-mix를 설계/분석하여 필요에 따라 추가설비 투자 등을 제안한다. 신메뉴 아이디어를 유관부서에 제안하여 실제 메뉴가 상품화 될 수 있도록 적극 협조한다.			
	5	외식 Trend Catching 역량	외식 Trend 관련 정보를 유관부서로부터 적기에 입수하여 숙지한다.	최신 외식 Trend 정보(메뉴/매장/서비스 콘셉트 등)에 대해 항상 관심을 갖고 관련 정보를 주도적으로 입수하여 매장에 적용할 수 있는 방안을 모색한다.	경제/경영 trend에 따른 고객 needs 변화를 복합적으로 고려하여 전사 차원의 아이디어를 제안하고 구현될 수 있도록 도전한다.			
평균								

인식의 변화는 교육내용의 현장적용 수준을 교육생 스스로에게 물어보거나 상사, 주변 동료, 고객들의 의견에 대한 조사를 통하여 확인될 수 있다. 앞의 관찰을 포함한 인식의 변화는 모두 교육 프로그램 시작 전에 측정을 함으로써 교육 전후의 변화를 확인하는 것이 적절하다.

관찰과 인식의 변화를 중심으로 현업에서의 행동변화를 평가하는 방식 이외에도 대안적인 평가방법으로 생각할 수 있는 것으로 성공적 사례 방법(Success Case Method: SCM)(Brinkerhoff, 2006)이 있다. 이 방법은 전통적인 관찰 및 인식 평가방법이 주로 양적으로 그 효과성을 보고함으로써 평균적인 특성에 초점을 맞추는 것으로 본다. 이에 비하여 SCM은 모든 교육생들이 교육 프로그램에서 배운 것을 실무에서 적용하지 않는 게 현실이라면, 교육 프로그램의 내용을 적용하여 성공적으로 행동을 변화시킨 교육생들에게 주목한다. 즉, 이들과의 심층면담을 통하여 교육 프로그램의 어떤 내용과 방법이 효과적인가를 분석하여 이를 보고함으로써 교육 프로그램의 효과를 보여주려고 한다. 기존의 관찰 중심의 양적 평가 방법을 보완하거나 때로는 대체할 수 있는 방법으로 SCM을 고려할 수 있다.

4) 제4수준 평가: 결과 평가

교육 프로그램의 최종 평가 중 하나는 교육에 의하여 전체 사업에 어떤 변화가 나타났는가를 평가하는 것이다. 예컨대, 고객만족 교육 프로그램에 참여한 교육생들의 행동 변화로 인하여 해당 매장의 실제적인 매출이 증가했는가, 고객만족도 지수가 상승했는가를 평가하는 것이다. 제4수준의 평가가 필요하다고 판단한 경우, 다음과 같은 두 가지 측면을 고려해야 한다. 하나는 어떤 지표를 평가 대상으로 설정할 것인지이다. 교육의 효과로 연결시킬 수 있는 측정 지표를 선정하는 작업을 해야 한다. 예컨대, 단위 생산 경비, 불량률, 사고 발생률, 결근율, 안전 수칙 위반 등 교육 결과에 영향을 받을 수 있다고 판단되는 지표(〈표 9-14〉 참조)를 결정해야 한다.

〈표 9-14〉 사업상의 결과를 보여주는 변인

생산량	품질	비용	시간
생산단위	불량품(scrap)	예산변동	회전주기
생산된 톤 수	폐기처리(Waste)	원단위	불평에 대한 응신 시간
조립 품목 수	반품	회계처리 비용	장비고장시간
판매 품목 수	불량률(error rate)	변동비용	초과근로시간
판매량	재작업	고정비용	평균지연시간
가공된 품목 수	미달	간접비용	프로젝트 완료 소요시간
승인된 대출액	제품결함	운영비용	가공시간
재고회전율	표준일탈	지체비용	감독시간
방문한 환자 수	제품실패	부과금/벌칙금	훈련시간
처리된 신청 건수	재고조정	프로그램 비용절감	회의시간
졸업생 수	적기 임무완수율	사고처리비용	수리시간
완료된 과제 수	사고건수	프로그램비용	효율성(시간기반)
생산성	고객불만	판매비용	작업중단시간
잔업량		행정처리비용	주문응답시간
인센티브 보너스		평균비용절감 금액	지연보고
선적량			업무손실일수
신구좌 계설 건수			

출처: 중앙공무원교육원 연구개발센터(2015)

다음으로 이러한 지표에 영향을 주는 것이 교육 프로그램에 의한 것이라는 점을 입증해야 한다. 교육 프로그램 이외의 외부적인 환경, 예컨대, 새로운 혁신 기술의 도입, 원자재 가격의 상승과 하락 등의 외부 변인을 확인하여 통제하여야 한다. 제4수준 평가가 이론상으로는 할 수 있으나, 실제적으로 어려운 이유는 바로 교육 프로그램 이외의 요인들이 사업상의 결과 평가에 영향을 주기 때문이다. 제4수준 평가를 위하여 때때로 6개월 이후 3개월 단위로 일정한 간격을 두고 사업상 성과 지표를 수집하여 분석하는 경우가 있는데, 이러한 분석을 통하여 해당 시점에 교육 프로그램 이외에 영향을 줄 수 있는 변인들을 확인할 수도 있다.

〈표 9-15〉 4단계 평가를 위한 수행 자료 사례

측정된 결과	기 간	교육 전 수행 결과(1993)	교육 후 수행 결과(1994)	분규처리 감소율
분규처리 횟수	1월	5	3	2
	2월	6	2	4
	3월	4	1	3
	4월	4	2	2
	5월	3	1	2
	6월	5	1	4
전체		27	10	17

4. 운영의 절차와 원칙

교육 프로그램을 실행하는 과정을 통해서 교육 프로그램의 개선점을 확인하거나 교육 효과를 평가하는 활동을 하게 된다. 이런 의미의 실행 이외에도 교육 프로그램을 직접적으로 운영하는 운영자의 입장에서 실행 측면을 파악할 수 있다. 교육 프로그램을 설계하고 실행하면서 개선점을 확인하는 활동 이외에도 운영 그 자체를 효과적으로 이끌어가기 위한 절차와 원칙이 필요하다.

운영에 대하여 관련된 절차와 원리를 별도로 다루어야 하는 것은 다분히 현실적인 이유 때문이다. 비록 분석, 설계, 개발 단계에서와 같은 복잡한 개념, 원리, 절차와 같은 수준은 아니더라도, 효과적인 교육 프로그램이 되기 위해서는 교육 프로그램의 운영이 잘 이루어져야 한다. 교육 프로그램 운영은 개별 내용을 다루는 강사가 아니라 전체 교육 프로그램을 운영하는 자에 의하여 진행된다는 점에서 그 특색이 있다. 개별 강사는 특정한 내용의 전달과 교육에 관심을 갖는다. 그에 비하여 교육 프로그램 운영자는 때에 따라서 교육 프로그램의 전체 설계 과정에 참여하였거나, 혹은 이미 개발된 프로그램을 전체적으로 운영하는 역할을 담당하게 된다. 예컨대, 교육생들을 모집하고, 교육 시작 단계에 안내(orientation)를 하며, 학습자들이 교육에 적극적으로 참여하게끔 동기 유발을 하는 활동(ice breaking), 그리고 교육 종료 시점에 교육평가와 향후 실천 계획(action plan)을 작성하도록 이끄는 매우 중요한 기능을 수행한다. 여기서는 대표적인 교육 운영 측면의 원칙과 절차를 간략하게 제시한다.

1) 교육 사전 안내 활동

교육운영자의 운영 활동은 교육 프로그램에 대하여 교육생들에게 '사전 안내를 어떻게 하는가'로부터 시작된다. 교육 프로그램의 목적과 방법을 정확하게 전달하기 위하여 다양한 방법을 활용한다. 예컨대, 전자우편이나 문자메시지 등을 통해 교육에 대한 사전공지를 할 때부터 효과적인 메시지 설계 방법을 활용하여 제목과 본문을 간결하게 작성하고, 추가 내용을 첨부 파일로 전달할 수 있다.

또한, 교육 사전 안내 활동에 '상사의 교육 관심도 제고를 위한 학습계약서 작성'을 하도록 할 수도 있다. 상사의 관심은 기업 교육 프로그램의 현업전이에 관한 연구들에서 일관되게 중요하다고 지적하는 것이다. 따라서 상사의 관심과 지원이 적극적으로 필요한 프로그램의 경우, 자신의 교육 목표와 학습 방법 그리고 향후 현업에서의 적용 방안 등이 포함된 학습계약서를 작성하고, 직속 상사가 학습계약서에 사인을 하도록 하는 방법으로 교육을 안내할 수 있다.

2) 교육 시작 단계 활동

교육운영자의 중요한 역할 중의 하나는 교육 프로그램의 안내 활동을 효과적으로 운영하는 것이다. 동기 유발과는 별도로 이 단계에서는 교육 프로그램 전체 및 개별과정에 대해 안내하는 것이 필요하다.

교육 시작 단계에서 운영자가 담당해야 하는 활동은 두 가지다. 하나는 교육 프로그램의 목적을 교육생들의 관점에서 생각하도록 하는 활동을 하는 것이며, 다른 하나는 전체 교육 프로그램을 교육생들이 적극적으로 참여할 수 있도록 하는 내부 규칙(ground rule)을 설정하도록 도와주는 것이다. 먼저, 운영자는 왜 교육 프로그램에 참여하는가와 같은 질문이나 교육 프로그램이 개발되는 배경 혹은 문제 상황을 질문의 형태로 제시하여 교육 참가자들의 의견을 드러내고 정리하는 활동을 효과적으로 수행하여야 한다. 이 활동은 특히 교육 참가자들이 다른 사람들과 처음으로 대면하면서 이루어지기 때문에 참가자들이 자신의 생각과 관점을 쉽게 드러내지 않는다는 점을 고려하면서 진행하여야 한다. 즉, 자연스럽게 자신의 생각과 관점을 표현할 수 있는 우호적인 분위기를 만들면서 적절한 질문 등이 이루어져야 한다.

왜 교육 프로그램에 참여하는가에 대한 대답으로부터 제공되는 교육 프로그램의 교육 목적을 자연스럽게 이해하면서 다음으로 운영자가 이끌어 가야 하는 활동은 교육 참가자 전원의 적극적 참여를 이끌어 낼 수 있는 내부 규칙(ground rule)을 설정하는 것이다. 다양한 배경과 경험을 가진 교육 참가자들이 팀별 활동 등 교육활동에 참여하게 될 때, 모종의 약속을 정하게 되면 그렇지 않을 때보다 교육운영이 효과적으로 이루어지는 경우가 많다. 예컨대, '상대방 의견을 존중한다', '시간을 준수한다' 등과 같은 일반적인 원칙뿐만이 아니라, 교육 프로그램의 성격과 참가자의 특성을 반영한 독특한 원칙을 정하도록 한다.

3) 교육 진행 중 활동

교육이 진행되는 과정에서 운영자의 활동은 크게 네 가지로 나누어 볼 수 있다. 첫째, 강사에 대한 소개이다. 강사가 교육 내용과 관련하여 어떤 전문성과 경험이 있는가에 초점을 맞추어 간결하게 강사를 소개하는 것은 교육 참가자들의 신뢰와 기대 수준을 높이는 역할을 할 수 있다. 이를 위해서 운영자는 강사의 이력 사항에 대하여 확인을 하고 필요시 강사와 안내 내용에 대하여 사전에 조율할 수도 있다.

둘째, 교육 프로그램이 진행되는 사이사이에 교육생들의 동기와 참여 수준을 높일 수 있는 활동(SPOT 기법)을 진행하거나, 감성적인 측면을 고려한 비디오 및 오디오 자료를 적절하게 활용하는 활동을 할 수 있다. SPOT 기법은 대체로 신체적인 움직임을 유발하게 됨으로써 학습활동을 보다 역동적이게 하며, 적절하게 게임 방식을 활용하거나 선물을 줌으로써 학습자의 동기 유발에 도움을 줄 수도 있다.

교육생 간 通하기

- 나에 대한 세 가지 진실과 거짓
- 우리 팀의 공통점은? (우리 팀 공통점 10가지, 독창적인 우리 팀 공통점)
- 포스트잇을 활용한 인물화 콘테스트
- 젠가를 통해 팀 구성하기

셋째, 교육 참가자의 적극적 참여를 유도하기 위하여 운영자 스스로 관찰평가를 하거나, 강사의 도움을 받아 활발하게 학습에 참여하는 교육생을 확인하는 등의 평가 활동을 할 수 있다. 교육내용에 대한 이해 및 결과 평가와는 별도로 교육과정 참여 수준을 평가하는 활동을 함으로써 교육운영을 효과적으로 이끌어 갈 수 있다.

마지막으로, 교육내용별 종료 시점에 적절하게 반응평가를 실시함으로써 교육 프로그램의 개선점과 효과를 확인할 수 있다. 최종적으로 실시하는 공식적인 설문지를 통한 만족도 평가와는 별도로 개별 교육 단위가 종료될 때마다 몇 명의 대표 교육 참가자들과 면담을 실시하여 효과성과 개선점을 심층적으로 확인할 수 있다. 이 자료는 향후 교육 프로그램 평가 보고서 작성 시에 중요한 참고 자료가 될 수 있다.

4) 교육 종료 단계 활동

교육 종료 단계의 활동은 교육 시작 단계의 활동 못지않게 중요하다. 앞의 시작 단계와 마찬가지로 이 단계는 개별 강사들이 아니라 교육운영자에 의하여 운영된다. 따라서 운영자는 전체 교육 프로그램을 정리하면서 특히 현업에의 전이를 어떻게 확보할 것인가를 교육 참가자들과 협의하여야 한다.

현업에의 전이를 가능하게 하는 체계적인 방법으로 현장 적용계획(action plan)을 교육 참가자들이 작성하도록 안내하는 것을 들 수 있다. 이 단계에서 교육 운영자는 교육과정을 통하여 새롭게 학습한 것이 무엇인가를 교육 참가자들과 정리하는 활동을 먼저 하게 된다. 이 결과를 바탕으로 개별 혹은 팀별로 향후 현장 적용계획을 구체적으로 작성하게 된다.

액션플랜

이름: ____________ HR 담당 서명: ____________ Follow-up 날짜: ____________
목표: ______________________________________ 평가기간: _____ 부터_____까지

액션단계	기대결과	목표일정	책임자
1.			
2.			
3.			
4.			
5.			
6.			
7.			
8.			

기타 의견:

____

____

[그림 9-4] 액션플랜의 사례

여기서 작성된 계획은 교육 참여 점수 및 시험 점수와 함께 상사에게 전달될 수 있다. 상사는 교육 초기 단계에 작성한 학습계획서, 교육 참여 점수 및 시험 결과 그리고 현장 적용계획을 종합적으로 활용하여 교육 참가자들의 현업 전이과정을 지원하고 평가하게 된다. 이 전체 과정을 교육운영자는 체계적으로 지원할 수 있어야 한다.

교육 종료 단계의 마지막 활동은 만족도 평가와 지필형 시험과 같은 학습평가의 실시이며, 필요시 제3수준과 제4수준 평가도 포함할 수 있다.

5. 요약

교육 프로그램의 분석, 설계, 개발 및 사용성 평가를 통하여 최종 개발된 교육 프로그램이 원래의 의도와 목표를 달성하였는가는 실행 단계를 통해 확인할 수 있다. '최초 실행' 국면에서는 형성평가 혹은 마지막 사용성 평가가 실시되면서 교육목표, 내용, 방법, 평가 등의 문제점을 찾게 된다. '주(主) 실행' 국면에서는 기업의 교육 상황에서 전통적으로 실시되어온 만족도 평가가 일반적으로 실시되며, 기관의 특성에 따라서 시험에 해당하는 평가가 이루어지기도 한다. 또한, 기업의 교육 프로그램이 실제 현업에서의 변화와 성과를 가져오는가에 주목하여 평가할 수도 있다.

실행과정에서 평가는 크게 형성평가와 총괄 평가로 구분되기도 하며, 커크패트릭의 4수준 평가 모형을 통해 구체적인 평가가 이루어지기도 한다. 일반적으로 만족도 평가로서 반응평가가 흔히 이루어지고 있으며, 시험에 해당하는 학습평가로 전통적인 지필 평가 이외에도 수행평가 차원에서 점검표(checklist), 평정척도(rating scale), 평정항목(rubric), 포트폴리오(portfolio) 등이 실시된다.

현업의 수행 정도를 평가하는 제3수준 평가는 통상 교육 종료 후 3개월 시점에 상사나 본인의 관찰 및 인지에 의하여 이루어지며, 교육 전과 비교하는 방식을 취한다. 최근에는 성공적으로 현업에 적용하고 있는 학습자들을 대상으로 이루어지는 SCM(Success Case Method)이 대안으로 활용되기도 한다. 제4수준 평가는 교육은 교육 이외의 변인을 통제하기가 쉽지 않지만, 일정한 간격으로 성과 변인을 측정함으로써 여타 변인의 효과성을 통제하면서 평가할 수 있다는 것이다.

실행 단계는 평가 활동과는 별개의 의미를 가진다. 앞의 단계까지는 구체적인 교육내용과 관련되어 교수설계자, 내용전문가, 교수매체 개발자 간의 작업이 중심이 되었다면, 실행 단계에서는 이들과는 별도로 강사와 운영자가 실제 학습자와 같이 활동하면서 교육의 목표를 달성하는 데 필요한 부가적인 측면이 다루어진다. 교육운영자는 교육 시작 전 단계에서부터 시작 단계, 진행 단계, 종료 단계 등에서 학습의 참여와 동기 수준을 높이기 위하여 그리고 현업에의 전이를 촉진하기 위하여 개별 강사와는 독특한 방식으로 교육의 효과를 높이는 데 기여할 수 있다.

연습 및 탐구 문제

1. 다음의 사례가 어떠한 평가 유형에 속하는지 설명하고, 해당 평가가 교육평가 측면에서 갖는 의의에 대해 논하시오.

<table>
<tr><td>프로젝트명</td><td></td><td>평가위원</td><td colspan="5">강사용</td></tr>
<tr><td rowspan="2">평가항목</td><td colspan="2" rowspan="2">구체적 내용</td><td colspan="5">평가결과</td></tr>
<tr><td>1</td><td>2</td><td>3</td><td>4</td><td>5</td></tr>
<tr><td rowspan="8">과제해결</td><td colspan="2">1. 복잡하고 잠재적인 문제를 해석하여 구체적인 Issue를 도출하였음</td><td></td><td></td><td></td><td></td><td></td></tr>
<tr><td colspan="2">2. 과제해결(성공)의 모습을 구체적으로 설계하였음</td><td></td><td></td><td></td><td></td><td></td></tr>
<tr><td colspan="2">3. 도출된 Issue를 Sub Issue로 적절히 분해하였음</td><td></td><td></td><td></td><td></td><td></td></tr>
<tr><td colspan="2">4. 전반적인 프로젝트 진행이 가설지향적으로 Approach되었음</td><td></td><td></td><td></td><td></td><td></td></tr>
<tr><td colspan="2">5. Fact 확인에 필요한 정보 수집과정을 설계하고 적절한 정보수집을 하였음</td><td></td><td></td><td></td><td></td><td></td></tr>
<tr><td colspan="2">6. 복수의 분석을 병렬적으로 진행하면서 전략적 의미를 도출하였음</td><td></td><td></td><td></td><td></td><td></td></tr>
<tr><td colspan="2">7. 과제를 정리하고 새로운 관점의 Framework를 구축한 Perspective가 느껴짐</td><td></td><td></td><td></td><td></td><td></td></tr>
<tr><td colspan="2">8. 본질론에 바탕을 둔 독창적 사고에 의해 복수의 해결책을 개발하고, 평가를 통해 해결책을 도출하였음</td><td></td><td></td><td></td><td></td><td></td></tr>
<tr><td rowspan="2">커뮤니케이션</td><td colspan="2">9. 부가가치가 높고 설득력이 있는 보고서를 작성하였음</td><td></td><td></td><td></td><td></td><td></td></tr>
<tr><td colspan="2">10. 문제점을 지적, 해결책 제시는 물론, 충분한 반론과 설득을 하였음</td><td></td><td></td><td></td><td></td><td></td></tr>
<tr><td rowspan="2">프로젝트 관리</td><td colspan="2">11. 과제의 성격에 맞는 Process를 설계하였음</td><td></td><td></td><td></td><td></td><td></td></tr>
<tr><td colspan="2">12. 프로젝트 성공을 겨냥하여 관련 부문을 충분히 끌어들여 조직 전체를 리드하였음</td><td></td><td></td><td></td><td></td><td></td></tr>
<tr><td>종합평가</td><td colspan="2"></td><td colspan="5"></td></tr>
</table>

2. 성과를 지향하는 제2수준 평가에 해당하는 설명이 아닌 것은?

① 학습자 만족도 평가를 최적으로 수행한다.

② 현업에서 보여주어야 하는 실제 문제 상황을 객관식으로 제시한다.

③ 포트폴리오 평가를 통하여 수행상의 전체 과정을 평가할 수 있다.

④ 평정항목(rubric)은 학습자의 수행 수준을 구체적으로 기술하고 있다.

3. Kirkpatrick의 4수준 평가에서 학습자가 교육 후 현장에서 보여주는 수행 수준을 평가할 필요가 있다는 것에 해당하는 것은?

① 제1수준

② 제2수준

③ 제3수준

④ 제4수준

○ ChatGPT 활용 교수설계: 평가하기

평가 단계는 교육 프로그램을 운영한 후 학습 목표를 달성했는지 여부를 평가하고 학습 경험을 개선하는 데 필요한 수정 사항을 파악하기 위해 실시된다. 이때 ChatGPT API를 활용하여 평가에 활용할 수 있는 방법을 탐색하여 본인의 평가 맥락에 맞는 피드백을 생성할 수 있다.

1) ChatGPT API 소개

OpenAI에서는 누구나 ChatGPT를 기반으로 새로운 애플리케이션을 개발하거나 기존 서비스에 ChatGPT를 통합하기 쉽도록 ChatGPT API를 제공한다. ChatGPT API는 OpenAI에서 제공하는 인공지능 모델을 활용하여 자연어 대화를 생성하는 기능을 제공하기 때문에 원하는 곳에 ChatGPT를 쓸 수 있게 연결해주는 도구이다.

2) ChatGPT API를 활용한 평가 활용: 피드백 초안 만들기

ChatGPT API를 활용해서 엑셀 혹은 구글 스프레드 시트를 활용해서 평가 결과에 대한 피드백을 줄 수 있다. 다음과 같이 ChatGPT를 활용해 루브릭을 만들고 이에 대한 평가 점수가 주어질 경우, 프롬프트를 통해 피드백을 생성할 수 있다.

❋ ChatGPT

롤플레잉 평가 루브릭 및 평가 문항:

평가차원	루브릭 설명	평가문항
의사 소통 능력	- 효과적이고 명확한 의사소통능력을 보여야 함.	1. 주어진 시나리오에 대해 명확하게 설명하고 의견을 전달하는 능력이 어떤가요?
	- 다양한 고객 프로파일에 맞춰 의사소통이 가능해야 함.	2. 다양한 고객 유형에 대한 의사소통전략을 구체적으로 제시할 수 있나요?
팀원 협력 능력	- 팀원과 원활하게 협력하고 업무를 공동으로 수행할 수 있어야 함.	3. 팀원과의 협력에서 발생한 어려움을 해결하는 과정을 구체적으로 설명해주세요.
	- 다양한 역할을 효과적으로 수행할 수 있는 능력을 보여야 함.	4. 주어진 역할에 대해 효과적으로 수행하는 모습을 시뮬레이션할 수 있나요?
문제 해결 능력	- 복잡한 상황에서 논리적이고 효과적으로 문제를 해결해야 함.	5. 고객의 불만을 해결하면서 발견한 문제를 논리적으로 해결할 수 있는 능력을 보여주세요.
	- 문제에 대한 신속한 대응 능력을 갖추어야 함.	6. 긴급한 문제가 발생했을 때 효과적인 대응 및 해결 전략을 시뮬레이션해주세요.

ChatGPT API를 구글 스프레드 시트에 연동하여 평가 결과에 대한 피드백 초안을 생성할 수 있다. 구글 스프레드 시트에서 ChatGPT API를 활용해서 피드백을 주기 위해서는 "=GPT(prompt, value)"에 대해서 이해해야 한다. 먼저 "=GPT"는 GPT 기능을 호출하는 함수를 뜻하며, 스프레드시트 애플리케이션에서는 등호(=)를 사용하여 수식이나 함수 호출을 시작하기 때문에 앞에 '='이 붙는다. 다음으로 "(prompt, value)"에서 prompt는 GPT 모델에 전달하고 싶은 텍스트 입력이다. 따라서 prompt의 값은 원하는 텍스트 출력 유형에 대한 GPT 모델의 가이드 역할을 수행하며 "value"는 GPT 모델이 처리해야 할 추가 데이터나 조건을 지정하는 역할을 한다. 기본 함수를 바탕으로 API를 활용해 산출한 피드백 초안은 다음 이미지와 같다.

A	B	C	D	E	F	G	H	I	J
이름	의사소통능력 1: 주어진 시나리오에 대해 명확하게 설명하고 의견을 전달하는 능력이 어떤가요?	의사소통능력 2: 다양한 고객 유형에 대한 의사소통 전략을 구체적으로 제시할 수 있나요?	팀원 협력 능력1: 팀원과의 협력에서 발생한 어려움을 해결하는 과정을 구체적으로 설명하였나요?	팀원 협력 능력2: 주어진 역할에 대해 효과적으로 수행하는 모습을 시뮬레이션 할 수 있나요?	문제 해결 능력1: 고객의 불만을 해결하면서 발생한 문제를 논리적으로 해결할 수 있는 능력을 보여주었나요?	문제 해결 능력2: 긴급한 문제가 발생했을 때 효과적인 대응 및 해결전략을 시뮬레이션하였나요?	Prompt	Value	Results
김혜지	10	9	8	7	6	3	각 평가 영영에 대한 의사소통능력1: 주어진 시나리오에 대해 명확하게 설명하고 의견을 전달하는 능력이 어떤가요?, 의사소통능력2: 다양한 고객 유형에 대한 의사소통전략을 구체적으로 제시할 수 있나요?, 팀원 협력 능력1: 팀원과의 협력에서 발생한 어려움을 해결하는 과정을 구체적으로 설명하였나요?, 팀원 협력 능력2: 주어진 역할에 대해 효과적으로 수행하는 모습을 시뮬레이션 할 수 있나요?, 문제 해결 능력1: 고객의 불만을 해결하면서 발생한 문제를 논리적으로 해결할 수 있는 능력을 보여주었나요?, 문제 해결 능력2: 긴급한 문제가 발생했을 때 효과적인 대응 및 해결전략을 시뮬레이션하였나요?와 같고 10점 만점이야. 이를 참고하여 김혜지 사원의 평가 결과에 대한 피드백을 300자 내외로 작성해줘. 개선이 필요한 부분을 구체적으로 알려줘.	10, 9, 8, 7, 6, 3	김지훈 사원님, 평가 결과를 통해 의사소통능력과 팀원 협력 능력에서 뛰어난 성과를 보여주셨습니다. 특히, 주어진 시나리오에 대해 명확하게 설명하고 의견을 전달하는 능력에서는 최고점을 받으셨습니다. 팀원과의 협력에서 발생한 어려움을 해결하는 과정에서도 높은 점수를 받았으나, 주어진 역할에 대해 효과적으로 수행하는 능력에서 약간의 점수 하락이 있었습니다. 이 부분에 대해 더욱 개선을 위해 노력해주시기 바랍니다. 그리고, 문제 해결 능력에서는 상대적으로 낮은 점수를 받으셨습니다. 고객의 불만을 논리적으로 해결하는 능력은 양호하나, 긴급한 문제가 발생했을 때 효과적인 대응 및 해결전략을 시뮬레이션하는 능력에서 많은 점수 하락이 있었습니다. 이 부분은 귀하의 역량 강화가 필요해보입니다. 긴급 상황 대응 능력을 향사시키기 위해 시뮬레이션 훈련이나 특별한 교육을 받는 것을 고려해보시기 바랍니다.

위의 결과와 같은 피드백 초안을 받기 위한 프롬프트에 입력할 내용은 아래 표와 같다. 프롬프트의 내용은 특정 평가 영역의 설명("&B1&", "&C1&", "&D1&", "&E1&", "&F1&", "&G1&")과 점수 척도("10점 만점이야"), 그리고 평가받는 사람(A2, 김혜지)에 대한 약 300자의 글을 작성해달라고 요청하고 있다. 그리고 value에는 GPT 모델이 처리해야 할 추가 데이터인 점수(B2 &", "& C2 &", "& D2&", "&E2&", "&F2&", "&G2)가 입력되어야 하므로 B2부터 G2의 값을 호출하는 수식이 들어가야 한다.

Prompt	="각 평가 영역에 대한 설명이 "&B1&", "&C1&", "&D1&", "&E1&", "&F1&", "&G1&"과 같고 10점 만점이야. 이를 참고하여 "&A2&"을 300자 내외로 작성해줘. 개선이 필요한 부분을 구체적으로 알려줘."
Value	=B2 &", "& C2 &", "& D2&", "&E2&", "&F2&", "&G2
ChatGPT 의 답변	김혜지 사원님, 평가 결과를 통해 의사소통능력과 팀원 협력 능력에서 뛰어난 성과를 보여주셨습니다. 특히, 주어진 시나리오에 대해 명확하게 설명하고 의견을 전달하는 능력에서는 최고점을 받으셨습니다. 팀원과의 협력에서 발생한 어려움을 해결하는 과정에서도 높은 점수를 받았으나, 주어진 역할에 대해 효과적으로 수행하는 능력에서 약간의 점수 하락이 있었습니다. 이 부분에 대해 더욱 개선을 위해 노력해주시기 바랍니다. 그리고, 문제해결능력에서는 상대적으로 낮은 점수를 받으셨습니다. 고객의 불만을 논리적으로 해결하는 능력은 양호하나, 긴급한 문제가 발생했을 때 효과적인 대응 및 해결전략을 시뮬레이션하는 능력에서 많은 점수 하락이 있었습니다. 이 부분은 귀하의 역량 강화가 필요해 보입니다. 긴급 상황 대응능력을 향상시키기 위해 시뮬레이션 훈련이나 특별한 교육을 받는 것을 고려해 보시기 바랍니다.

참고문헌

김진모, 곽재덕, 이유진 (2010). 기업 교육훈련 전이 촉진을 위한 모형 설계. **한국산업교육학회**, 21, 21-48.

김진모, 이진화, 길대환 (2006). 농촌지도리더 교육 프로그램의 학습전이와 전이풍토의 관계. **농업교육과 인적자원개발**, 38(1), 27-52.

김태성, 장지현, 백평구 (2019). **조직의 가치와 목표 중심의 RHD 평가**. 서울: 피와이메이트.

오인경, 최정임 (2005). **교육 프로그램 개발 방법론**. 서울: 학지사.

이성흠 (2005). **학습자 만족도 확인을 위한 교육 · 훈련프로그램 반응평가**. 서울: 교육과학사.

중앙공무원교육원 연구개발센터 (2015). **제4기 교육운영자 과정**. 서울: 케이에스센세이션.

Arter, J. A. (1996). Performance criteria: The heart of the matter. In R. E. Blum & J. A. Arter (Eds.), *A handbook for student performance assessment in an era of restructuring* (pp. vi-2: 1-8). Virginia: Association for Supervision and Curriculum Development.

Brinkerhoff, R. O. (2006). *Telling training's story*. San Francisco, Berrett-Koeher Publisher, Inc.

Chiaburu, D. S., & Marinova, S. V. (2005). What predicts skill transfer? An exploratory study of goal orientation, training self-efficacy and organizational supports. *International journal of training and development, 9*(2), 110-123.

Dick, W., & Carey, L. (1978). *The systematic design of instruction*. Harper Collins Publishing.

Dick, W., Carey, L., & Carey, J. O. (2014). *The systematic design of instruction* (8th ed.). Pearson Education, Inc.

Kirkpatrick, D. (1998). *Evaluating training programs* (2nd ed.). Berrett-Koehler Publishers, Inc.

Morrison, G. R., Ross, S. M., & Kemp, J. E. (2001). *Designing Effective Instruction*. Willey.

Morrison, G. R., Ross, S. M., & Kemp, J. E. (2007). *Designing effective instruction* (5th ed.). John Wiley & Sons, Inc.

Pease, G., Byerly, B., & Fitz-enz, J. (2013). *Human capital analytics*. Hoboken, wiley & Sons.

Reichheld, F. F. (2003). The one number you need to grow. *Harvard Business Review, 81*(12), 46–54.

Scriven, M. (1964). *The methodology of evaluation*. No. 110, The Social Science Education Consortium, Purdue University.

Scriven, M., Tyler, R., & Gagné, R. (1967). *Perspectives of curriculum evaluation*. AERA Monograph Series on Curriculum Evaluation. Rand McNally.

Stufflebeam, D. L. (1973). *Toward a science of educational evaluation*. Evaluation of Education, 11, 20.

제 10 장
RPISD의 발전 방향

1. 개요
2. RPISD 모형의 개선
3. RPISD 모형과 인공지능의 활용
4. 전망과 과제

1. 개요

RPISD 모형은 초기 모형(임철일, 연은경, 2006)이 제안된 이후 실제 적용 과정을 거치면서 모형의 수정 방향에 대한 검토가 지속적으로 이루어져 왔다(임철일 외, 2020). 이는 모형의 단계별 세부 사항이 추가되거나 명료화되는 과정을 통하여 현장의 활용 가능성과 적합성을 높이려는 시도로 볼 수 있다. 또한 2023년 ChatGPT와 같은 생성형 인공지능의 성능이 획기적으로 높아짐에 따라 다양한 분야에서 활용 가능성이 모색되고 있으며, 교육 일반뿐만 아니라 교육 프로그램 개발을 위한 교수체제설계의 적용 방안도 탐색되기 시작하였다(임철일, 2023).

본 장에서는 RPISD 모형의 세부 사항에 대한 수정 및 보완 의견이 포함된 최근 연구 결과와 함께 ChatGPT와 같은 생성형 인공지능 기술을 활용하는 RPISD의 가능성을 검토하고, 향후 RPISD 관련 연구의 전망과 과제를 제시한다.

2. RPISD 모형의 개선

초기 RPISD 모형(임철일, 연은경, 2006)이 현장에 적용되면서 세부 단계가 추가되거나 재구조화되는 과정을 거치면서 발전해 오고 있다. 1차로 수정된 RPISD 모형(임철일 외, 2020)은 크게 세 가지의 변화를 포함하고 있다([그림 10-1] 참조). 첫째, 요구분석의 단계에서 기존의 차이 분석과 수행 분석이 전단 분석(front-end analysis)으로 통합되어 제시되었다. 초기의 문제 상황을 분석하면서 수행 문제의 원인에 대한 분석과 교육적, 교육외적 해결안을 포함하는 전단 분석의 활동이 명시적으로 제시되어 있다.

둘째, 설계 단계의 프로토타입을 개발할 때 두 가지 유형의 프로토타입을 상세화하였다. 초기 단계의 낮은 완성도(low fidelity)의 프로토타입과 높은 완성도(high fidelity)의 프로토타입을 구분하는 것이다. 낮은 완성도는 초기 분석 과정만을 거친 형태로 교육 프로그램의 목표, 하위 내용 및 순서, 일반적인 교육 방법과 전략 등으로 구성된다. 초기 프로토타입은 이후 사용성 평가를 거치면서 교수자용 매뉴얼, 운영자용 매뉴얼, 학습자용 자료는 현장에서 바로 사용 가능할 수 있을 정도의 상세한 수준으로 발전되어 간다.

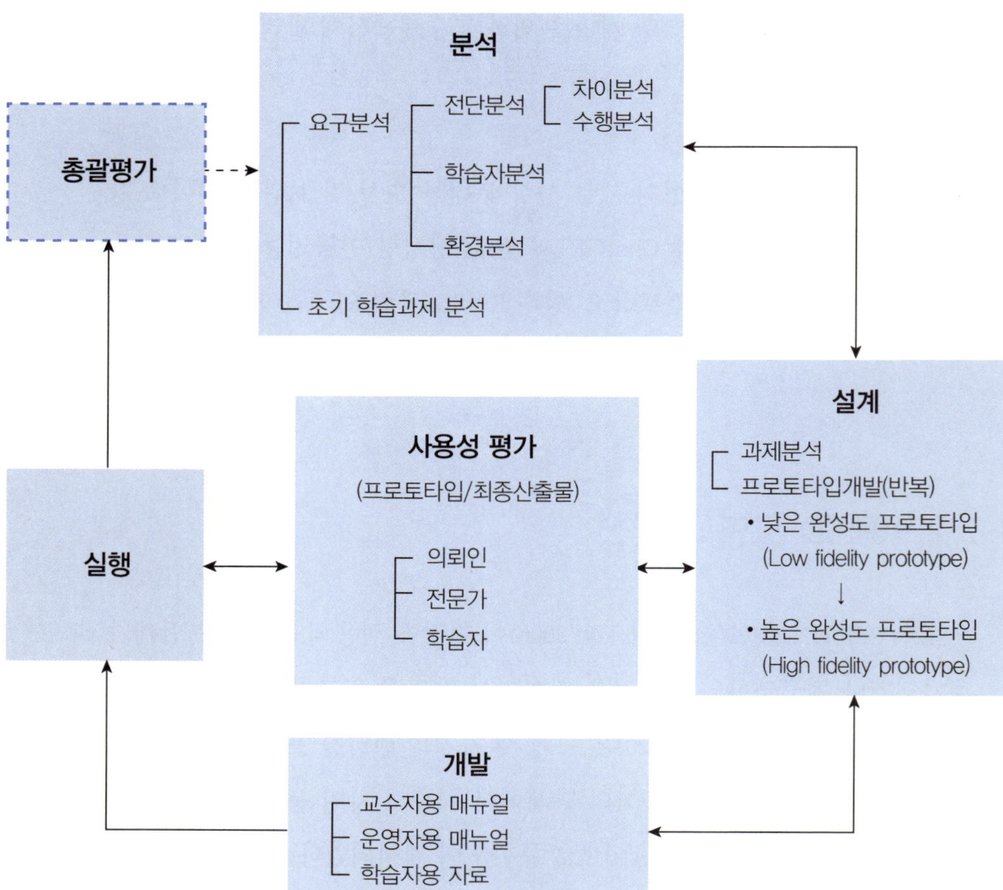

[그림 10-1] 임철일 외(2020)의 개선된 래피드 프로토타입(RPISD) 모형

마지막으로, 총괄 평가가 추가되었다. 교육 프로그램 실행 결과에 따라 설계된 평가 전략에 대한 추가적인 분석이 이루어질 수 있다는 것을 고려하여 전체 모형에 총괄 평가가 하나의 단계로 포함되었다.

이후 RPISD 모형을 적용하여 실제 기업교육 프로그램을 개발하는 과정에서 추가적인 수정이 이루어졌는데, 먼저 정예일 외(2023)는 RPISD 모형의 각 단계별로 다음과 같은 세부 영역을 구체화하고 수정하였다.

1) 착수회의 단계의 구체화

의뢰인의 요구에 대한 선제적 분석: 의뢰인의 요구분석 단계에서 의뢰인의 요구가 결핍과 관련된 것인지, 새로운 기회와 관련된 것인지 확인할 필요가 있다. 의뢰인의 요구가 결핍문제 해결 지향적이라면, 현재 문제와 원인 분석에 초점을 맞추어야 한다. 한편, 의뢰인이 미래에 발생할 가능성이 있는 수행상의 차이를 고려한 기회지향적 요구를 가지고 있다면 현재의 문제보다 새로운 요구에 초점을 맞춘 요구분석이 이루어져야 한다(Rothwell & Sredl, 1992).

프로젝트 범위와 역할 구체화: 교수설계자는 의뢰인의 요구와 기대사항을 고려하여 현실적인 프로젝트의 범위를 제안하고 의뢰인과 합의해야 하고, 더 나아가 의뢰인과 교수설계 팀의 역할과 책임을 명확히 해야 한다.

합의 및 계약: 합의된 사항에 관해 명확히 하기 위해 계약서 작성이 필요하다. 계약서에는 기본적인 계약 사항인 프로젝트의 목적, 개발 범위, 프로젝트 일정 및 계약기간, 산출물, 비용, 기밀유지에 관한 내용뿐 아니라 참여자의 역할, 사람 및 정보에 대한 접근 권한, 의뢰인의 지원과 참여 등 착수회의에서 합의된 내용이 모두 포함되어야 한다.

2) 분석 결과의 확인

기존 RPISD 모형에서는 설계, 개발, 실행 단계에서 모두 사용성 평가가 이루어지는 것에 반해 분석 단계에서는 관련 당사자(의뢰인, 내용 전문가, 학습자 등)의 확인을 받는 과정이 명시적으로 구분되어 있지 않다. 이것은 설계안에 대한 사용성 평가와는 달리 분석한 결과에 대한 확인으로, 그 과정이 명확히 구분될 필요가 있다. 따라서 교수설계자는 요구 및 과제 분석을 진행하면서 도출된 수행과 환경상의 차이와 수행문제의 원인, 원인별 해결안을 의뢰인, 내용 전문가, 학습자가 확인하게 함으로써 분석이 적절하게 이루어졌는지 확인하여야 한다.

3) 설계 단계에서 교육 프로그램의 모듈화 개발

RPISD 모형이 소프트웨어 프로그램 개발의 맥락으로부터 도출되었다는 점에서 프로그래밍 패러다임에 포함되는 모듈(module)을 프로그램의 설계 및 개발의 하위 단위로 활용하는 것을 고려할 수 있다.

모듈화 과정은 다음과 같은 특성이 있다. 첫째, 프로그램 개발 첫 단계에서 프로그램이 하위 단위별로 구분되어야 한다. 짧게는 수 시간, 길게는 수 주 단위로 진행되는 교육 프로그램의 전체 과정이 개별적이고 독립적인 하위 단위의 모듈로 구분될 수 있다. 둘째, 각 모듈의 특성이 구체적이어야 한다. 전체 교육과정에서 해당 모듈이 필요한 이유, 모듈의 목표, 모듈의 차시 구분, 모듈이 활용하는 교육방식, 모듈이 수행하는 기능 등 모듈에 대한 구체적인 정보가 규명되어야 한다. 셋째, 모듈의 독립성과 상호의존성이 동시에 고려되어야 한다. 모듈은 그 자체로 완성된 하나의 기능을 가진 독립체여야 하지만, 교육 프로그램이라는 맥락에서 고려할 때 다른 모듈과의 연계를 염두에 두어야만 한다.

4) 교수자 양성

실제 기업에서 교육 설계 및 개발자와 개발된 교육을 실행하는 교수자가 다른 경우가 많다. 교육 설계는 교육담당자 또는 외부 설계 전문가가 수행하며, 실행은 교육의 지속성과 비용 절감 등의 이유로 내부 인력을 활용하거나 전문성을 위해 외부 전문가를 섭외한다. 이때, 교수설계 과정에서 계획된 내용에 따라 교육이 실행되기 위해서는 교수자 양성과정(Training the Trainers, TTT)이 이루어져야 한다. 따라서 교수자 양성과정이 실행 단계의 한 가지 하위 영역으로 포함될 수 있다.

위 수정사항을 반영한 수정된 RPISD 모형은 [그림 10-2]와 같다.

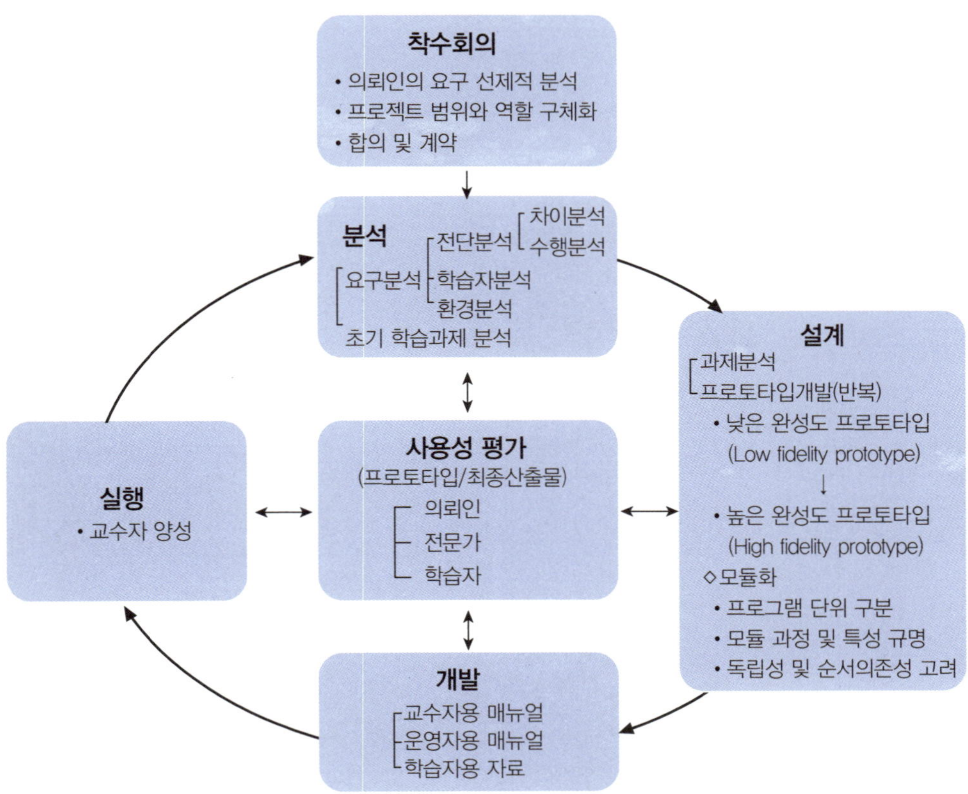

[그림 10-2] 정예일 외(2023)가 제안한 RPISD 수정 모형에서 제안한 RPISD 수정 모형

다른 한편, 임은선 외 3인(2023)은 RPISD 모형의 사용성을 검토하여 실행 적합성을 높인 수정 모형의 개발을 목적으로, RPISD 모형을 활용하여 교육 프로그램을 설계 및 개발한 경험이 있는 교수설계자 23명을 대상으로 설문 조사와 심층 면담을 실시하여 다음과 같은 수정 모형을 제안하였다([그림 10-3] 참조).

초기 모형과 구분되는 이 모형의 특징은 다음과 같다. 첫째, 모형의 내용적인 측면에서 각 단계에서 교수설계자가 무엇을 수행해야 하는지 구체적으로 포함되어 있다. 예를 들어 개발 단계에는 교수매체를 선정하고 교수

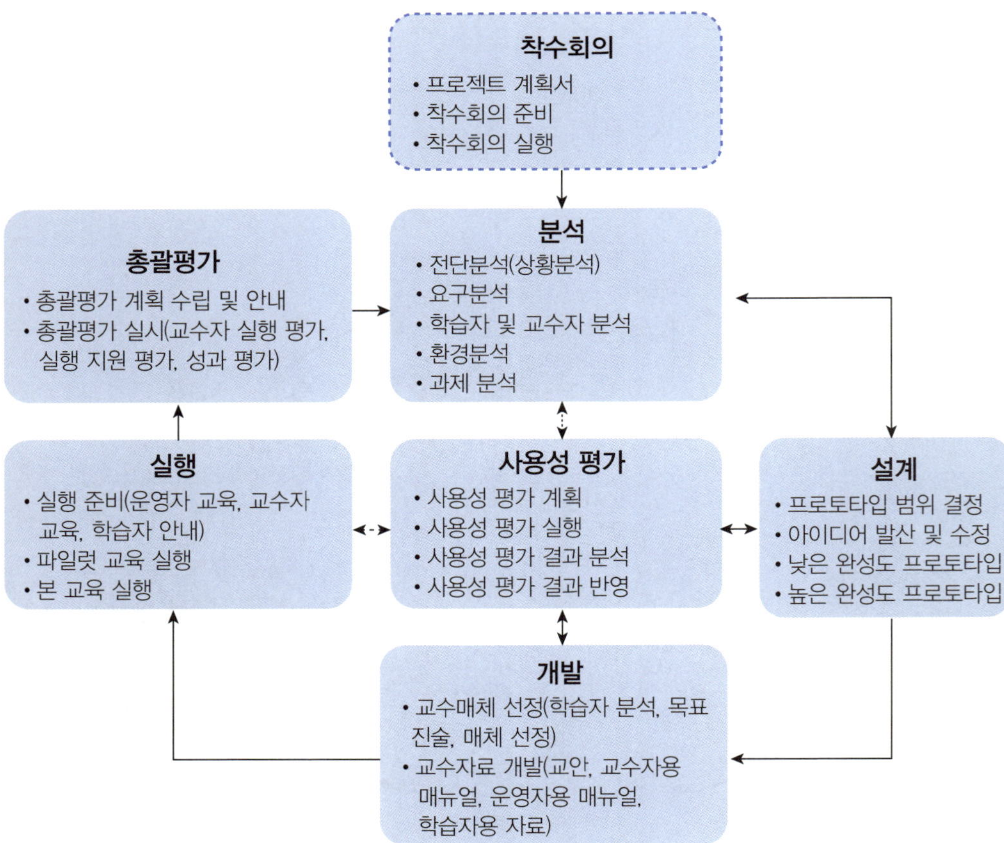

[그림 10-3] 임은선 외(2023)의 RPISD 수정 모형

자용 매뉴얼, 학습자용 매뉴얼, 학습자용 자료 등의 교수자료를 개발하는 과정이 구체적으로 명시되었다. 또한 실행 단계 역시 실행을 준비하고, 파일럿 교육을 실시한 후, 최종적으로 본 교육 프로그램을 실행하는 단계로 구체화되었다.

둘째, 착수회의는 교수체제설계 모형의 한 가지 구성요소이기보다는 프로젝트에 착수할 때 이루어지는 활동이다. 착수회의 과정에서 일정 부분의 요구 분석이 이루어질 수도 있다는 점에서 본 모형에서도 착수회의 단계가 포함되어 있긴 하지만, 교수체제설계의 독립된 단계로 보기 어렵다는 점에서 이 모형에서는 착수회의를 점선으로 표시하고 있다.

셋째, 개선된 RPISD 모형에서는 사용성 평가 단계와 분석 단계 사이에 점선 화살표를 추가하여 사용성 평가 이후에도 필요하다면 분석을 추가적으로 실시할 수 있음을 보여주고 있다.

수정된 모형의 각 단계별 특징을 간략하게 설명하면 다음과 같다. 첫째, 분석 단계에서 교육을 담당할 내용 전문가로서 교수자 분석이 추가되었다. 또한, 분석 단계와 사용성 평가 단계가 순환적으로 이루어지는 것을 포함하고 있다. 개선된 RPISD 모형에는 과제분석 대상에 대한 지침이 포함되었다. 과제분석 시에는 동일하거나 유사한 타 교육과정, 선행연구를 분석할 수 있으며, 내용 전문가를 대상으로 면담, 우수 성과자 대상 워크숍 등을 운영할 수도 있다. 또한, 설계에 앞서 의뢰기관과 교육 프로그램 실행 간의 밀접한 연계를 위해 해당 기관의 학사운영 지침, 핵심역량 및 로드맵 등을 분석하는 것도 필수적이다.

둘째, 개선된 RPISD 모형의 설계 단계에 아이디어의 발산 및 수렴과 같은 창의적 문제해결 방법론이 포함된다. Treffinger와 동료들(2000)이 제시

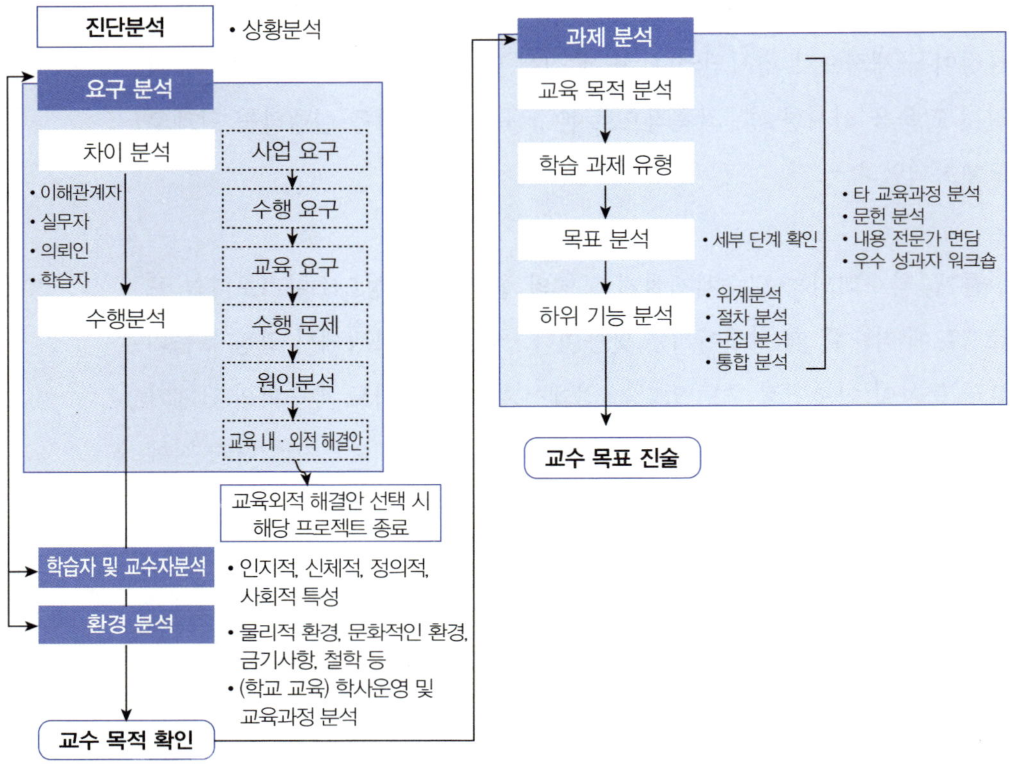

[그림 10-4] 개선된 RPISD 모형의 분석 단계

한 창의적 문제해결 모형(Creative Problem Solving, 이하 CPS) 모형은 문제의 이해, 아이디어 생성, 실천을 위한 준비 단계를 포함하는데, 이를 RPISD 모형과 비교했을 때 요구분석 단계는 창의적 문제해결 모형의 문제의 이해 단계, 설계 단계는 아이디어를 생성하는 단계로 볼 수 있다. CPS 모형의 아이디어 생성 단계에서는 문제에 대한 아이디어를 생산하기 위해 다양한 아이디어를 발산하는 전략을 활용하며, 실천을 위한 준비 단계에서 다양한 아이디어를 하나의 최적의 해결책으로 수렴하는 전략을 활용한다. 교수설계자는 프로토타입 설계 시, CPS 모형을 적용하여 창의적 문제해결안을 도출할 수 있다. 창의적 문제해결을 위한 또 다른 방법론인 d. school의 디자인씽킹 프로세스(Stanford d. school, 2010)와 RPISD 모형을 비교해보았을 때도, RPISD 모형의 분석 단계는 디자인씽킹의 공감(Empathy) 및 정의

(Define) 단계, 설계 단계는 발상(Ideate), 실행 단계는 모형화(Prototype) 및 평가 단계는 테스트(Test) 단계와 유사하다. 같은 맥락에서 교수설계자는 설계 단계에서 디자인씽킹 방법론을 적용할 수도 있을 것이다.

다음으로 개선된 RPISD 모형의 설계 단계에는 프로토타입의 범위를 설정하는 방법이 구체적으로 포함되어 있다. 교수설계자들은 프로토타입 설계에 앞서 프로토타입 범위를 설정할 수 있다. 먼저 낮은 완성도의 프로토타입은 교육 프로그램에 대한 핵심 요소를 포함해야 한다. 핵심 요소는 프로그램명, 교육 목표, 주요 내용, 교수학습방법 등이다. 높은 완성도의 프로토타입은 구체적인 교수학습 내용까지 포함해야 하며, 개발에 앞서 예시적으로 1개 이상의 모듈을 개발해야 한다. 이때, 공학 분야에서 사용되는 Scrum 기법을 적용할 수 있다. Scrum 기법은 복잡한 제품을 짧고 빠르게(agile) 개발하기 위한 기법으로, 요구 충족에 초점을 두고 짧은 주기로 경험적 제품을 개발하는 특징이 있다(Otero et al., 2020). Scrum 기법은 제품 백로그(Product backlog), 스프린트 플래닝(Sprint planning), 스프린트 백로그(Sprint backlog), 스프린트(Sprint), 리뷰 및 완료 단계를 포함하며 교수설계자들은 이 기법을 프로토타입 설계 및 사용성 평가 시에 활용할 수 있다. 예를 들어 제품 백로그 작성 단계에는 교육 프로그램에 포함될 내용을 작성하고, 스프린트 플래닝 단계에는 우선 순위가 높은 내용을 선택하고, 해당 내용을 구현하기 위한 계획을 세울 수 있다.

셋째, 사용성 평가 단계를 구체화하였다. 목적에 따라 사용성 평가 대상을 구성할 수 있는 두 가지 방법을 포함하였다. 먼저, 포괄적이고 일반화된 결론을 목적으로 한다면, 사용성 평가에 다양한 의견을 확인할 수 있도록 다양한 이해관계자를 대상으로 해야 한다. 반면, 맥락 특수적이고 높은 타당도가 요구된다면, 동일한 대상자를 대상으로 반복적으로 사용성 평가를 실시할 수 있다. 다만 목적에 관계없이 학습자를 대상으로 한 사용성 평가

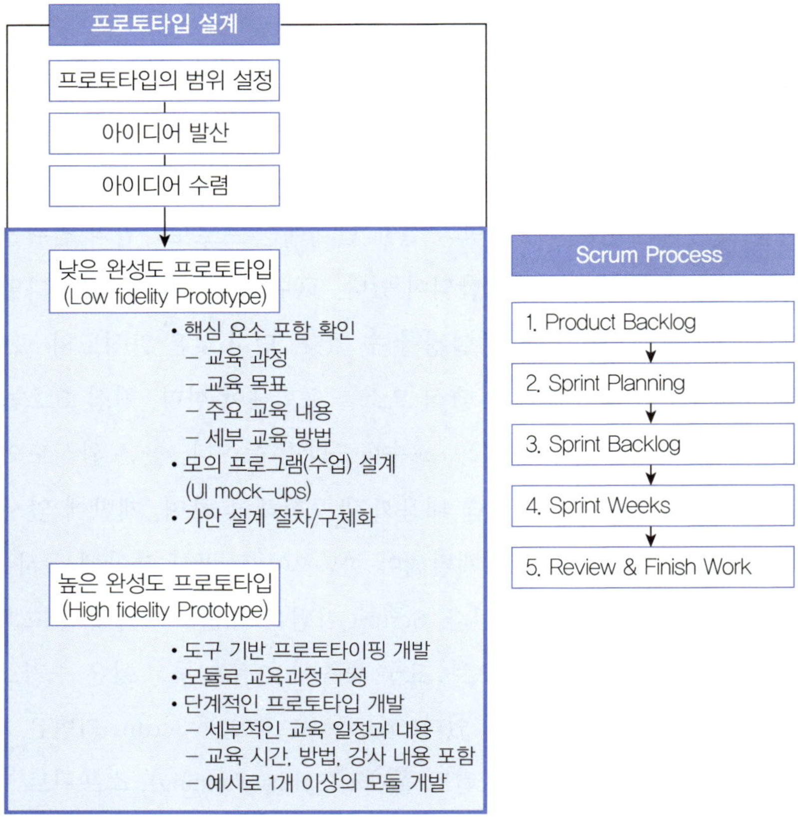

[그림 10-5] 개선된 RPISD 모형의 설계 단계

는 반드시 진행할 것이 권장된다. 교수설계자는 교육 프로그램의 수요자인 학습자를 대상으로 사용성 평가를 반드시 실시해야 하며, 모든 단계에서 학습자의 요구를 반영하여 참여적 설계가 이루어질 수 있도록 해야 한다.

넷째, 개발 단계는 교수 매체를 선정하는 구체적인 방법과 전략을 포함하고 있다. 기술의 발달에 따라 테크놀로지를 교육적으로 활용하는 것은 필수가 되었으므로 교수 매체를 선정하고 이를 통해 교수자료를 개발하는 단계가 포함되어야 한다. 이에 개선된 RPISD 모형의 개발 단계에는 [그림 10-7]과 같이 교수매체 및 교수자료를 개발하는 주요 절차를 명시하였다.

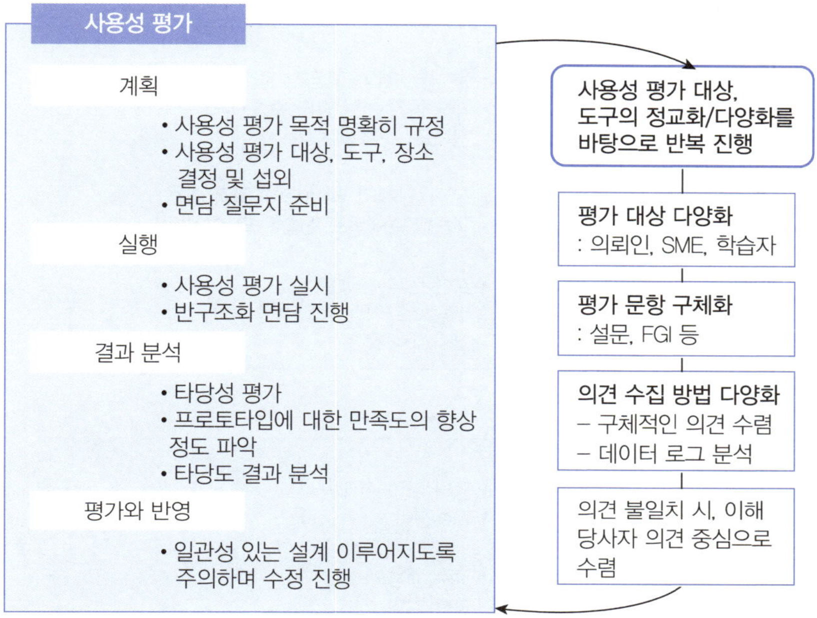

[그림 10-6] 개선된 RPISD 모형의 사용성 평가 단계

교수매체 선정 시에는 ASSURE 모형의 앞선 세 단계인 학습자 분석, 목표 진술, 교수매체와 자료 선정방안을 적극적으로 적용할 수 있다. 또한 개선된 RPISD 모형에는 교수자료로 교수학습지도안, 교수자용 매뉴얼, 운영자용 매뉴얼, 학습자용 자료를 개발해야 하며, 각 개발물에는 구체적으로 어떠한 내용이 포함되어야 하는지가 명시되어있다. 예를 들어 교수자용 매뉴얼은 교수자를 위한 교수 내용, 교수 방법, 수업용 교수자료가 포함되어야 하며, 운영자용 매뉴얼에는 이에 덧붙여 운영 시의 고려사항도 추가적으로 포함되어야 한다. 학습자용 자료는 주요한 학습내용, 연습문제 등이 포함되어야 한다(Dick et al., 2015).

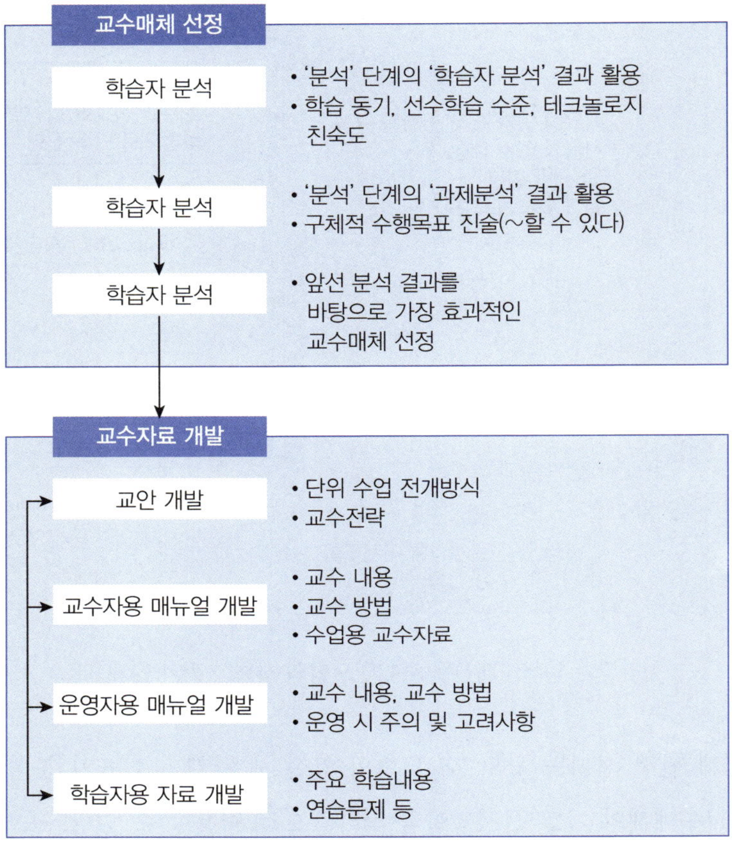

[그림 10-7] 개선된 RPISD 모형의 개발 단계

다섯째, 실행 단계에서는 파일럿 교육과 본 교육 실행을 구분하였다. 실제 교육 프로그램 실행 단계에서는 교육 프로그램의 개선을 목적으로 파일럿 교육을 실시하는 경우도 있고, 파일럿 교육이 실행되지 않고 바로 본 교육을 실행하는 경우도 있다. 이에 실행 단계에서 [그림 10-8]과 같이 필요 시 파일럿 교육을 실행할 수 있도록 명시하였다. 교수설계자는 파일럿 교육 실행을 통해 앞선 분석, 설계, 개발 단계에서 발견하지 못한 문제점을 확인하고, 파일럿 교육에 대한 형성평가를 통해 교육 프로그램을 수정 및 보완하여 최종 프로그램을 개발할 수 있다.

또한, RPISD 모형에 따라 체계적으로 교육 프로그램을 설계 및 개발하더라도 교수자의 역량에 따라 그 효과는 달라질 수 있으므로, 실행 준비 단계에서 운영자용 매뉴얼, 교수자용 매뉴얼, 학습자료 제공과 함께 운영자 및 교수자 대상 교육을 운영할 것이 추가되었다. 이와 함께 학습자에게 교육 프로그램에 대한 충분한 안내를 제공하는 것도 필요하다.

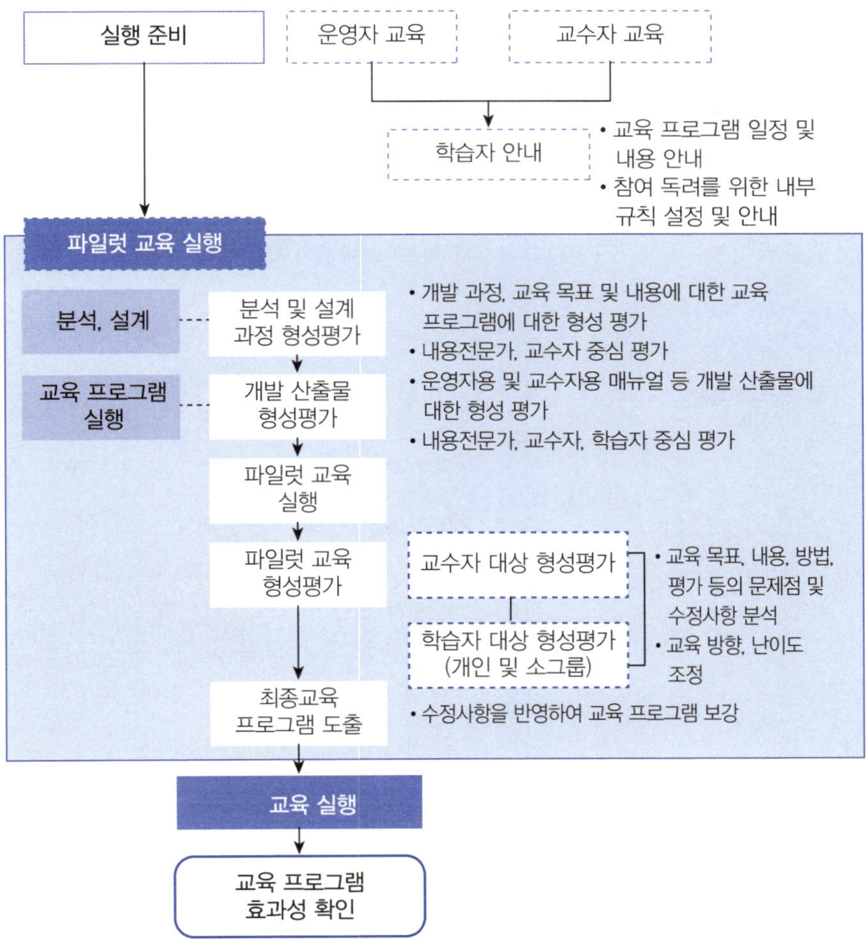

[그림 10-8] 개선된 RPISD 모형의 실행 단계

마지막으로, 총괄 평가의 단계가 구체화되어 있다. 총괄 평가 단계에서 교수설계자는 총괄 평가 계획을 수립하고, 안내하고, 총괄 평가를 실시하게 된다. 총괄 평가 시에는 교수자의 수업 준비 노력 및 실행에 대한 교수자 실행 평가를 실시할 수 있으며, 교육 프로그램의 질 관리 차원에서 교육 프로그램 실행을 지원하는 인적, 물적, 제도적 지원에 대해서도 평가할 수 있다. 또한 교육 프로그램의 성과를 평가하기 위해서 Kirkpatrick의 4수준 평가 중 교육 프로그램 개발 맥락에 맞는 반응 평가, 학습 평가, 현장 수행 평가를 실시할 수 있다. 반응 평가는 학습자를 대상으로 설문조사와 면담 등을 통해 교육목표 달성을 위한 내용 및 방법의 적절성, 활용 매체의 적합성 등을 확인하는 것을 의미한다. 학습 평가는 교육목표 달성 여부를 확인

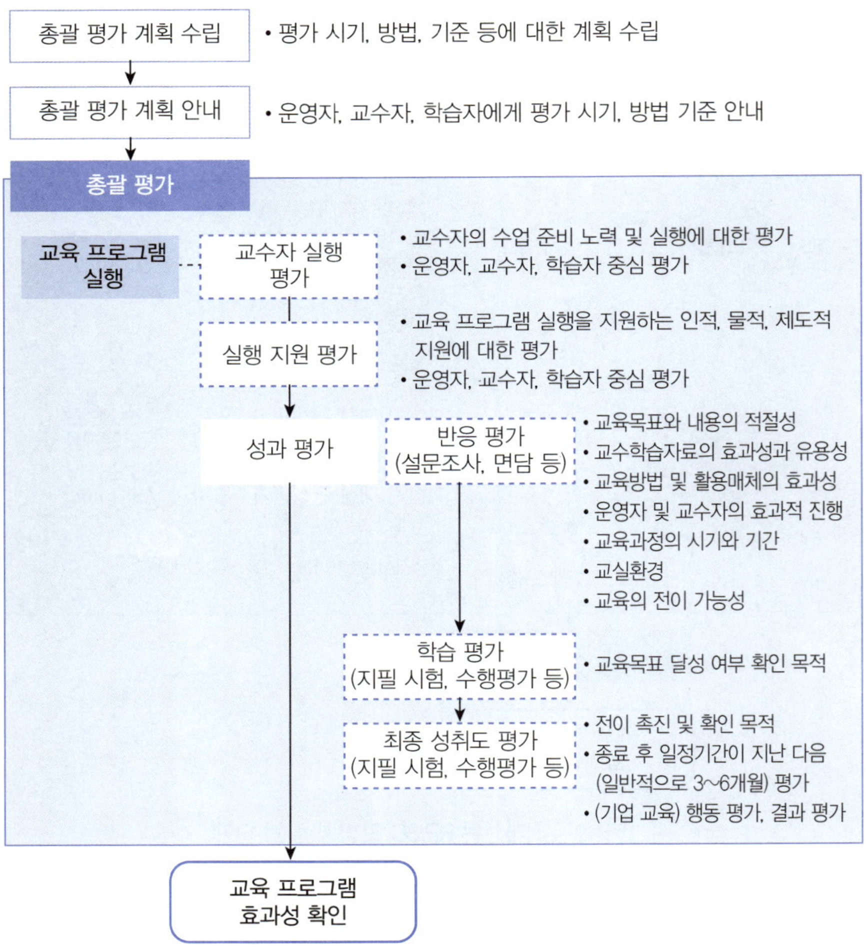

[그림 10-9] 개선된 RPISD 모형의 총괄 평가 단계

하는 것을 목적으로 지필 시험 등을 실시할 수 있다. 마지막으로 현장 수행평가는 학습 내용의 전이 여부 등을 평가하기 위해 교육 프로그램 종료 후 일정기간이 지난 다음 관찰이나 면접을 통해 평가할 수 있다.

3. RPISD와 인공지능의 활용

2023년을 기점으로 생성형 인공지능 기술을 기반으로 하는 다양한 서비스가 출시되면서 교육에서도 다양하고 큰 변화가 일어나고 있다. 특히 대형 언어 모델(Large Language Model)을 기반으로 하는 생성형 인공지능 챗봇인 ChatGPT의 활용 방안에 대한 논의가 활발하며, 교수체제설계(ISD)의 적용 가능성도 탐색되고 있다(임철일, 2023). ChatGPT를 교육 준비 혹은 설계 과정에 활용할 수 있다는 가능성(정제영 외, 2023)이 제시되는 것과 함께 평가 문항의 개발이나 교수학습지도안의 개발 등에서의 활용을 포함한 다양한 가능성이 나타나고 있다.

RPISD의 실제에도 ChatGPT 적용 가능성이 매우 크다. RPISD는 기본적으로 요구 분석 및 과제 분석에서 자료의 수집과 분석의 활동을 포함하며, 설계 단계에서는 다양한 상황에 대한 실제적인 문제를 개발한다는 점에서 ChatGPT와 협력적으로 교육 프로그램을 설계할 수 있는 가능성을 가지고 있다.

RPISD 단계별 ChatGPT 활용 방안을 몇 가지 제시하면 다음과 같다(임철일, 2023). 첫째, 요구 분석 단계에서 이루어지는 각종 면담 자료의 질적 분석에서 ChatGPT를 활용할 수 있다. 방대한 양의 질적 자료에 대한 요약과 1차 분석을 ChatGPT가 수행하며, 그 결과를 취합하여 최종적인 분석 보고서를 작성하는 데 도움을 받을 수 있다. 둘째, 과제 분석 단계에서는 해당

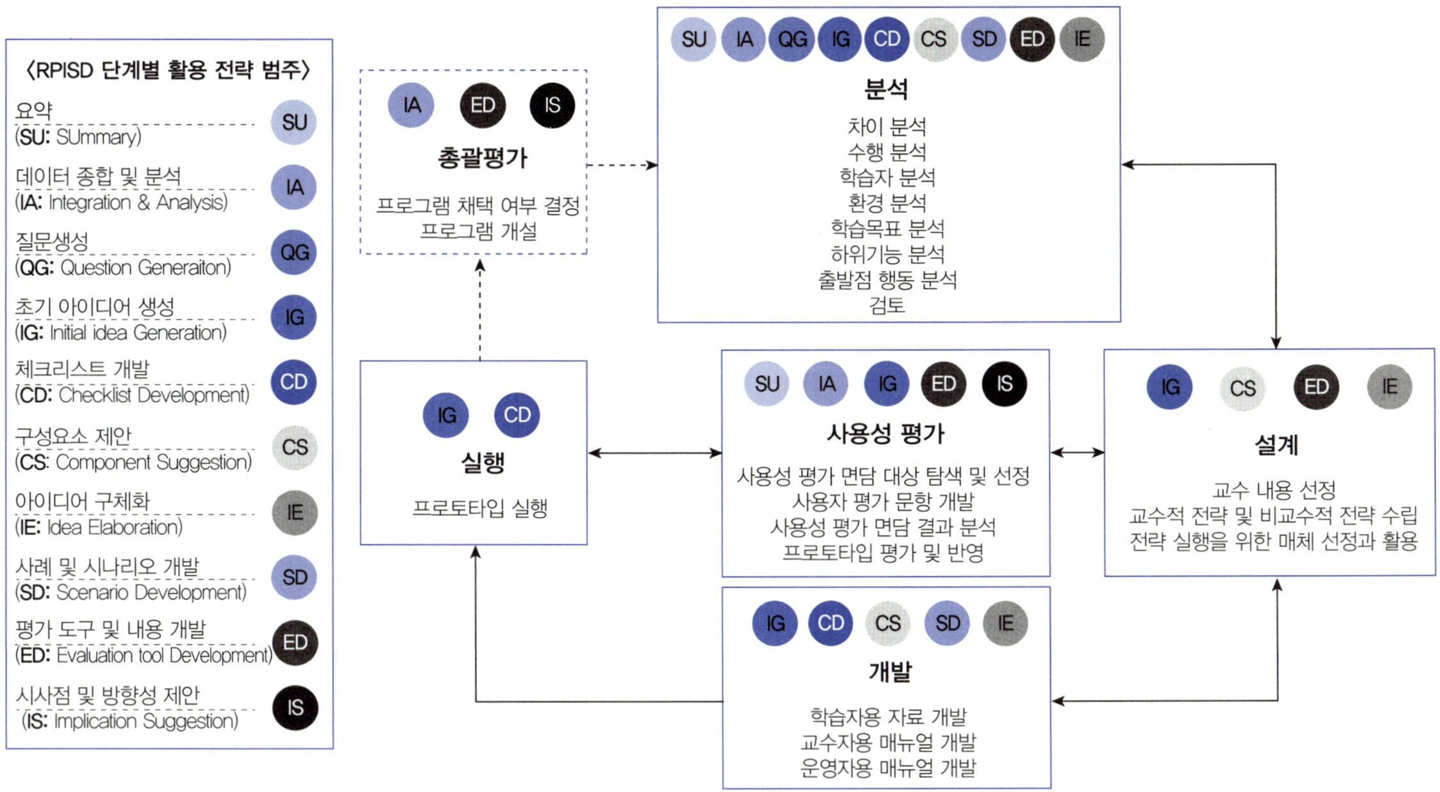

[그림 10-10] ChatGPT의 RPISD 단계별 활용 방안 개괄 모형(임철일 외, 2023)

주제 영역이 어떻게 구성되어 있는지 전문가와 검토하기 전에 분석할 수 있다. 이를 통해 해당 주제의 하위 영역을 조사한 후, 내용 전문가와 협의 과정을 거치면서 효율적으로 과제 분석을 실시할 수 있다. 셋째, 설계 단계에서 ChatGPT는 내용의 논리적 순서에 기반한 교육과정 구성안을 제안할 수 있으며, 특히 실제적 학습 상황을 시나리오 형태로 개발할 때, ChatGPT의 기능을 활용할 수 있다. 예컨대, 환자 안전 교육의 주제에서 학습자들이 경험하게 된 시나리오를 ChatGPT가 개발하여 제시하면, 이것을 토대로 수정 보완하여 실제적 연습 문제를 개발할 수 있게 된다. 넷째, 사용성 평가와 이후 실행 및 평가 과정에서 활용하게 되는 각종 평가 문항 개발 과정에 ChatGPT를 활용할 수 있다.

이상의 가능성을 구체화하여 임철일 외(2023)의 연구에서는 RPISD의 각 단계에서 ChatGPT가 활용될 수 있는 이론적 가능성을 제시하고 있다. 실제 이러한 아이디어를 교육 프로그램에 적용하면서 그 가능성을 경험적으로 확인하는 연구가 추후 이루어질 수 있음을 기대한다.

4. 전망과 과제

RPISD 모형은 다양한 상황에 적용되면서 세부적인 단계와 활동이 추가되거나 수정되는 과정을 거쳐왔다. 초기 모형이 일부 세부 원칙과 활동을 포함하고 있기는 하지만, 대체로 일반적인 원리와 단계들로 구성되어 있다는 점에서 이는 자연스러운 발전 과정으로 볼 수 있다. 세부 단계로 구성된 수정된 RPISD 모형이 물론 기업 교육 프로그램 개발을 위한 교수설계자들의 도구로 활용될 수 있지만, 향후 이론적, 실제적 전망을 제시하면 다음과 같다.

첫째, 중등 학교 교육의 맥락에서 활용될 수 있는 RPISD 모형의 개발이 이루어질 필요가 있다. 초기 RPISD 모형이 제시된 이후, 초등학교 맥락에서 활용 가능한 ETISD(Elementary Teacher's ISD)(임철일 외, 2010) 모형이 제시되기는 하였지만, 이후 중등학교 맥락에서 활용될 수 있는 모형의 개발은 이루어지지 않았다. 그러나 중학교 자유학기제의 도입, 2022 교육과정 개정에 따른 디지털 리터러시 역량의 강조, 미래 교육과정 개발의 새로운 시도 등이 이루어지면서, 기존의 교과 중심의 교육과정을 벗어난 새로운 교육 프로그램 개발과 적용이 학교 단위에서 이루어져야 할 필요가 있다.

RPISD와 같은 교수체제설계 방법론을 적용하여 새로운 교육 프로그램을 설계할 수 있는 교사의 역량에 대한 요구도 증가하고 있으며, 이 점은 특히 STEAM 융합 교육 연장선에서 인공지능 융합 교육(임철일, 2024)에 대한 기대가 높아지면서 더욱 주목을 받고 있다. 즉 교과서에 따른 정해진 수업을 실행하는 관행에서 벗어나 교과 간 융합 혹은 문제해결력과 같은 핵심 역량을 위한 교육 프로그램 개발 수요가 높아지고 있는 것이다. 따라서 이러한 수요에 대응하면서 실제적이고 효과적인 교육 프로그램 개발을 안내하는 학교 교육 맥락의 RPISD 모형의 개발과 적용이 기대된다.

둘째, RPISD 모형에 따른 교육 프로그램 개발 과정을 안내하는 지원 시스템의 개발과 적용이 기대된다. RPISD 모형은 주요 단계와 세부 원리들로 구성되어 있으며, 이를 활용하여 실제적인 프로그램을 개발하게 된다. 이 과정에서 초보 교수설계자는 경험 부족으로 인하여 많은 어려움을 겪게 되는데, 경험이 많은 전문 교수설계자와의 협업 과정에서 얻을 수 있는 적절한 피드백을 통하여 교수설계 역량을 획득하게 된다. 모형의 세부 단계가 정교화되고 각 단계별 적절한 사례들이 제공됨으로써 설계 과정은 더욱 효과적으로 이루어질 수 있다. 여기서 한 걸음 더 나아가 체계적인 지원 시스템을 개발하여, 이 지원시스템을 활용한 교수설계도 가능하다. 요구 분석,

과제 분석, 프로토타입 설계, 사용성 평가, 자료 개발, 교육 실행, 총괄 평가에 이르는 각 단계에서 교수설계자가 수행하여야 하는 활동과 과정을 안내하고 그 결과를 기술할 수 있는 템플릿(template) 형식의 지원 체제의 개발이 가능하다. 이 지원 체제를 활용함으로써 보다 효율적인 교육 프로그램 설계 과정을 안내할 수 있다.

셋째, 생성형 인공지능을 포함한 다양한 인공지능 기술을 최적으로 활용하는 방안에 대한 연구와 적용이 요구된다. 2023년 ChatGPT가 인공지능으로서 획기적인 성능을 보여줌으로써 인공지능의 교육적 활용 가능성에 대한 관심이 높아져가고 있다. RPISD 각 단계에서 ChatGPT가 어떻게 활용될 수 있는가에 대한 모색과 탐구가 이제 막 시작되었다(임철일 외, 2023). ChatGPT 이외에도 이미지, 비디오, 음성 생성을 가능하게 하는 인공지능이 출현하면서 보다 실제적인 학습 경험을 제공하는 가상현실이나 메타버스 환경 구축이 가능해지고 있다. RPISD의 설계 단계에서 활용할 수 있는 도구들이 풍부해질수록 이러한 도구들을 활용하여 최적의 교육 프로그램을 설계할 수 있는 원리와 전략들에 대한 연구도 병렬적으로 이루어질 수 있다. 인공지능 기술을 활용한 사례기반학습, 시뮬레이션 교육 프로그램의 개발 등이 RPISD 모형에 중요한 축으로 자리를 잡게 될 것으로 보인다.

참고문헌

임은선, 홍수민, 박성경, 임철일 (2023). 교육 프로그램 개발을 위한 래피드 프로토타입(RPISD) 모형 개선 연구. 교육공학연구, 39(3), 749-785.

임철일 (2023). 인공지능 기반 교육의 발전과 대안적 접근 [기조강연]. 한국교육정보미디어학회 춘계 학술대회.

임철일 (2024). AI 융합 교육을 위한 설계 개발 연구 방법론의 활용 가능성. 서울대학교 혁신과공존의교육연구사업단(편). 혁신과 공존의 교육학: 개념과 실천(pp. 403-440). 교육과학사.

임철일, 고보경, 정예일, 이은서, 전민선, 김승하 (2023). 교수설계를 위한 생성형 AI 기반 챗봇의 활용 방안 탐색: ChatGPT와 RPISD 모형을 중심으로. 교육공학연구, 39(4), 1213-1248.

임철일, 송유경, 홍수민, 박찬실 (2020). 교수체제설계를 위한 래피드 프로토타입(RPISD) 모형 적용 및 개선에 관한 연구. 교육공학연구, 36(3), 589-617.

임철일, 연은경 (2006). 기업교육 프로그램 개발을 위한 사용자 중심의 래피드 프로토타입 방법론에 관한 연구. 기업교육과 인재연구, 8(2), 27-50.

임철일, 최소영, 홍미영 (2010). 초등학교 초임 교사를 위한 교수 체제 설계 모형의 개발 연구. 교육공학연구, 26(4), 121-147.

정예일, 엄태연, 민시은, 김은아, 임철일 (2023). 기업교육 프로그램 개발을 위한 래피드 프로토타입 교수체제설계(RPISD) 모형 적용 및 개선. 기업교육과 인재연구, 25(2), 241-269.

정제영, 조현명, 황재운, 문명현, 김인재 (2023). 챗 GPT 교육혁명. 포르체.

Dick, W., Carey, L., & Carey, J. (2015). *The systematic design of instruction* (8th ed.). Pearson.

Otero, T. F., Barwaldt, R., Topin, L., Menezes, S. V., Torres, M., & de Freitas, A. L. C. (2020, October). *Agile methodologies at an educational context: a systematic review*. [Conference]. IEEE Frontiers in Education Conference, Uppsala, Sweden. https://ieeexplore.ieee.org/document/9273997

Rothwell, W. J., & Sredl, H. J. (1992). *The ASTD reference guide to professional human resource development roles and competencies(2nd ed.)*. HRD Press.

Stanford d. school. (2010). *An Introduction to Design Thinking PROCESS GUIDE.*

Institute of Design at Stanford. https://web.stanford.edu/~mshanks/MichaelShanks/files/509554.pdf

Treffinger, D. J., Isaksen, S. G., & Dorval, K. B. (2000). *Creative problem Solving: An Introduction(3rd ed.)*. Prufrock Press.

부록

1. 요구 분석 사례
2. 요구 분석 연습문제
3. 요구 분석 도구
4. 과제 분석 관련 워크시트
5. 가네의 수업의 사태에 따른 교안 사례
6. 학습자 특성 분석서
7. 교육을 위한 소프트웨어 도구

1. 요구 분석 사례

DE 가전 엔지니어 사례

1. 요구 분석 상황
2. 면담내용
3. 면담내용 분석 예시
4. 수행 분석 결과 예시
5. 가용자원, 제한조건, 학습자 특성 분석 예시
6. 교육적/교육외적 해결안 도출 예시

1-1. 요구 분석 상황

의뢰인

의뢰인과의 1차 회의 자료 결과

- DE가전은 전국적으로 120여 개의 서비스센터가 있으나 서비스센터는 DE 가전 소속이 아닌 개인사업자가 개별 센터를 운영하는 방식이므로 CS 마인드가 부족하다.
- 지난 몇 년 동안 서비스센터 직원들에 대한 서비스 관련 교육을 집중적으로 수행해 왔다.
- 서비스부문에서 자체적으로 조사한 자료에 의할 때, 고객들이 평가한 감동평가점수가 실적 이상으로 부풀려진 경향이 있고 경쟁사인 B가전에 비해 고객만족도지수도 낮게 평가되어, 직원들의 서비스에 무언가 개선해야 할 점이 있다고 판단하였다.
- 서비스센터 직원들의 서비스 역량의 수준에 대해 의구심을 품게 되었으며, 이를 개선할 수 있는 교육 프로그램을 개발하고 싶다.

1-2. 면담내용

엔지니어1

면담대상자: J씨
성별: 남
나이: 50대 중반
근무경력: 28년
담당 업무: 가전
서비스 평가 점수: 낮음

엔지니어2

면담대상자: S씨
성별: 남
나이: 40대 중반
근무경력: 15년 (현 센터, 10년 근무)
담당 업무: PC 기술 파트
서비스 평가 점수: 높음

Q: 고객 평가는 어떻게 활용되는가?

A: 고객 평가에 따라 성과급이 주어지게 됩니다. 그리고 매일매일 센터와 엔지니어에 대한 평가를 해서 공개하기 때문에 평가에 대한 스트레스가 엄청나요.

Q: 업무에서 겪는 어려움, 주요 문제는 무엇인가?

A: 고객 성향 파악능력이 부족한 것이죠.

A: 기술적인 면과 고객 응대를 모두 잘해야 고객을 감동시킬 수 있는데, 기술적인 면보다 고객 응대가 더 중요하다는 생각이 들어요. 어떤 엔지니어는 수리 업무는 잘하는데, 고객의 질문에 당황해서 잘 대답하지 못

하고, 제품 수리에 대해 잘 설명하지 못해서 언제나 낮은 평가를 받더라고요.

A: 센터 근처에 회사가 많기 때문에 서비스 접수 건수도 많고, 출장 서비스를 갔을 때 접수한 사람과 만나지 못하거나, 접수 건수는 하나인데 여러 기계를 수리해야 하는 경우가 종종 있습니다. 아무래도 회사 같은 곳은 사람이 많다 보니 오고 가면서 질문하는 사람들도 있고 그러다 보면 똑같은 안내를 여러 번 하게 되는 경우가 많지요. 일의 측면에서 보면 효율성이 떨어진다고 할 수 있어요.

A: 일이 매번 일정하게 있으면 좋을 텐데 어떤 제품을 담당하느냐에 따라 일의 양에 편차가 많습니다. 저는 주로 에어컨을 담당하기 때문에 여름에 많은 일이 몰리고, 겨울에는 일이 없어요. 그래서 여름은 월급은 많지만 바빠서 힘들고, 겨울에는 일이 없으니 벌 수 있는 돈도 적고 그래서 힘이 들죠.

Q: 고객 응대와 관련한 교육이 있었는가? 교육의 문제점은 무엇인가?

A: 10대 이행 항목이 있습니다. 이 항목을 상황에 따라 순발력 있게 변형해서 사용해야 하는데, 무조건 그대로 수행하는 엔지니어들이 있어요. 그러면 아무래도 형식적이고 획일적인 응대를 할 수 밖에 없겠지요.

A: 교육을 받을 때 롤플레잉(role playing)을 통해 고객응대를 연습하는데 교육을 받을 때는 잘 했지만 실제 고객을 응대할 때는 생각만큼 배운 대로 실천하기가 쉽지 않은 것 같아요. 중간에 절차를 빼먹기도 하고, 순서가 틀릴 때도 있고…….

A: 기존의 고객응대에 관한 교육은 현장의 상황을 반영하지 못하고 있어요.

A: 신입 엔지니어에 대한 현장교육이 미흡해요.

A: 현장의 어려움과 경험자의 의견을 교육에 반영하여 실제 상황들을 알려주고 교육하면 좋겠어요.

A: 교육을 할 때는 어떤 사람에 대한 문제점을 보고 코칭을 해주고, 교육

과정에서 내가 지켜보니까 이런 부분이 안 되는 거 같더라… 그런 부분을 보완하고, 데이터를 갖고 있다 변화가 안 된 부분은 다시 코칭 해 주어야겠지요. 즉, 개인별로 맞춤식의 교육이 필요하고 데이터를 통해서 계속 관리해주고 중간 중간에 평가를 하면서 지속적으로 해야 합니다. 현재는 주로 단발성 교육을 하고 있는데 고객응대에 대한 효과가 별로 없어요.

1-3. 면담내용 분석 예시

유형	차이 확인
수행	고객 응대를 잘 하지 못한다. 고객의 성향을 파악하지 못한다. 고객에게 의사전달을 잘 하지 못한다.
성과	고객 만족도 점수가 낮다.
환경	신입 엔지니어를 대상으로 하는 현장 교육이 없다. 전적인 능력제 보상에 따라 생계가 불안정해져서 질 높은 서비스를 제공하려는 동기가 부족하다.
기타 (원인, 해결안)	부가서비스 제공을 위한 시간이 부족하다. 기존의 고객응대에 대한 교육은 현장의 상황을 반영하지 않았다. 기존의 고객응대 교육이 단기적, 일회성으로 지속성, 연계성이부족하다.

1-4. 수행 분석 결과 예시

수행의 종류	원인분석	교육적 해결안	교육외적 해결안
고객응대를 잘 못함	고객과의 대화기법(의사전달 능력)이 부족함	대화기법(의사전달기법) 교육 실시 Ex) 대화 소재 등	
	기존의 고객응대에 관한 교육은 현장의 상황을 반영하지 못함	현장의 다양한 사례들이 축적되어 제공될 수 있는 DB를 구축하여 SE들이 현장에서 이용할 수 있게 교육	CS강사 현장관찰 강화 (현재보다 관찰기간을 연장(1-2주)하여 해당 센터 근무시간 동안 상주하며 내근 및 외근 SE 들의 실질적 수행상태 관찰)
	기존의 고객응대 교육이 단기적, 일회성으로 실시되어 지속성, 연계성 부족함	엔지니어의 고객 응대 교육을 지속적이고 체계적으로 실시 (본사차원의 엔지니어 CS 역량 관리체계 DB화 (개인별 응대력 향상도 혹은 학습 진도 체계적 관리))	
	신입 엔지니어에 대한 현장 교육 미흡	신입 엔지니어 대상 현장실습 교육 보완 또는 강화 (롤 플레잉 등을 통해 현실적인 상황에 많이 노출되도록 기회 부여)	
	고객성향 파악능력이 부족함	고객성향 파악능력 및 대처법 교육 (출장 전 고객 요구사항 및 성향 파악 및 그에 따른 대처방안 준비 등 응대 관련 세부 절차 교육) 고객 대처 매뉴얼을 제공 유형별 고객 특성 자료 제공 *고객 기대와 요구의 변화 양상에 관한 최신정보(언론	

	고객 성향 파악 능력이 부족함	기사 또는 특정센터 사례 등) 제공(자체 웹을 통한 정보전달 각 센터 별 조회 시 전파/공유)	
	10대 이행 항목 준수에 fix 되어 형식적, 획일적 응대로 부자연스러움	10대 이행 항목을 상황에 따라 순발력 있게 적용하는 대처 기술교육 실시	
	이미지 관리 능력 부족(겸손한 태도, 용모, 복장)	이미지 메이킹, 예절교육, 애사심 교육 실시	유니폼 등 소모품 적시 지원 및 추가 구입시 가격 현실화
	부가서비스를 위한 시간 부족 (SE에게 시간은 돈)		수리시간 지연 시 즉각적인 대체인력 지원 시스템 구축

1-5. 가용자원, 제한조건, 학습자 특성 분석 예시

가용자원	지역별 교육을 위한 장소 및 강사가 있다. 교육장에는 강사용 컴퓨터와 프로젝터, 이동이 가능한 책상과 의자 등의 시설이 설치되어 있다. 엔지니어들이 고객 만족 평가나 정보를 교육할 수 있는 홈페이지가 있다.
제한조건	성수기인 6월에서 9월 사이에는 교육이 어렵다. (하절기 인력수급에 어려움이 있다.) 업무량이 많아 학습 시간 확보가 어렵다.
학습자 특성	대부분이 남성이다. 연령은 20대 중반에서 50대 후반까지 매우 넓은 연령 분포를 보인다. 대부분 고졸이거나 전문대 졸업의 학력 수준을 가지고 있다. 집합 교육을 선호한다. 개별학습이나 강의식 수업보다 역할연기, 토론, 소집단 협력학습 등의 학습자 참여적인 방식의 수업을 선호한다. 기술 교육을 받은 경험을 가지고 있다. 응대교육을 받은 경험이 없는 엔지니어들이 많다. 서비스 응대 교육 경험에 개인차가 크다. 고객응대 교육의 필요성을 인식하고 있다.

1-6. 교육적 · 교육외적 해결안 도출 예시

교육적 해결안	교육외적 해결안
1. 대화 기법에 대한 교육을 실시한다. 2. 서비스 전문가로서의 적극적인 태도 함양을 위한 교육을 실시한다. - 고객 응대에 관한 교육을 지속적, 체계적으로 실시한다. 3. 고객 성향 파악 능력 및 대처법 교육을 실시한다. - 출장 전에 고객의 요구사항과 성향을 파악하고, 그에 따른 대처 방안을 준비하는 등 응대에 관련된 세부 절차를 교육한다. - 고객 대처 매뉴얼을 제공한다. - 고객 유형에 관한 자료를 제공한다. - 고객의 기대및 요구의 변화 양상에 대한 최신 정보를 제공한다. 4. 이미지 메이킹 및 예절 교육을 실시한다.	1. 교육 입과에 대해 인센티브를 현실적으로 제공한다. 2. 연계 판매 제도를 만들고 서비스 엔지니어의 급여에 반영한다. 3. 월급제 혹은 혼합제(기본금+능력제)로 급여 제도를 변경한다. 4. 수리시간이 지연될 때 즉각적인 대체 인력을 지원할 수 있는 시스템을 구축한다. 5. 본사 차원에서 서비스 엔지니어의 CS 역량 관리 DB를 구축한다. - 개인별 응대력 향상도나 학습진도를 DB에 기반하여 체계적으로 관리한다.

2. 요구 분석 연습문제

다음에 제시된 면담자료를 읽고 엔지니어의 수행 문제를 뒷 장의 체크시트를 활용하여 분석하시오.

엔지니어3

경력 엔지니어
면담대상자: H씨
성별: 남
나이: 40대 초반
근무경력: 14년
담당 업무: PC
서비스 평가 점수: 높음

소장1

센터소장
면담대상자: S씨
성별: 남
나이: 40대 중반
근무경력: 소장 경력 5년차
(본사 엔지니어 경력 18년)

cs강사

교육담당자
면담대상자: K씨
성별: 여
나이: 20대 중반
근무경력: 2년

Q: 엔지니어의 업무에서 겪는 어려움, 주요 문제는 무엇인가?

A: 클레임 고객을 응대할 때 상황을 판단하는 시간이 오래 걸려 고객불만 가중되는 것이죠.

A: 소장으로는 5년 차이고 본사 쪽에서 엔지니어로 18년 근무했습니다. 이곳 센터의 주요 업무는 크레임 고객들과 상담인데 제품 고장에 따라 다양한 반응을 보이는 고객을 대응하기가 힘들지요.

A: 여기는 상가지역이다 보니까 고객들이 강해요. 남자들도 많아요 상가에서 오는 사람도 있고, 상가로 갔다가 거기서 이리로 안내해서 온 사람도 있어서 다른 곳에 비해서 클레임도 많고 약간 어렵다고 할 수 있습니다.

A: 여러 매체를 통해 고객님들이 수리 보다는 교환환불을 받는 방법들이 자기에게 이득이 된다는 사실을 알고 있고, 교환환불을 받을 수 있는 구체적인 방법까지도 상세하게 알고 있습니다. 이처럼 서비스에 대한 고객의 요구가 높아졌고, 예전 같으면 고장 난 TV 하나만 고쳐주면 그만이었지만 우리 G가전의 다른 제품에 대한 부가서비스를 요구하는 고객이 많아요.

환불이나 교환을 요구하는 손님들에 대해서 어떻게 대응을 할 것인가가 센터에 있어서 가장 큰 문제인 것 같은데요. 그것은 어차피 현장에 있는 사람이 판단을 빨리 해야 할 문제라고 생각합니다. 아무리 본인이 경험이 있다고 해도 해야 되는지 말아야 하는지 판단하기 상당히 힘들거든요. 근데 직원의 입장에서는 교환이나 환불을 해 주게 되면 서비스센터 자체적으로 불이익이 있을 수 있고, 그렇지 않을 경우에는 본인의 점수가 깎이기 때문에 딜레마인데……. 저희의 경우에는 본인이 그러한 판단을 하지 못할 경우 팀장들의 결정에 따르도록 해요. 그리고 교환보다는 환불이 점수 비중이 크기 때문에 환불 시에 제품을 사용한 기간만큼의 차액을 계산하도록 하여, 환불보다는 교환을 유도하고 있어요.

A: 제가 보기에 고객의 30%정도는 아직도 서비스는 공짜라는 생각을 가지고 계십니다. 서비스라는 건 그냥 해주고 가는 게 아니냐? 아직도 그런 공짜 서비스의 이미지가 고객들에게 남아있다는 겁니다. 좀 나이 드신

분들 같은 경우엔 초창기에 출장비가 삼 천원, 오 천원 했는데 왜 만원을 달라느냐고 하시는 분이 많습니다. 사실 지금 물가를 고려해보면 출장비 만원은 비싼 것도 아니거든요. 그렇기 때문에 이제는 고객들도 제품이 일년이 지난 상태에서는 출장비를 당연히 지불해야 한다는 생각을 갖고 있어야 하는데, 그렇지 못하다는 거죠. 그리고 서비스 접수할 때 콜 센터에서 제품 구입하신지 일 년이 넘었으면 출장비가 있을 거라고 말을 합니다. 그래서 고객은 그것을 알고 서비스 요청을 합니다. 그래 놓고 나중엔 무슨 출장비냐 난 못 주겠다 이러시는 분들도 계시죠. 어쨌거나 기사는 받아가야 합니다. 전화비, 기름값 소비하고 가서 출장비 못 받으면 엄청 손해거든요. 엔지니어와 고객의 시각 차이가 많은 것 같습니다.

Q: 수리비와 관련해서는 현재 SE들이 어떤 식으로 대응하고 있고, 이 문제에 대해 회사 차원에서 적절하게 대처하는 원칙이 없나요?

A: 수리비를 안 깎아 줬다가 나쁜 평가 받는 것 보다는 차라리 깎아주고 좋은 점수를 받기 위해 손해 보는 경우도 있다고 하더라고요. 그런데 그런 문제에 대해 회사차원에서 정해진 원칙이 없기 때문에 센터마다 대처 방식이 다르고……. 결국 SE분들의 응대력 부분으로 넘기는 경우도 있어요.

Q: 지금까지 어떤교육을 받았는가? 지금까지 받았던 교육의 문제점은? 고객 성향별 대처 방법에 대한 교육은 어떻게 이루어지고 있는가?

A: 교환 및 환불을 못 받은 고객에게 나쁜 점수를 받은 SE분들은 규정대로 처리했는데도 낮은 점수로 인해 저조자 교육에 입과 해야 돼요. 그래서 SE 입장에선 저조자 교육 입과에 대해 자존심도 상하고 억울한 심정 때문에 교육자체에 부정적이 되는 거죠.

A: CS 강사 입장에서 제일 힘든 부분이 바로 이런 경우인데, 현장 상황이나 고객에 따라 다르게 응대하라고 하는 것 이 외에 답이 없어요. 그렇

잖아요. 고객의 성향도 사람마다 다르고 제품의 종류나 고장의 원인도 모두 다르잖아요. 또 각각의 상황이 조합되는 경우의 수가 모두 다르기 때문에 일관된 대처 원칙을 마련한다는 것 자체가 불가능한 거죠. 그래서 결국은 SE분들의 경험에 의해 판단하고 대응하라고 밖에 못하는 거죠.

A: 교육을 받는 게 안 받는 것 보다 고객들 응대하는 데 도움이 많이 되는데, 대부분 교육을 안 받으려고 하는 편입니다. 교육을 받으러 가면은 돈을 못 벌거든요. 교육 대행료가 있지만 액수에 한계가 있기 때문에. 그러니까 대부분 교육받는 걸 꺼리는 편이죠. 이런 데 와서 교육 받는 것 자체를 좋아하는 사람들도 막상 가서 물어보면 적극적으로 받겠다고 하는 사람은 별로 없을 겁니다. 그런데 참가해서 교육받으면 남는 건 있어요. 가기가 어려워서 문제죠. 솔직히 저 같은 경우도 가서 교육받으라고 하면 싫습니다.

수행의 종류	원인분석	교육적 해결안	교육외적 해결안

3. 요구 분석 도구

3-1. 의뢰인 면담 질문지
3-2. 실행계획 보고서
3-3. 현존 자료 분석을 위한 체크리스트
3-4. 학습자 면담 질문지
3-5. 관찰기록지
3-6. 설문조사지
3-7. 수행 문제 분석 양식

3-1. 의뢰인 면담 질문지

질문내용	답변내용
1. (요구 분석) 프로젝트를 의뢰한 주된 문제는 무엇입니까?	
2. 본 프로젝트를 통해 기대하는 결과는 무엇입니까?	
3. 프로젝트 수행 시 고려해야 할 상황은 무엇입니까?	
4. 의뢰한 문제를 해결하는데 관심이 있는 사람은 누구입니까?	
5. 문제해결을 방해하는 것(혹은 대상)은 무엇입니까?	
6. 어떤 정보를 얻을 수 있습니까? (이전 교육 자료 및 평가자료, 면담)	
7. 시간이나 자원의 제약은 어떠합니까?	
8. 필요한 정보는 누구에게서 얻을 수 있습니까?	

3-2. 실행계획보고서

○○○께,

□ 머리말(인사, 개요)

□ 의뢰인 면담 시 논의되었던 내용

1. 주요 논의내용 1
2. 주요 논의내용 2
3. 주요 논의내용 3

□ 프로젝트 수행 일정 및 내용

주요 단계	세부 내용	일정 (구체적인 완료 시점 표시)
분석	세부 내용 1	
	세부 내용 2	
설계	세부 내용 1	
	세부 내용 2	
프로토타입개발	세부 내용 1	
	세부 내용 2	
개발	세부 내용 1	
	세부 내용 2	

□ 요구 분석을 위한 지원 내용

1. 요청 자료 1
2. 요청 자료 2
3. 요청 자료 3

□ 의뢰인의 역할(의뢰인의 역할 공식화)

□ 끝인사

날짜

발신자

3-3. 현존 자료 분석을 위한 체크리스트

구분	점검내용	확인
업무 내용 규명	전체적인 업무의 내용을 파악할 수 있는 자료인가?	
	문제로 규명된 업무를 중점적으로 드러내는 자료인가?	
	실제 수행 내용을 파악할 수 있는 자료인가?	
	수행 상에 어떠한 장애가 있는가?	
업무 결과 규명	양적으로 업무결과를 규명할 수 있는 자료를 확보하였는가?	
	질적으로 업무결과를 규명할 수 있는 자료를 확보하였는가?	
자료의 출처 및 장애 제거 방법	누가 가지고 있는 자료인지 알 수 있는가?	
	자료의 확보 방법이 명확한가?	
	자료 제공자에게 자료의 활용 목적을 충분히 설명하였는가?	
정밀 분석	현재의 수행 상태를 파악하였는가?	
	개선해야 하는 교육 요구를 확인하였는가?	

3-4. 학습자 면담 질문지

ㅁ면 담 일: 2○○○년 ○월 ○일 ○요일

ㅁ면담시간: ○○:○○~○○:○○

ㅁ면담장소: ○○○○○○

I. (학습자 특성 분석을 위한) 인적 사항

지역 ____________ 근무지 ____________ 근무경력 ____________ 년

성별 남, 여 근무 유형 ____________ 이름 ____________

교육경험 유, 무 선호하는 학습유형 ____________

II. 면담 내용

1. 기존 교육내용 및 요구사항

번호	주제	질문내용	답변
1-1.	기존에 교육 받았던 내용	현재 일을 하기 위해 기존에 어떠한 교육을 받으셨습니까?	
1-2.	기존교육의 특성	기존에 받았던 교육의 장점과 문제점 혹은 개선해야 할 것이 있다면 말씀해 주세요.	
1-3.	교육부서에 요구하고 싶은 것	성공적으로 자신의 직무(역할)을 수행하기 위해 어떠한 교육이 이루어져야 한다고 생각하십니까?	

2. 업무에 필요한 지식(기술) 및 태도

번호	주제	질문내용	답변
2-1.	자신의 업무를 수행하기 위해 갖추어야 할 지식이나 태도	현재 하고 있는 업무를 위해 필요한 지식(기술)은 무엇이라고 생각합니까?	
		현재 하고 있는 업무를 위해 필요한 태도(마음가짐)는 무엇이라고 생각합니까?	
2-2.	현재 자신이 업무를 수행하기 위해 갖춘 지식(기술)이나 태도 (강·약점을 중심으로)	현재 업무와 관련하여 본인이 가지고 있는 지식(기술)이나 태도에 대해 설명해 주세요. (강점과 약점을 중심으로)	
		약점은 어떻게 극복하는지에 대해 설명해 주세요.	

3. 업무 수행 시 어려운 점과 해결방법

번호	주제	질문내용	답변
3-1.	어려운 상황 및 대처 방법	업무를 수행하면서 가장 대처하기 힘든 상황은 무엇입니까?	
		이 상황을 어떻게 극복하거나 해결하십니까?	

4. 자신의 업무를 성공적으로 수행하기 위해 필요한 지식(기술) 및 태도

번호	주제	질문내용	답변
4-1.	성공적인 업무 수행을 위해 필요한 역량	자신의 업무를 성공적으로 수행하기 위해 필요한 지식(기술)은 무엇이라고 생각합니까?	
		자신의 업무를 성공적으로 수행하기 위해 필요한 태도(마음가짐)는 무엇이라고 생각합니까?	
4-2	(성공적으로 업무를 수행하고 있는 학습자에게 필요한 질문)	본인의 어떤 면이 성공적으로 업무를 수행하는데 기여를 했다고 생각하십니까?	
		성공적으로 업무를 수행하기 위해 남달리 노력한 점이 있다면 무엇입니까?	
		성공적으로 업무를 수행하기 위해 다른 사람에게 알려주고 싶은 노하우가 있다면 무엇입니까?	

5. 업무 수행 절차

번호	주제	질문내용	답변
5-1.	업무 수행 절차	본인이 하고 있는 업무의 절차에 대해 소개해 주세요.	

3-5. 관찰기록지

ㅁ관 찰 일: 2ㅇㅇㅇ년 ㅇ월 ㅇ일 ㅇ요일

ㅁ관찰시간: ㅇㅇ:ㅇㅇ~ㅇㅇ:ㅇㅇ

ㅁ관찰장소:

I. 상황에 따른 업무 수행 절차

⇨ 업무의 종류에 따른 구체적인 상황과 관찰대상자의 대처 행동을 구체적으로 기술해 주세요.

번호	상황 설명	대처 행동
1-1.		
1-2.		
1-3.		

II. (특수) 구체적인 상황에 따른 업무 수행 절차

⇨ 학습자들이 어려움을 겪는 주요 상황이 발생했을 때 (경력 혹은 주요 학습자 유형, 예: 수행 수준이 높은/낮은 학습자)해당 관찰 대상자들이 어떻게 대처하는지 구체적으로 기술해 주세요.

번호	상황 설명	답변	
2-1.			
2-2.			

III. 다른 직원과의 관계에 관한 행동

⇨ 다른 직무 담당자와의 업무 연계 상황이나 협력이 필요한 인접 부서 담당자와의 관계 등에 대한 기술을 자세하게 기록해 주세요.

번호	상황 설명	대처 행동
3-1.	(현재 업무와 연계성이 있는) 다른 직무 담당자와의 관계	
3-2.	(동일한 업무를 수행하는) 동료 직원과의 관계	

3-6. 설문조사지

<table><tr><td>

설문지 명

안녕하십니까? 설문조사를 주관하고 있는 기관

설문 조사 실시 목적

설문 조사 결과의 활용

설문 조사 기간 및 총 소요시간

감사 인사

일시
설문조사 실시 기관

문의처

</td></tr></table>

I. 응답자 배경 정보

1. 연령
2. 성별
3. 소속
4. 직위
5. 경력
6. 선호하는 학습유형

II. 현재 업무 수행 및 관련 교육 경험

1. 현재 업무를 수행하기 위해 갖추어야 할 지식, 기술, 태도
2. 현재 자신이 갖추고 있는 업무 관련 지식, 기술, 태도
3. 현재 자신의 업무를 수행하면서 드는 느낌
4. 업무 수행 시 힘든 점
5. 힘든 점을 어떻게 극복하는지
6. 업무 수행 시 방해 요소
7. 현재 업무와 관련한 교육 경험

III. 성공적인 업무 수행 및 희망하는 교육 내용

1. 자신의 업무를 성공적으로 수행하기 위해 갖추어야 할 지식, 기술, 태도
2. 자신의 업무를 성공적으로 수행하기 위해 활용 가능한 자원
3. 자신의 업무를 성공적으로 수행하기 위해 필요한 것 (환경)
4. 자신의 업무를 성공적으로 수행하기 위해 필요하다고 인식하는 교육 내용

IV. 해결안

1. 잠정적으로 도출된 해결안에 대한 인식
2. 문제해결을 위한 의견

3-7. 수행 문제 분석 양식

수행의 종류	원인분석	교육적 해결안	교육외적 해결안

4. 과제 분석 관련 워크시트

4-1. 과제 분석 체크리스트

항목	내용	확인	비고
과제 분석	1. 수행 분석과 과제 분석의 차이점을 이해한다.		
	2. 면담, 문헌자료 분석 등을 통해 수행되어야 하는 과제와 그것의 하위 과제 분석을 한다.		
	3. 과제 분석의 영역으로는 인지적 과제 분석, 활동분석, 학습분석, 직무 분석, 내용 분석 등이 있으므로 각 맥락에 적합한 과제 분석을 선정하여 실시한다.		
	4. 과제 분석을 통해 업무 프로세스를 도출해 내며, 학습 내용의 위계를 분석하여 향후 개발될 프로그램을 보다 구체적으로 만든다.		

4-2. 과제 분석 활동지

항목	내용
주요 면담 및 문헌 분석 결과	
업무 프로세스	
학습 내용에 따른 위계분석	

과제 분석 결과	〈목표〉
	〈목적 분석〉
	〈세부 내용〉

4-3. DACUM 분석 활동지

〈직무 설명〉

책 무	과 제
	• • • •
	• • • •
	• • • •
	• • • •

4-4. 교육의 필요성 및 과제의 중요도에 따른 과제 구분

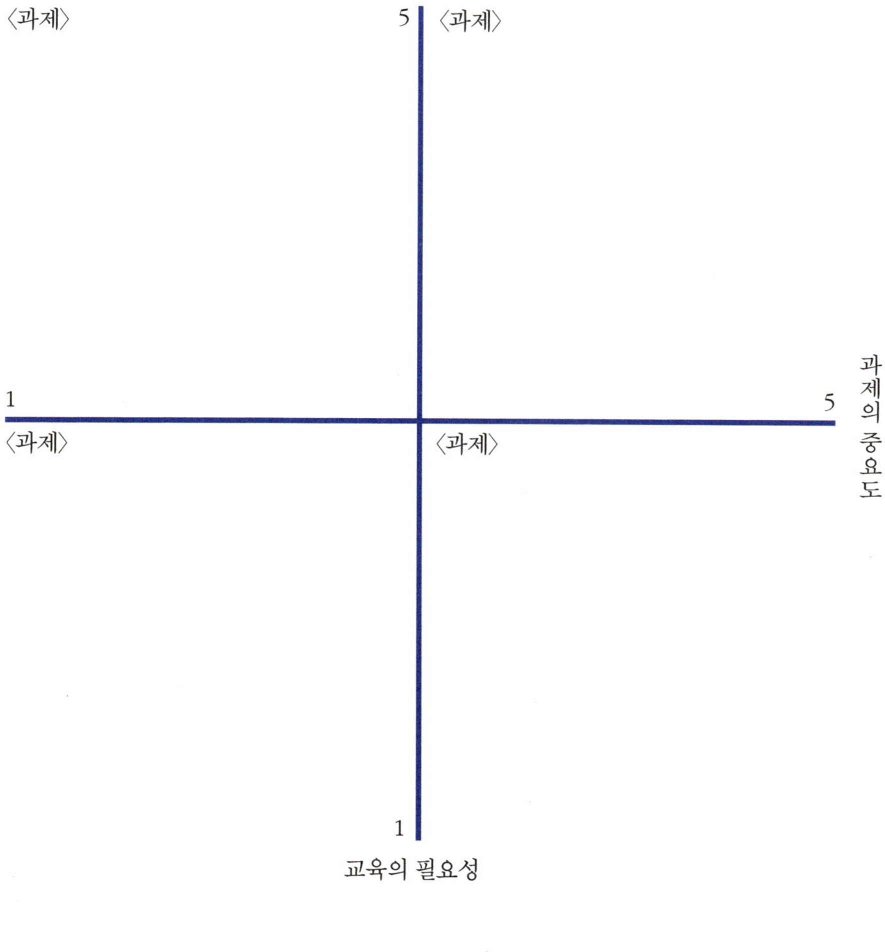

5. 가네의 수업의 사태에 따른 교안 사례

<table>
<tr><th>수업 사태</th><th>실 행</th></tr>
<tr><td>1. 주의 획득하기</td><td>• 주제와 관련된 학습자의 성공, 실패 사례 소개
* 몇몇의 학습자를 지목하여 사례 발표를 하도록 함.
• 마케팅의 우수사례 소개(주의 획득)
* 고객/상권/경쟁사에 대한 SWOT 분석을 바탕으로 한 LAM/LSM 우수사례 소개(SWOT 분석 필요성 강조, 학습자 동기 유발)</td></tr>
<tr><td>2. 수업목표 알리기</td><td>• 학습자에게 수업목표 제시
1. SWOT 분석에 대한 개념을 설명할 수 있다.
2. SWOT 분석을 활용하여 고객/상권/경쟁사 분석을 할 수 있다.</td></tr>
<tr><td>3. 선수학습 회상 자극하기</td><td>• 마케팅의 개념 및 마케팅의 3C 분석(시장 현황 분석), STP 분석(신제품 출시에 따른 고객 인지 전력)
* 3C 분석 : 3C(Company, Competitor, Customer)
* STP 분석 : Segmentation → Tarketing → Positioning</td></tr>
<tr><td>4. 자극 제시하기</td><td>• 마케팅 분석기법 적용 절차 제시(전체적인 큰 틀을 제시)
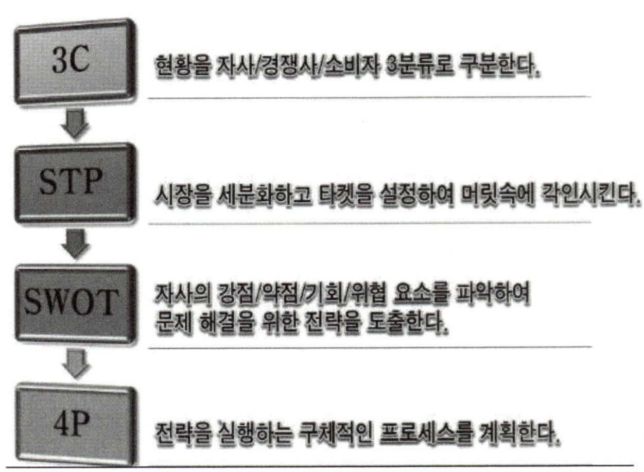

• SWOT 분석의 우수사례인 VIPS ○○점의 사례를 인쇄물로 배부</td></tr>
</table>

<table>
<tr><th>수업 사태</th><th>실 행</th></tr>
<tr><td>5. 학습 안내 제시하기</td><td>• SWOT 분석(자사 현황분석 전략 도구)의 필요성에 대해 설명
• LAM/LSM 마케팅에 있어 SWOT 분석의 절차 및 방식에 대한 내용 설명
1) SWOT 분석: 외부요인(시장, 환경)과 내부요인(기업, 제품)에 관해 수집된 정보를 통합하고 포괄적으로 분석하는 방법
- Strength(강점), Weakness(약점), Opportunity(기회), Threaten(위협)
2) SWOT 분석에 따른 세부 전략
- SO 전략, ST 전략, WO 전략, WT 전략
<table>
<tr><th></th><th>Strength</th><th>Weakness</th></tr>
<tr><td>Opportunity</td><td>SO전략
기회의 이익을 얻기 위해 강점이 이용되는 전략
Ex) 시장 기회 선점 전략/ 시장 및 제품의 다각화</td><td>WO전략
약점 극복함으로써 기회를 활용하는 전략
Ex) 핵심역량 강화전략/ 전략적 제휴</td></tr>
<tr><td>Threat</td><td>ST전략
위협을 회피하기 위해 강점을 이용하는 전략
Ex) 시장 침투 전략/ 제품 확충 전략</td><td>WT전략
위협을 회피하고 약점을 최소화하기 위한 전략
Ex) 철수 전략 / 제품 및 시장 집중화 전략</td></tr>
</table></td></tr>
<tr><td>6. 수행 유도하기</td><td>• 점포별 특징을 반영한 SWOT 분석 실시
* 분석 탬플릿 활용</td></tr>
<tr><td>7. 피드백 제공하기</td><td>• SWOT 분석 실시 후 그룹토의 및 발표 간 피드백 제공</td></tr>
<tr><td>8. 수행평가하기</td><td>• SWOT 분석 수행에 대한 평가
* 수행 내용에 대한 체크리스트 제공</td></tr>
<tr><td>9. 파지와 전이 높이기</td><td>• SWOT 분석에 대한 요약 및 정리
* 고객/상권/경쟁사에 대한 SWOT 분석을 바탕으로 한 LAM/LSM 목표설정 및 기획에 대한 다음 차시 수업을 소개</td></tr>
</table>

6. 학습자 특성 분석서

분석 방법/도구

1. 출발점 행동 분석	
[출발점 행동]	
[학습자 직무 / 선수지식 수준]	
[선수학습 필요 유무] ☐유 ☐무	
2. 일반적 특성	
학습자 성격	연령 ☐20~30대 ☐30~40대 ☐40~50대 ☐50대 이상
	성별 ☐여자 ☐남자 ☐혼합
	직급 ☐신입 ☐대리 ☐과장~부장 ☐임원
	학습할애 시간(주) ☐3시간 미만 ☐3시간~5시간 ☐5시간 이상
	학습장소 ☐직장 ☐집 ☐ 기타 ( )
	진행 속도
선호도	콘텐츠 유형
	학습방법
	평가방법
온라인 교육경험	☐유 (과목명 :) ☐무
학습자 규모	☐100명 미만 ☐100명 이상~500명 미만 ☐500명 이상~1000명 미만 ☐1000명 이상

분석자의 전체적 recommendation – 설계방향

7. 교육을 위한 소프트웨어 도구

7-1. e-book 도구

통합된 플랫폼을 통해 컴퓨터, 노트북, 아이 패드 및 안드로이드 기기, 스마트 폰 등을 통해 교육 자료를 제공함.

e-book tools	관련 화면	특징
vitalsource http://www.vitalsource.com	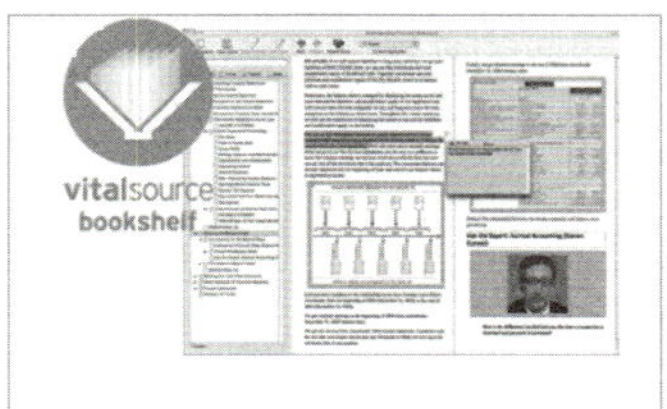	▶다운로드, 온라인, 모바일 세 가지 방법으로 도서 접근 가능 ▶노트와 하이라이트 자동 동기화 ▶6,000여 곳의 캠퍼스와 40만 이상의 사용자
CourseSmart http://www.coursesmart.com	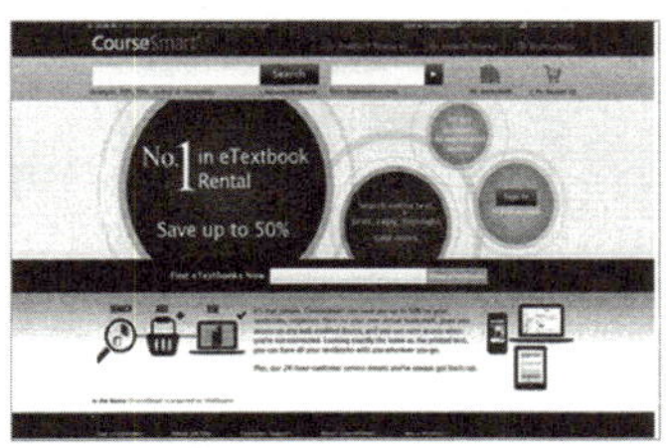	▶대학 교재, 일반 서적, 교수 추천 서적 ▶검색, 하이라이느, 노트, 인쇄 등 사용자 도구 제공 ▶필수 학습 자료에 즉각적 접근 가능
COURSEROAD http://www.courseload.com		▶컴퓨터, 노트북, 스마트폰 등 인터넷 사용 가능한 모든 기기 사용 가능 ▶검색, 하이라이트, 주석, 링크 등 디지털 도구로 접근과 사용이 용이 ▶기존 교재보다 1/3 가격
Barnes & Noble Nook Study https://college.yuzu.com	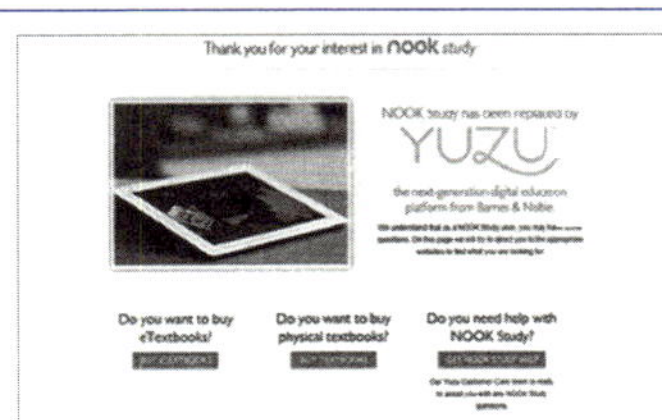	▶개인 라이브러리에 콘텐츠 보관 ▶하이라이트, 노트, 플래그 등의 기능 ▶용어 및 코스별 콘텐츠 그룹화

7-2. e-Portfolio 도구

통합된 플랫폼을 학습 정보를 자신의 정보를 쉽게 업데이트 할 수 있음, 학습 관리를 가능하게 해줌.

e-portfolio tools	관련 화면	특징
chalk and wire http://www.chalkandwire.com	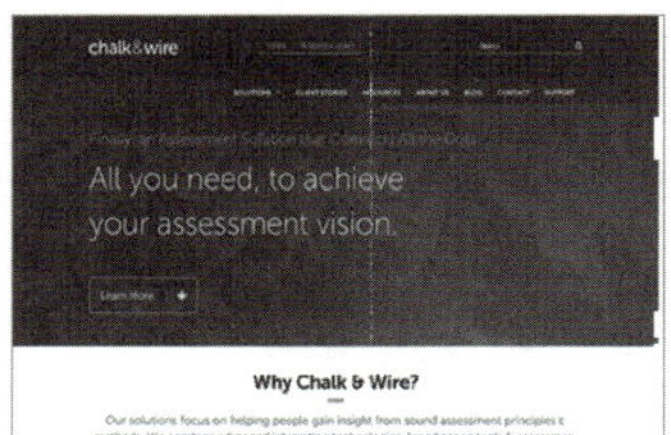	▶e포트폴리오, 평가 및 자료 분석 도구 ▶교수-학습 관련 자료 수집 및 유의미한 보고서 작성 ▶전문가 컨설팅
LiveText http://www.livetext.com		▶e포트폴리오, 평가, 인증관리 도구 ▶Blackboard, Moodle, D2L and Canvas 등과 연동 ▶개인 파일 관리
mahara https://mahara.org		▶e포트폴리오, 자기소개서 작성, 논문 작성 등 지원 ▶오픈소스(무료 제공) ▶Moodle 연동
PebblePad http://www.pebblepad.co.uk		▶e포트폴리오, 학습 계획, 피드백, 평가 등 기능 ▶개인 학습 지원 및 기관의 교수, 학습, 평가 지원 ▶LMS 연동 가능

Schoolchapters http://www.schoolchapters.com		▶웹, 모바일 등에서 사용가능 ▶e포트폴리오, 평가, 파일 업로드 및 공유 지원 ▶클라우드(cloud) 활용
Taskstream https://www1.taskstream.com		▶클라우드 기반 서비스 ▶학습자 및 기관 지원 ▶평가 계획, e포트폴리오, 루브릭 기반 평가, 현장 관리, 설문조사 등

7-3. 협력(collaboration) 도구

교수자-학습자, 학습자-학습자 간의 지속적인 협력이 가능하게 해줌.

Collaboration tools	관련 화면	특징
Blackboard Collaborate http://www.blackboard.com/platforms/collaborate/overview.aspx	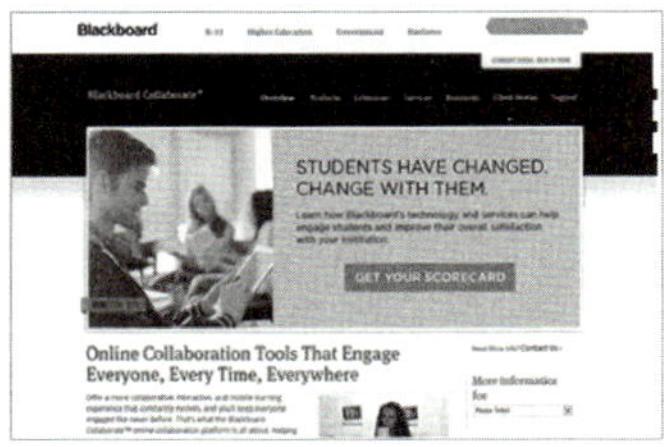	▶웹 컨퍼런싱, 가상교실, 모바일 협업, 메시지, 음성 편집 제공 ▶스마트폰 환경(안드로이드 OS)에서 웹 컨퍼런싱 ▶LMS 연동(Blackboard 등)
Learning Objects http://www.learningobjects.com	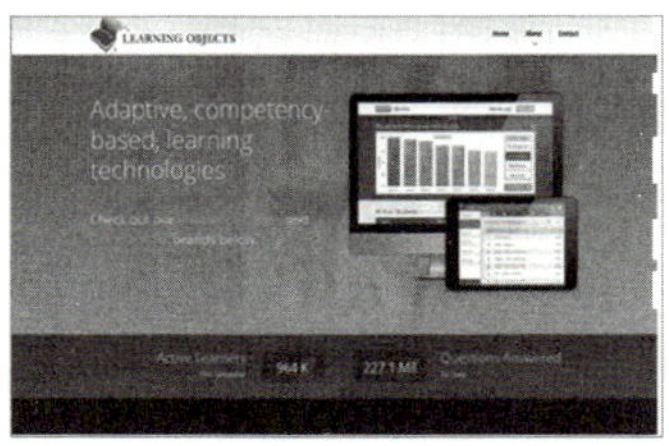	▶위키, 블로그, 팟 캐스트 등 재사용 가능한 미디어 도구 활동 ▶소셜 네트워크, e포트폴리오, 자기개발 계획 등 ▶아마존 클라우드(cloud)를 통한 안전하고 안정적인 환경 제공
Universitat Oberta de Catalunya – LTI Plugin for Vanilla http://vanillaforums.org		▶PHP 언어로 형성된 인터넷 포럼 ▶LTI(learning tool interoperability)를 통한 LMS 조정 ▶사용자가 수정할 수 있는 오픈소스(open source)
Elgg http://elgg.org		▶협업 플랫폼을 위한 소셜 네트워크 어플리케이션 제작 엔진 ▶접근 가능성 조절 가능(허용된 대상만 입장 가능) ▶사용자가 수정할 수 있는 오픈소스(open source)
Piazza https://piazza.com		▶온라인 협업 공간 ▶학습자 참여 통계, 실시간 투표 기능 지원 ▶스마트 기기 어플리케이션 제공

Polycom http://www.polycom.com	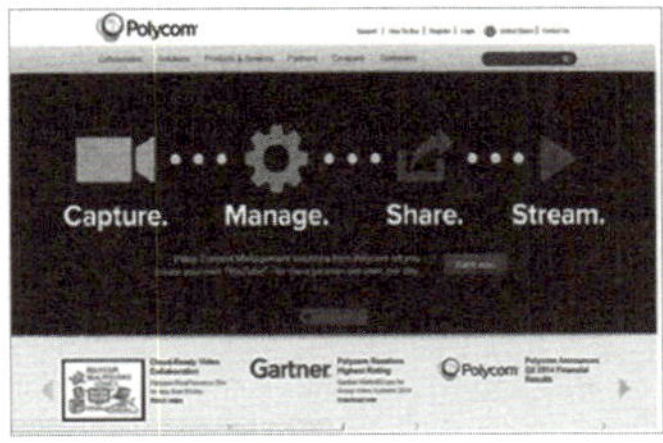	▶영상/음성 회의 어플리케이션 및 영상/음성 회의 기기 ▶영상, 음성, 콘텐츠 공유 솔루션을 통한 협업 지원 ▶영상 회의 통한 학습자 관리, 과정 개발, 콘텐츠 관리 가능
VoiceThread http://www.voicethread.com		▶이미지, 문서, 영상 등의 공유 도구 ▶공유된 영상 웹사이트 업로드 및 MP3, DVD 다운로드 가능 ▶학습자 개인의 영상 포털 제작 가능 ▶영상, 이미지를 통한 코멘트 기능
Prulu http://www.prulu.com		▶질의응답 관리 도구 ▶Blackboard, Moodle, Sakai 등 LMS 연동 ▶우수 응답 투표, 관심 질문 등록, 메일 알림, 학습자 참여 통계 등 기능 지원
OfficeHours https://www.officehours.co		▶관심사에 따른 자동 그룹 형성 기능 ▶그룹 내에 주제 관련 TA(teaching assistants)의 지원 ▶실시간 상호작용 지원(음성, 영상, 문자 채팅)

7-4. 평가(assessment) 도구

다양한 방법으로 학생의 평가가 가능하게 해줌.

Assessment tools	관련 화면	특징
Learning.com http://www.Learning.com	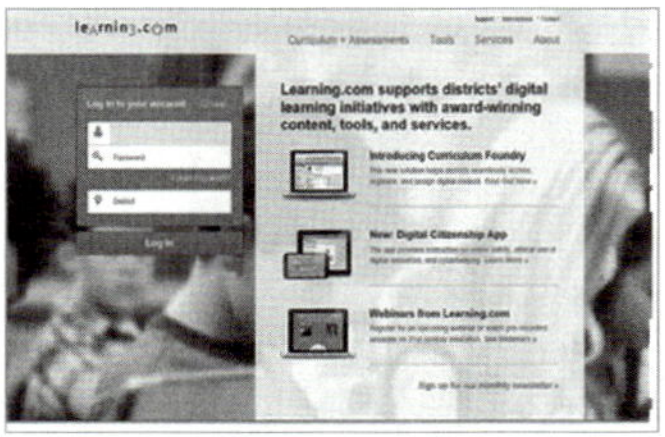	▶평가, 교수자료, 과정 구성, 디지털 콘텐츠 등 교육 관련 지원 업체 ▶학습자 요구 분석, 교수 방법 분석 등 제공 ▶수학, 과학 디지털 콘텐츠 및 수업 자료 제공
Questionmark http://www.questionmark.com		▶Blackboard, Moodle 등의 LMS와 연동하여 일정 관리 및 학습 결과 측정 ▶평가 문항 공유 지원 ▶태블릿 PC, 스마트 기기 등에서 평가지 응답 가능
Tk20 http://www.tk20.com		▶교육기관, 교육과정, 교수자 활동 등 총괄적 평가 도구 ▶평가에 기반한 솔루션 제공(예산, 계획 등) ▶다양한 형식의 결과 보고서 제공
ALEKS http://www.aleks.com	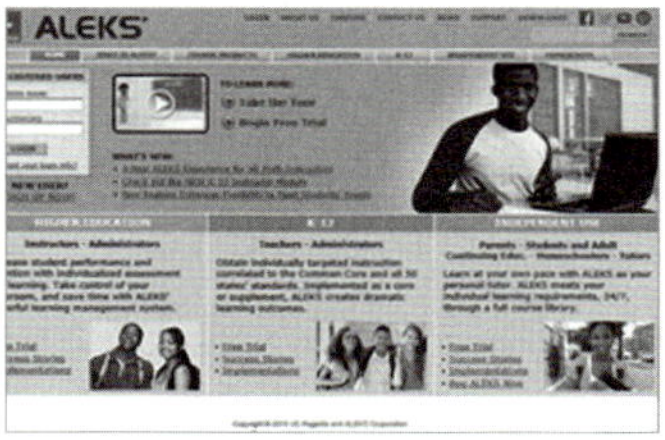	▶웹 기반 인공지능 평가 및 학습 시스템 ▶개인 맞춤식 학습 콘텐츠 제공 ▶평가를 통한 학습 진도 및 난이도 관리
BadgeStack http://www.badgestack.com		▶단계 수행, 투표, 점수, 관리자 수여 등 다양한 방식의 뱃지 수여 ▶뱃지 수여 방식으로 성취도 표현 ▶iOS를 활용한 모바일 지원

Panther Learning http://www.pantherlearning.com		▶자동화된 동료 평가 시스템 ▶교사가 작성한 평가 루브릭(Rubric) 개선을 위한 가이드 제공 ▶익명의 동료 과제를 무작위로 제공하는 동료 평가
eLumen Sync http://www.elumen.info		▶학습 결과물 관리 표 제공 ▶실시간 평가 결과 보고 ▶학습 결과물을 통한 해석 제공(학습자 수준, 과정 수준 고려)
Smarter Measure http://www.smartermeasure.com		▶원격 교육 환경에서의 학습 준비도 평가 도구 ▶개인 특성, 환경, 학습 스타일, 기술적 능력 등 측정 ▶결과 제공 시 부족한 능력 향상을 위한 하이퍼링크 제공
Voice Proctor http://www.voiceproctor.com		▶원격 시험 및 감독 시스템 ▶웹 캠, 음성 인식(시험 중 전화)을 통한 부정행위 방지 및 적발 ▶전화로 응답에 대한 질문(응답 이유 설명, 관련된 다른 문제) 제시
Waypoint Outcomes http://wwww.waypointoutcomes.com	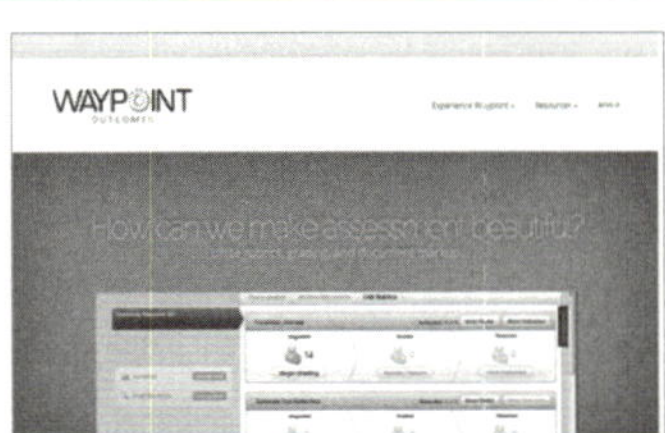	▶과제물 평가 도구 ▶과제 파일 평가(문법, 단어 평가) 및 피드백(하이라이트, 주석 등) 지원 ▶Blackboard, Moodle, eCollage 등 연동 지원
WebPA http://webpaproject.lboro.ac.uk	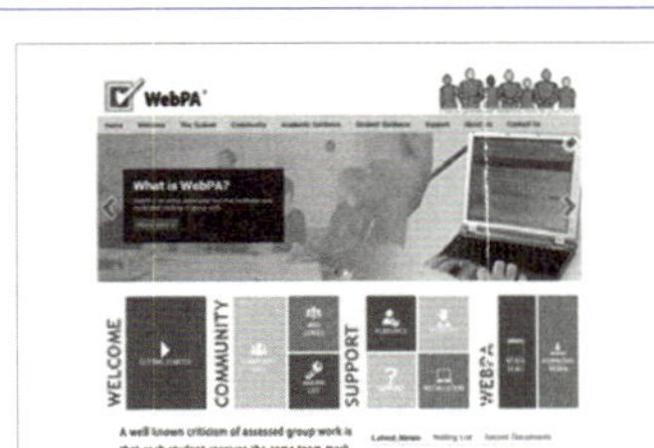	▶동료 평가 지원 도구 ▶학생별 점수 환산 프로세스 ▶동료 평가 결과 통계 자료 제공

찾아보기

ㄴ

ㄷ

ㅇ

ㅈ

ㅊ

ㅋ

ㅌ

ㅍ

ㅎ

■저자 소개

임철일(林哲一)

서울대학교 사범대학 교육학과(학사)

서울대학교 대학원 교육학과(교육학 석사)

미국 Indiana University 대학원 교수체제공학과(Ph. D.)

(현) 서울대학교 사범대학 교육학과 교수

(경력) 서울대학교 교육부처장

교수학습개발센터 소장

서울대학교 교육행정연수원장

숭실대학교 평생교육학과 교수

한국교육공학회 회장

한국기업교육학회 회장

(저서) 교육방법의 교육공학적 이해(공저)

교수설계이론(개정증보판)

교육공학탐구의 새지평(공저)

기업교육론(공동편저)

원격교육과 사이버교육 활용의 이해(제2판)

효과적인 의사소통을 위한 기술(공역)

원격교육론(공저)

(연락처) 연구실: 02-880-7639 / e-mail: chlim@snu.ac.kr

Homepage: http://iled.snu.ac.kr

연은경(延恩京)

충북대학교 사회과학대학 심리학과(학사)

연세대학교 대학원 심리학과(문학 석사)

서울대학교 대학원 교육학과 교육공학전공(교육학 박사)

(현) 서울주택도시공사 인재개발부 교육전문가

(경력) 한국방송통신대학교 원격교육연구소 연구원

서울대학교 교육연구소 연구원

한국교육개발원 전문연구원

한국과학기술원 뇌과학연구센터 위촉연구원

(논문) 기업교육 프로그램 개발을 위한 사용자 중심의 래피드 프로토타입 방법론에 관한 연구

사례기반학습을 위한 사례 설계 원리 개발 연구

(저서) 교육실천가를 위한 사회환경교육론(공저)

환경교육사 3급 공통교재(공저)

(연락처) 연구실: 02-3410-7052 / e-mail: eunkyoung.yeon@gmail.com

기업교육 프로그램 개발과
교수체제설계 <2판>

2015년 8월 31일 1판 1쇄 발행
2024년 8월 20일 2판 1쇄 인쇄
2024년 8월 25일 2판 1쇄 발행

저　자 • 임철일 · 연은경
발행자 • 한정주
발행처 • 교육과학사
경기도 파주시 광인사길 71
전화 • 031)955-6956~8 / 팩스 031)955-6037
Home-page • http://www.kyoyookbook.co.kr
E-mail • kyoyookbook@daum.net
등록 • 1970년 5월 18일 제2-73호

정가 26,000원
ISBN 978-89-254-1971-8